Exklusiv und kostenlos zum Steuerhandbuch

Ihre Arbeitshilfen online:

☞ Der Steuerkalkulator – so berechnen Sie Ihre voraussichtliche Einkommensteuerbelastung centgenau

☞ Weiterführende Informationen zu wichtigen steuerlichen Einzelthemen von Abfindung bis Verträge mit Angehörigen

☞ Weitere Arbeitshilfen: Kopiervorlagen, Checklisten, eine Übersicht über anhängige Gerichtsverfahren sowie die wichtigsten Einkommensteuertipps auf einen Blick

☞ Aktualisierungsservice

Und so geht's:

☞ Einfach unter **http://mybook.haufe.de** den Buchcode eingeben

☞ Oder direkt über Ihr Smartphone bzw. Tablet per **QR-Code** auf die Website gehen

Buchcode: AMP-2824

D1730414

Inhaltsübersicht zu den Arbeitshilfen online

Unter „Weiterführende steuerliche Informationen" ist auf unserem Online-Portal Interessantes zu finden zu den Themen:

- Abfindung
- Abgeordnetenbezüge
- Altersentlastungsbetrag
- Betriebliche Altersvorsorge
- Bilanzierung/Buchführung
- Brexit-Steuerbegleitgesetz
- Ehrenamtliche Richter/Schöffen
- Einnahmenüberschussrechnung
- ELSTER/ELStAM für Unternehmer
- Ferienwohnung
- Fotovoltaikanlagen und Blockheizkraftwerke
- Grundsteuer-Reformgesetz – GrStRefG
- Nießbrauch
- Orkanschäden/Naturkatastrophen
- Pflegekosten/Heimunterbringung
- Sonstige Einkünfte
- Steuerbescheid
- Steuererklärungsabgabepflicht
- Umsatzsteuervoranmeldung
- Verlustausgleich/Vor- und Rücktrag
- Verträge mit Angehörigen

Außerdem enthält das Online-Portal zahlreiche hilfreiche Kopiervorlagen zu den Themen:

- Anschaffungskosten eines Grundstücks
- Arbeitszimmer
- Arbeitszimmer - Abschreibungsübersicht für Arbeitsmittel
- Bewerbungskosten
- Doppelte Haushaltsführung
- Einnahmenüberschussrechnung
- Erhaltungsaufwendungen
- Fahrtenbuch
- Fortbildungskosten
- Haushaltsnahe Dienstleistungen
- Investitionsabzugsbeträge
- Kfz-Kostenermittlung
- Kinderbetreuungskosten
- Krankheitskosten
- Reisekosten
- Umzugskosten
- Unfallkosten

Ihre Einkommensteuererklärung 2020

Steuer 2021

für Rentner & Pensionäre

von

Willi Dittmann

Dipl.-Finanzwirt (FH), Dozent bei der Oberfinanzdirektion Karlsruhe

Dieter Haderer

Dipl.-Finanzwirt (FH), Dozent bei der Oberfinanzdirektion Karlsruhe

Rüdiger Happe

Dipl.-Finanzwirt, Betriebsprüfer a. D.,
Dozent der IHK und führender Weiterbildungsinstitute

Ulrike Fuldner

Rechtsanwältin und Fachanwältin für Steuerrecht,
Aschaffenburg

Haufe Group
Freiburg · München · Stuttgart

Vorwort

Wir hoffen, dass es uns auch dieses Jahr wieder gelungen ist, eine interessante Mischung zu den **wichtigsten Änderungen im Bereich der Einkommensteuer** zusammenzustellen. Auf folgende Neuerungen möchten wir besonders hinweisen:

Formularänderungen für die Steuererklärung 2020

Nach den großen Vordruckänderungen im letzten Jahr halten sich die diesjährigen Änderungen in Grenzen.

Wichtige Formularänderungen betreffen **Rentner** mit der neuen **Anlage R-AV/ bAV** für Renten aus der betrieblichen Altersversorgung oder Riesterverträgen. Renten aus ausländischen Versicherungen bzw. ausländischen Rentenverträgen sind auf der **Anlage R-AUS** gesondert zu erfassen.

Neu zudem: die **vereinfachten Erklärungsvordrucke** für Rentner, die **nur Renten**, Betriebsrenten oder eine Pension beziehen. Diese Vordrucke werden allerdings nicht von allen Bundesländern herausgegeben und erlauben auch nicht die Inanspruchnahme aller Steuervergünstigungen.

Die neue **Anlage Energetische Maßnahmen** ermöglicht die Steuerentlastung für bestimmte energetische Maßnahmen **in selbst genutzten Gebäuden** (vgl. § 35c EStG). Die neue **Anlage Corona-Hilfen** ist nur von Unternehmern abzugeben und dient allein der gesonderten Erfassung der Soforthilfen, Überbrückungshilfen und vergleichbaren Zuschüsse.

Vor allem in den Anlagen R (Renten) und Vorsorgeaufwand sind **bestimmte Eintragungen weiterhin grundsätzlich nicht mehr erforderlich**, da diese Daten der Finanzverwaltung direkt elektronisch gemeldet werden. Die betroffenen Zeilen sind in den amtlichen Formularen mit einem „e im Kreis" markiert. Die sich hieraus ergebenden Besonderheiten bei der Verwendung Ihrer Steuersoftware erläutern wir in den nachfolgend abgedruckten „Hinweisen zur Arbeit mit diesem Buch".

Die wichtigsten materiellen Steueränderungen finden Sie zusammengefasst im Kapitel 1.2. Besonders erfreulich: die **Steuerermäßigung für energetische Maßnahmen.** Zum Klimaschutz werden jetzt – in die neue Anlage Energetische Maßnahmen einzutragende – bestimmte Optimierungsmaßnahmen an Heizungsanlagen, Fenstern, Türen und zur Wärmedämmung gefördert (§ 35c EStG). Außerdem ist es **Ehegatten** künftig möglich, die **Steuerklassen bei Bedarf** nicht nur einmal im Jahr **zu wechseln** (§ 39 Abs. 6 EStG).

Hilfreiche **Hinweise zur Arbeit mit diesem Buch** sind gleich im Anschluss abgedruckt.

Wir freuen uns mit unseren Lesern über jeden Euro, den diese vom Finanzamt erstattet bekommen ... und hoffen auf ein Wiedersehen in unserem nächsten Steuerratgeber für das Steuerjahr 2021.

Freiburg, im September 2020   Das Autorenteam

Hinweise zur Arbeit mit diesem Buch

Zur **Schnellorientierung** haben wir eine Handling-Übersicht für die optimale Arbeit mit diesem Buch erstellt.

Das bietet das Buch

Der **Formularwegweiser** auf der vorderen **Innenseite des Umschlags** ermöglicht es, auf einen Blick zu erkennen, welche neuen Vordrucke in diesem Jahr benötigt werden.

Teil I enthält den Schnelleinstieg in die Steuerveranlagung:

* **aktuelle steuerliche Abgabefristen**
* **eine komprimierte Übersicht zu den wesentlichen einkommensteuerlichen Gesetzes- und Vordruckänderungen gegenüber dem Vorjahr 2019**
* einen **Belegcheck,** der hilft, die Belege sofort dem richtigen Formular zuzuordnen
* **Ausfüllhilfen zu den einzelnen Steueranlagen,** die Sie sicher Zeile für Zeile durch alle amtlichen Vordrucke führen

Wichtig zu wissen:
Da bestimmte Daten der Finanzverwaltung seit dem letzten Jahr direkt elektronisch gemeldet werden, sind in den Steuerformularen **einige Eintragungen grundsätzlich nicht mehr erforderlich.** Die betroffenen Zeilen haben wir – wie bereits im Vorwort erwähnt – mit einem „e" gekennzeichnet. **Wenn die Steuererstattung mit einer Steuersoftware berechnet werden soll, müssen diese Daten allerdings weiterhin erfasst werden.**

Das **Herzstück** dieses Buches ist unverändert das Steuerlexikon in **Teil II:**
Hier erhält der Leser ausführliche **Hintergrundinformationen zu aktuellen Steuerthemen und viele geldwerte Tipps zum Steuersparen,** die für Rentner, Pensionäre, Vermieter und Kapitalanleger besonders relevant sind.

Ein umfangreiches **Extra-Kapitel** gibt geldwerte Hinweise zur **Vorsorgeplanung im Alter.**

Und unter **http://mybook.haufe.de** haben wir unser **Arbeitshilfenportal** nochmals deutlich erweitert.

Das Modul **„Der Steuerkalkulator"** bietet Ihnen einen **Steuerrechner und weitere Arbeitshilfen zur Ermittlung steuerrelevanter Rechengrößen.**

Ferner erhalten Sie den **Download-Zugriff** auf

* zusätzliche **Kopiervorlagen,**

* **„Die wichtigsten Steuertipps auf einen Blick",**

* eine Übersicht zu den **anhängigen Gerichtsverfahren** sowie

* zahlreiche **weiterführende steuerliche Hintergrundinformationen**: angefangen von „Altersentlastungsbetrag" sowie „Fotovoltaikanlagen und Blockheizkraftwerke", über den „Steuerbescheid" (Wie prüfe ich den Bescheid und wie wehre ich mich gegen Veranlagungsfehler?) bis hin zu „Verträgen mit Angehörigen".

Der hierfür erforderliche Zugangscode ist auf der ersten Seite dieses Buches, eine Auflistung der Inhalte ist auf der zweiten Seite zu finden.

Inhaltsverzeichnis

Teil II: Das aktuelle Steuerlexikon

Wegweiser zur schnellen Orientierung................... 113

Abkürzungsverzeichnis

35a	Anlage Haushaltsnahe Aufwendungen
35c	Anlage Energetische Maßnahmen
Abs.	Absatz
Abschn.	Abschnitt
ADAC	Allgemeiner Deutscher Automobil-Club
AK	Anschaffungskosten
AfA	Absetzung für Abnutzung
AfS	Absetzung für Substanzverringerung
AG	Aktiengesellschaft
agB	Anlage Außergewöhnliche Belastungen
AltZertG	Gesetz über die Zertifizierung von Altersvorsorge- und Basisrentenverträgen
Anm.	Anmerkung
AO	Abgabenordnung
a. o.	außerordentlich
ATE	Auslandstätigkeitserlass
Az.	Aktenzeichen
BA	Betriebsausgaben
BAföG	Bundesausbildungsförderungsgesetz
BdF	Bundesministerium für Finanzen
BE	Betriebseinnahmen
BFH	Bundesfinanzhof
BGB	Bürgerliches Gesetzbuch
BGBl	Bundesgesetzblatt
BGH	Bundesgerichtshof
BKGG	Bundeskindergeldgesetz
BMF	Bundesministerium für Finanzen
BStBl	Bundesgesetzblatt
BUKG	Gesetz über die Umzugskostenvergütung und das Trennungsgeld für die Bundesbeamten, Richter im Bundesdienst und Soldaten (Bundesumzugskostengesetz)
BZSt	Bundeszentralamt für Steuern
ca.	circa
DBA	Doppelbesteuerungsabkommen
dgl.	dergleichen
d. h.	das heißt
EDV	Elektronische Datenverwaltung
Ekm	Entfernungskilometer
ELStAM	Elektronische Lohnsteuerabzugsmerkmale
ELSTER	Elektronische Steuererklärung
ErbStG	Erbschaftsteuer- und Schenkungsteuergesetz
Erl.	Erläuterungen
ESt	Einkommensteuer
EStDV	Einkommensteuer-Durchführungsverordnung
EStG	Einkommensteuergesetz
EStH	Hinweise zu den Einkommensteuer-Richtlinien
EStR	Einkommensteuer-Richtlinien
f.	folgende Seite
ff.	folgende Seiten
FG	Finanzgericht
FinV	Finanzverwaltung
FW	Förderung des Wohneigentums
GbR	Gesellschaft bürgerlichen Rechts
gem.	gemäß
GewStG	Gewerbesteuergesetz
ggf.	gegebenenfalls
GmbH	Gesellschaft mit beschränkter Haftung
GoB	Grundsätze ordnungsgemäßer Buchführung
GrS	Großer Senat
GrSt	Grundsteuer
H	Hinweisabschnitt zu den Einkommensteuer-Richtlinien
HGB	Handelsgesetzbuch
HK	Herstellungskosten
hrsg.	herausgegeben
i. d. F.	in der Fassung
i. d. R.	in der Regel
i. Z. m.	im Zusammenhang mit
Kfz	Kraftfahrzeug
KG	Kommanditgesellschaft
KiSt	Kirchensteuer
km	Kilometer
LSt	Lohnsteuer
LStDV	Lohnsteuer-Durchführungsverordnung
LStR	Lohnsteuer-Richtlinien
lt.	laut
MwSt	Mehrwertsteuer
NV	Nichtveranlagungsbescheinigung
OFD	Oberfinanzdirektion
Pb	Pauschbetrag
Pkw	Personenkraftwagen
qm	Quadratmeter
R	Richtlinienabschnitt in den Einkommensteuer-Richtlinien
Rspr.	Rechtsprechung
s.	siehe
S.	Seite
sog.	sogenannte
s. u.	siehe unten
u.	und
u. a.	unter anderem
u. Ä.	und Ähnliches
UStAE	Umsatzsteuer-Anwendungserlass
Verf.	Verfügung
VaSt	vorausgefüllte Steuererklärung
vL	vermögenswirksame Leistungen
vL-Meldung	elektronische Vermögensbildungsbescheinigung nach §15 des 5. VermBG
V+V	Einkünfte aus Vermietung und Verpachtung
Vz.	Veranlagungszeitraum
WK	Werbungskosten
ZASt	Zinsabschlagsteuer
z. B.	zum Beispiel
ZfA	Zentrale Zulagenstelle für Altersvermögen
z. v. E.	zu versteuerndes Einkommen
zzt.	zurzeit

Teil I: Steuerformulare

1 Rund um die Einkommensteuererklärung

In diesem Kapitel finden Sie alles Wissenswerte zu den **Neuerungen für das Steuerjahr 2020** – alle für den Steuerpflichtigen relevanten Gesetzesänderungen im Bereich der Einkommensteuer und die wesentlichen Veränderungen in den Erklärungsvordrucken. Außerdem enthalten ist ein Formularwegweiser, aus dem Sie auf einen Blick erkennen können, welche Vordrucke Sie benötigen.

1.1 Digitalisierung – Finanzamt 4.0

Digitalisierung beim Finanzamt

Auch in der Finanzverwaltung spielt das Thema Digitalisierung eine immer größere Rolle. Die automationsgestützte Bearbeitung durch verstärkten IT-Einsatz mit dem Ziel der Kostenersparnis (weniger Personal) und gleichzeitig eine effizientere Bearbeitung, indem fehleranfällige Sachverhalte – insbesondere bei großer steuerlicher Auswirkung – ausgesteuert und durch die Finanzbeamten persönlich bearbeitet werden, stehen im Vordergrund. Die rechtlichen Rahmenbedingungen dazu wurden durch das Gesetz zur Modernisierung des Besteuerungsverfahrens v. 18.7.2016 (BGBl 2016 I S. 1679) geschaffen. Die einzelnen Bestimmungen treten nach und nach bis 2022 in Kraft. Entsprechend erfolgte die praktische Umsetzung durch die Finanzverwaltung in die tägliche Arbeit – auch abhängig von den technischen Fortschritten – schrittweise seit 2017. Dies wirkt sich auch auf die Gestaltung der Erklärungsvordrucke und die Beleganforderungen aus.

1.1.1 Belege und Nachweise

Belegvorhaltung

Es besteht **keine gesetzliche Pflicht mehr, Belege zusammen mit der Steuererklärung einzureichen.** Der Verzicht auf Belege wird von den Finanzämtern sogar gewünscht, denn damit entfallen Belegsichtung und Rücksendung – und das spart Kosten. Der Belegverzicht gilt auch für Steuerbescheinigungen zur Anrechnung von Kapitalertragsteuer (§ 36 Abs. 2 Nr. 2

Satz 3 EStG) oder für Nachweise über steuerbegünstigte Zuwendungen (Spenden und Mitgliedsbeiträge, § 50 Abs. 8 EStDV). Soweit Zuwendungsbestätigungen durch den begünstigten Empfänger elektronisch an die Finanzverwaltung übermittelt werden, müssen auch keine Belege in Papierform vorgehalten werden. Eine Sonderregelung gilt für den Nachweis einer Behinderung. Wird der Pauschbetrag wegen Behinderung erstmals geltend gemacht oder ändern sich die Verhältnisse (insbesondere der Grad der Behinderung oder Merkzeichen), ist die Vorlage einer Kopie des Schwerbehindertenausweises weiterhin vorgeschrieben (§ 65 Abs. 3 EStDV) – zumindest so lange, bis die erforderlichen Programmierarbeiten zur elektronischen Datenübermittlung der für die Feststellung des Grades der Behinderung bzw. der Merkzeichen zuständigen Stelle abgeschlossen sind (§ 65 Abs. 3a EStDV).

Die **Belege** müssen aber (zumindest bis zum Abschluss der Steuerveranlagung, d.h. bis zum Ablauf der Einspruchsfrist bzw. Abschluss eines Einspruchsverfahrens) **aufbewahrt** und auf Anforderung des Finanzamts eingereicht werden. Für bestimmte Belege (z.B. Spenden) ist die Aufbewahrung bis zum Ablauf eines Jahres nach Bekanntgabe der Steuerfestsetzung vorgeschrieben, für Handwerkerrechnungen gilt zivilrechtlich eine zweijährige, für Bankbelege eine dreijährige Aufbewahrungspflicht. Betriebliche Unterlagen sind zehn Jahre aufzubewahren (§ 147 Abs. 3 AO), andere Unterlagen sechs Jahre, wenn die Summe der nichtbetrieblichen Einkünfte (Überschusseinkünfte gem. § 2 Abs. 1 Nr. 4–7 EStG) mehr als 500.000 € beträgt (§ 147a AO).

Im Fall der Anforderung sollte man die Belege auch vorlegen können. Andernfalls ist damit zu rechnen, dass die Bearbeiter die Kosten nicht nur streichen, sondern auch einen entsprechenden Risikobearbeitungshinweis für die Folgejahre speichern, sodass künftig mit einer intensiveren Prüfung zu rechnen ist. Darüber hinaus können wissentlich und willentlich gemachte falsche Angaben in der Steuererklärung als versuchte bzw. ggf. vollendete Steuerhinterziehung gewertet werden.

1.1.2 Bearbeitungsgrundsätze/Datenabruf

Durch das o.a. Gesetz wurden in der Abgabenordnung (§ 88 AO) die rechtlichen Möglichkeiten geschaffen, die Fallbearbeitung automationsgestützt unter Einsatz von Risikomanagementsystemen (§ 88 Abs. 5 AO) durchzuführen. Damit soll zum einen die Bearbeitung risikoarmer Fälle beschleunigt und zum anderen sollen prüfungsrelevante Fälle mit ausreichender Sicherheit erkannt werden. Ziel ist vorrangig die – ohne jegliches Eingreifen des Finanzbeamten (§ 155 Abs. 4 AO) – vollautomatische Steuerfestsetzung einer möglichst über ELSTER eingegangenen Steuererklärung bis zur Erteilung des Steuerbescheids. Der Steuerbürger hat aber über „qualifizierte Freitextfelder" die Möglichkeit, eine persönliche Bearbeitung zu veranlassen (§ 150 Abs. 7 AO), z. B. wenn er eine nähere Prüfung eines bestimmten Sachverhalts wünscht bzw. eine besondere Rechtsfrage geklärt haben möchte oder in der Steuererklärung Angaben gemacht hat, die auf einer abweichenden Rechtsauffassung beruhen. Die technische Umsetzung der Freitexteingabe erfolgt für 2020 auf der Rückseite des Formulars Hauptvordruck in Zeile 38 durch Eintragung einer „1" in Kennzahl 175. Damit wird dem Bearbeiter angezeigt, dass weitere Angaben außerhalb der Steuererklärungsvordrucke auf einer eigenen Anlage zur Steuererklärung gemacht wurden.

Konsequent wurde ebenso gesetzlich geregelt, dass Verwaltungsakte (z. B. Steuerbescheide) künftig elektronisch **wirksam** bekannt gegeben werden können, indem sie (mit Einwilligung des Betroffenen) zum Datenabruf bereitgestellt werden (§ 122a AO). Als Datum der Bekanntgabe gilt der dritte Tag nach Absendung der Benachrichtigung, dass der Datenabruf möglich ist.

1.1.3 Elektronisch übermittelte Informationen

**Daten-
übermittlung**

Wesentliches Element der neuen Bearbeitungsgrundsätze ist, dass die Finanzverwaltung über die Identifikationsnummer des Steuerpflichtigen sehr viele Besteuerungsgrundlagen und Informationen auf elektronischem Weg übermittelt bekommt bzw. über einen Datenabruf darauf Zugriff hat und dies mit den erklärten Angaben automatisiert abgleichen kann. Zu diesen Daten zählen im Wesentlichen:

- sämtliche Angaben der Lohnsteuerbescheinigung wie Bruttolohn, Steuerabzugsbeträge, Beiträge zur gesetzlichen Sozialversicherung, Zuschüsse des Arbeitgebers zum Kurzarbeitergeld, Arbeitgeberanteile zur gesetzlichen Sozialversicherung, steuerfrei geleisteter Arbeitgeberersatz für Reisekosten und doppelte Haushaltsführung oder für Wege zwischen Wohnung und erster Tätigkeitsstätte (Jobticket), Mahlzeitengestellung anlässlich von Auswärtstätigkeiten und bei doppelter Haushaltsführung, pauschal besteuerte Arbeitgeberleistungen (z. B. bei Überlassung von Firmenwagen für Wege von der Wohnung zur ersten Tätigkeitsstätte, Jobticket), vom Arbeitgeber ausgezahlte Lohnersatzleistungen sowie Zeiträume ohne Bezug von Arbeitslohn

- von anderen Stellen (z. B. Bundesagentur für Arbeit, Krankenversicherung) gezahlte Lohnersatzleistungen (z. B. Kranken-, Arbeitslosen-, Kurzarbeitergeld, Zuschuss zum Mutterschaftsgeld, Erziehungsgeld) und Insolvenzgeld

- von öffentlichen Einrichtungen (z. B. öffentlich-rechtliche Radio- und Fernsehanstalten, Volkshochschulen, Universitäten, IHK) gezahlte Honorare an freiberuflich dort Tätige (z. B. unterrichtende oder vortragende Dozenten)

- Beiträge zur Krankenversicherung und Pflegepflichtversicherung (sofern der Datenübermittlung zugestimmt wurde, was Abzugsvoraussetzung ist) und Beitragserstattungen

- gezahlte Beiträge in einen Riester- oder Rürup-Versicherungsvertrag

- von Rentenversicherungsträgern ausgezahlte Renten (einschließlich Riester- und Rürup-Renten) sowie Zuschüsse zur Krankenversicherung und aus der Rente abgeführte Kranken- und Pflegepflichtversicherungsbeiträge

- für und von berücksichtigungsfähigen Kindern geleistete Kranken- und Pflegepflichtversicherungsbeiträge

- Einkünfte und Bezüge von steuerlich berücksichtigungsfähigen Kindern, für die eine Lohnsteuerbescheinigung ausgestellt wurde oder die eine Rente bezogen haben

- Einkommensverhältnisse von Angehörigen, für die Unterhaltsleistungen als außergewöhnliche Belastungen geltend gemacht werden

- von Banken vom Kapitalertragsteuerabzug freigestellte Zinsen, insbesondere wenn insgesamt höhere Zinsen freigestellt worden sind als in der Höhe des Sparer-Pauschbetrags von 801 €/1.602 € und bei einer erteilten Nichtveranlagungsbescheinigung

- ausgezahlte Lebensversicherungsleistungen

- elektronische Vermögensbildungsbescheinigung für vermögenswirksame Leistungen

Im Regelfall bekommt der Steuerpflichtige von der übermittelnden Stelle eine Information über die Weitergabe der Daten an die Finanzverwaltung oder er hat der Datenübermittlung gegenüber der meldenden Stelle ausdrücklich zugestimmt. Weitere Datenübermittlungen (z. B. über Kapitalerträge aus dem Ausland) sind teilweise bereits rechtlich zulässig, bedürfen aber noch der technischen Umsetzung.

Auf Wunsch ist es für jeden Steuerpflichtigen möglich, eine mit den dem Finanzamt elektronisch übermittelten für die Steuererklärung relevanten Daten vorausgefüllte Steuererklärung (VaSt) abzurufen, die nur noch um die fehlenden Angaben ergänzt werden muss. Dazu ist es aber notwendig, sich über das ELSTER-Online-Portal anzumelden und ein Authentifizierungsverfahren zu durchlaufen. Ist dies erfolgt, kann sowohl die Steuererklärung mit elektronischer Signatur über das Internet übermittelt als auch auf Verlangen als Vorabinformation eine Ausfertigung des Bescheids abgerufen werden, sobald die Steuerveranlagung durchgeführt wurde.

1.2 Einkommensteuerliche Rechtsänderungen und Vordruckänderungen 2020

Gesetzliche Änderungen

- Im Dritten **Gesetz zur Entlastung der mittelständischen Wirtschaft von Bürokratie** wurden Leistungen des Arbeitgebers, die zur Verbesserung des allgemeinen Gesundheitszustands seiner Arbeitnehmer oder der betrieblichen Gesundheitsförderung dienen, bis zu 600 € im Jahr (bisher 500 €) steuerfrei gestellt (§ 3 Nr. 34 EStG).
  Außerdem können Ehegatten künftig die Steuerklasse auf Antrag mehrmals jährlich wechseln (§ 39 Abs. 6 EStG).

- Im **Gesetz zur weiteren steuerlichen Förderung der Elektromobilität und zur Änderung weiterer steuerlicher Vorschriften (JStG 2019)** wurde die **Steuerbefreiung für die vom Arbeitgeber bezahlten Weiterbildungsmaßnahmen** (§ 3 Nr. 19 EStG) um weitere Maßnahmen erweitert und die Anforderungen an die Steuerfreiheit gesenkt. Außerdem erfolgte eine zeitliche Verlängerung für die **Steuerfreiheit der privaten Nutzung betrieblicher Fahrräder oder E-Bikes** (§ 3 Nr. 37 EStG), für vom Arbeitgeber gestellten Ladestrom (§ 3 Nr. 46 EStG) und der **Sonderregelungen zur Dienstwagenbesteuerung für Elektrofahrzeuge** bis zum 31.12.2030.

Zusätzlich wurde die Besteuerung der Privatnutzung nochmals günstiger gestaltet. Für Elektronutzfahrzeuge und elektronisch betriebene Nutzfahrräder ist eine **Sonderabschreibung** möglich (§ 7c EStG).

Arbeitgeber können den geldwerten Vorteil aus der unentgeltlichen Übereignung eines Fahrrads an die Arbeitnehmer **mit 25 % pauschal der Lohnsteuer** unterwerfen (§ 40 Abs. 1 Nr. 7 EStG).

Angestellte und selbstständige **Berufskraftfahrer,** die in ihrem Fahrzeug übernachten, können je Reisetag für Kosten i. Z. m. der Übernachtung anstelle der tatsächlichen Kosten pauschal 8 € als Werbungskosten bzw. Betriebsausgabe absetzen (§ 4 Abs. 1 Satz 3 Nr. 5b, § 4 Abs. 10 EStG).

Die **Verpflegungspauschalen** für Auswärtstätigkeiten und bei doppelter Haushaltsführung wurden für Unternehmer und Arbeitnehmer um 2 € täglich erhöht (§ 9 Abs. 4a EStG).

Die **Verrechnung von Verlusten aus Kapitalvermögen** (z. B. aus Termingeschäften, uneinbringliche oder wertlose Kapitalforderungen bzw. Wertpapiere) wird auf jährlich 10.000 € begrenzt. Nicht verrechnete Verluste sind in Folgejahren bis zu 10.000 € jährlich verrechenbar (§ 20 Abs. 6 S. 4 EStG).

- **Im zweiten Corona-Steuerhilfegesetz** wurde ein zusätzlich zum Kindergeld ausgezahlter **Kinderbonus** von 300 € (§ 66 EStG) und die **vorübergehende Erhöhung des Entlastungsbetrags für Alleinerziehende für das erste Kind auf 4.008 € festgelegt** (§ 24a EStG).
  Die von Arbeitgebern zusätzlich zum geschuldeten Arbeitslohn gezahlte **Corona-Sonderzahlung** ist bis zu 1.500 € steuerfrei (§ 3 Nr. 11a EStG).
  Im betrieblichen Bereich wurde die Möglichkeit der **degressiven Abschreibung für bewegliche Wirtschaftsgüter** geschaffen und die **Investitionsfrist für den Investitionsabzugsbetrag** auf vier Jahre verlängert.

- **Im Entwurf des Jahressteuergesetzes für 2020** sind weitere günstigere Regelungen zum Investitionsabzugsbetrag (§ 7g EStG) enthalten (Betragsobergrenze statt max. 40 % jetzt 50 % der Anschaffungskosten, höhere Gewinnobergrenze von 125.000 €, Förderung bereits von Wirtschaftsgütern, die über 50 % betrieblich genutzt werden). **Die Regelungen sollen rückwirkend ab 2020 gelten.** Das Gesetzgebungsverfahren war bei Redaktionsschluss noch nicht beendet.

- Im **Gesetz zur Umsetzung des Klimaschutzprogramms 2030 im Steuerrecht** wurde eine **Steuerermäßigung** für **energetische Maßnahmen** (z. B. Wärmedämmung, Erneuerung von Fenstern, Türen, Heizungsanlagen usw.) an **Gebäuden,** die zu **eigenen Wohnzwecken** genutzt werden, **eingeführt** (§ 35c EStG).

- **Brexit-Steuerbegleitgesetz**
  Um nachteilige Rechtsfolgen aufgrund des Brexit ohne Handlungen des Steuerbürgers zu vermeiden, wurden im Brexit-StBG einige Sonderregelungen getroffen.
  Im betrieblichen Bereich betrifft dies vor allem den Ausgleichsposten nach § 4g EStG, der die Überführung von inländischem Anlagevermögen in eine ausländische Betriebsstätte regelt und die Verzinsung der aus dem Verkauf eines Grundstücks gebildeten Rücklage nach § 6b EStG wegen unterlassener Ersatzbeschaffung.
  Für Nichtunternehmer hat das Brexit-StBG praktische Bedeutung für den Bereich „Wohn-Riester". Wird über den Riester-Vertrag eine Wohnung im Vereinigten Königreich angeschafft, gilt dies nicht als schädliche Verwendung, sodass alle Steuervorteile für die eingezahlten Beiträge erhalten bleiben. **Hinweis:** Wichtiges zum Thema „Brexit-Steuerbegleitgesetz" finden Sie auch auf http://mybook.haufe.de unter „Weiterführende steuerliche Informationen".

- **EU-Geldwäscherichtlinie**
  Zur stärkeren Bekämpfung von Geldwäsche und Terrorfinanzierung wurden zusätzliche Meldepflichten für Geldinstitute, Rechtsanwälte, Notare, Immobilienmakler, Güterhändler und Kunstlagerhalter eingeführt. Krypto-Verwahrgeschäfte wurden in den Meldekatalog aufgenommen und die Grenzbeträge, ab der eine Meldepflicht besteht, gesenkt. Weitere Informationen finden Sie in den Erläuterungen zu den Anlagen S und G in Teil 1 des Steuerratgebers.

Vordruckänderungen

In den Vordrucken für 2020 sind folgende Veränderungen wesentlich:

Hauptvordruck
Bei den Adressdaten wurden Eintragungsmöglichkeiten für mögliche ausländische Wohnsitze ergänzt. Dadurch befinden sich die Daten zur Bankverbindung nun auf der Rückseite des Vordrucks.

Anlage KAP

Wegen der gesetzlichen Änderungen zur Verrechnung von Verlusten aus Kapitalanlagen wurden zusätzliche Zeilen eingefügt, in denen die Verluste „verkennziffert" erklärt und damit von der Finanzverwaltung maschinell ausgewertet werden können.

Anlage N

Bezüglich der Eintragung der abzugsfähigen Reisekosten bei Auswärtstätigkeiten wurde für jede der vier abzugsfähigen Kostenarten eine getrennte Ausfüllmöglichkeit geschaffen. Aus Platzgründen wurden deshalb die Eintragungsmöglichkeiten von der zweiten auf die dritte Vordruckseite verschoben. Die bisher auf Seite 3 zu erfassenden Aufwendungen in Zusammenhang mit einer doppelten Haushaltsführung stehen – inhaltlich unverändert – jetzt auf Seite 4. Um eine neue zusätzliche Vordruckseite zu vermeiden, wurden die bisher auf Seite 4 abgefragten Werbungskosten i. Z. m. Sondertatbeständen (Versorgungsbezüge, mehrjähriger Arbeitslohn, Abfindungen) – systematisch etwas unglücklich – auf die untere Hälfte der Seite 3 „vorgezogen".

Anlagen R, R-AUS und R-AV/bAV

Für die bisher auf der Rückseite der Anlage R erfassten Renten aus betrieblicher Altersversorgung und Riester-Verträgen wurde zwecks besserer maschineller Bearbeitung eine eigene **Anlage R-AV/bAV** geschaffen. Die erforderlichen Angaben werden dem Finanzamt vom Arbeitgeber bzw. dem Rentenversicherer elektronisch gemeldet, sodass im Regelfall nur noch mögliche Werbungskosten (soweit sie 102 € Pauschbetrag übersteigen) auf der Rückseite eingetragen werden können.

Auf der **Anlage R-AUS** sind Renten aus ausländischen Versicherungen bzw. ausländischen Rentenverträgen gesondert zu erfassen. Diese waren bisher in die Abfragen der jeweils vergleichbaren inländischen Rente integriert.

Auf der Anlage R sind wie bisher auf Seite 1 (oberer Teil) inländische Renten aus der gesetzlichen Rentenversicherung, der landwirtschaftlichen Alterskasse, einem berufsständischem Versorgungswerk und Rürup-Renten einzutragen. Im unteren Teil von Seite 1 sind unverändert Renten aus privaten Versicherungsverträgen (außer Riester und Rürup) zu erklären. Im Regelfall werden alle notwendigen Angaben zur Versteuerung dieser Renten vom Rentenzahler elektronisch gemeldet. Auf der Rückseite wurde mehr Platz für die Erklärung von Renten aus Veräußerungsgeschäften (bisher auf Seite 1 im unteren Bereich integriert), bei denen keine elektronische Datenübermittlung erfolgt, geschaffen. Wie bisher können auf Seite 2 die Werbungskosten in Zusammenhang mit inländischen Renten erklärt werden.

Anlage Energetische Maßnahmen   Die Anlage betrifft alle nach § 35c EStG mit einer Steuerermäßigung begünstigten Aufwendungen in Zusammenhang mit energetischen Maßnahmen (Wärmedämmung, Heizungsaustausch) in selbst bewohnten Gebäuden.

 TIPP

Vereinfachte Erklärungsvordrucke für Arbeitnehmer und Nur-Rentner

Für Steuerbürger, die ausschließlich Arbeitslohn bezogen haben, oder Personen, die nur Renten, Betriebsrenten bzw. eine Pension beziehen, hat die Finanzverwaltung in mehreren Bundesländern zwei vereinfachte Steuererklärungsvordrucke, die nur aus jeweils zwei Seiten bestehen, aufgelegt. Andere Bundesländer geben diese Vordrucke nicht mehr heraus, weil durch die Übernahme der elektronisch übermittelten Daten bereits das Ausfüllen der „normalen" Steuererklärungsvordrucke erleichtert worden ist (s. u.). Erkundigen Sie sich bei Bedarf bei Ihrem Finanzamt nach den vereinfachten Vordrucken. Bedenken Sie dabei aber auch, dass Sie in den vereinfachten Vordrucken nicht alle möglichen Steuervergünstigungen eintragen können.

Anlage Corona-Hilfen   Die Anlage gilt nur für Gewerbetreibende und Freiberufler und ist zusätzlich zur Anlage G bzw. S abzugeben, wenn an den Betrieb Corona-Soforthilfen, Überbrückungsgelder und vergleichbare Zuschüsse gezahlt worden sind. Diese Zahlungen sind steuerpflichtige Betriebseinnahmen und müssen in der Gewinnermittlung enthalten sein. Die zusätzliche Eintragung auf der Anlage Corona dient zur Prüfung und Sicherstellung der Besteuerung und einer möglichen maschinellen Auswertung.

1.3 Rund um die Steuererklärung

1.3.1 Abgabepflicht – Abgabefristen – Vordrucke

Hinweis: Wichtiges zu den Themen, wer eine Steuererklärung abgeben muss, bei wem die freiwillige Abgabe einer Steuererklärung (Steuerveranlagung auf Antrag) sinnvoll ist, welche Möglichkeiten es gibt, die Steuererklärung an das Finanzamt zu übermitteln und welche Fristen zu beachten sind, finden Sie auf http://mybook.haufe.de unter „Weiterführende steuerliche Informationen".

Generell gilt für die steuerlich relevanten, der Finanzverwaltung elektronisch übermittelten Daten, dass diese nicht mehr in die Steuererklärung eingetragen werden müssen. Die entsprechenden Bereiche sind im Vordruck daran erkennbar, dass sie dunkelgrün unterlegt und mit einem **„e im Kreis"** gekennzeichnet sind. Der Steuerpflichtige ist für die Richtigkeit dieser **eDaten** insoweit nicht verantwortlich.

Sind richtig übermittelte **eDaten** falsch übernommen worden, kann der entsprechend falsche Steuerbescheid auch nach Ablauf der Einspruchsfrist bis zum Eintritt der Festsetzungsverjährung geändert werden (§ 175b Abs. 1 AO). Wurden falsche Daten übermittelt, dann kann eine Korrektur zugunsten des Steuerpflichtigen ebenfalls bis zum Eintritt der Festsetzungsverjährung erfolgen. Trotzdem ist es sinnvoll, die übermittelten eDaten am besten beim Ausfüllen der Steuererklärung bzw. spätestens nach Erhalt des Steuerbescheids zu prüfen, insbesondere wenn der Steuerbescheid deutlich von den Vorjahren abweicht.

Wenn Sie anhand Ihrer ausfüllten Steuererklärung eine Prüfberechnung mit einer gekauften Steuersoftware durchführen möchten, müssen Sie alle Daten erfassen.

1.3.2 Welche Vordrucke müssen Sie ausfüllen?

Formularwegweiser

Einen Überblick, welche Vordrucke Sie benötigen, können Sie sich anhand des folgenden Formularwegweisers verschaffen. Durch die Übernahme der eDaten ist bei **Rentnern** ohne weitere Einkünfte die Verpflichtung zur Abgabe einer Steuererklärung bereits erfüllt, wenn nur der unterschriebene **Hauptvordruck** abgegeben wird. Die Angaben zu Renten (**Anlage R**) sowie Basiskranken- und Pflegepflichtversicherungsbeiträgen (**Anlage Vorsorgeaufwand**) sind nicht erforderlich. Bei Arbeitnehmern ohne weitere Einkünfte reicht rechtlich ebenfalls die Abgabe des **Hauptvordrucks** (ohne **Anlage N** und **Anlage Vorsorgeaufwand**) aus. Dann werden aber außer den Sozialversicherungsbeiträgen keine Ausgaben (Werbungskosten, Sonderausgaben, außergewöhnliche Belastungen, Steuerermäßigungen z. B. für Handwerkerleistungen) steuerlich berücksichtigt.

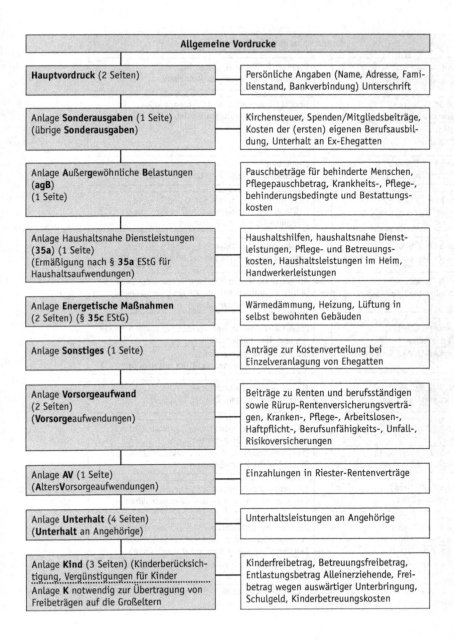

Allgemeine Vordrucke

Hauptvordruck (2 Seiten)	Persönliche Angaben (Name, Adresse, Familienstand, Bankverbindung) Unterschrift
Anlage **Sonderausgaben** (1 Seite) (übrige **Sonderausgaben**)	Kirchensteuer, Spenden/Mitgliedsbeiträge, Kosten der (ersten) eigenen Berufsausbildung, Unterhalt an Ex-Ehegatten
Anlage **Außergewöhnliche Belastungen** (**agB**) (1 Seite)	Pauschbeträge für behinderte Menschen, Pflegepauschbetrag, Krankheits-, Pflege-, behinderungsbedingte und Bestattungskosten
Anlage Haushaltsnahe Dienstleistungen (**35a**) (1 Seite) (Ermäßigung nach § **35a** EStG für Haushaltsaufwendungen)	Haushaltshilfen, haushaltsnahe Dienstleistungen, Pflege- und Betreuungskosten, Haushaltsleistungen im Heim, Handwerkerleistungen
Anlage **Energetische Maßnahmen** (2 Seiten) (§ **35c** EStG)	Wärmedämmung, Heizung, Lüftung in selbst bewohnten Gebäuden
Anlage **Sonstiges** (1 Seite)	Anträge zur Kostenverteilung bei Einzelveranlagung von Ehegatten
Anlage **Vorsorgeaufwand** (2 Seiten) (**Vorsorge**aufwendungen)	Beiträge zu Renten und berufsständigen sowie Rürup-Rentenversicherungsverträgen, Kranken-, Pflege-, Arbeitslosen-, Haftpflicht-, Berufsunfähigkeits-, Unfall-, Risikoversicherungen
Anlage **AV** (1 Seite) (**Alters**Vorsorgeaufwendungen)	Einzahlungen in Riester-Rentenverträge
Anlage **Unterhalt** (4 Seiten) (**Unterhalt** an Angehörige)	Unterhaltsleistungen an Angehörige
Anlage **Kind** (3 Seiten) (Kinderberücksichtigung, Vergünstigungen für Kinder; Anlage **K** notwendig zur Übertragung von Freibeträgen auf die Großeltern	Kinderfreibetrag, Betreuungsfreibetrag, Entlastungsbetrag Alleinerziehende, Freibetrag wegen auswärtiger Unterbringung, Schulgeld, Kinderbetreuungskosten

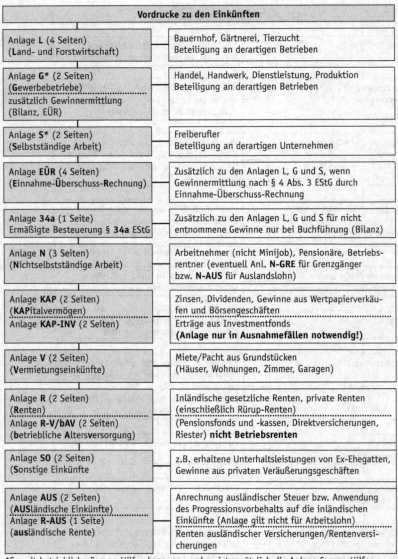

Vordrucke zu den Einkünften	
Anlage **L** (4 Seiten) (**L**and- und Forstwirtschaft)	Bauernhof, Gärtnerei, Tierzucht Beteiligung an derartigen Betrieben
Anlage **G*** (2 Seiten) (**G**ewerbebetriebe) zusätzlich Gewinnermittlung (Bilanz, EÜR)	Handel, Handwerk, Dienstleistung, Produktion Beteiligung an derartigen Betrieben
Anlage **S*** (2 Seiten) (**S**elbstständige Arbeit)	Freiberufler Beteiligung an derartigen Unternehmen
Anlage **EÜR** (4 Seiten) (**E**innahme-**Ü**berschuss-**R**echnung)	Zusätzlich zu den Anlagen L, G und S, wenn Gewinnermittlung nach § 4 Abs. 3 EStG durch Einnahme-Überschuss-Rechnung
Anlage **34a** (1 Seite) Ermäßigte Besteuerung § **34a** EStG	Zusätzlich zu den Anlagen L, G und S für nicht entnommene Gewinne nur bei Buchführung (Bilanz)
Anlage **N** (3 Seiten) (**N**ichtselbstständige Arbeit)	Arbeitnehmer (nicht Minijob), Pensionäre, Betriebs- rentner (eventuell Anl. **N-GRE** für Grenzgänger bzw. **N-AUS** für Auslandslohn)
Anlage **KAP** (2 Seiten) (**KAP**italvermögen) Anlage **KAP-INV** (2 Seiten)	Zinsen, Dividenden, Gewinne aus Wertpapierverkäu- fen und Börsengeschäften Erträge aus Investmentfonds **(Anlage nur in Ausnahmefällen notwendig!)**
Anlage **V** (2 Seiten) (**V**ermietungseinkünfte)	Miete/Pacht aus Grundstücken (Häuser, Wohnungen, Zimmer, Garagen)
Anlage **R** (2 Seiten) (**R**enten) Anlage **R-V/bAV** (2 Seiten) (betriebliche **A**ltersversorgung)	Inländische gesetzliche Renten, private Renten (einschließlich Rürup-Renten) (Pensionsfonds und -kassen, Direktversicherungen, Riester) **nicht Betriebsrenten**
Anlage **SO** (2 Seiten) (**S**onstige Einkünfte	z.B. erhaltene Unterhaltsleistungen von Ex-Ehegatten, Gewinne aus privaten Veräußerungsgeschäften
Anlage **AUS** (2 Seiten) (**AUS**ländische Einkünfte) Anlage **R-AUS** (1 Seite) (**aus**ländische Rente)	Anrechnung ausländischer Steuer bzw. Anwendung des Progressionsvorbehalts auf die inländischen Einkünfte (Anlage gilt nicht für Arbeitslohn) Renten ausländischer Versicherungen/Rentenversi- cherungen

*Soweit betriebliche Corona-Hilfen bezogen wurden, ist zusätzlich die Anlage Corona-Hilfen auszufüllen.

Eine Kurzübersicht über die auf dem jeweiligen Vordruck notwendigen Eintragungen finden Sie jeweils vor den ausführlichen Erläuterungen zum Ausfüllen des jeweiligen Vordrucks.

1.3.3 Wie werden die Vordrucke ausgefüllt?

Den maschinell lesbaren Vordrucken sind Ausfüllhinweise beigefügt. Eine maschinelle Erfassung und Bearbeitung der Steuererklärung ist nur möglich, wenn Sie diese Ausfüllhinweise beachten.

 TIPP

Name und Steuernummer sind auf jeder Anlage sinnvoll

Tragen Sie unbedingt in der Kopfzeile jeder Anlage Ihren Namen und Ihre Steuernummer ein. Sie verhindern so, dass Anlagen nicht zugeordnet werden können und verloren gehen.

In den grünen Bereichen der Vordrucke sollten Sie keine Eintragungen oder Erläuterungen vornehmen. Soweit Sie Ihre Angaben erläutern wollen oder der in den Vordrucken vorgesehene Platz nicht ausreicht, verwenden Sie dafür ein gesondertes Blatt und weisen Sie durch eine entsprechende Eintragung in Zeile 38 (Kennzahl 175) auf der Rückseite des Hauptvordrucks darauf hin. Eine saubere Aufstellung Ihrer Kosten und sortierte Belege erleichtern und beschleunigen die Bearbeitung – insbesondere die Prüfung Ihrer Angaben auf Schlüssigkeit und rechnerische Richtigkeit.

1.4 Wie ordne ich meine Belege und welche Kosten kann ich wo eintragen?

Belegcheck

Die folgende, in alphabetischer Reihenfolge sortierte Tabelle mit häufig vorkommenden Kosten ermöglicht es Ihnen, Ihre Belege zu ordnen, und gibt an, wo in der Steuererklärung Sie die zugrunde liegenden Ausgaben eintragen können. Weitere Informationen zu den Kosten und dem steuerlichen Abzug finden Sie bei Bedarf in den Erläuterungen zu dem jeweiligen Vordruck.

Kostenbeleg	Steuererklärung	Abzug
Abflussrohrreinigung		
• selbst genutztes Haus/ Wohnung	Anlage Haushaltsnahe Aufwendungen	Steuerermäßigung
• vermietetes Haus/Wohnung	Anlage V	Werbungskosten
Arbeitsmittel/Fachliteratur	Anlage N, S. 2	Werbungskosten
Arbeitszimmer	Anlage N, S. 2	Werbungskosten
Ausbildungskosten		
• eigene Ausbildung/Ehegatte	Anlage Sonderausgaben	Sonderausgaben
• eines Kindes	Anlage Kind, S. 2	außergewöhnliche Belastungen
Bestattungskosten	Anlage Außergewöhnliche Belastungen	außergewöhnliche Belastungen
Erhaltungsaufwendungen/ Instandsetzung/ Reparatur/energetische Maßnahmen		
• selbst genutztes Haus/ Wohnung	Anlage Haushaltsnahe Aufwendungen bzw. Anlage Energetische Maßnahmen	Steuerermäßigung Steuerermäßigung
• vermietetes Haus/Wohnung	Anlage V, S. 2	Werbungskosten
Fahrtkosten		
• beruflich	Anlage N, S. 2, 3, 4	Werbungskosten
• vermietetes Haus/Wohnung	Anlage V, S. 2	Werbungskosten
• Behinderung	Anlage Außergewöhnliche Belastungen	außergewöhnliche Belastungen
Fortbildungskosten (vgl. auch Reisekosten)	Anlage N, S. 3	Werbungskosten
Führerschein (behinderte Menschen)	Anlage Außergewöhnliche Belastungen	außergewöhnliche Belastungen
Gartengestaltung		
• selbst genutztes Haus/ Wohnung	Anlage Haushaltsnahe Aufwendungen	Steuerermäßigung
• vermietetes Haus/Wohnung	Anlage V, S. 2	Werbungskosten
Gartenpflege		
• selbst genutztes Haus/ Wohnung	Anlage Haushaltsnahe Aufwendungen	Steuerermäßigung
• vermietetes Haus/Wohnung	Anlage V, S. 2	Werbungskosten

Kostenbeleg	Steuererklärung	Abzug
Hausarbeit/Hausreinigung durch Fremdfirma (putzen, kochen, waschen, bügeln)	Anlage Haushaltsnahe Aufwendungen	Steuerermäßigung
Hausaufgabenbetreuung Kind	Anlage Kind, S. 3	Sonderausgaben
Haushaltshilfe/Haushälterin (angestellt/Minijob)	Anlage Haushaltsnahe Aufwendungen	Steuerermäßigung
Heimkosten	Anlage Haushaltsnahe Aufwendungen Anlage Außergewöhnliche Belastungen	Steuerermäßigung außergewöhnliche Belastungen
Kinderbetreuungskosten	Anlage Kind, S. 3	Sonderausgaben
Kindergartenbeitrag	Anlage Kind, S. 3	Sonderausgaben
Kontoführung • beruflich • vermietetes Haus/Wohnung	 Anlage N, S. 2 Anlage V, S. 2	 Werbungskosten Werbungskosten
Krankheitskosten (Eigenanteil Arznei, Brille, Hörgerät, Zahnersatz, Kur)	Anlage Außergewöhnliche Belastungen	außergewöhnliche Belastungen
Krankenversicherung • eigene bzw. Ehegatte • Kind • Ex-Ehegatten (bzw. getrennt) • andere unterstützte Personen	 Anlage Vorsorgeaufw. Anlage Kind, S. 2 Anlage Sonderausgaben Anlage Unterhalt, S. 1	 Sonderausgaben Sonderausgaben Sonderausgaben außergewöhnliche Belastungen
Mitgliedsbeiträge • Verein, Partei • Gewerkschaft, Berufsverband • Haus-/Grundbesitzerverein • Lohnsteuerhilfe	 Anlage Sonderausgaben Anlage N, S. 2 Anlage V, S. 2 Anlage N, S. 2	 Sonderausgaben Werbungskosten Werbungskosten Werbungskosten
Pflegekosten	Anlage Außergewöhnliche Belastungen Anlage Haushaltsnahe Aufwendungen	außergewöhnliche Belastungen Steuerermäßigung
Reisekosten (beruflich)	Anlage N, S. 3	Werbungskosten
Renovierung • selbst genutztes Haus/Wohnung • vermietetes Haus/Wohnung • Arbeitszimmer	 Anlage Haushaltsnahe Aufwendungen Anlage V, S. 2 Anlage N, S. 2	 Steuerermäßigung Werbungskosten Werbungskosten

Kostenbeleg	Steuererklärung	Abzug
Reparatur		
• Haushaltsgeräte	Anlage Haushaltsnahe Aufwendungen	Steuerermäßigung
• Fahrzeug (berufliche Fahrt)	Anlage N, S. 2	Werbungskosten
Riester-Versicherungsbeiträge	Anlage AV	Zulage/ Sonderausgaben
Rürup-Versicherungsbeiträge	Anlage Vorsorgeaufwand, S. 1	Sonderausgaben
Schulgeld		
• eigene Schulausbildung	Anlage Sonderausgaben	Sonderausgaben
• für Kind	Anlage Kind, S. 2	Sonderausgaben
Spende	Anlage Sonderausgaben	Sonderausgaben
Steuerberatungskosten	Anlage N, R, V, S. 2	Werbungskosten
Steuerbescheinigung		
• Zinsen	Anlage KAP, S. 2	Steueranrechnung
Studiengebühr		
• eigenes Studium	Anlage Sonderausgaben	Sonderausgaben
Telefonkosten		
• berufliche Telefonate	Anlage N, S. 2	Werbungskosten
• Mieter	Anlage V, S. 2	Werbungskosten
Umzugskosten		
• privater Umzug	Anlage Haushaltsnahe Aufwendungen	Steuerermäßigung
• beruflich bedingter Umzug	Anlage N, S. 2	Werbungskosten
Unfallkosten		
• berufliche Fahrt	Anlage N, S. 2	Werbungskosten
Unterhaltszahlungen		
• getrennt lebender/ geschiedener Ehegatte	Anlage Sonderausgaben	Sonderausgaben
• nicht steuerlich berücksichtigungsfähige Kinder	Anlage Unterhalt	außergewöhnliche Belastungen
• andere Personen	Anlage Unterhalt	außergewöhnliche Belastungen
Versicherungen		
• beruflich (z. B. Berufshaftpflicht)	Anlage N, S. 2	Werbungskosten
• vermietetes Haus/Wohnung	Anlage V, S. 2	Werbungskosten
• privat (außer Rechtsschutz und Sachversicherungen)	Anlage Vorsorgeaufwand	Sonderausgaben

Kostenbeleg	Steuererklärung	Abzug
Wartung (Heizung, Tankreinigung, Sanitäranlagen, Fahrstuhl, Feuerlöscher)		
• selbst genutztes Haus/ Wohnung	Anlage Haushalts-nahe Aufwendun-gen	Steuerermäßigung
• vermietetes Haus/Wohnung	Anlage V	Werbungskosten
Zweiter Haushalt (beruflich)	Anlage N, S. 4	Werbungskosten

1.5 Praktische Tipps

Behalten Sie für sich von jedem ausgefüllten Formular, jeder eingereichten Kostenaufstellung und jedem Schreiben an Ihr Finanzamt ein Doppel zurück bzw. speichern Sie die gemachten Angaben auf Ihrem Rechner und drucken Sie sich die Steuererklärung ggf. aus.

Legen Sie die Unterlagen jahrgangsweise, am besten durch Trennblätter geordnet, in einem Ordner „Finanzamt" oder „Steuern" ab. Sie erleichtern sich so die Überprüfung Ihres Steuerbescheids und das Ausfüllen der Steuererklärung für die Folgejahre.

Falls das Finanzamt Belege anfordert: Vermeiden Sie zu Ihrer Sicherheit, sofern es nicht zwingend erforderlich ist (wie z.B. bei Steuerbescheinigungen von Banken), Verträge oder Schriftstücke im Original an das Finanzamt zu schicken. Eine Fotokopie genügt in den meisten Fällen als Nachweis.

1.6 Wie berechnet sich das zu versteuernde Einkommen?

Hinweis: Wichtiges zum Thema „Steuerberechnung" finden Sie auf http://mybook.haufe.de unter „Der Steuerkalkulator".

2 Hauptvordruck (ESt1A, Mantelbogen)

2.1 Allgemein

 WICHTIG

Hauptvordruck muss immer ausgefüllt werden

Der **Hauptvordruck** mit den **persönlichen Daten** und der **Bankverbindung**, muss immer ausgefüllt werden. Außerdem ist die **eigenhändige Unterschrift** auf Seite 2 notwendig. Welche weiteren Formulare Sie außer dem Hauptvordruck noch benötigen, sehen Sie im **Formularwegweiser** auf einen Blick. Vertiefend siehe → Rund um die Einkommensteuererklärung.

Überblick

Im Bedarfsfall ausfüllen	
Seite 1	Angaben zur Person (Zeilen 7–16), zum Familienstand (Zeile 17), zum Ehegatten bei Zusammenveranlagung (Zeilen 18–27) und zur Ehegattenveranlagung (Zeile 28)
Seite 2	Angaben zur Bankverbindung (Zeilen 31–34)
	Einzelempfangsvollmacht (Zeilen 35–41) Hier sind die Angaben zu der Person zu machen, der der Einkommensteuerbescheid 2020 zugesandt werden soll.
	Sonstige Angaben und Anträge (Zeilen 42–45) Hier geht es im Wesentlichen um die Festsetzung der Arbeitnehmer-Sparzulage, um **Einkommensersatz** (z. B. Eltern-, Kranken-, Mutterschaftsgeld), der **nicht** i. Z. m. entgangenem Arbeitslohn (vgl. **Anlage N**) steht. Weitere Angaben über die Steuererklärungsvordrucke hinaus können über „Ergänzende Angaben zur Steuererklärung" gemacht werden (Zeile 45).

2.2 Grundangaben (Seite 1)

→ ZEILEN 1–5, 7, 18
Art der Erklärung, Steuernummer, Identifikationsnummer

Kreuzen Sie in den Zeilen 1 und 2 an, ob Sie neben der Veranlagung zur Einkommensteuer weitere Anträge stellen (z. B. Erklärung zur Feststellung des verbleibenden Verlusts). Tragen Sie in Zeile 3 Ihre Steuernummer sowie in den Zeilen 7 und 18 Ihre steuerliche Identifikationsnummer ein. Die Steuernummer und Ihren Namen sollten Sie zur Sicherheit außerdem in der auf jeder Anlage vorhandenen Kopfzeile vermerken.

2.3 Persönliche Angaben

→ ZEILEN 7–27
**Persönliche
Angaben**

Tragen Sie Ihre persönlichen Daten ein. Die Angaben zur Ehefrau haben Bedeutung für die Art der Steuerveranlagung und den anzuwendenden Steuertarif.

Bei **gleichgeschlechtlichen Ehen** (Ehe für alle) und bei **Lebenspartnern**, die **nach dem Lebenspartnerschaftsgesetz** (LPartG) eine Lebenspartnerschaft begründet und nicht in eine Ehe umgewandelt haben, muss sich im Falle der Zusammenveranlagung in den Zeilen 7 bis 16 als **Person A** die Person eintragen, die nach alphabetischer Reihenfolge des Nachnamens an erster Stelle steht; bei Namensgleichheit nach alphabetischer Reihenfolge des Vornamens; bei Gleichheit des Vornamens nach dem Alter der Personen (ältere Person).

Hinweis: Wichtiges zum Thema „Altersentlastungsbetrag" für Personen, die vor dem Vz. 2020 das 64. Lebensjahr vollendet haben, finden Sie auch auf http://mybook.haufe.de unter „Weiterführende steuerliche Informationen".

→ ZEILE 17
Familienstand

Ihre Angaben zum Familienstand bestimmen, ob eine Einzel- oder eine Ehegattenveranlagung zur Einkommensteuer durchgeführt wird und haben damit Bedeutung für den anzuwendenden Steuertarif. Wenn Ihr Ehegatte im Vorjahr (2019) verstorben ist, führt das Finanzamt für 2020 zwar eine Einzelveranlagung durch, berechnet aber die Steuer (letztmals) nach dem für Sie günstigeren Splittingtarif.

→ ZEILE 28
**Veranlagungs-
arten**

Ehegatten, die beide im Inland wohnen und nicht getrennt leben, können zwischen den genannten Ehegattenveranlagungsarten durch Ankreuzen wählen. Vertiefend siehe → Ehegattenveranlagung.

2.4 Bankverbindung (Seite 2)

→ ZEILEN 31–34
Bankverbindung

Die Finanzämter erstatten nur unbar. Bei fehlender oder unvollständiger Bankverbindung verzögert sich die Steuerrückzahlung. Bitte beachten Sie, dass der bargeldlose Zahlungsverkehr und damit die Erstattung nur möglich ist, wenn dem Finanzamt die IBAN und bei Auslandsüberweisung zusätzlich die BIC bekannt sind.

WICHTIG

Kontoänderung mitteilen

Teilen Sie dem Finanzamt unverzüglich, auch zwischen den Steuererklärungen, schriftlich mit, wenn sich die von Ihnen angegebene Bankverbindung geändert hat, damit eine Erstattung schnell durchgeführt werden kann.

2.5 Vollmacht

→ ZEILEN 35–41
Empfangsvollmacht

Hier können Sie z. B. Ihren Steuerberater zur Entgegennahme Ihres Steuerbescheids bevollmächtigen oder sich den Steuerbescheid an eine von den Eintragungen in den Zeilen 11–14 abweichende Anschrift (z. B. Zweitwohnsitz) schicken lassen. Beachten Sie, dass die Eintragungen nur für den Einkommensteuerbescheid und eventuelle Änderungsbescheide des Jahres 2020 gelten (Einmalvollmacht). Möchten Sie, dass Bescheide und andere Schreiben immer an Ihren Steuerberater gerichtet werden, benötigt das Finanzamt eine Dauerzustellungsvollmacht.

2.6 Sonstige Angaben und Anträge

→ ZEILE 42
Festsetzung der Arbeitnehmersparzulage

Liegen eine oder mehrere vermögensbildende Anlagen vor, kann hier die Festsetzung der Arbeitnehmer-Sparzulage durch Eintragung einer „1" beantragt werden. Die notwendigen Daten werden von Ihrem Anbieter durch eine elektronische Vermögensbildungsbescheinigung (vL-Meldung) an das Finanzamt übermittelt. Anspruch auf Arbeitnehmer-Sparzulage für diese vermögenswirksamen Leistungen besteht aber nur, wenn bestimmte Einkommensgrenzen nicht überschritten sind.

→ eZEILE 43
UND ZEILE 44
Einkommensersatzleistungen

Die als Ersatz von Einkommen gezahlten Beträge (z. B. gezahltes Eltern-, Kranken-, Mutterschaftsgeld bei Gewerbetreibenden und Freiberuflern), die nicht durch den Arbeitgeber ausbezahlt wurden, sind zwar steuerfrei, bewirken jedoch, dass die steuerpflichtigen Einkünfte mit einem höheren Steuersatz (Progressionsvorbehalt) besteuert werden. In die eZeile 43 gehören steuerfreie Einkommensersatzleistungen aus dem Inland, in die Zeile 44 solche aus den EU-/EWR-Staaten oder der Schweiz. Haben Sie als **Arbeitnehmer** derartige Leistungen (z. B. Kurzarbeitergeld) durch den Arbeitgeber erhalten, müssen Sie deren Höhe nicht hier, sondern auf der **Anlage N**, angeben.

→ ZEILE 45
Ergänzende Angaben zur Steuererklärung/ qualifiziertes Freitextfeld

Möchten Sie ergänzende Angaben zu anderen Vordrucken Ihrer Steuererklärung machen (z. B. Anlage Vorsorgeaufwand – eigene Versicherungsbeiträge für mehrere andere Personen), weil dort keine entsprechenden Eintragungsmöglichkeiten vorgesehen sind oder Sie ergänzende Angaben für den Bearbeiter für notwendig erachten, tragen Sie hier die „1" ein und fügen der Steuererklärung in Papierform eine formlose Anlage mit der Überschrift „Ergänzenden Angaben zur Steuererklärung" hinzu.

Bei elektronisch übermittelten Einkommensteuererklärungen (ELSTER) öffnet sich im Elster-Formular ein Textfeld, in dem die entsprechenden abweichenden Angaben, Sachverhalte oder die von der Verwaltungsauffassung abweichende Rechtsauffassung eintragen können.

Bitte beachten Sie: Wenn Sie ergänzende Angaben zur Steuererklärung abgeben, wird Ihre Steuererklärung auf jeden Fall persönlich von einem Finanzbeamten überprüft. Damit verbunden sind oft Rückfragen und eine längere Bearbeitungszeit.

Eine Überprüfung erfolgt sonst nur noch, soweit Ihre Steuererklärung mit einem Hinweis vom maschinellen Risikomanagementsystem zur personellen Bearbeitung ausgewählt wurde.

Anlage WA-ESt – Auslandswohnsitz und ausländische Einkünfte

Hatten Sie in 2020 zumindest zeitweise keinen Wohnsitz im Inland oder wohnt Ihr Ehegatte im EU-Ausland, müssen Sie die **Anlage WA-ESt** dem Hauptvordruck beifügen und ggf. ausländische Einkünfte erklären.

→ ZEILEN 46–47
Unterschrift und Mitwirkung Steuerberater

Die Einkommensteuererklärung muss eigenhändig unterschrieben werden; bei Zusammenveranlagung von Ehegatten müssen beide unterschreiben. Bei über das Internet versandten Erklärungen (ELSTER-Erklärung) wird die Unterschrift durch eine bereits durchgeführte Authentifizierung (digitale Unterschrift) ersetzt.

In Zeile 46 ist eine „1" einzutragen, wenn ein Steuerberater die Erklärung erstellt hat.

✔ **Checkliste Hauptvordruck**

Folgende Abzugsmöglichkeit geprüft? Vgl. Ausfüllhinweise zur Zeile!

Haben Sie Ihren Anspruch auf Arbeitnehmer-Sparzulage geprüft? (Zeile 42)   ☐

Haben Sie von Dritten steuerfreie Zahlungen erhalten? (Zeilen 43–44)   ☐

3 Anlage Sonderausgaben

3.1 Allgemein

 WICHTIG

Andere Sonderausgaben

Sonderausgaben werden in Vorsorgeaufwendungen (Versiche-rungsaufwendungen) und andere Sonderausgaben unterteilt. Die als Sonderausgaben abziehbaren Versicherungsaufwen-dungen sind in der **Anlage Vorsorgeaufwand** einzutragen. Zu den Sonderausgaben, die keine Vorsorgeaufwendungen sind, gehören auch Kinderbetreuungskosten und Schulgeld für den Besuch von Privatschulen. Diese Aufwendungen tra-gen Sie bitte in die **Anlage(n) Kind** ein. Die anderen Sonder-ausgaben gehören hier in die **Anlage Sonderausgaben**. Ver-tiefend siehe → Sonderausgaben, → Versicherungen und → Spenden.

Überblick

Im Bedarfsfall ausfüllen	
Seite 1	**Sonderausgaben** Zu den abziehbaren Sonderausgaben – ohne Vorsorgeaufwen-dungen und ohne Kinderbetreuungskosten oder Schulgeld – gehören: • gezahlte Kirchensteuer • Zuwendungen (Mitgliedsbeiträge und Spenden) an politi-sche Parteien, unabhängige Wählervereinigungen oder steuerbegünstigte Organisationen. Diese werden teilweise durch eine Steuerermäßigung steuerlich gefördert. • Kosten für die Berufsausbildung des Steuerpflichtigen oder des Ehegatten • gezahlte Versorgungsleistungen bei Vermögensübergabe und • Unterhaltsleistungen an den geschiedenen oder dauernd getrenntlebenden Ehegatten • Versorgungsausgleichszahlungen bei geschiedenen Ehe-gatten

3.2 Abziehbare Sonderausgaben

Sonderausgaben-Pauschbetrag

Haben Sie keine oder nur ganz geringe in der Anlage Sonderausgaben aufgeführten Aufwendungen, wird für diese Sonderausgaben ein Pauschbetrag von 36 €, bzw. 72 € bei Zusammenveranlagung von Ehegatten, berücksichtigt (§ 10c EStG).

→ ZEILE 4
Kirchensteuer, Kirchgeld

Hier tragen Sie alle im Veranlagungsjahr von Ihnen oder Ihrem Ehegatten tatsächlich gezahlten Kirchensteuern (siehe Lohnsteuer-Bescheinigung, Vorauszahlungen, Nachzahlungen für Vorjahre) und das Kirchgeld ein. Die von Banken einbehaltene Kirchensteuer auf Kapitalerträge ist nicht als Sonderausgabe abzugsfähig, wenn die Kapitalerträge mit dem Abgeltungsteuersatz i. H. v. 25 % besteuert werden. Vertiefend siehe → Kapitalanlagen und → Sonderausgaben. Werden Kapitalerträge mit der tariflichen Einkommensteuer (Steuersatz unter oder über 25 %) besteuert, gehört die bezahlte Kirchensteuer zu den Sonderausgaben. Freiwillig gezahlte Gelder an Kirchengemeinden gehören zu den abzugsfähigen Spenden (Anlage Sonderausgaben, Zeile 5).

→ ZEILEN 5–12
Zuwendungen, Spenden, Mitgliedsbeiträge

Der Vordruck unterscheidet zwischen vier Arten von Zuwendungen: Parteizuwendungen (Zeile 7), Zuwendungen an unabhängige Wählervereinigungen (Zeile 8), Spenden in den Vermögensstock einer Stiftung (Zeilen 9–12) und Zuwendungen für gemeinnützige, mildtätige und kirchliche Zwecke (Zeile 5). Begünstigt sind ggf. auch Zuwendungen an gemeinnützige Organisationen im EU-Ausland (Zeile 6). Haben Sie mehrfach gespendet, listen Sie die Beträge mit Angabe des jeweiligen Empfängers auf einem gesonderten Blatt einzeln auf. Einzelheiten Vertiefend siehe → Spenden. Ein verbleibender Spendenvortrag aus dem Vorjahr kann in der **Anlage Sonstiges**, Zeile 6, geltend gemacht werden.

→ ZEILEN 7–8
Zuwendungen an Parteien und unabhängige Wählervereinigungen

Für Spenden und Mitgliedsbeiträge an politische Parteien oder unabhängige (freie) Wählervereinigungen wird eine Steuerermäßigung berechnet, die direkt von der Einkommensteuer abgezogen wird. Für hohe Parteispenden kann zusätzlich ein Sonderausgabenabzug in Betracht kommen. Vertiefend siehe → Spenden.

→ ZEILEN 9–12
Stiftungsspenden

Spenden in den Vermögensstock einer Stiftung können bis zu 1 Mio. Euro (bei Zusammenveranlagung bis 2 Mio. Euro) auf bis zu zehn Jahre beliebig verteilt als Sonderausgaben geltend gemacht werden. Die 2020 zugewendeten Beträge tragen Sie bitte in die Zeilen 9–10 ein. In Zeile 11 bestimmen Sie, welchen Anteil davon Sie im Jahr 2020 abziehen. In Zeile 12 können Sie den Abzug entsprechender noch nicht berücksichtigter Zuwendungen aus Vorjahren im Jahr 2020 geltend machen. Andere (nicht in den Vermögensstock eingebrachte) Stiftungsspenden gehören in die Zeile 5.

→ ZEILEN 13–14
**Eigene Berufs-
ausbildungs-
kosten**

Abzugsfähig sind alle Aufwendungen i. Z. m. der Erstausbildung oder dem Erststudium des Steuerpflichtigen oder seines Ehegatten bis maximal 6.000 € (pro Person). Einzelheiten zum Sonderausgabenabzug, insbesondere zur Abgrenzung gegenüber Betriebsausgaben und Werbungskosten: Vertiefend siehe → Ausbildung und Studium.

→ ZEILEN 15–18
**Gezahlte Versor-
gungsleistungen,
Renten,
dauernde Lasten**

Zahlen Sie eine Versorgungsleistung, z. B. Rente oder eine sog. dauernde Last (rentenähnliche Zahlungen) aufgrund einer vertraglichen Verpflichtung (im Regelfall als Gegenleistung für die Übertragung von (Betriebs-)Vermögen im Rahmen einer Vermögensübergabe oder vorweggenommenen Erbfolge), können Sie unter bestimmten Voraussetzungen die gezahlten Beträge als Sonderausgaben geltend machen. Vertiefend siehe → Renten. Wenn Sie den Sonderausgabenabzug erstmals geltend machen, legen Sie Ihrer Steuererklärung eine Kopie des der Zahlung zugrunde liegenden Vertrags bei.

→ ZEILEN 19–20
**Unterhalt an den
geschiedenen
oder dauernd ge-
trennt lebenden
Ehegatten/
Lebenspartner**

Unterhaltsleistungen an den geschiedenen oder dauernd getrennt lebenden Ehegatten sind mit dessen Zustimmung (amtlicher Vordruck **Anlage U**) und unter Angabe dessen steuerlicher Identifikationsnummer bis zu 13.805 € als Sonderausgaben abzugsfähig. Vertiefend siehe → Unterhaltszahlungen. Wegen einer möglichen Erhöhung des Höchstbetrags sind die Beiträge zur (Basis-)Kranken- und Pflegeversicherung des unterhaltenen Ehegatten gesondert anzugeben, und zwar unabhängig davon, wer Versicherungsnehmer ist und wer die Beiträge zahlt. Stimmt der Empfänger der Unterhaltsleistungen dem Sonderausgabenabzug **nicht** zu, ist der Abzug der Unterhaltszahlungen als außergewöhnliche Belastungen (**Anlage Unterhalt**) zu prüfen. Der Abzug ist dabei nur bis zu einem jährlichen Höchstbetrag i. H. v. 9.408 € (Jahr 2020) zuzüglich Basiskranken- und Pflegepflichtversicherungsbeiträgen der unterhaltenen Person möglich. Dieser Höchstbetrag vermindert sich, wenn der unterstützte Ehegatte eigene Einkünfte und Bezüge hat.

→ ZEILEN 21–23
**Versorgungsaus-
gleich – Aus-
gleichszahlungen**

Zum Versorgungsausgleich: Name und steuerliche Identifikationsnummer der empfangsberechtigten Person sind zu benennen.

Nur bei Ausgleichsleistungen zur **Vermeidung** eines Versorgungsausgleichs muss eine von beiden Ehegatten unterschriebene **Anlage U** mit der Steuererklärung eingereicht werden.

 Checkliste Anlage Sonderausgaben

**Folgende Abzugsmöglichkeit geprüft? Vgl. Ausfüllhin-
weise zur Zeile!**

Haben Sie alle Arten von Sonderausgaben geprüft? ☐
Abzugsfähig sind Aufwendungen für Unterhalt und den
Versorgungsausgleich des Ehegatten, Kirchensteuer, Kinderbetreuung, Berufsausbildung, Schulgeld sowie Spenden
und Mitgliedsbeiträge.

4 Anlage Außergewöhnliche Belastungen

4.1 Allgemein

 WICHTIG

Außergewöhnliche Belastungen

Die **Anlage Außergewöhnliche Belastungen** benötigen Sie in folgenden Fällen:

Sie möchten

- Pauschbeträge als behinderter Mensch oder Hinterbliebener

- Einen Pauschbetrag wegen unentgeltlicher Pflege eines hilflosen Menschen

- Aufwendungen wegen Krankheit, Pflege, Behinderung, Verlust von Hausrat aufgrund einer Naturkatastrophe oder Gebäudesanierung wegen Schadstoffbelastung oder andere außergewöhnliche Belastungen, z. B. Bestattungskosten,

steuerlich geltend machen.

Überblick

Im Bedarfsfall ausfüllen
Seite 1   **Behindertenpauschbetrag (Zeilen 4–9)** Zusätzlich zum Pauschbetrag sind Fahrtkosten und behinderungsbedingte Hausumbaukosten, abhängig vom Grad und der Art der Behinderung abzugsfähig Vertiefend siehe → Behinderte Menschen. **Hinterbliebenenpauschbetrag (Zeile 10)** **Pflegepauschbetrag (Zeilen 11, 12)** Begünstigt ist die unentgeltliche Pflege eines hilflosen Menschen (Merkzeichen H oder Pflegegrade 4 bzw. 5) **Andere Aufwendungen (Zeilen 13–18)** Andere außergewöhnliche Belastungen allgemeiner Art sind z. B. Kur-, Krankheits-, Pflege- und Bestattungskosten, Kosten einer Heimunterbringung, Fahrtkosten von behinderten Menschen, Wiederbeschaffung von durch eine Naturkatastrophe verloren gegangenen Hausrat, Aufwendungen zur Sanierung eines schadstoffbelasteten selbstbewohnten Hauses oder behinderungsbedingte Hausumbaukosten. Vertiefend siehe → Außergewöhnliche Belastung, → Krankheitskosten und → Pflegekosten/Heimunterbringung.

4.2 Außergewöhnliche Belastungen

→ ZEILEN 4–18
Außergewöhnliche Belastungen

Außergewöhnliche Belastungen werden in zwei Gruppen unterteilt. Die **Aufwendungen allgemeiner Art** nach § 33 EStG (s. o.) z. B. Krankheitskosten werden im EStG nur mit den allgemeinen Abzugsvoraussetzungen und nicht einzeln benannt. Sie sind in die Zeilen 13–19 einzutragen. Derartige Aufwendungen sind nur abzugsfähig, soweit sie eine bestimmte Höhe (zumutbare Eigenbelastung) übersteigen und kein Anspruch auf eine Kostenerstattung besteht. Außerdem kennt das Gesetz sog. **typisierte Einzelfälle** nach den §§ 33a bis 33b EStG (z. B. Pauschbetrag für behinderte Menschen oder Pflege-Pauschbetrag). Die Angaben dazu gehören in die Zeilen 4–12. Vertiefend siehe → Außergewöhnliche Belastung, → Krankheitskosten und → Pflegekosten/Heimunterbringung.

Zu den typisierten Einzelfällen zählen auch der Freibetrag wegen auswärtiger Unterbringung eines volljährigen Kindes in Berufsausbildung (Ausbildungsfreibetrag), zu beantragen auf Seite 3 der → Anlage Kind und die Zahlung von Unterhalt; siehe → Anlage Unterhalt.

Sämtliche außergewöhnliche Belastungen werden vom Finanzamt **nur auf Antrag** (d. h. mit Eintragung im Vordruck) berücksichtigt.

→ ZEILEN 4–9
Behinderte Menschen

Behinderte Menschen können auf Antrag neben einem Pauschbetrag zusätzliche steuerliche Vergünstigungen (z. B. bei den Fahrtkosten zwischen Wohnung und erster Tätigkeitsstätte; siehe Anlage N, Zeilen 35–38) oder Privatfahrten erhalten. Vertiefend siehe → Behinderte Menschen.

Die Steuervergünstigungen (Pauschbetrag, abzugsfähige Fahrtkosten) hängen vom Grad der Behinderung und den Merkzeichen im Schwerbehindertenausweis ab. Deshalb müssen Sie bei erstmaliger Antragstellung oder Änderung den Grad der Behinderung nachweisen. Vertiefend siehe → Behinderte Menschen.

Die behinderten Kindern zustehenden Vergünstigungen können auf die Eltern übertragen werden. Die Übertragung muss auf der **Anlage Kind** beantragt werden.

Statt des Pauschbetrags können die tatsächlichen behinderungsbedingten Mehraufwendungen auch (auf Nachweis) als allgemeine außergewöhnliche Belastungen (Zeile 15) geltend gemacht werden.

→ ZEILE 10 **Hinterbliebene**	Als Hinterbliebener gelten Sie, wenn Sie laufende Hinterbliebenenbezüge (z. B. aufgrund des Bundesversorgungsgesetzes oder aus der gesetzlichen Unfallversicherung) erhalten.
→ ZEILEN 11, 12 **Pflege- pauschbetrag**	Einen Pflegepauschbetrag von 924 € jährlich können Sie hier beantragen, wenn Sie **persönlich** einen hilflosen Menschen (**Merkzeichen „H", Pflegegrad 4 oder 5** erforderlich) unentgeltlich in Ihrer oder in dessen Wohnung im Inland oder im EU-/EWR-Ausland pflegen. Vertiefend siehe → Pflegekosten/ Heimunterbringung und → Behinderte Menschen.
→ ZEILEN 13–18 **Andere außer- gewöhnliche Belastungen**	Anders als bei den Sonderausgaben sind die außergewöhnlichen Belastungen im Hauptvordruck mit Krankheitskosten (Zeile 13), Pflegekosten (Zeile 14) behinderungsbedingte Aufwendungen (Zeilen 15, 16), Bestattungskosten (Zeile 17) nur beispielhaft aufgeführt. Die Rspr. hat in vielen Einzelentscheidungen weitere Kostenarten anerkannt. Infrage kommen z. B. auch Aufwendungen der Heimunterbringung, Sanierungskosten für die eigengenutzte Wohnung bzw. das selbst bewohnte Haus, wenn von ihm eine konkrete Gesundheitsgefährdung ausgeht, der krankheits- bzw. behinderungsbedingte Umbau des eigenen Heims oder auch die Wiederbeschaffung von Hausrat und Kleidung nach Naturkatastrophen wie z. B. Orkan oder Hochwasser (Zeile 18). Vertiefend siehe → Außergewöhnliche Belastung, → Krankheitskosten und → Pflegekosten/Heimunterbringung.

Bereits erhaltener oder zu erwartender Kostenersatz (auch wenn erst in späteren Jahren gezahlt) von dritter Seite (z. B. durch eine Versicherung) mindert die abzugsfähigen Kosten und wird deshalb in den Zeilen 13-18 entsprechend abgefragt. Reicht die Vordruckzeile 18 nicht für alle Aufwendungen aus, stellen Sie die Kosten auf einem gesonderten Blatt zusammen.

Die Aufwendungen wirken sich steuerlich nur aus, soweit sie die sog. **zumutbare Eigenbelastung** übersteigen. Deren Höhe hängt vom Gesamtbetrag der Einkünfte und den persönlichen Verhältnissen (Familienstand, berücksichtigungsfähige Kinder) ab. Vertiefend siehe → Außergewöhnliche Belastung und → Krankheitskosten.

TIPP

Kosten beinhalten Pflegeleistungen und Handwerkerleistungen und haushaltsnahe Tätigkeiten

Soweit in den beantragten Kosten Aufwendungen für haushaltsnahe Beschäftigungsverhältnisse, Pflegeleistungen oder Handwerkerlohn (z. B. bei behindertengerechtem Wohnungsumbau) enthalten sind, können Sie für den wegen der zumutbaren Eigenbelastung nicht als außergewöhnliche Belastung abzugsfähigen Teil eine Steuerermäßigung nach § 35a EStG beantragen, indem Sie die entsprechenden Aufwendungen nochmals gesondert in den Zeilen 19–21 angeben. Die entsprechenden Beträge dürfen **nicht** zusätzlich in die **Anlage Haushaltsnahe Aufwendungen** eingetragen werden.

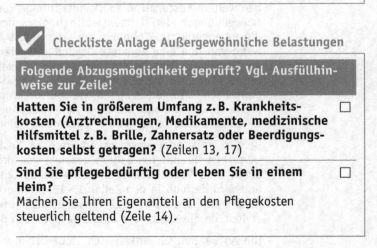

✔ **Checkliste Anlage Außergewöhnliche Belastungen**

Folgende Abzugsmöglichkeit geprüft? Vgl. Ausfüllhinweise zur Zeile!

Hatten Sie in größerem Umfang z. B. Krankheitskosten (Arztrechnungen, Medikamente, medizinische Hilfsmittel z. B. Brille, Zahnersatz oder Beerdigungskosten selbst getragen? (Zeilen 13, 17)   ☐

Sind Sie pflegebedürftig oder leben Sie in einem Heim?   ☐
Machen Sie Ihren Eigenanteil an den Pflegekosten steuerlich geltend (Zeile 14).

5 Anlage Haushaltsnahe Aufwendungen

5.1 Allgemein

 WICHTIG

§ 35a EStG

Steuerermäßigungen für haushaltsnahe Beschäftigungsverhältnisse, haushaltsnahe Dienstleistungen und Handwerkerleistungen gem. § 35a EStG können in der Anlage Haushaltsnahe Aufwendungen beantragt werden.

Überblick

Im Bedarfsfall ausfüllen	
Seite 1	**Angaben zum Steuerpflichtigen (Zeilen 1–3)** **Haushaltsnahe Beschäftigungsverhältnisse, Dienst-,** **Pflege- und Handwerkerleistungen (Zeilen 4–8)** Beantragen Sie hier die Steuerermäßigung für Haushaltshilfen, Heimunterbringung sowie Dienstleistungen (z. B. Pflege, Betreuung, Garten-, Reinigungsarbeiten) und Handwerker- leistungen rund um Ihren Privathaushalt. Vertiefend siehe → Haushaltsnahe Tätigkeiten/Dienstleistungen und → Pflegekosten/Heimunterbringung.

5.2 Haushaltsnahe Tätigkeiten

→ ZEILEN 4–8
**Haushaltshilfen,
Pflege, Heim-
kosten, Dienst-
leistungen,
Handwerker-
leistungen**

Sie können eine Steuerermäßigung (direkter Abzug von der
tariflichen Einkommensteuer) beantragen, wenn die Tätigkeiten im **eigenen Haushalt ausgeführt wurden. Auch die
Pflege in der eigenen Wohnung oder der Wohnung der zu
pflegenden Person** und die Unterbringung in einem Heim zur
dauernden Pflege oder aus Altersgründen sind begünstigt. Vertiefend siehe → Haushaltsnahe Tätigkeiten/Dienstleistungen.

 WICHTIG

**Konkurrenzregelung bei der Betreuung von Kindern und
bei Pflegekosten**

Für die Betreuung von Kindern, die das 14. Lebensjahr noch
nicht vollendet haben, im eigenen Haushalt gibt es keine

43

Steuerermäßigung, sondern den Sonderausgabenabzug (**Anlage Kind**, Seite 3).

Für **Pflegekosten** geht der Abzug als außergewöhnliche Belastungen nach § 33 EStG (**Anlage Außergewöhnliche Belastungen**) vor. Ein insoweit nicht abziehbarer Teil der Aufwendungen in Höhe der zumutbaren Belastung) kann zu einer Steuerermäßigung für haushaltsnahe Dienstleistungen oder für die Heimunterbringung führen. Vertiefend siehe → Pflegekosten/Heimunterbringung. Die Aufwendungen sind in der **Anlage Außergewöhnliche Belastungen** in den Zeilen 14–15 und 19–21 und **nicht** in der Anlage Haushaltsnahe Aufwendungen einzutragen.

→ ZEILE 4
Minijob im eigenen Haushalt

Sind Sie selbst Arbeitgeber und beschäftigen eine Haushaltshilfe im Rahmen eines **Minijobs** im eigenen Haushalt (Teilnahme am **Haushaltsscheckverfahren**), tragen Sie die Gesamtaufwendungen (ausgezahlter Lohn und alle an die Minijob-Zentrale abgeführten Beiträge) sowie die Art der Tätigkeit (z. B. Reinemachefrau, Küchen-, Haushaltshilfe, Kinderfrau) ein. Die am Jahresende von der Minijob-Zentrale erstellte Bescheinigung über die abgeführten Sozialabgaben ist aufzubewahren. Vertiefend siehe → Minijobs und → Haushaltsnahe Tätigkeiten/Dienstleistungen.

→ ZEILE 5
Reguläres Beschäftigungsverhältnis

Erfolgte die Anstellung im Rahmen eines regulären Arbeitsdienstverhältnisses, bei dem Pflichtbeiträge zur Sozialversicherung abgeführt werden, erfassen Sie hier die Art der Tätigkeit und die gesamten Lohnaufwendungen einschließlich Sozialversicherungsabgaben. Vertiefend siehe → Haushaltsnahe Tätigkeiten/Dienstleistungen.

→ ZEILE 5
Haushaltsnahe Dienstleistungen

Wenn Sie hauswirtschaftliche Tätigkeiten, z. B. die Reinigung Ihrer Wohnung, Gartenpflegearbeiten, einen privat veranlassten Umzug etc. von einem externen Dienstleister (Fachbetrieb) erledigen lassen, können Sie hier die Kosten der reinen Dienstleistung **ohne Material** (Lohnanteil, Fahrt und Maschinenkosten und Umsatzsteuer) eintragen.

→ ZEILE 5
Pflegeleistungen, Betreuung, Heimkosten

Pflege- und Betreuungsleistungen (Grundpflege) können geltend gemacht werden, unabhängig davon, ob die Leistungen in einem Heim, bei Ihnen zu Hause oder im Haushalt der zu pflegenden Person erbracht werden. Leben Sie oder Ihr Angehöriger krankheits- oder behinderungsbedingt in einem Heim (z. B. mit Pflegegrad oder Merkzeichen „H", „BL"), ist ein höherer Kostenabzug bei den außergewöhnlichen Belastungen (Anlage Außergewöhnliche Belastungen) möglich. Vertiefend siehe → Pflegekosten/Heimunterbringung , → Krankheitskosten und → Behinderte Menschen.

→ ZEILE 6–9
Handwerker-
leistungen

Aufwendungen für Handwerkerleistungen (**ohne Materialkosten**; nur Arbeitslohn, Fahrt- und Maschinenkosten zzgl. Umsatzsteuer) i. Z. m. dem eigenen Haushalt (eigene oder gemietete Wohnung) sind begünstigt. Dazu zählen sämtliche Renovierungs-, Erhaltungs- und Modernisierungsmaßnahmen ebenso wie alle Wartungen und Reparaturen rund ums Haus, z. B. auch die Reparatur von Haushaltsgeräten vor Ort oder die Wartung der Heizung sowie die Kosten für den Schornsteinfeger. Auch Aufwendungen für einen Anbau oder den Dachgeschossausbau bei einem bereits vorhandenen Haushalt sind begünstigt. In der Summe (Zeile 9) dürfen keine Materialkosten enthalten sein. Vertiefend siehe → Haushaltsnahe Tätigkeiten/Dienstleistungen.

 WICHTIG

Überweisung ist zwingend

Eine Steuerermäßigung für haushaltsnahe Dienst- und Handwerkerleistungen (Zeilen 5–8) ist nur möglich, wenn Sie eine **Rechnung** besitzen **und** der Rechnungsbetrag **nicht bar** (Zahlung durch Überweisung, Lastschrifteinzug, Kreditkarte etc.) bezahlt wurde. Eine Belegvorlage ist nur notwendig, wenn Sie vom Finanzamt dazu aufgefordert werden.

Unterschiedliche Höchstbeträge nebeneinander nutzen

Die richtige Zuordnung der unterschiedlichen Aufwendungen zu den Zeilen 4–8 ist wegen unterschiedlicher Höchstbeträge zu beachten. Allerdings können Sie die Höchstbeträge nebeneinander in Anspruch nehmen. Vertiefend siehe → Haushaltsnahe Tätigkeiten/Dienstleistungen.

→ ZEILEN 10–15
Aufteilung der
Höchstbeträge

Die Höchstbeträge sind haushaltsbezogen und ggf. auf mehrere Personen zu verteilen. Deshalb müssen Sie in Zeile 10–11 die Namen der Mitbewohner benennen.

Leben zwei Alleinstehende in einem gemeinsamen Haushalt, können sie die Höchstbeträge des § 35a EStG insgesamt nur einmal (einer allein, jeweils hälftig oder auf gemeinsamen Antrag beliebig verteilt) in Anspruch nehmen (Zeilen 12–14).

→ ZEILE 15
Einzelveran-
lagung von Ehe-
gatten/Lebens-
partnern

Begründen zwei bisher alleinstehende Steuerpflichtige mit eigenem Haushalt im Laufe des Vz. einen gemeinsamen Haushalt oder wird der gemeinsame Haushalt im Vz. in zwei getrennte Haushalte aufgelöst, kann jede Person ihre tatsächlichen Aufwendungen jeweils bis zur Höhe des vollen Höchstbetrags in Anspruch nehmen. Vertiefend siehe → Ehegattenveranlagung.

 Checkliste Anlage Haushaltsnahe Aufwendungen

Folgende Abzugsmöglichkeit geprüft? Vgl. Ausfüllhinweise zur Zeile!

Haben Sie in Ihrem eigenen oder gemieteten Haus ☐
bzw. Haushalt (einschl. Garten) Arbeiten durch
Beschäftigte, Dienstleister oder Handwerker ausführen
lassen?

6 Anlage Energetische Maßnahmen

Allgemein

 **WICHTIG**

Energetische Maßnahmen im selbst bewohnten Gebäude

Erstmals für 2020 kann für Aufwendungen für energetische Maßnahmen (Aufwendungen für den Neueinbau oder die Optimierung der Heizung, für die Wärmedämmung von Wänden, Dachflächen oder Geschossdecken sowie für die Erneuerung von Außentüren oder den Einbau einer Lüftungsanlage) i. Z. m. einem in der EU oder dem Europäischen Wirtschaftsraum belegenen und zu eigenen Wohnzwecken genutzten Gebäude(teil) eine Steuerermäßigung beantragt werden. Voraussetzung für die Steuerermäßigung ist, dass das begünstigte Objekt mindestens zehn Jahre alt ist und Sie für die Maßnahmen eine **Bescheinigung nach amtlich vorgeschriebenem Muster** vom ausführenden Fachunternehmen erhalten haben. Die Bescheinigung ist unabdingbare Voraussetzung und muss zusammen mit der Einkommensteuererklärung beim Finanzamt eingereicht werden. Sie sind im Besitz einer Rechnung und die Zahlungen sind unbar erfolgt (§ 35c EStG).

Wurden energetische Maßnahmen an verschiedenen Objekten (Grundstücken) durchgeführt, ist für jedes Objekt eine eigene Anlage Energetische Maßnahmen einzureichen.

Überblick

Im Bedarfsfall ausfüllen	
Seite 1	**Begünstigtes Objekt** **Allgemeine Angaben** zu Grundstück und Eigentümer **(Zeilen 1–8)** **Baubeginn** der energetischen Maßnahme **(Zeile 9)** **Aufwendungen für energetische Maßnahmen (Zeilen 10–19)** **Aufwendungen für einen staatlich anerkannten Energieberater (Zeile 20)** **Besondere Angabe bei Einbau eines Gasbrennwertkessels (Zeilen 21–22)** **Miteigentum (Zeilen 23–25)** **Abgrenzung zu den außergewöhnlichen Belastungen (Zeilen 26–27)**

Objektbezogene Angaben

In Zeile 4 ist der Herstellungsbeginn des Gebäudes einzutragen, damit das mindestens zehnjährige Alter des Objekts bestimmt werden kann. In Zeile 5 ist der Auslandsstaat zu benennen, wenn das Gebäude nicht im Inland belegen ist. Nur Objekte in der EU/im EWR sind begünstigt. Die in Zeile 8 abgefragten Flächenanteile dienen der Abgrenzung zwischen Betriebsausgabe oder Werbungskosten einerseits und der Steuerermäßigung für energetische Maßnahmen andererseits.

→ ZEILEN 10–19
Aufwendungen für energetische Maßnahmen

Die Aufwendungen weisen Sie durch eine vom ausführenden **Fachunternehmen** oder einer **Person mit der Berechtigung zur Ausstellung von Energieausweisen** ausgestellten Bescheinigung nach. Nicht begünstigt sind Aufwendungen, die als Betriebsausgaben, Werbungskosten, Sonderausgaben oder außergewöhnliche Belastungen abgezogen wurden. Die Steuerermäßigung ist außerdem ausgeschlossen, wenn Sie für die Aufwendungen eine Steuerermäßigung nach § 35a EStG (haushaltsnahe Aufwendungen) oder eine öffentliche Förderung (zinsverbilligte Darlehen oder steuerfreie Zuschüsse – z. B. KfW-Bank, BAFA, landeseigene Bank) in Anspruch nehmen.

→ ZEILE 20
Aufwendungen für einen Energieberater

Begünstigt sind die Aufwendungen nur, wenn der Energieberater mit der planerischen Begleitung oder Beaufsichtigung der energetischen Maßnahme beauftragt wurde. Der Energieberater muss als fachlich qualifiziert und zugelassen sein.

→ ZEILEN 21 UND 22
Nachweis von Gasbrennwertkesseln

Bei Einbau eines Gasbrennwertkessels mit Hybridisierung ist zu beachten, dass die Steuerermäßigung erst nach Abschluss der gesamten Maßnahme, Schlussrechnung und Nachweis der Hybridisierung (Zeile 22) möglich ist und die Aufwendungen auch in Zeile 15 enthalten sind.

→ ZEILEN 23–25
Miteigentum bei Wohnungseigentum

Bei Miteigentum des zu eigenen Wohnzwecken genutzten eigenen Gebäudeteils (begünstigtes Objekt) kann die Steuerermäßigung für das begünstigte Objekt insgesamt nur einmal in Anspruch genommen werden. In Zeile 23 ist der auf die Ehegatten bzw. eingetragene Lebenspartner entfallende Miteigentumsanteil in Prozent einzutragen. In die Zeilen 24 und 25 gehören die Daten der weiteren Miteigentümer.

→ ZEILEN 26 UND 27
Konkurrenzregelung

Sind energetische Maßnahmen an dem zu eigenen Wohnzwecken genutzten Gebäude(teil) anlässlich einer Katastrophe (z. B. durch Erdbeben, Überschwemmungen, Sturm, Hagel usw.) angefallen können Sie entweder einen Abzug als außergewöhnliche Belastung nach § 33 EStG geltend machen oder die Steuerermäßigung für energetische Maßnahmen nach § 35c EStG beantragen. Wenn Sie sich für die Steuerermäßigung entschieden und die Aufwendungen in die Zeilen 10 bis 19 eingetragen haben, tragen Sie diese bitte nochmals in die Zeilen 26 und 27 ein. Diese Beträge dürfen dann nicht zusätzlich in Zeile 18 der Anlage Außergewöhnliche Belastungen enthalten sein.

✔ Checkliste Anlage Energetische Maßnahmen

Folgende Abzugsmöglichkeit geprüft? Vgl. Ausfüllhinweise zur Zeile!

Haben Sie in Ihrem zu eigenen Wohnzwecken genutzten Haus oder in Ihrer eigengenutzten Eigentumswohnung Arbeiten zur Energieeinsparung ausführen lassen? ☐
Sie können für die oben genannten Aufwendungen eine Steuerermäßigung beantragen.

Haben Sie vom ausführenden Fachunternehmen die erforderliche Bescheinigung erhalten? ☐
Ohne diesen Nachweis kann die Steuerermäßigung nicht berücksichtigt werden.

Hat ein anerkannter Energieberater die Planung oder Bauausführung begleitet? ☐
Auch für diese Kosten gibt es die Steuerermäßigung.

7 Anlage Sonstiges

7.1 Allgemein

 WICHTIG

Anlage Sonstiges

Besondere Anträge zur Veranlagung für den Vz. 2020 können auf der Anlage Sonstiges gestellt werden.

Überblick

Im Bedarfsfall ausfüllen
Seite 1 Steuerermäßigung bei Belastung mit Erbschaftsteuer (Zeile 4) Steuerbegünstigung für schutzwürdige Kulturgüter (Zeile 5) Spendenvortrag (Zeile 6) Verlustabzug, Vorjahresverluste, Verlustrücktrag (Zeilen 7–8) Gesondert festgestellte negative Einkünfte nach § 2a EStG (Zeile 9) Freibetrag für bestandsgeschützte Altanteile an Investmentfonds (Zeile 10) Antrag zur Aufteilung der Abzugsbeträge bei Einzelveranlagung von Ehegatten/Lebens partnern (Zeile 11)

7.2 Sonstige Angaben und Anträge

→ ZEILE 4
Steuerermäßigung bei Belastung mit Erbschaftsteuer

Hier erfolgt nicht der Abzug der normalen Erbschaftsteuer. Die Steuerermäßigung kommt nur in **Ausnahmefällen** in Betracht, insbesondere bei:

- Forderungen des Rechtsvorgängers, die beim Erbfall der Erbschaftsteuer unterliegen und nach Übergang auf den Erben von diesem bei Zufluss als steuerpflichtige Einnahmen oder Betriebseinnahmen nochmals der Einkommensteuer unterliegen

- privaten Veräußerungsgeschäften i.S.d. § 23 EStG (z.B. Kauf und Verkauf privater Immobilien, die nicht eigenen Wohnzwecken gedient haben, innerhalb von 10 Jahren)

Die Steuerermäßigung kommt nur bei Erbschaft und nicht bei **Schenkung** in Betracht.

→ ZEILE 5
Steuerbegünstigung für schutzwürdige Kulturgüter

Aufwendungen für Herstellungs- und Erhaltungsmaßnahmen an eigenen schutzwürdigen Kulturgütern (z. B. Baudenkmäler, geschützte Gebäudegruppen, Gartenanlage sowie Sammlungen, die mindestens 20 Jahre im Eigentum der Familie stehen), die der wissenschaftlichen Forschung oder der Öffentlichkeit (ggf. auch entgeltlich) zugänglich gemacht werden, können teilweise wie Sonderausgaben abgezogen werden. Die Steuerbegünstigung gilt nur für Kulturgüter, die **weder zur Einkünfteerzielung noch zu eigenen Wohnzwecken genutzt** werden und nur, soweit sie nicht durch öffentliche oder private Zuschüsse gedeckt sind. Die Voraussetzungen sind durch eine Bescheinigung der zuständigen Behörde nachzuweisen.

→ ZEILE 6
Spendenvortrag

Liegt Ihnen zum 31.12.2019 ein gesonderter Feststellungsbescheid über vortragsfähige Spenden vor, kreuzen Sie dies bitte hier getrennt für den Steuerpflichtigen bzw. den Ehegatten an. Die vortragsfähigen Spenden werden von Amts wegen im Rahmen der Höchstbeträge in der Veranlagung 2020 als Sonderausgaben abgezogen.

→ ZEILEN 7–8
Verlustabzug, Vorjahresverluste, Verlustrücktrag

Sind Ihnen in den Vorjahren Verluste entstanden, die bisher nicht ausgeglichen und vom Finanzamt in einem gesonderten Verlustfeststellungsbescheid ausgewiesen wurden, können Sie diese im aktuellen Jahr berücksichtigen.

Sind im aktuellen Jahr neu entstandene negative Einkünfte nicht oder nicht vollständig mit positiven Einkünften ausgeglichen worden, können Sie den negativen Gesamtbetrag ins Vorjahr zurück- oder in künftige Jahre vortragen lassen Bitte geben Sie in Zeile 8 an, ob und in welcher Höhe ein Rücktrag ins Jahr 2019 erfolgen soll. Die Höchstbetragsgrenzen beim Verlustrücktrag nach § 10d EStG wurden für Verluste der Vz. 2020 und 2021 von 1 Mio. Euro auf 5 Mio. Euro bei Einzelveranlagung und von 2 Mio. Euro auf 10 Mio. Euro bei Zusammenveranlagung **vorübergehend** angehoben.

 TIPP

Jetzt noch Einkommensteuererklärung für Vz. 2017–2019 bei negativen Einkünften abgeben

Haben Sie für die Jahre 2017–2019 bisher keine Steuererklärung abgegeben und war die Summe Ihrer Einkünfte negativ (weil Sie z. B. arbeitslos waren und Ihnen nur Ausgaben i. Z. m. Bewerbungen oder Verluste aus Vermietung entstanden sind), dann beantragen Sie für 2017 (Abgabe bis 31.12.2021) bis 2019 (Abgabe bis 31.12.2023) noch die Veranlagung zur Einkommensteuer bzw. die Feststellung eines Verlustvortrags, indem Sie eine Steuererklärung abgeben. Damit sichern Sie sich die Möglichkeit der Verlustverrechnung in den Folgejahren.

Negative Einkünfte mit Bezug zu Drittstaaten

Mit der Abfrage nach verbleibenden negativen Einkünften i. S. d. § 2a EStG wird die Berücksichtigung personell festgestellter Verluste sichergestellt.

→ ZEILE 10
Freibetrag für bestandsgeschützte Altanteile an Investmentfonds

Beinhaltet Ihr Steuerbescheid 2019 einen entsprechenden Freibetrag, müssen Sie dies hier durch Ankreuzen deutlich machen. Der Freibetrag wird nicht automatisch berücksichtigt.

→ ZEILE 11
Antrag zur Aufteilung der Abzugsbeträge bei Einzelveranlagung von Ehegatten/ Lebenspartnern

Sonderausgaben, außergewöhnliche Belastungen und die Steuerermäßigungen nach §§ 35a, 35c EStG werden im Rahmen einer Einzelveranlagung von Ehegatten auf Antrag nach § 26a EStG demjenigen Ehegatten zugerechnet, der sie wirtschaftlich getragen hat.

Wollen Sie diese steuerlichen Vergünstigungen jeweils zur Hälfte abzuziehen, stellen Sie hier den übereinstimmenden Antrag dazu durch Eintragung einer „1". Vertiefend siehe → Ehegattenveranlagung. Eine abweichende Verteilung der Steuerermäßigung für haushaushaltsnahe Beschäftigung oder Dienstleistungen bzw. Handwerkerleistungen nach § 35a EStG können Sie auch auf der **Anlage Haushaltsnahe Aufwendungen** in den Zeilen 12–14 beantragen.

 Checkliste Anlage Sonstiges

Folgende Abzugsmöglichkeit geprüft? Vgl. Ausfüllhinweise zur Zeile!

Haben Sie den Sonderausgabenabzug früherer Spenden geprüft? ☐
Liegt Ihnen zum 31.12.2019 ein Bescheid über die gesonderte Feststellung vortragsfähiger Spenden vor (Zeile 6)?

Folgende Abzugsmöglichkeit geprüft? Vgl. Ausfüllhinweise zur Zeile!

Haben Sie den Verlustabzug negativer Einkünfte des Jahres 2020 geprüft? ☐
Konnten nicht alle negativen Einkünfte, die im Jahr 2020 entstanden sind, mit positiven Einkünften im Jahr 2020 ausgeglichen werden steht Ihnen ein Verlustrück- oder -vortrag in andere Jahre zu (Zeilen 7–8).

Haben Sie in Ihrem eigenen oder gemieteten Haus bzw. Haushalt (einschl. Garten) Arbeiten durch Beschäftigte, Dienstleister oder Handwerker ausführen lassen und werden Sie und Ihr Ehegatte nach § 26a EStG jeweils einzeln zur Einkommensteuer veranlagt? ☐
(Zeile 11)

8 Anlage Vorsorgeaufwand (Vorsorgeaufwendungen)

8.1 Allgemein

 WICHTIG

Anlage Vorsorgeaufwand ist für bestimmte private Versicherungen erforderlich

Vorsorgeaufwendungen (Versicherungen) sind Teil der Sonderausgaben (siehe auch Anlage Sonderausgaben). Vertiefend siehe → Sonderausgaben und → Spenden.

Die **Anlage Vorsorgeaufwand** benötigen Sie, wenn Sie im Gesetz abschließend aufgezählte Vorsorgeaufwendungen (Versicherungsbeiträge) als Sonderausgaben steuermindernd geltend machen wollen. Ehegatten, die zusammen veranlagt werden, geben eine gemeinsame Anlage Vorsorgeaufwand ab.

Für Beiträge zu Riester-Verträgen benötigen Sie die **Anlage AV**.

Überblick

Im Bedarfsfall ausfüllen	
Seite 1	**(Alters-)Vorsorgeaufwendungen (Zeilen 4–10)** Hier sind alle Versicherungsbeiträge zu erfassen, aus denen sich ein späterer Rentenanspruch ergibt, z. B. der gesetzliche Arbeitnehmer- und Arbeitgeberanteil zur gesetzlichen Rentenversicherung oder Einzahlungen in private (Rürup-)Rentenversicherungen oder berufsständische Versorgungseinrichtungen.
Seiten 1 und 2	**Kranken- und Pflegeversicherungen (Zeilen 11–44)** Die Beiträge sind, je nachdem ob Sie in einer gesetzlichen Krankenversicherung pflicht- oder freiwillig versichert sind (z. B. Arbeitnehmer bzw. Selbstständige oder Rentner im Ausland) oder einer privaten Krankenversicherung (z. B. Beamte, Richter, Selbstständige) angehören, in unterschiedlichen Zeilen einzutragen. Hier können Sie auch die Krankenversicherungsbeiträge für andere Personen (z. B. nicht bei Ihnen berücksichtigungsfähige Kinder oder Eltern) eintragen, wenn Sie der Versicherungsnehmer sind.

Überblick

Im Bedarfsfall ausfüllen	
Seite 2	**Weitere sonstige Vorsorgeaufwendungen (Zeilen 45–50)** Tragen Sie hier alle anderen begünstigten Versicherungsbeiträge, z. B. für Wahlleistungen bei Krankheit, Arbeitslosen-, Haftpflicht-, Unfall-, Risiko- oder Berufsunfähigkeitsversicherungen ein. **Ergänzende Angaben (Zeilen 51–56)** Die Eintragungen haben Bedeutung für die Berechnung der abzugsfähigen Altersvorsorgeaufwendungen.

8.2 Vorsorgeaufwendungen

 ACHTUNG

Elektronisch gemeldete Daten müssen nicht eingetragen werden

Daten, die elektronisch an die Finanzverwaltung gemeldet wurden, z. B. durch Versicherungen oder durch den Arbeitgeber, müssen nicht mehr in die Steuererklärung eingetragen werden. Nur bei abweichenden Werten ist eine Eintragung erforderlich. Achten Sie bitte auf die unterschiedliche Einfärbung der einzelnen Zeilen in der Steuererklärung.

Die Unterteilung der Vorsorgeaufwendungen in **Altersvorsorgeaufwendungen, Basiskranken- und Pflegepflichtversicherungsbeiträge sowie sonstige Vorsorgeaufwendungen** ist wegen der unterschiedlichen steuerlichen Berücksichtigung notwendig. Vertiefend siehe → Versicherungen.

→ eZEILEN 4, 7–9, ZEILEN 5, 6,10
Altersvorsorgeaufwendungen

Die Altersvorsorgeaufwendungen setzen sich aus mehreren Komponenten zusammen, die im Folgenden dargestellt werden.

→ eZEILEN 4, 9
Gesetzliche Rentenversicherung

Arbeitnehmer, die in der gesetzlichen Sozialversicherung versichert sind, tragen in eZeile 4 den Arbeitnehmeranteil zur gesetzlichen Rentenversicherung (ersichtlich aus Nr. 23a/b der Lohnsteuerbescheinigung) ggf. getrennt für die Ehegatten ein. In eZeile 9 gehört der Arbeitgeberanteil bzw. dessen Zuschuss zur gesetzlichen Rentenversicherung (Nr. 22a/b der Lohnsteuerbescheinigung). Haben Sie als Arbeitnehmer Beiträge zu einer landwirtschaftlichen Alterskasse oder einer berufsständischen Versorgungseinrichtung geleistet und sind die Beiträge auf der Lohnsteuerbescheinigung ausgewiesen, tragen Sie bitte Arbeitnehmer- und Arbeitgeberanteil ebenfalls in die eZeilen 4 und 9 ein.

→ ZEILE 5
Landwirtschaftliche Alterskasse und berufsständische Versorgungseinrichtung

Sind Sie nicht Arbeitnehmer oder hat der Arbeitgeber entsprechende Beiträge nicht in der Lohnsteuerbescheinigung ausgewiesen, tragen Sie die Beiträge zur landwirtschaftlichen Alterskasse und zur berufsständischen Versorgungseinrichtungen (Pflichtversicherung für Freiberufler und vergleichbare Personen, z. B. angestellte und selbstständig tätige Ärzte, Apotheker, Architekten etc.) hier ein, wenn die Einrichtung den gesetzlichen Rentenversicherungen vergleichbare Leistungen erbringt. Die entsprechenden steuerfreien Arbeitgeberzuschüsse (Nr. 22b der Lohnsteuerbescheinigung) sind von den Gesamtaufwendungen abzuziehen, aber auch zusätzlich in Zeile 9 einzutragen.

→ ZEILE 6
Freiwillige gesetzliche Rentenversicherung, einschl. Minijob-Beiträge

Arbeitnehmer, die (z. B. wegen der Höhe des Arbeitslohns) von der gesetzlichen Rentenversicherungspflicht befreit sind, aber freiwillig versichert oder als Nichtarbeitnehmer (z. B. selbstständiger Handwerker) pflichtversichert sind, tragen ihre Beiträge in Zeile 6 ein. Dasselbe gilt für Arbeitnehmeranteile, die im Rahmen einer geringfügigen Beschäftigung (Minijob) vom Arbeitnehmer gezahlt wurden (sog. Aufstockungsbeträge; vgl. aber Erläuterungen zu Zeile 10).

→ eZEILE 7
Erstattete Beiträge und steuerfreie Zuschüsse

Hier sind die erstatteten Beiträge und/oder steuerfreien Zuschüsse zu den in den Zeilen 4 bis 6 zu erklärenden Beiträgen einzutragen. Ausgenommen sind die direkt von den Beiträgen laut Zeile 8 abzuziehenden Zuschüsse zu zertifizierten Basisrentenverträgen und Arbeitgeberanteile/-zuschüsse laut den Zeilen 9 und 10.

→ eZEILE 8
Rürup-Verträge (Basisrentenversicherung)

In eZeile 8 gehören Versicherungsbeiträge für eine private kapitalgedeckte Rentenversicherung, sog. Rürup-Verträge. Einzutragen sind die saldierten Beträge, d. h. Beiträge abzüglich erhaltener steuerfreier Zuschüsse/Erstattungen. Derartige Verträge werden nur anerkannt, wenn sie staatlich genehmigt (**zertifiziert**) sind.

→ ZEILE 10
Minijob

Haben Sie im Rahmen einer geringfügigen Beschäftigung (450-Euro-Minijob) gearbeitet, sind Sie im Regelfall rentenversicherungspflichtig und müssen pauschale Arbeitnehmerbeiträge zur Sozialversicherung entrichten. Ihr Arbeitgeber hat ebenfalls (pauschale) Arbeitgeberbeiträge gezahlt. Der Arbeitnehmerbeitrag ist in Zeile 6, der Arbeitgeberbeitrag in Zeile 10 einzutragen. Der Minijobber kann sich aber jederzeit von der

Versicherungspflicht und der Zahlung des Eigenanteils befreien lassen, dann sind keine Eintragungen in den Zeilen 6 und 10 vorzunehmen. Vertiefend siehe → Minijobs.

→ ZEILEN 11–50
Sonstige Vorsorgeaufwendungen

Die sonstigen Vorsorgeaufwendungen werden in Kranken- und Pflegepflichtversicherungsbeiträge für eine Grundvorsorge (Basisabsicherung) und andere sonstige Vorsorgeaufwendungen unterteilt.

Basisabsicherung	Beitrag/Zusatzbeitrag/Zuschuss/ Erstattung zur **gesetzlichen** inländischen Kranken- und Pflegepflichtversicherung durch • gesetzlich pflichtversicherte Arbeitnehmer • freiwillig versicherte Arbeitnehmer, bei denen der Arbeitgeber die Beiträge abführt (Firmenzahler)	→ Zeilen 11–15
	• freiwillig **gesetzlich** versicherte Arbeitnehmer und Selbstständige (Selbstzahler) • Rentner	→ Zeilen 16–21
	Beitrag/Zusatzbeitrag/Zuschuss/ Erstattung zu einer **privaten** inländischen Kranken- und Pflegepflichtversicherung und Beiträge zu einer freiwilligen zusätzlichen Pflegeversicherung	→ Zeilen 23–26
	Beitrag/Zusatzbeitrag/Zuschuss/ Erstattung zu einer **ausländischen** gesetzlichen oder privaten Krankenversicherung	→ Zeilen 31–36
	Als Versicherungsnehmer **für andere Personen** (z. B. einkommensteuerrechtlich nicht zu berücksichtigende Kinder oder die Eltern) übernommene Beiträge zur Basiskranken- und Pflegepflichtversicherung. Beiträge, die über die Basisversicherung hinausgehen, sind nicht als Sonderausgabe abziehbar.	→ Zeilen 40–44
Weitere sonstige Vorsorgeaufwendungen	Beitrag zur eigenen Kranken- und Pflegeversicherung, soweit nicht Basisabsicherung, Arbeitslosenversicherung, Erwerbs- oder Berufsunfähigkeitsversicherung, Unfall-, Haftpflicht-, Risikolebensversicherung, bestimmte Rentenversicherungen	→ Zeilen 22, 27, 36 → Zeilen 45–50

→ eZEILE 11,
13–15, ZEILE 12
**Gesetzlich
pflicht-
versicherte
Arbeitnehmer
und Firmenzahler**

Die Zeilen 11 bis 15 sind für in der gesetzlichen Krankenversicherung pflicht- oder freiwillig versicherte Arbeitnehmer, bei denen der Arbeitgeber die Beiträge abführt (sog. Firmenzahler), vorgesehen. Die verlangten Angaben können i. d. R. der Lohnsteuerbescheinigung (Nr. 25, 26) entnommen werden.

Mit den Beiträgen zur gesetzlichen Krankenversicherung (eZeile 11, Eintragung 100 %) erlangt der Steuerpflichtige grds. einen **Anspruch auf Krankengeld.** Dieser gehört nicht zur Basisabsicherung und führt zu einer pauschalen Kürzung der abziehbaren Beiträge i. H. v. 4 % im Rahmen der Veranlagung.

Soweit in den Krankenversicherungsbeiträgen Beitragteile enthalten sind, die keinen Anspruch auf Krankengeld begründen (z. B. bei Bezug einer Betriebsrente, bei pflichtversicherten Praktikanten, Studenten, Erwerbslosen, Personen in Elternzeit oder die Elterngeld beziehen), müssen Sie diese entsprechenden Krankenversicherungsbeiträge ein zweites Mal angeben (Zeile 12), um eine Kürzung zu vermeiden.

Beitragsrückerstattungen mindern die abzugsfähigen Beträge des laufenden Jahres und werden gesondert abgefragt (eZeilen 14–15).

Einzelne Krankenkassen erheben von ihren Mitgliedern einen individuellen einkommensabhängigen **Zusatzbeitrag** zur gesetzlichen Krankenversicherung. Dieser gehört zu den begünstigten Aufwendungen der Basisvorsorge. Bei sozialversicherungspflichtigen Arbeitnehmern und Firmenzahlern wird der Zusatzbeitrag vom Arbeitgeber einbehalten und elektronisch der Finanzbehörde gemeldet. Er ist bereits in eZeile 11 enthalten.

Beiträge zu Wahlleistungen oder Zusatzversicherungen in der gesetzlichen Krankenversicherung gehören in die Zeile 22.

→ eZEILE 16,
18, 19, 21,
ZEILEN 17, 20
**Freiwillig gesetz-
lich versicherte
Arbeitnehmer,
Selbstständige,
Rentner**

In die Zeilen 16–21 tragen Rentner ihre selbst gezahlten Beiträge ein. Bei Rentnern sind die Beiträge zur Krankenversicherung (eZeile 16) und Pflegeversicherung (eZeile 18) regelmäßig im Rentenbescheid/in der Rentenbezugsmitteilung ausgewiesen.

Die Zeilen 16–21 sind auch für Arbeitnehmer vorgesehen, die sich freiwillig in der gesetzlichen Krankenversicherung versichert haben und die Beiträge in voller Höhe selbst überweisen und ggf. einen Zuschuss ihres Arbeitgebers auf ihr Konto erhalten (sog. Selbstzahler), sowie für Selbstständige, die in der gesetzlichen Krankenversicherung pflichtversichert sind bzw. sich freiwillig versichert haben, und für pflichtversicherte Künstler. In die eZeile 16 gehört ggf. auch der Zusatzbeitrag.

Beiträge, aus denen sich ein Anspruch auf Krankengeld ergibt, müssen in Zeile 17 nochmals eingetragen werden, weil daraus der Kürzungsbetrag von 4 % errechnet wird. Rentner mit ungekürzter Altersrente haben keinen Krankengeldanspruch; ihre Beiträge werden nicht um 4 % gekürzt.

Auch erstattete Beiträge sind auszuweisen (eZeile 19). Die Erstattungshöhe kann der Bescheinigung der Krankenkasse entnommen werden.

Achten Sie als betroffener **Arbeitnehmer** darauf, dass Sie in den eZeilen 16 und 18 den gesamten von Ihnen gezahlten Versicherungsbeitrag (100 % inkl. Teil, den Ihr Arbeitgeber Ihnen steuerfrei erstattet hat) eintragen. Der vom Arbeitgeber erstattete Teil der Kranken- oder Pflegeversicherung (Nr. 24 a/b/c der Lohnsteuerbescheinigung) ist in den eZeilen 37–39 des Vordrucks anzugeben. Er mindert den abzugsfähigen Betrag (eZeile 16 bzw. 18).

→ ZEILE 22
Wahlleistungen

Sie sind in der gesetzlichen Krankenkasse pflicht- oder freiwillig versicherter Arbeitnehmer, Selbstständiger oder Rentner. Neben den Beiträgen zur Basisabsicherung (Zeilen 11–21) können Sie alle darüber hinaus gehenden Beitragsanteile für Wahl- oder Komfortleistungen sowie für andere zusätzliche Krankenversicherungen (z. B. Auslandsreise- und Krankenhaustagegeldversicherung) hier eintragen. Diese Beiträge sind nur begrenzt abzugsfähig (vgl. Anmerkungen zu den Zeilen 45–50).

→ eZEILEN
23–26, ZEILE 27
Private Kranken-/Pflegeversicherungen

Die Zeilen 23–27 sind für in einer privaten Krankenversicherungen Versicherte bestimmt. Das sind in erster Linie Selbstständige, Beamte, Richter, Berufssoldaten und Amtsträger. Kranken- und Pflegepflichtversicherungsbeiträge an private Krankenkassen sind im gleichen Umfang wie gesetzliche Beiträge abzugsfähig, d. h. soweit sie die Basisabsicherung ohne Wahlleistungen abdecken in voller Höhe, soweit sie Wahlleistungen oder einen Anspruch auf Krankengeld abdecken nur begrenzt. Der Bescheinigung Ihrer Krankenversicherungsgesellschaft können Sie die Beitragteile, die jeweils auf Basis- bzw. auf Wahlleistungen entfallen, entnehmen. Rückerstattete Beiträge sind gesondert anzugeben, denn sie mindern den abzugsfähigen Betrag (eZeile 25). Steuerfreie Zuschüsse Dritter, z. B. der Rentenversicherungsanstalt bei pensionierten Beamten, die für eine frühere Tätigkeit auch in der gesetzlichen Rentenversicherung versichert waren, gehören in eZeile 26. In Zeile 27 sind die Beitragsteile der Krankenversicherung zu erfassen, die nicht der Basisabsicherung dienen (Krankengeldanspruch, Wahlleistungen).

→ ZEILEN 31–36
Ausländische Krankenver-sicherung

Haben Sie Beiträge in eine ausländische Krankenversicherung, die einer inländischen Pflichtversicherung vergleichbar ist (nicht Auslandsreisekrankenversicherungen), eingezahlt, können Sie die Beitragsanteile für die Basisabsicherung (ohne Beitragsteile für Krankengeldanspruch und Wahlleistungen) hier eintragen und wie inländische Beiträge geltend machen.

→ ZEILEN 40, 44
Andere Personen, geschiedene oder dauernd getrennt lebende Ehegatten, Kinder

Kranken- und Pflegepflichtversicherungsbeiträge für andere Personen, z. B. für den nicht dauernd getrennt lebenden Ehegatten, wenn die Einzelveranlagung von Ehegatten beantragt wurde oder für Vater oder Mutter bzw. für Kinder, die keine Kinder i. S. d. EStG sind, können Sie hier eintragen Voraussetzung ist, dass **Sie Versicherungsnehmer sind**, d. h. die Beiträge selbst schulden, und die Beiträge bezahlt haben. Bitte tragen Sie die Identifikationsnummer, Name, Vorname und Geburtsdatum der mitversicherten Person in die Zeile 40 und Beiträge zu Wahlleistungen und Zusatzversicherungen für die mitversicherte Person in die Zeile 44 ein. Haben Sie für mehr als eine Person als Versicherungsnehmer entsprechende Beiträge geleistet, machen Sie die Angaben bitte in einer formlosen Anlage mit der Überschrift „Ergänzende Angaben zur Steuererklärung" und tragen in **Zeile 45 des Hauptvordrucks** eine „1" ein.

Zahlen Sie Basiskranken- und Pflegeversicherungsbeiträge für ein bei Ihnen steuerlich nicht mehr berücksichtigungsfähiges Kind oder z. B. für einen Elternteil und **sind diese selbst Versicherungsnehmer**, erfolgt die Eintragung in der **Anlage Unterhalt**.

Beiträge für den dauernd getrennt lebenden oder geschiedenen Ehegatten/Lebenspartner sind hier nicht einzutragen, wenn die Unterhaltsleistungen als Sonderausgabe abgezogen werden können. Haben Sie die Beiträge zur Basisversicherung für Ihren unterhaltsberechtigten Ehegatten bezahlt, können Sie die Aufwendungen evtl. als Unterhaltsleistungen als Sonderausgaben **(Anlage Sonderausgaben, Zeile 20)** oder außergewöhnliche Belastungen **(Anlage Unterhalt)** steuerlich geltend machen. Vertiefend siehe → Unterhaltszahlungen.

TIPP

Eigene Kranken-/Pflegepflichtversicherungsbeiträge eines Kindes mit Anspruch auf Kindergeld

Basiskranken- und Pflegepflichtversicherungsbeiträge für Kinder, die bei Ihnen steuerlich berücksichtigt werden, können Sie auf der **Anlage Kind** (Zeilen 31–34) als Sonderausgaben geltend machen, wenn Sie Versicherungsnehmer sind. Ist das Kind Versicherungsnehmer und Sie ersetzen dem Kind die Beiträge (durch Leistungen in Form von Bar- oder Sachunterhalt), können Sie diese Beiträge ebenfalls, unabhängig von der Höhe von Einkünften oder Bezügen des Kindes, in der Anlage Kind (Zeilen 35–42) geltend machen. Entsprechendes gilt, wenn Sie die Beiträge für ein unterhaltsberechtigtes Kind getragen haben, welches nicht selbst Versicherungsnehmer ist, sondern der andere Elternteil.

→ eZEILE 45,
ZEILE 46
**Arbeitslosen-
versicherung**

Die im Arbeitnehmeranteil zur gesetzlichen Sozialversicherung enthaltenen Beiträge zur Arbeitslosenversicherung (Nr. 27 der Lohnsteuerbescheinigung) gehören in eZeile 45. Haben Sie eine freiwillige (private) Arbeitslosenversicherung abgeschlossen, tragen Sie die Beiträge in Zeile 46 ein.

→ ZEILEN 47–48
**Berufs-/Erwerbs-
unfähigkeits-,
Unfall-, Haft-
pflicht-, Risiko-
versicherungen**

In Zeile 47 erfassen Sie Beiträge zu einer freiwilligen privaten Berufs- und Erwerbsunfähigkeitsversicherung (ohne Rürup-Versicherung). In die Zeile 48 gehören Beiträge zu allen Arten von privaten Unfallversicherungen (z. B. Kfz-Insassenunfallversicherung) und die Haftpflichtversicherungsbeiträge (Privathaftpflicht-, Kfz- oder Tierhalterhaftpflichtversicherung). Auch Beiträge zur Grundstückshaftpflichtversicherung des zu eigenen Wohnzwecken genutzten Grundstücks können Sie hier eintragen. Maßgebend sind die tatsächlichen Beitragzahlungen, also nach Kürzung um den Schadenfreiheitsrabatt und um Beitragsrückerstattungen. Haben Sie zur Absicherung für den Unterhalt von Kindern und Ehepartner eine Risikolebensversicherung abgeschlossen, so sind die Beiträge in Zeile 48 anzugeben.

 TIPP

Bestimmte Versicherungsbeiträge sind Betriebsausgaben bzw. Werbungskosten

Stehen die vorgenannten Versicherungsbeiträge i. Z. m. der Erzielung von Einkünften (z. B. Berufshaftpflicht, Haftpflicht für das vermietete Grundstück), sind die Beiträge als Betriebsausgaben oder Werbungskosten und nicht als Sonderausgaben abziehbar. Beiträge zu Unfallversicherungen, die **auch** berufliche bzw. betriebliche Unfälle einbeziehen, können pauschal zur Hälfte als Werbungskosten (**Anlage N**) oder Betriebsausgaben abgezogen werden.

Zu den abzugsfähigen Risikolebensversicherungen können auch Beiträge zu Witwen-, Waisen- und Sterbekassen zählen.

Nicht begünstigt als Sonderausgabe sind Beiträge zu Sachversicherungen wie z. B. Kfz-Kaskoversicherungen, Versicherungen gegen Elementarschäden, Diebstahl-, Hausrat- sowie Rechtsschutzversicherungen. Der Anteil auf Arbeitsrechtsschutz gehört zu den Werbungskosten.

→ ZEILE 49
Rentenversicherungen mit Kapitalwahlrecht oder Einmalauszahlung

Hier tragen Sie Rentenversicherungsbeiträge (mit Laufzeitbeginn und erster Beitragzahlung vor 2005) ein, die für die Auszahlung der Versicherungsleistung in einem Betrag erfolgt oder die ein Kapitalwahlrecht (Einmalauszahlung oder regelmäßige Zahlungen) vorsehen. Die zugrunde liegenden Kapitallebensversicherungen müssen eine mindestens zwölfjährige Laufzeit vorweisen. Begünstigt sind auch Beiträge zu Ausbildungs-, Aussteuer- und Erbschaftsteuerversicherungen. Diese Beiträge sind zu 100 % einzutragen. Steuerlich werden sie aber nur i. H. v. 88 % in die Beurteilung des Sonderausgabenabzugs einbezogen.

→ ZEILE 50
Rentenversicherungen ohne Kapitalwahlrecht

Hierher gehören Beiträge zu **Renten- und Lebensversicherungen** (mit Laufzeitbeginn und erster Beitragzahlung vor 2005), bei denen die Auszahlung nicht in einem Betrag, sondern in Form einer regelmäßigen Zahlung („Rente") erfolgt.

8.3 Ergänzende Angaben zu Vorsorgeaufwendungen

→ ZEILE 51
Steuerfreie Zuschüsse oder Arbeitgeberbeiträge und Beihilfen

Für sämtliche sonstigen Vorsorgeaufwendungen (Basiskranken-, Pflegepflicht- und andere Versicherungen) gibt es insgesamt einen Höchstbetrag von 2.800 € oder 1.900 € je Person. Grundsätzlich wird im Standardfall vom **Höchstbetrag** von **1.900 €** ausgegangen.

Haben Sie Ihre Krankenversicherungsbeiträge insgesamt selbst bezahlt und **keine steuerfreie Zuschüsse** erhalten (z. B. steuerfreier Arbeitgeberzuschuss zur Sozialversicherung oder Zuschuss der gesetzlichen Rentenversicherung zur Krankenversicherung des Rentners) und haben Sie auch **keinen Anspruch auf Erstattung oder Übernahme von Krankheitskosten ohne** dafür **eigene Beiträge** entrichten zu müssen (z. B. Beihilfeanspruch von Beamten, Richtern, Berufssoldaten und Geistlichen) steht Ihnen der Höchstbetrag von 2.800 € zu. Bitte tragen Sie in diesem Fall in Zeile 51 eine „2" ein. Eine „2" tragen insbesondere Selbstständige, Gewerbetreibende und Freiberufler ein.

Bei **Ehegatten**, die zusammen veranlagt werden, ist die Beurteilung des Höchstbetrags getrennt vorzunehmen.

→ ZEILEN 52–56
Beamte, GmbH-Gesellschafter-Geschäftsführer

Die Angaben sind für die Berechnung von Altersvorsorgeaufwendungen (Zeilen 4–10) von Bedeutung. Eintragungen sind bei Beamten (Zeilen 52, 55) und bei beherrschenden Gesellschafter-Geschäftsführern (Beteiligung > 50 %) mit Anwartschaft auf eine Altersversorgung, die sozialversicherungsrechtlich als Selbstständige behandelt werden, erforderlich.

 Checkliste Anlage Vorsorgeaufwand

Folgende Abzugsmöglichkeit geprüft? Vgl. Ausfüllhinweise zur Zeile!

Haben Sie an alle Versicherungen gedacht? ☐
(Zusatzkranken-, Reisekranken-, Privat-, Kfz-, Tierhalterhaftpflicht-, Kfz-Insassenunfallversicherung)
Abzugsfähig sind auch Abschlussgebühren und Versicherungssteuer (Zeilen 46–50).
Tragen Sie (auch als Arbeitnehmer) zur Sicherheit alle Ihre Versicherungsbeiträge ein, denn es wird, anders als beim Lohnsteuerabzug, bei der Steuerveranlagung keine Vorsorgepauschale berücksichtigt.

Sie haben Krankenversicherungsbeiträge für Ihre Kinder, Ihren geschiedenen Ehegatten oder einen bedürftigen Angehörigen bezahlt bzw. deren Kosten ersetzt? ☐
Die entsprechenden Eintragungen sind, je nachdem wer Versicherungsnehmer ist und um welche Person es sich handelt, auf unterschiedlichen Formularen (Anlage Vorsorgeaufwand, Anlage Kind, Anlage Unterhalt, Hauptvordruck) zu machen.

9 Anlage Unterhalt

9.1 Allgemein

 WICHTIG

Unterhaltszahlungen an Angehörige

Die **Anlage Unterhalt** benötigen Sie in folgenden Fällen: Sie haben z. B.

- einen Angehörigen (insbesondere Ihre Eltern oder erwachsenen Kinder),
- den Ex-Ehegatten oder Ex-Lebenspartner nach aufgelöster Lebenspartnerschaft,
- den Partner in einer eheähnlichen Gemeinschaft,
- die Mutter Ihres unehelichen Kindes oder
- Personen mit Aufenthalts-/Niederlassungserlaubnis nach § 23 AufenthG (Kriegsflüchtlinge)

finanziell unterstützt, weil die Person kein oder nur geringes eigenes Einkommen und Vermögen hat.

Haben Sie in **verschiedenen** Haushalten lebende Personen unterstützt, müssen Sie haushaltsbezogen jeweils eine eigene **Anlage Unterhalt** abgeben.

Für jede (im jeweiligen Haushalt) unterstützte Person muss auf der entsprechenden Anlage Unterhalt eine eigene Vordruckseite mit den verlangten Angaben zur Person ausgefüllt werden. Vertiefend siehe → Unterhaltszahlungen.

Überblick

Im Bedarfsfall ausfüllen	
Seite 1	**Angaben zum Haushalt der unterhaltenen Person und den Unterhaltsleistungen (Zeilen 4–16)** Die Angaben (Anschrift, Wohnsitzstaat, Personen im unterstützten Haushalt, Höhe des Unterhalts sowie der (Basis-)Kranken- und Pflegepflichtversicherungen der unterstützten Person) sind für die Berechnung des abzugsfähigen Betrags notwendig. **Auslandsunterhalt (Zeilen 17–26)** Für Unterstützungsleistungen ins Ausland gelten strenge Nachweisregelungen über die Zahlungen. Unter Umständen werden die abzugsfähigen Höchstbeträge je nach Wohnsitzstaat gekürzt.
Seite 2	**Angaben zur ersten im Haushalt lebenden Person (Zeilen 31–44)** Anhand der Angaben wird geprüft, ob die unterstützte Person die Abzugsvoraussetzungen erfüllt. **Angaben zum eigenen Einkommen der unterstützten Person (Zeilen 45–54)** Eigenes Einkommen und Bezüge der unterstützten Person bewirken eine Kürzung des abzugsfähigen Höchstbetrags.
Seiten 3, 4	**Angaben zu weiteren im Haushalt lebenden Personen** Die Seiten entsprechen inhaltlich der Seite 2.

9.2 Angaben zum Haushalt der unterstützten Person(en) (Seite 1)

→ ZEILEN 4–6
Haushalt der unterstützten Person

Tragen Sie ein, wo die unterstützte(n) Person(en) lebt bzw. leben (Zeile 4). Soweit sich der Haushalt im Ausland befindet (Zeile 5), gelten strengere Nachweisregelungen und je nach Land eventuell gekürzte abzugsfähige Höchstbeträge (vgl. Erläuterungen zu den Zeilen 17–26). Leben im Haushalt der unterstützten Person mehrere Personen (Angaben in Zeile 6), werden die Unterhaltszahlungen auf alle im Haushalt lebenden Personen gleichmäßig aufgeteilt. Für jede Person ist in diesem Fall eine eigene Seite auf der Anlage Unterhalt (Seite 2–4) auszufüllen. Für jede Person wird getrennt geprüft, ob der auf sie entfallende Unterhalt abzugsfähig ist.

→ ZEILEN 7–16
Unterhaltsleistungen, Unterstützungszeitraum

Leben im Haushalt mehrere Personen, sind sämtliche Zahlungen für den laufenden Lebensunterhalt (Wohnung, Kleidung, Nahrung), die an die Haushaltsmitglieder geleistet wurden, einzutragen. Der gesamte Betrag wird nach Köpfen gleichmäßig verteilt. Ein Abzug der Unterhaltsleistungen ist nur für Monate möglich, in denen eine Unterstützung (Zeilen 7, 9) stattgefunden hat, d. h. grds. ab dem Monat der **ersten Zahlung** (Zeilen 8, 10). Bei Ehegattenunterhalt wird unabhängig vom Zahlungszeitpunkt immer Unterhalt für das gesamte Jahr angenommen. Die Zahlungen müssen Sie grds. anhand geeigneter Unterlagen belegen (Ausnahme: Person lebte bei Ihnen im Haushalt, vgl. Zeile 36). Erfolgte die Unterstützung nur für einen Teil des Jahres, wird ggf. der Jahreshöchstbetrag gekürzt. Die Höhe der (Basis-)Krankenversicherung oder Pflegepflichtversicherung der unterstützten Person, für die sie selbst Versicherungsnehmer ist, tragen Sie in die Zeilen 11, 13 bzw. 15 ein. Um diese Beiträge erhöht sich der bei Ihnen berücksichtigungsfähige Abzugshöchstbetrag. Nicht abzugsfähig ist der Beitragsanteil, aus dem sich ein Anspruch auf Krankengeld ergibt (ersichtlich aus der Bescheinigung der Krankenkasse). Deshalb sind – soweit zutreffend – die Eintragungen in den Zeilen 12, 14 bzw. 16 notwendig. Vertiefend siehe → Unterhaltszahlungen. Haben Sie als Versicherungsnehmer eine der genannten Versicherungen für eine unterstützte Person abgeschlossen, können Sie die Beiträge auf der Anlage Vorsorgeaufwand geltend machen.

→ ZEILEN 17–26
Unterstützte Person lebt im Ausland

Wenn die unterstützte Person im Ausland lebt, benötigen Sie zusätzlich aus dem Wohnsitzstaat eine in mehreren Sprachen (über die Formularverwaltung der Internetseiten des BMF abrufbar oder beim Finanzamt in Papierform erhältlich) sog. **Unterhaltserklärung** über die persönlichen Verhältnisse, das eigene Einkommen und das Vermögen der unterstützten Person (Eintragung in Zeilen 34, 64, 94). Diese müssen Sie auf Verlangen des Finanzamts vorweisen können. Ist die Person nicht Ihr Ehegatte und in erwerbsfähigem Alter (unter 65 Jahre), ist der Abzug von Unterhaltszahlungen im Regelfall nicht möglich (**Erwerbsobliegenheit**). Vertiefend siehe → Unterhaltszahlungen.

Bei Auslandssachverhalten gelten für den Nachweis der Unterhaltszahlungen erhöhte Anforderungen. Machen Sie die geforderten Angaben über den Zahlungsweg (Überweisung Zeile 17, Mitnahme anlässlich von Heimfahrten Zeilen 18–20). Die Bankbelege über die Abbuchung bzw. bei persönlicher Übergabe den Nachweis über die Geldabhebung, die Durchführung der Reise und eine detaillierte Bestätigung der unterstützten Person über die Übergabe für jeden einzelnen Betrag müssen Sie auf Anforderung des Finanzamts vorlegen können.

Erfolgte die Heimfahrt zum eigenen Haushalt im Ausland und lebte dort der Ehegatte, ist das eine Familienheimfahrt. Hier gelten Vereinfachungsregelungen. Für bis zu maximal vier Fahrten (Zeilen 21–25) im Kalenderjahr wird ein Nettomonatslohn

(Zeile 26) als mitgenommener Betrag ohne Nachweis akzeptiert. Je nach Staat wird der abzugsfähige Höchstbetrag nach der Ländergruppeneinteilung halbiert oder geviertelt. Vertiefend siehe → Unterhaltszahlungen.

9.3 Angaben zur ersten unterstützten Person (Seite 2)

→ ZEILEN 31–44
Angaben zur (ersten) unterstützten Person

Anhand der **Angaben** wird geprüft, ob ein Abzug von Unterhaltszahlungen an die **unterstützte** Person möglich ist. Falls die Bedingungen nicht das ganze Jahr über vorlagen, müssen Sie den Zeitraum genau angeben. Der für das Jahr abzugsfähige Höchstbetrag wird dann nur zeitanteilig berücksichtigt.

Gesetzlich unterhaltsberechtigte Person/gleichgestellte Person

Voraussetzung für einen Kostenabzug ist grds., dass die unterhaltene Person Ihnen oder Ihrem Ehegatten gegenüber unterhaltsberechtigt ist (Ehegatte, geradlinig verwandte Personen, z. B. Eltern, Großeltern, Kinder, Enkel, anderer Elternteil eines gemeinsamen Kindes bis zu drei Jahren) oder einer solchen Person gleichgestellt ist (vgl. Erläuterungen zu Zeile 41). Unter den begünstigten Personenkreis fallen auch (Kriegs-)Flüchtlinge, die eine Aufenthalts- oder Niederlassungserlaubnis nach § 23 AufenthG haben. Dies trifft zzt. nur für Flüchtlinge aus Syrien zu. Vertiefend siehe → Unterhaltszahlungen.

→ ZEILE 36
Haushaltszugehörigkeit

Lebt die unterstützte Person bei Ihnen im Haushalt, wird – auch ohne nachgewiesene Zahlungen – vom Unterhalt in Höhe des gesetzlichen Höchstbetrags von 9.408 € (jährlich) ausgegangen. Außerdem ist die Haushaltszugehörigkeit für den Abzug von Unterhaltsleistungen an **gleichgestellte** Personen erforderlich (vgl. Erläuterungen zu Zeile 41).

→ ZEILE 37
Kindergeldanspruch

Für Zeiträume, in denen für die unterstützte Person Kindergeldanspruch bzw. Anspruch auf einen Kinderfreibetrag bestand, ist der Kindsunterhalt damit steuerlich berücksichtigt. Bei steuerlich nicht berücksichtigungsfähigen Kindern (Kinder, für die keine Anlage Kind ausgefüllt wird), z. B. arbeitslose Kinder über 21 Jahre oder über 25 Jahre alte Kinder in Berufsausbildung, ist der Abzug von Unterhalt über die Anlage Unterhalt möglich.

→ ZEILE 41
Eheähnliche Gemeinschaft/ Haushaltsgemeinschaft

Unterhaltszahlungen an nicht gesetzlich unterhaltsberechtigte Personen sind nur abzugsfähig, wenn die unterstützte Person eine **gleichgestellte Person** ist. Dies setzt zum einen voraus, dass die Person mit Ihnen in Hausgemeinschaft lebt, d. h. „ein Wirtschaften aus einem Topf" erfolgt (Zeile 36) und der Person wegen der Unterhaltsleistungen öffentliche Leistungen (Arbeitslosengeld II bzw. Hartz IV, Wohngeld etc.) gestrichen oder gekürzt werden. Infrage kommen z. B. der Partner in ehe-ähnlicher Gemeinschaft (ohne gemeinsames Kind oder älterem gemeinsamen Kind) sowie Verwandte (Geschwister) bzw. Verschwägerte. Vertiefend siehe → Unterhaltszahlungen.

→ ZEILE 42
Vermögen

Hatte die unterstützte Person außer Hausrat und einem angemessenen Hausgrundstück weiteres Vermögen von über 15.500 €, gilt sie nicht mehr als bedürftig mit der Folge, dass Unterstützungsleistungen steuerlich nicht abzugsfähig sind.

→ ZEILEN 43, 44
Mehrere
Zahlende

Wird die von Ihnen unterhaltene Person auch von anderen Personen unterstützt, vermerken Sie dies in Zeile 43 und geben in Zeile 44 den von anderen Personen geleisteten Unterhalt und den Unterhaltszeitraum an. In diesem Fall wird der abzugsfähige Betrag auf alle (im Inland lebenden) unterstützenden Personen aufgeteilt.

→ ZEILEN 45–54
Eigene Einkünfte
und Bezüge der
unterstützten
Person

Der Abzug von Unterstützungsleistungen für im Inland lebende Personen ist auf einen Höchstbetrag von 9.408 € jährlich (bei Personen im Ausland eventuell weniger) je unterstützter Person, ggf. erhöht um die Basiskranken- und Pflegepflichtversicherungsbeiträge der unterstützten Person, begrenzt. Der Höchstbetrag wird jedoch um die eigenen Einkünfte und Bezüge, soweit sie 624 € jährlich überschreiten und öffentlichen Ausbildungshilfen (BAföG-Zuschüsse), die die unterstützte Person während des Unterhaltszeitraums (vgl. Erläuterungen zu den Zeilen 7–10) hatte, gekürzt. Angerechnet wird nur das Einkommen, das auf **volle** Unterstützungsmonate („innerhalb des Unterstützungszeitraums") entfällt, nicht dagegen Einkommen „außerhalb des Unterstützungszeitraums". Hatte die unterstützte Person Kapitalerträge (Zinsen), die dem Abgeltungssteuersatz (25 %) unterlegen haben, handelt es sich um Bezüge (Eintragung in den Zeilen 51, 52), ansonsten liegen Einkünfte vor (Zeilen 49, 50).

9.4 Angaben zu weiteren unterstützten Personen (Seiten 3 und 4)

Auf den Seiten 3 und 4 werden für weitere im Haushalt lebende Personen dieselben Angaben wie für die erste Person verlangt.

✓ **Checkliste Anlage Unterhalt**

Folgende Abzugsmöglichkeit geprüft? Vgl. Ausfüllhinweise zur Zeile!

Sie haben eine der folgenden Personen unterstützt? ☐

- Eltern, Großeltern, Schwiegereltern
- erwachsene Kinder, für die Sie keine Anlage Kind ausgefüllt haben
- mit Ihnen in Haushaltsgemeinschaft lebende Geschwister (Zeile 41)
- den im Ausland lebenden Ehegatten oder den Partner einer eingetragenen Lebenspartnerschaft (Zeile 39)
- den geschiedenen oder von Ihnen getrennt lebenden Ehegatten oder Ex-Partner einer (aufgelösten) Lebenspartnerschaft (Zeile 38)
- Ihren Partner in eheähnlicher Gemeinschaft (Zeilen 40, 42)
- die Mutter Ihres nichtehelichen Kindes

Die Person lebte bei Ihnen im Haushalt? ☐
Das Finanzamt erkennt ohne Nachweis 9.408 € Unterhalt an (Zeile 36). Der Höchstbetrag erhöht sich um die Basiskranken- und Pflegepflichtversicherungsbeiträge der unterstützten Person, wenn diese Versicherungsnehmer ist (Zeilen 11–16).

Sie haben für die bedürftige Person (Basis-)Kranken- und Pflegeversicherungs- beiträge als Versicherungsnehmer übernommen? ☐
Sie können die Beiträge als eigene Sonderausgaben berücksichtigen, indem Sie sie auf der Anlage Vorsorgeaufwand (Zeile 40 ff.) eintragen.

Sie haben eine im Ausland lebende Person unterstützt? ☐
Sie benötigen in diesem Fall eine **amtliche Unterhaltserklärung** und den **lückenlosen Nachweis des Geldflusses** (Zeilen 17–26, 34).

10 Anlage R (Renten)

10.1 Allgemein

 WICHTIG

Neue Erklärungsvordrucke für Renten

Die bisherige Anlage R wurde ab dem Vz.2020 in drei Anlagen aufgeteilt.

Anlage R für Renten aus dem Inland und **Anlage R-AV/bAV** für Leistungen aus Altersvorsorgeverträgen und aus der betrieblichen Altersversorgung.

Wird eine Rente aus einer ausländischen Versicherung oder einem ausländischen Rentenvertrag gezahlt liegen der Finanzverwaltung keine elektronischen Daten vor. Die Angaben zur Rente müssen Sie in die neue **Anlage R-AUS** eingetragen werden.

Beamtenpensionen und **Versorgungsbezüge** nach beamtenrechtlichen Vorschriften (einschl. Witwen- und Waisenbezüge) sowie **Betriebsrenten**, die der frühere Arbeitgeber zahlt, gehören nicht in die Anlage R, sondern stellen Arbeitslohn dar (**Anlage N**).

Die **Anlage R** ist auch nicht auszufüllen, wenn im Vz. eine Rente i. Z. m. Übertragung von Vermögen bei vorweggenommener Erbfolge gezahlt wird (**Anlage SO, Zeile 4**).

Jeder Ehegatte mit Rentenleistungen gibt eigene **Anlagen** ab.

10.2 Anlage R – Leibrenten aus dem Inland

Renten aus dem Inland (ohne Riester-Renten und Renten aus der betrieblichen Altersvorsorge), die nicht der Arbeitgeber bezahlt, gehören grds. zu den sonstigen Einkünften und werden in der Anlage R erklärt. Je nach Rentenart bzw. der steuerlichen Behandlung der Einzahlungen (Beiträge) in die jeweilige Versicherung wird die daraus folgende Rente unterschiedlich besteuert. Vertiefend siehe → Renten.

Elektronisch gemeldete Daten müssen nicht eingetragen werden

Daten, die elektronisch an die Finanzverwaltung gemeldet wurden, z. B. durch Versicherungen oder durch den Arbeitgeber, müssen nicht mehr in die Steuererklärung eingetragen werden. Nur bei abweichenden Werten ist eine Eintragung erforderlich. Achten Sie bitte auf die unterschiedliche Einfärbung der einzelnen Zeilen in der Steuererklärung.

Laufende Nummer der Anlage

Die **Anlage R** sieht nur noch die Eintragung von zwei gleichartigen Renten auf einer Anlage vor. Sollten Angaben zu mehr als zwei Renten erforderlich werden, sind diese auf weiteren Anlagen R zu erklären und die Anlagen sind in der Zeile 3 fortlaufend zu nummerieren.

Überblick

Im Bedarfsfall ausfüllen	
Seite 1	Inländische **Leibrenten/Leistungen und Rürup-Rente (Zeilen 4–12)** (ohne Riester-Rente und Renten aus der betrieblichen Altersvorsorge) • Renten (z. B. Alters-, Erwerbsunfähigkeits-, Witwenrente) aus der **gesetzlichen** Rentenversicherung • Altersrenten aus landwirtschaftlichen Alterskassen • Renten aus berufsständischen Versorgungswerken • Rürup-Renten (aus **privaten, kapitalgedeckten**, nach 2004 abgeschlossenen Rentenversicherungsverträgen). **Private Leibrenten (Zeilen 13–18)** • Altersrenten aus **privaten** Versicherungsverträgen (ohne Rürup- u. Riester-Renten) • Renten aus privaten Versicherungen, die nur zeitlich befristet gezahlt werden (z. B. private Erwerbsunfähigkeits- und Hinterbliebenenrenten)
Seite 2	**Leibrenten aus sonstigen Verpflichtungsgründen (Zeilen 31–36)** (z. B. Renten i. Z. m. Vermögensveräußerungen) **Werbungskosten (Zeilen 37–38)** Für (alle) Renten erhalten Sie insgesamt einen Werbungskostenpauschbetrag i. H. v. 102 €, wenn Sie keine höheren Kosten eintragen.

71

TIPP

Leistungsmitteilung vom Versorgungsträger beim Ausfüllen der Anlage R beachten

Ihr Versorgungsträger ist **auf Anforderung** verpflichtet, Ihnen jährlich eine Leistungsmitteilung über die Rente (Rentenbezugsmitteilung) zu übersenden. Dort werden insbesondere bei privaten Renten (**Anlage R**, Seite 1, Zeilen 13–18) sowie Renten aus der betrieblichen Altersversorgung und Riester-Renten (**Anlage R-AV/bAV**) alle für die Steuererklärung notwendigen Angaben aufgeführt. Häufig ist dort jeweils vermerkt, in welcher Zeile bzw. unter welcher Kennzahl der Anlagen die Rente einzutragen ist. Bitte beachten Sie, dass auf der Anlage R-AV/bAV, im Text auf die Nummer der Leistungsmitteilung (1–11) verwiesen wird.

10.2.1 Gesetzliche Renten aus dem Inland (Seite 1)

→ eZEILEN 4–9,
ZEILEN 10–12
**Leibrenten/
Leistungen**

Unter Leibrenten fallen alle Renten aus der gesetzlichen Rentenversicherung sowie aus landwirtschaftlichen Alterskassen und aus berufsständischen Versorgungseinrichtungen und Renten aus privaten kapitalgedeckten Versicherungen (Rürup-Renten). Bei diesen Renten wird ein Teil der Rente steuerfrei gestellt, der restliche sog. **Besteuerungsanteil** ist steuerpflichtig.

→ eZEILEN 4–5
**Rentenbetrag,
Rentenanpassungsbetrag**

Einzutragen ist der Jahresbetrag der **Brutto**rente (eZeile 4). Dies ist nicht der ausgezahlte Betrag, sondern die zugesagte Rente, d. h. der Rentenbetrag ohne den (steuerfreien) Zuschuss der Rentenversicherung zur Krankenversicherung und vor Abzug der Kranken- und Pflegepflichtversicherungsbeiträge. Zu erfassen sind im **Jahr der Rentenauszahlung** auch Nachzahlungen für ein Vorjahr und Einmalzahlungen (z. B. Sterbegeld).

Der eingetragene Betrag (ohne den enthaltenen Rentenanpassungsbetrag laut eZeile 5) wird – abhängig vom Jahr des Rentenbeginns – nur zum Teil besteuert.

Der Rentenanpassungsbetrag (eZeile 5, in eZeile 4 zusätzlich enthalten), den Sie ebenfalls Ihrer Rentenbezugsmitteilung entnehmen können, ist die Summe aller Rentenerhöhungen ab dem dritten Rentenjahr (frühestens ab 2006) und ist in voller Höhe steuerpflichtig.

Kranken-/Pflegeversicherung	Die gezahlten Kranken- und Pflegeversicherungsbeiträge können Sie als Sonderausgabe (**Anlage Vorsorgeaufwand**, Zeilen 16–22) geltend machen. Vertiefend siehe → Versicherungen.
→ eZEILE 6 **Beginn der Rente**	In eZeile 6 ist der versicherungsrechtliche Beginn der Rente einzutragen. Nicht maßgebend ist der Zeitpunkt des Rentenantrags oder der erstmaligen Rentenauszahlung. Der Rentenbeginn bestimmt den Besteuerungsanteil, also die Höhe des steuerpflichtigen Teils der Rente in den ersten beiden Jahren. Bei Rentenbeginn vor 2006 sind 50 % der Rente des Jahres 2006 steuerpflichtig. Der Prozentsatz erhöht sich für jeden neuen Rentnerjahrgang um 2 %. Bei Neurentnern, die erstmals 2020 eine Rente beziehen, sind 80 % der Rente steuerpflichtig.
→ eZEILEN 7–8 **Vorhergehende Rente, Folgerente**	Eine Rente (z. B. Witwenrente), eingetragen in den eZeilen 4–6, ist eine Folgerente, wenn ihr eine andere Rente aus derselben Versicherung (z. B. Altersrente des verstorbenen Ehegatten aus gesetzlicher Rentenversicherung) vorausgegangen ist (vorhergehende Rente). Der maßgebende Prozentsatz der Besteuerung für die neue Folgerente hängt dann auch von der Dauer der Vorgängerrente ab. Dies führt i. d. R. zu einer niedrigeren Besteuerung. Tragen Sie deshalb Beginn und Ende der Vorgängerrente in die eZeilen 7 und 8 ein.
→ eZEILE 9 **Rentennachzahlung/Kapitalauszahlung**	Haben Sie Rentennachzahlungen für **mehrere** (mindestens zwei) vorangegangene Jahre erhalten, geben Sie den in den Rentenzahlungen (eZeile 4) enthaltenen Nachzahlungsbetrag hier nochmals zusätzlich an. Das Finanzamt prüft, ob derartige Nachzahlungen im Rahmen der „Fünftel-Regelung" ermäßigt besteuert werden können. Eine ermäßigte Besteuerung kann auch für Teilkapitalauszahlungen gewährt werden. Erfolgt eine Nachzahlung nur für ein Jahr (z. B. bei verspäteter Rentenantragstellung), ist der Nachzahlungsbetrag nur in eZeile 4 und nicht in eZeile 9 einzutragen.
→ ZEILEN 10–12 **Öffnungsklausel**	In der gesetzlichen Rentenversicherung und den berufsständischen Versorgungseinrichtungen werden Beiträge nur bis zu einer Beitrags(bemessungs)grenze berechnet. Auf freiwilliger Basis ist es möglich, höhere Rentenversicherungsbeiträge einzuzahlen, um einen höheren Rentenanspruch zu erwerben. Wurden bis zum Jahr 2004 in bzw. für **mindestens zehn Jahre Beiträge über der Beitragsbemessungsgrenze** gezahlt, kann für einen Teil der Rente in den Zeilen 10–12 eine niedrigere Besteuerung beantragt werden. Ihr Versicherungsträger stellt

eine Bescheinigung aus, die aussagt, welcher Prozentanteil der Rente auf diese Beiträge entfällt. Tragen Sie den Prozentsatz in Zeile 10 ein und fügen Sie die Bescheinigung Ihrer Steuererklärung bei.

In dem Nachweis sind auch **Einmalzahlungen**, z.B. einmaliges Sterbegeld i. Z. m. einer monatlichen Witwenrente, bescheinigt. Der Teil der Einmalzahlung, der unter die Öffnungsklausel fällt, wird **nicht** besteuert. Tragen Sie deshalb, soweit zutreffend, die Einmalzahlung in Zeile 12 ein.

10.2.2 Rürup-Rente (Seite 1)

Die Rürup-Rente ist eine Leistung aus einem privaten, kapitalgedeckten, zertifizierten Basisrentenversicherungsvertrag. Sie wird steuerrechtlich wie eine inländische gesetzliche Rente behandelt. Vertiefend siehe → Renten.

10.2.3 Private Renten aus dem Inland (Seite 1)

→ ZEILEN 15–16, eZEILEN 13–14, 17–18
Andere Leibrenten

Leibrenten aus einer privaten Rentenversicherung (ohne Riester-Renten, ohne Renten aus der betrieblichen Altersversorgung und ohne Rürup-Renten) sind nur mit dem sog. **Ertragsanteil** steuerpflichtig.

→ eZEILE 13
Rentenbetrag

Den Rentenbetrag können Sie der Rentenmitteilung bzw. dem maßgebenden Vertrag entnehmen. Einzutragen ist der Jahresbetrag. Wurden Kranken- und Pflegepflichtversicherungsbeiträge einbehalten, ist der Rentenbetrag vor Abzug dieser Leistungen maßgeblich.

→ eZEILEN 14, ZEILEN 15–17
Angaben zwecks Ermittlung des Ertragsanteils

Die Angaben sind entscheidend für die Ermittlung des steuerpflichtigen Ertragsanteils der Rente. Handelt es sich um eine Leibrente auf Lebenszeit, ist für den Ertragsanteil der **versicherungsrechtliche** Beginn der Rente maßgebend (Eintragung in eZeile 14). Tragen Sie in Zeile 16 ein, an wessen Leben die Rentenzahlung anknüpft.

Handelt es sich um eine abgekürzte Leibrente (Höchstzeitrente), ist für die Höhe des Ertragsanteils die Höchstlaufzeit mit maßgebend. Tragen Sie in eZeile 17 ein, wann die Rente voraussichtlich enden (z.B. bei privaten Berufsunfähigkeitsrenten durch Erreichen des Pensionsalters) oder in eine andere Rente (z.B. gesetzliche Altersrente) umgewandelt wird. Vertiefend siehe → Renten.

→ eZEILE 18
Renten-
nachzahlungen

Rentennachzahlungen für **mehrere** (mindestens zwei) Vorjahre gehören zusätzlich in eZeile 18. Sie beantragen damit eine ermäßigte Besteuerung (vgl. Erläuterungen zu eZeile 9).

10.2.4 Rente aus dem Inland bei Wohnsitz im Ausland

Werden Renten aus Deutschland ins Ausland gezahlt, unterliegen die Renten grds. der Besteuerung zur beschränkten Einkommensteuerpflicht (§ 49 Abs. 1 Nr. 7 EStG).

Besteht zwischen dem Wohnsitzstaat und der BRD ein DBA, kann Deutschland an der Besteuerung der Rente gehindert sein.

Dürfen beide Staaten Steuern erheben, regelt das DBA auch, wie der Wohnsitzstaat eine doppelte Besteuerung zu vermeiden hat. Für die Vermeidung einer doppelten Besteuerung gibt es, je nachdem, welches DBA anzuwenden ist, zwei Methoden: Entweder ist die deutsche Rente im Wohnsitzstaat steuerfrei zu stellen oder der Wohnsitzstaat hat einen Anrechnungsbetrag der deutschen Steuer auf die im Ausland zu zahlende Steuer zu gewähren.

Bei Wohnsitz in bestimmten Staaten (z. B. Frankreich, Griechenland, USA), hat der Wohnsitzstaat das alleinige Besteuerungsrecht.

Weitere Informationen zur Besteuerung der Renten bei Wohnsitz im Ausland stellt das Finanzamt Neubrandenburg unter „www.finanzamt-rente-im-ausland.de" zur Verfügung.

10.3 Anlage R-AV/bAV – Riester-Renten und Renten aus betrieblicher Altersversorgung

Seite 1	Leistungen aus Altersvorsorgeverträgen (Riester) und aus der betrieblichen Altersversorgung (Zeilen 4–26)
	• staatlich geförderte Riester-Renten • Renten aus einer staatlich geförderten **betrieblichen** Altersversorgung (Pensionsfonds, Pensionskasse, Direktversicherung) • Renten aus Zusatzversorgungseinrichtungen des Bundes, der Länder, Kommunen und Kirchen (z. B. VBL- und ZVK-Renten)
	Werbungskosten (Zeilen 31–37)
	• Für (alle) Renten erhalten Sie insgesamt einen Werbungskostenpauschbetrag i. H. v. 102 €, wenn Sie keine höheren Kosten eintragen.

Altersvorsorge-vertragsrenten (Riester-Renten), betriebliche Altersvorsorge und VBL-/ZVK-Renten

Die entsprechenden Daten wurden vom Auszahlenden elektronisch an die Finanzverwaltung übermittelt.

Vom Arbeitgeber selbst gezahlte Betriebsrenten, die zum Arbeitslohn gehören, werden in die **Anlage N, eZeilen 5–16,** eingetragen. Vertiefend siehe → Renten und → Pensionen/Betriebsrenten.

In der Anlage **R-AV/bAV** sind die Renten aus einem Altersvorsorgevertrag **(Riester-Rente)** zu erklären. Soweit die eingezahlten Beiträge mit der Altersvorsorgezulage oder einem Sonderausgabenabzug staatlich gefördert worden sind, wird der entsprechende Teil der Rente in voller Höhe versteuert, im Übrigen mit dem Ertragsanteil. In die Anlage R gehören auch Renten aus der **betrieblichen Altersversorgung** (Pensionsfonds, Pensionskassen, Direktversicherungen) und Renten aus dem umlagefinanzierten Teil einer Zusatzversorgung, z. B. aus den Versorgungsanstalten des Bundes und der Länder (VBL-Renten) für Angestellte und Arbeiter im öffentlichen Dienst oder aus Zusatzversorgungskassen kirchlicher oder kommunaler Träger (ZVK-Renten). Je nachdem, wie die Beiträge bei der Einzahlung steuerlich gefördert wurden (z. B. steuerfrei oder pauschal besteuert), ist die Besteuerung der Rente unterschiedlich. Sie kann in voller Höhe steuerpflichtig sein oder (teilweise) nur mit dem Ertragsanteil besteuert werden. Die richtige Zeile des Eintrags entnehmen Sie bitte der **Leistungsmitteilung Ihres Anlageinstituts.**

Hinweis: Wichtiges zum Thema „Betriebliche Altersvorsorge" finden Sie auch auf http://mybook.haufe.de unter „Weiterführende steuerliche Informationen".

→ eZEILE 26 Nachzahlungen für Vorjahre

Haben Sie Rentennachzahlungen für **mehrere** (mindestens zwei) Vorjahre erhalten, geben Sie den Nachzahlungsbetrag **gesondert** an und beantragen damit für diese Beträge die ermäßigte Besteuerung („Fünftel-Regelung").

10.4 Anlage R-AUS – Renten aus dem Ausland

Leibrenten und Leistungen aus gesetzlichen Rentenversicherungen, landwirtschaftlicher Alterskasse und berufsständischen Versorgungseinrichtungen, aus privaten Rentenversicherungen (auf Lebenszeit/mit zeitlich befristeter Laufzeit), und auf sonstigen Verpflichtungsgründen (z. B. Renten aus Veräußerungsgeschäften) sowie Renten aus der betrieblichen Altersversorgung sind in die **Anlage R-AUS** einzutragen, wenn die **Auszahlung der Rente im Ausland** erfolgt.

Die ausländische Rente ist nach dem Welteinkommensprinzip grds. in Deutschland zu versteuern. Ausnahme: Ein DBA zwischen Deutschland und dem ausländischen Staat sieht eine andere Besteuerung vor. Hier sind je nach DBA drei unterschiedliche Fälle möglich.

Steuerpflicht im Wohnsitzstaat des Rentners

Hat Deutschland das Besteuerungsrecht und wurde bereits eine Steuer im Ausland bezahlt, kann bei der ausländischen Finanzbehörde die Erstattung beantragt werden.

Steuerpflicht im Quellenstaat der Rente

Sieht das DBA eine Besteuerung im Quellenstaat der Rente vor, sind die ausländischen Renten in Deutschland grds. steuerfrei, unterliegen allerdings dem Progressionsvorbehalt. Die ausländische Rente bleibt zwar steuerfrei, wird aber bei der Ermittlung des Steuersatzes für die anderen steuerpflichtigen Einkünfte berücksichtigt (Erhöhter persönlicher Steuersatz)

Steuerpflicht in beiden Staaten

Ist die Rente sowohl im Wohnsitzstaat als auch im Quellenstaat steuerpflichtig, kann in Deutschland zur Vermeidung einer doppelten Besteuerung die nachgewiesene und keinem Ermäßigungsanspruch unterliegende ausländische Steuer auf die deutsche Steuer angerechnet werden.

Ohne Nachweis von Einzelaufwendungen berücksichtigt das Finanzamt bei allen Renten (Anlagen R und R-AV/bAV) und Unterhaltsleistungen (Zeile 6 der **Anlage SO**) den gesetzlichen Werbungskostenpauschbetrag i. H. v. insgesamt 102 € (bei Ehegatten personenbezogen für jeden Ehegatten mit entsprechenden Einkünften).

Liegen höhere tatsächliche Werbungskosten (z. B. für einen Rentenratgeber, Rechtsstreitigkeiten, Steuerberatungskosten) vor, sind diese in der Anlage R einzutragen. Werbungskosten zu den auf der Anlage R dargestellten Renten sind in dieser Anlage in den Zeilen 37 und 38 einzutragen, während Werbungskosten zu den auf der Anlage R-AV/bAV vorliegenden

Altersvorsorgeverträgen und der betrieblichen Altersversorgung in der betreffenden Anlage in die Zeilen 31–37 gehören.

✓ Checkliste Anlagen R, R-AV/bAV, R-AUS

Folgende Abzugsmöglichkeit geprüft? Vgl. Ausfüllhinweise zur Zeile!

Sie haben von Ihrer Versicherungsgesellschaft eine Leistungsmitteilung (Rentenbezugsmitteilung) erhalten? ☐
Übertragen Sie die Werte in die in der Leistungsmitteilung genannten Anlagen der Steuererklärung unter der genannten Zeile oder Kennzahl.

Sie haben eine gesetzliche oder private Rente bezogen? ☐
Für die bei Rentenauszahlung einbehaltenen Kranken- und Pflegeversicherungsbeiträge (Eigenanteil) können Sie den Sonderausgabenabzug beantragen (Anlage Vorsorgeaufwand).

Sie haben Rentennachzahlungen für mehrere (mindestens zwei) Vorjahre bekommen? ☐
Beantragen Sie die ermäßigte Besteuerung.

Sie sind sich hinsichtlich der Besteuerung Ihrer Rente unsicher? ☐
Fügen Sie, insbesondere im Erstjahr, der Steuererklärung den Rentenbescheid bei.

Sie haben mit Ihrem Rententräger über die Rente gestritten? ☐
Alle Aufwendungen im Zusammenhang damit (Anwaltskosten, Gerichtskosten, Fachliteratur, Fahrtkosten, Porto) sind Werbungskosten.

11 Anlage N (Einkünfte aus nichtselbstständiger Arbeit)

11.1 Allgemein

 WICHTIG

Die **Anlage N** benötigen Sie in folgenden Fällen:

- Sie haben als Arbeitnehmer gearbeitet (keine pauschal versteuerte Aushilfstätigkeit oder Minijob).
- Sie haben eine Beamtenpension/Betriebsrente bezogen.

Ehegatten müssen jeweils eine eigene Anlage N ausfüllen.

Eintragungen in den dunkelgrün unterlegten und mit „e" gekennzeichneten Zeilen (Seite 1) sind nur nötig, wenn die der Finanzverwaltung vom Arbeitgeber übermittelten Daten fehlerhaft sind.

Überblick

Im Bedarfsfall ausfüllen	
Seite 1	**Angaben zu Arbeitslohn, Versorgungsbezügen, Lohnersatzleistungen (Zeilen 5–28)** Die Angaben können Sie der Lohnsteuerbescheinigung entnehmen.
Seiten 2, 3, 4	**Werbungskosten zum „normalen Arbeitslohn" (Zeilen 31–72 und 91–117)** Hier können Sie Ihre mit dem Arbeitslohn aus einer aktuellen aktiven Beschäftigung im Zusammenhang stehenden Aufwendungen geltend machen. Ohne Eintragung wird bei aktiver Berufstätigkeit automatisch ein Arbeitnehmerpauschbetrag i. H. v. 1.000 € berücksichtigt.
Seite 3	**Werbungskosten in Sonderfällen (Zeilen 73–78)** Tragen Sie hier Ihre Ausgaben im Zusammenhang mit begünstigt besteuertem Arbeitslohn (Versorgungsbezüge wie z. B. Betriebsrente, Beamtenpension, Entschädigungen, Lohn für mehrere Jahre) ein. Im Zusammenhang mit Versorgungsbezügen (Betriebsrente, Beamtenpension) erhalten Sie automatisch einen Werbungskostenpauschbetrag von 102 €.

→ ZEILE 4
eTIN

Die Angabe der **e**lectronic **T**axpayer **I**dentification **N**umber (eTIN), u. U. aufgeführt in Ihrer LSt-Bescheinigung, ist nur notwendig, wenn keine Identifikationsnummer (Hauptvordruck, Zeilen 7, 8) vorhanden ist.

11.2 Angaben zum Arbeitslohn

→ eZEILEN 5–20
Arbeitslohn

Die geforderten Angaben werden von Ihrem Arbeitgeber elektronisch an die Finanzverwaltung übermittelt und vom Finanzamt übernommen. Gleichzeitig bekommen Sie von Ihrem Arbeitgeber eine Lohnbescheinigung über die übermittelten Daten. Eintragungen müssen Sie nur noch vornehmen, wenn die übermittelten Daten nicht zutreffend sind.

→ eZEILEN 5–10
Normaler Arbeitslohn

Die geforderten Angaben zu Steuerklasse, Bruttoarbeitslohn, Lohnsteuer, Solidaritätszuschlag und Kirchensteuer können Sie aus der Lohnsteuerbescheinigung (Nr. 3–7) entnehmen. Mit Ausnahme des Bruttoarbeitslohns sind die Angaben mit Centbeträgen einzutragen. Haben Sie mehrere Lohnsteuerbescheinigungen, dann fassen Sie die Eintragungen der zweiten und aller weiteren (jeweils mit Steuerklasse VI) zusammen.

→ eZEILEN
11–16
Versorgungs-bezüge

Versorgungsbezüge sind Zahlungen und Vorteile, die aufgrund eines früheren Dienstverhältnisses vom früheren Arbeitgeber gezahlt werden (z. B. **Beamtenpensionen,** Renten aufgrund beamtenrechtlicher Vorschriften sowie bestimmte **Betriebsrenten).** Die einzutragenden Angaben können Sie Ihrer Lohnsteuerbescheinigung (Nr. 8 ff.) entnehmen. Versorgungsbezüge sind teilweise steuerfrei. Die im Vordruck in den Zeilen 11–15 abgefragten Angaben dienen zur Berechnung des Versorgungsfreibetrags sowie des (steuerfreien) Zuschlags zum Versorgungsfreibetrag. Vertiefend siehe → Pensionen/Betriebsrenten. Nachzahlungen, die **mehrere** Jahre betreffen (Nr. 9 der Lohnsteuerbescheinigung), übertragen Sie in Zeile 16. Dafür gilt wie für Entschädigungen eine ermäßigte Besteuerung.

→ eZEILEN
17–20
Lohn für mehrere Jahre/Entschädi-gungen

Steuerpflichtige Jubiläumszuwendungen, Entschädigungen oder Lohnnachzahlungen, die mehrere Jahre betreffen (vgl. Lohnsteuerbescheinigung Nr. 10, daraus abgeführte Steuern Nr. 11–14), werden über die sog. Fünftel-Regelung ermäßigt besteuert. Die abgefragten Angaben dienen zur Berechnung der Steuer. Bei Entschädigungen (z. B. Abfindungen bei Auflösung des Dienstverhältnisses) müssen Sie die Vertragsunterlagen über Art, Höhe und Zeitpunkt der Zahlung beifügen. **Hinweis:** Wichtiges zum Thema „Abfindung" finden Sie auf http://mybook.haufe.de unter „Weiterführende steuerliche Informationen".

→ ZEILE 27
Aufwandsent-schädigung/ Übungsleiterpau-schale

Waren Sie nebenberuflich (Arbeitszeit weniger als 1/3 einer Vollerwerbstätigkeit) in einem Arbeitsverhältnis bei einer staatlichen Stelle oder einem gemeinnützigen Verein als Übungsleiter, Ausbilder, Betreuer, Erzieher oder in einer vergleichbaren Tätigkeit, als Künstler oder als Pfleger alter, kranker oder behinderter Menschen (z. B. Erste-Hilfe-Kurse für das Rote Kreuz) beschäftigt, ist der dafür erhaltene Arbeitslohn (Aufwandsentschädigung) bei Ihnen bis zu 2.400 € steuerfrei (§ 3 Nr. 26 EStG). Wenn Sie kein weiteres Arbeitsverhältnis haben, erhalten Sie zusätzlich den Arbeitnehmerpauschbetrag von 1.000 €. Ausgaben im Zusammenhang mit der Tätigkeit können Sie allerdings regelmäßig nur geltend machen, soweit sie 3.400 € (2.400 € + 1.000 €) überschreiten. Vertiefend siehe → Ehrenamt.

→ ZEILE 27
Ehrenamts-
freibetrag

Wenn Sie ehrenamtlich und nebenberuflich (z. B. als Vorstand, Vereinsmitglied, Platzwart, Hausmeister oder sonstiger Helfer) in einem gemeinnützigen Verein bzw. Verband oder im mildtätigen bzw. kirchlichen Bereich tätig waren und dafür eine Aufwandsentschädigung (steuerfrei bis zu 720 €/Jahr; Ehrenamtsfreibetrag, § 3 Nr. 26a EStG) erhalten haben, gehört diese ebenfalls in Zeile 27. Auch hier ist der Abzug des Arbeitnehmerpauschbetrags (1.000 €) zusätzlich möglich, wenn Sie ihn noch nicht bei anderen Lohneinkünften verbraucht haben.

→ eZEILE 28
Lohnersatz-
leistungen

Die im Vordruck genannten Lohnersatzleistungen werden regelmäßig über den Arbeitgeber ausgezahlt (Nr. 15 der Lohnsteuerbescheinigung) und dem Finanzamt elektronisch übermittelt, sodass Eintragungen nur bei unrichtig übermittelten Daten vorzunehmen sind. In Zeile 27 einzutragen sind nur über den Arbeitgeber ausgezahlte Lohnersatzleistungen (bescheinigt unter Nr. 15 der Lohnsteuerbescheinigung). Andere (als die im Vordruck genannten) Leistungen, z. B. Insolvenzgeld, sind in eZeile 38 des Hauptvordrucks einzutragen. I. d. R. werden auch diese Beträge dem Finanzamt elektronisch von der Stelle, die den Lohnersatz auszahlt, gemeldet. Lohnersatzleistungen sind zwar steuerfrei, erhöhen jedoch den Steuersatz für die steuerpflichtigen Einkünfte (Progressionsvorbehalt).

11.3 Werbungskosten

→ ZEILEN 31–72
UND 91–117
Werbungskosten

Werbungskosten sind Ausgaben, die im Zusammenhang mit der Berufstätigkeit bzw. mit Ihrer Pension oder Betriebsrente stehen. Sie werden vom Bruttoarbeitslohn abgezogen und mindern so die Steuerlast.

Arbeitnehmer-
pauschbetrag

Aufgrund gesetzlicher Regelungen wird bei jedem Arbeitnehmer, der in einem **aktiven** Dienstverhältnis steht oder der eine Betriebsrente, die (ausnahmsweise) **nicht** zu den **Versorgungs-**

bezügen gehört, erhält, automatisch ein Betrag von 1.000 €
berücksichtigt. Empfängern von Versorgungsbezügen (vgl. Nr. 8
und 9 Ihrer Lohnsteuerbescheinigung und Erläuterungen zu den
Zeilen 11–16) steht lediglich ein Pauschbetrag von 102 € zu.
Waren Sie einen Teil des Kalenderjahres noch berufstätig und
haben Sie für einen (anderen) Teil (auch) Versorgungsbezüge
erhalten, stehen Ihnen beide Pauschbeträge zu. Hatten Sie
keine höheren tatsächlichen Werbungskosten, brauchen Sie
den restlichen Teil der Anlage N nicht auszufüllen.

Im Vordruck sind nur die häufigsten und wichtigsten Werbungskosten aufgeführt. Vertiefend siehe → Werbungskosten,
-pauschbeträge und -pauschalen.

Werbungskosten kommen auch in Betracht, wenn Sie nicht
mehr in einem Arbeitsverhältnis stehen (nachträgliche Werbungskosten). Dazu gehören bei Betriebsrentnern und Pensio-
nären z. B. auch Steuerberatungs- oder Rechtsberatungskosten
sowie Anwalts- und Gerichtskosten anlässlich von Rechtsstreitigkeiten im Zusammenhang mit der Rente oder Fachbücher
zum Thema Renten (Rentenratgeber, Steuerratgeber).

→ ZEILEN 73–78
**Werbungskosten
in Sonderfällen**

Haben Sie im Zusammenhang mit **Versorgungsbezügen** (Betriebsrente, Beamtenpension) höhere Aufwendungen als
102 €, können Sie diese hier erfassen (Zeilen 73, 74). Denkbar
sind z. B. Kosten der Rentenberatung oder Anwaltskosten. Hier
sind auch Werbungskosten im Zusammenhang mit ermäßigt
besteuerten Entschädigungszahlungen, z. B. im Zusammenhang
mit der Auflösung des Dienstverhältnisses oder Arbeitslohn für
mehrere Jahre, einzutragen. Diese dürfen nicht mit den Werbungskosten im Zusammenhang mit „normalem" Arbeitslohn
vermischt werden.

 Checkliste Anlage N

**Folgende Abzugsmöglichkeit geprüft? Vgl. Ausfüllhin-
weise zur Zeile!**

Sie waren ehrenamtlich, unentgeltlich oder gegen   ☐
**Aufwandsentschädigung für einen Verein oder eine
gemeinnützige Organisation tätig?**
Prüfen Sie, ob Ihnen der Ehrenamtsfreibetrag oder der
Freibetrag für Übungsleiter zusteht (Zeile 27).

12 Anlage KAP (Einkünfte aus Kapitalvermögen)

12.1 Allgemein

 WICHTIG

Für das Vz. 2020 gibt es für die Erklärung von Kapitaleinkünften drei Vordrucke:

- Die Anlage KAP
- Die Anlage KAP-BET
- Die Anlage KAP-INV

Wann die Anlage KAP ausgefüllt werden muss

Durch die Einführung der Abgeltungsteuer (25 % Kapitalertragsteuer auf Kapitalerträge) ist die Besteuerung im Regelfall erledigt und die Abgabe der Anlage KAP nicht notwendig. Vertiefend siehe → Kapitalanlagen.

In folgenden (Ausnahme-)Fällen müssen bzw. sollten Sie die **Anlage KAP** aber ausfüllen:

- Ihr persönlicher (Spitzen-)Steuersatz liegt unter 25 % und Sie möchten die von der Bank zu hoch einbehaltene Kapitalertragsteuer erstattet bekommen („Günstigerprüfung").
- Sie haben im Veranlagungsjahr weniger als 801 € (Ehegatten 1.602 €) Kapitalerträge erzielt, aber weil Sie keinen bzw. einen zu niedrigen Freistellungsauftrag erteilt hatten, wurde von der Bank Steuer einbehalten.
- Sie haben mit Ihren Freistellungsaufträgen den Sparer-Pauschbetrag nicht ausgenutzt, sodass Steuer einbehalten wurde.
- Sie haben Verluste aus Börsengeschäften (z. B. Aktienverkäufen) erlitten, die von der Bank intern nicht mit Gewinnen verrechnet werden konnten.
- Sie haben steuerpflichtige Kapitalerträge bekommen, die nicht der Abgeltungsteuer unterlegen haben (z. B. aus privaten Darlehen oder ausländischen Geldanlagen).

- Sie wollen bisher von der Bank nicht berücksichtigte, ausländische Quellensteuer auf die Einkommensteuer anrechnen lassen.

- Sie haben, obwohl Sie kirchensteuerpflichtig sind, einen Sperrvermerk zur Mitteilung der Kirchensteuermerkmale eintragen lassen, sodass die Bank keine Kirchensteuer einbehalten hat.

- Sie wollen als Beteiligter an einer Kapitalgesellschaft (unternehmerische Beteiligung) die Erträge (freiwillig) nach dem Teileinkünfteverfahren mit der tariflichen Einkommensteuer besteuern lassen, um gleichzeitig hohe Ausgaben (insbesondere Finanzierungskosten) als Werbungskosten geltend machen zu können.

- Ihre Bank hat beim Steuerabzug eine zu geringe Ersatzbemessungsgrundlage angewandt.

- Sie haben Kapitalerträge erzielt, die zu einer anderen Einkunftsart (z. B. Einkünfte aus Gewerbebetrieb) gehören und für die anrechenbare Steuern angefallen sind.

- Sie haben bestandsgeschützte Alt-Investmentfonds-Anteile i. S. d. § 56 Abs. 6 Satz 1 Nr. 2 InvStG veräußert.

Wann die Anlage KAP-BET ausgefüllt werden muss

- Die Anlage KAP-BET ist auszufüllen, wenn Sie aus Beteiligungen stammende Einkünfte aus Kapitalvermögen und anrechenbare Steuern haben, die gesondert und einheitlich festgestellt werden.

Wann die Anlage KAP-INV ausgefüllt werden muss

- Die Anlage KAP-INV ist auszufüllen, wenn Sie Investmenterträge erzielt haben, die nicht dem inländischen Steuerabzug unterlegen haben.

Jeder Ehegatte benötigt eine eigene Anlage KAP sowie bei Bedarf die Anlagen KAP-BET und/oder KAP-INV.

Überblick

Im Bedarfsfall ausfüllen	
Anlage KAP Seite 1	**Kapitalerträge mit einbehaltener Kapitalertragsteuer (Anlage KAP Zeilen 7–14)** Tragen Sie hier die inländischen Kapitalerträge sowie die Erlöse aus der Veräußerung von Wertpapieren und anderen Börsengeschäften auf dem Kapitalmarkt ein, für die von der Bank Steuer einbehalten worden ist. Verluste aus z. B. der Uneinbringlichkeit einer Kapitalforderung **(Anlage KAP Zeile 15)** **Angaben zum Sparer-Pauschbetrag (Anlage KAP Zeilen 16, 17)** **Kapitalerträge ohne Steuerabzug (Anlage KAP Zeilen 18–26)** Einzutragen sind alle Zinserträge, die mit dem Abgeltungsteuersatz von 25 % steuerpflichtig sind, bei denen aber keine Kapitalertragsteuer einbehalten wurde (z. B. Zinsen aus privaten Darlehen sowie Zinsen und Beteiligungserträge aus Geldanlagen bei ausländischen Banken). **Kapitalerträge mit persönlichem Steuersatz (Anlage KAP Zeilen 27–34)** Zinserträge aus stillen Gesellschaften und partiarischen Darlehen sowie auf Antrag Erträge aus der Beteiligung an einer Kapitalgesellschaft werden mit dem persönlichen Steuersatz bzw. dem Teileinkünfteverfahren besteuert.
Anlage KAP Seite 2	**Anzurechnende Steuern (Anlage KAP Zeilen 37–42)** Einzutragen sind von der Bank einbehaltene inländische und ausländische Steuern.
Anlage KAP-BET	**Erträge aus Beteiligungen (Anlage KAP-BET Zeilen 1–29) sowie dazugehörige Steuerabzugsbeträge (Anlage KAP-BET Zeilen 30–38)** Hierher gehören Kapitalerträge, die Ihnen als Beteiligter einer Gemeinschaft (z. B. Erbengemeinschaft) zugeflossen sind. Auch hier wird zwischen den oben genannten Gruppen unterschieden. Die Angaben sind dem Feststellungsbescheid der Gesellschaft zu entnehmen.
Anlage KAP-INV Seite 1	**Laufende Erträge aus Investmentanteilen, die nicht dem inländischen Steuerabzug unterlegen haben (Anlage KAP-INV Zeilen 1–13)** Die Angaben sind der Steuerbescheinigung der Depotbank zu entnehmen. **Gewinne aus der Veräußerung von Investmentanteilen, die nicht dem inländischen Steuerabzug unterlegen (Anlage Kap-INV Zeilen 14–28)** Die Ermittlung nehmen Sie auf Seite 2 vor. **Zwischengewinne nach dem Investmentsteuergesetz 2004 (Anlage KAP-INV Zeile 29)**
Anlage KAP-INV Seite 2	**Ermittlung der Vorabpauschalen (Anlage KAP-INV Zeilen 31–46)** **Ermittlung der Veräußerungsgewinne zu Zeilen 9–28 (Anlage KAP-INV Zeilen 47–57)**

Allgemeine Übersicht

Kapitalerträge sind Erträge aus der Überlassung von Kapital (z. B. Zinsen oder Dividende). Zu den Kapitalerträgen gehören auch Erlöse aus Börsengeschäften bzw. „Spekulationsgeschäften" (Wertpapierverkäufe, Optionen, Termingeschäfte, Futures etc.).

Als Einnahme auf der Anlage KAP ist im Normalfall die volle Höhe des Kapitalertrags einschließlich der eventuell einbehaltenen Steuern (Kapitalertrag-, Kirchen-, Quellensteuer) anzugeben. Bei einigen Eintragungen (z. B. Zeilen 28 und 29) sind dagegen nur die Einkünfte (Einnahmen abzüglich Ausgaben) zu erfassen. Die einbehaltenen Steuern sind in den Zeilen 37–45 einzutragen.

Auf den Zinsbescheinigungen der Banken sind im Normalfall die Zeilen der **Anlage KAP** angegeben, in denen der jeweilige Kapitalertrag zu erfassen ist.

Steueranrechnung, Steuerbescheinigung

Falls eine Anrechnung der einbehaltenen Steuern auf die Einkommensteuer möglich ist, müssen Sie dazu die **Originalsteuerbescheinigungen** Ihrer Bank(en) beifügen.

→ ANLAGE KAP ZEILEN 4–6 Grund für die Abgabe der Anlage KAP

Sind Sie sich nicht sicher, ob Ihr Grenzsteuersatz niedriger als 25 % ist, dann füllen Sie die Anlage KAP aus, wenn die Bank bei Ihnen Steuer einbehalten hat. Das Finanzamt prüft, ohne dass Ihnen Nachteile entstehen. In diesem Fall (Eintrag „1" in Zeile 4), müssen Sie **sämtliche** Kapitalerträge angeben und auch insbesondere Angaben zum bisher in Anspruch genommenen Sparer-Pauschbetrag (= aufgrund eines Freistellungsauftrags freigestellte Zinsen) in Zeile 16 machen. Außerdem sind die bisher von der Bank einbehaltenen Steuern (Anlage KAP, Zeilen 37–42) anzugeben und die Steuerbescheinigungen beizufügen.

Die Anträge lt. den Zeilen 4, 5 und 31 können unabhängig voneinander gestellt werden. Der Antrag auf Günstigerprüfung (Zeile 4) ersetzt nicht den Antrag auf Anwendung der tariflichen Einkommensteuer (Zeile 31).

 TIPP

Von der Bank einbehaltene Kirchensteuer als Sonderausgaben

Machen Sie vorsorglich die von der Bank einbehaltene Kirchensteuer bei den Sonderausgaben geltend. Der Sonderausgabenabzug ist aber nur möglich, wenn die „Günstigerprüfung" erfolgreich war, d. h. die Steuer auf die Kapitalerträge

nicht mit dem Abgeltungsteuertarif, sondern mit Ihrem individuellen Steuersatz versteuert wird (aus dem Steuerbescheid
erkennbar daran, dass die Kapitalerträge in die Berechnung
des zu versteuernden Einkommens einbezogen werden). Prüfen Sie Ihren Steuerbescheid entsprechend auf den korrekten
Sonderausgabenabzug!

Den Antrag in Zeile 5 (Eintragung „1") stellen Sie z. B., wenn
Sie Ihre Freistellungsaufträge ungünstig verteilt haben und
Ihnen infolgedessen zu viel Abgeltungsteuer (Kapitalertrag-
steuer) einbehalten worden ist oder wenn Sie Verluste aus
Börsengeschäften erlitten haben, die bankintern nicht mit
Gewinnen verrechnet werden konnten. In diesen Fällen reicht
es aus, nur die „falsch" besteuerten Erträge (Anlage **KAP**
Zeilen 7–15; Spalte 1) und die von Ihnen korrigierten (z. B.
um Verluste geminderten) Erträge (Spalte 2) anzugeben (Erläuterungen bitte auf einem separaten Blatt beifügen). In diesen
Fällen sind Eintragungen bezüglich des bisher in Anspruch
genommenen Sparer-Pauschbetrags (freigestellte Beträge) in
den Zeilen 16 **und** 17 notwendig. Ebenso Eintragungen zu
bisher einbehaltenen Steuern (Anlage **KAP** Zeilen 37–42). Treffen mehrere der genannten Gründe zu, sind entsprechend
mehrere Eintragungen in den Zeilen 4–6 notwendig. In allen
anderen Fällen reicht es aus, auf der Anlage KAP nur die Zeilen
auszufüllen, die Kapitalerträge betreffen, bei denen durch die
Kapitalertragsteuer (Abgeltungsteuer) die Besteuerung nicht
erledigt ist.

→ ANLAGE KAP
ZEILEN 7–15
**Kapitalerträge
mit Steuerabzug**

In den Zeilen 7–15 erklären Sie, soweit notwendig (s. o.), Ihre
Kapitalerträge, bei denen die Bank 25 % Kapitalertragsteuer
(Abgeltungsteuer) sowie Solidaritätszuschlag und ggf. Kirchen-
steuer einbehalten hat. Die Beträge können Sie i. d. R. der
Bescheinigung der Bank entnehmen. Dazu gehören auch Ge-
winne aus Börsengeschäften (Spekulationsgeschäfte) und die
Verluste aus der Uneinbringlichkeit einer Kapitalforderung,
Ausbuchung, Übertragung oder sonstigem Ausfall von Wirt-
schaftsgütern). Vertiefend siehe → Spekulationsgeschäfte.

Ebenfalls gehören die Erträge aus Investmentfonds dazu, soweit die Depotbank dafür Abzugsteuern einbehalten hat. Nur
wenn Sie Erträge aus Investmentfonds erzielt haben, für die
keine Abzugsteuern einbehalten wurden, benötigen Sie die
Anlage KAP-INV.

Erträge aus Bausparverträgen (Zinsen, Bonus), die **nicht** i. Z. m. einem vermieteten Objekt stehen, sind ebenfalls hier zu erfassen. Dagegen gehören Bausparzinsen in Zusammenhang z. B. mit einem Mietshaus zu den Mieteinkünften (**Anlage V**).

Zu den Veräußerungsgewinnen zählen z. B. Gewinne aus Aktienverkäufen (zusätzlich zu erfassen in Zeile 8) und dem Verkauf von GmbH-Anteilen sowie der Veräußerung von Zertifikaten und Futures, ebenso wie erhaltene Stillhalterprämien bei Optionsgeschäften. Gezahlte Glattstellungsprämien mindern die Einnahmen. Dies gilt aber nur, sofern die Anschaffung der Papiere bzw. das Geschäft nach 2008 erfolgt ist. Ansonsten sind die (Spekulations-)Erträge nicht steuerpflichtig.

Verkäufe von Aktien oder GmbH-Anteilen sind auf der **Anlage G** zu erfassen, wenn Sie zu mindestens 1 % an der Gesellschaft beteiligt sind. Sie unterliegen dem Teileinkünfteverfahren.

→ ANLAGE KAP
ZEILE 10
Veräußerung bestandsgeschützter Alt-Anteile

Soweit in den Erträgen (Anlage KAP Zeile 7) Veräußerungsgewinne/-verluste aus bestandsgeschützten Alt-Anteilen enthalten sind, sind diese hier einzutragen. Der Freibetrag von 100.000 € wird vom Finanzamt berücksichtigt. Wurden bereits in den Vorjahren Gewinne aus der Veräußerung von bestandsgeschützten Alt-Anteilen erzielt und der Freibetrag von 100.000 € (teilweise) in Anspruch genommen, ist auch die Zeile 10 der Anlage Sonstiges auszufüllen.

Für die Erfassung der Kapitalerträge spielt es keine Rolle, ob es sich um in- oder ausländische Kapitalerträge handelt. Die ausländische Quellensteuer kann direkt auf die deutsche Steuer angerechnet werden (Anlage **KAP** Zeilen 40–42). Die **Anlage AUS** wird für ausländische Kapitalerträge nicht benötigt.

→ ANLAGE KAP
ZEILEN 12, 13
Veräußerungsverluste

Verluste aus der Veräußerung von Wertpapieren dürfen nur mit (zukünftigen) Gewinnen aus derartigen Geschäften verrechnet werden. Dabei ist zwischen Verlusten aus der Veräußerung von Aktien (Eintragung in Zeile 13) und Verlusten aus anderen Börsengeschäften (Eintragung in Zeile 12) zu unterscheiden.

→ ANLAGE KAP
ZEILEN 18–26
Kapitalerträge ohne Steuerabzug

In diesen Zeilen sind Kapitalerträge zu erklären, bei denen keine Steuer einbehalten worden ist, die aber dem Abgeltungsteuersatz von 25 % unterliegen und deshalb im Rahmen der Einkommensteuerveranlagung nachversteuert werden müssen. Dazu zählen vor allem Zinsen, die Sie für privat gegebene Darlehen erhalten haben (Anlage KAP Zeile 18; vgl. aber auch Anmerkungen zu den Zeilen 27 ff. bei Darlehen an Angehörige), von ausländischen Banken direkt (ohne eine inländische Bank) ausgezahlte Zinsen oder „Spekulationsgeschäfte", die über ausländische Banken abgewickelt wurden. Aktienverkäufe sind zusätzlich in Zeile 20 zu erklären. Vom Finanzamt erhaltene Erstattungszinsen für Steuererstattungen aus früheren Jahren sind ebenfalls mit dem Abgeltungstarif (25 %) zu versteuern (Anlage KAP Zeile 26).

Nicht hier zu erfassen sind Erträge aus Investmentfonds, für die keine Abzugsteuern einbehalten wurden. Hierfür benötigen Sie die Anlage KAP-INV.

12.2 Weitere Angaben

→ ANLAGE KAP
ZEILEN 27–34
**Individueller
Steuersatz,
Darlehen an Angehörige, stille
Gesellschaften,
partiarische
Darlehen**

Für die wenigen Kapitalerträge, die nicht dem Abgeltungsteuersatz von 25 % unterliegen, sondern mit dem persönlichen (tariflichen) Steuersatz, eventuell unter Berücksichtigung des Teileinkünfteverfahrens, versteuert werden müssen, sind die Zeilen 27–34 vorgesehen. Ausgaben i. Z. m. derartigen Erträgen können Sie als Werbungskosten geltend machen, wenn diese den Sparer-Pauschbetrag übersteigen. Einzutragen sind im Vordruck deshalb nicht die Erträge, sondern die nach Abzug der Ausgaben verbleibenden **Einkünfte**.

Zu dieser Gruppe gehören private Darlehen an Angehörige oder „eigene" Gesellschaften, aber nur, wenn derjenige, der das Darlehen bekommen hat, die Schuldzinsen steuerlich als Werbungskosten oder Betriebsausgaben geltend machen kann (sonst Zeile 18).

Sind Sie entweder zu mindestens 25 % an einer Kapitalgesellschaft (GmbH, AG) beteiligt oder zu mindestens 1 % und können durch Ihre berufliche Tätigkeit für die Gesellschaft maßgeblichen unternehmerischen Einfluss auf deren wirtschaftliche Tätigkeit nehmen (= unternehmerische Beteiligung), können Sie beantragen, dass die Kapitaleinkünfte, die Sie aus der Beteiligung erzielen (Gewinnausschüttungen, Veräußerungsgewinne), nicht mit dem Abgeltungsteuersatz von 25 %, sondern nach dem Teileinkünfteverfahren (nur 60 % der Einkünfte steuerpflichtig) mit dem persönlichen Steuersatz besteuert werden (Anlage KAP Zeile 31). Dies kann vorteilhaft sein, weil Sie gleichzeitig Werbungskosten (z. B. Finanzierungskosten) über den Sparer-Pauschbetrag hinaus geltend machen können. Der Antrag gilt immer für alle Erträge aus der Beteiligung und, wenn er nicht widerrufen wird, für fünf Jahre. Ab dem Jahr, in dem der Antrag widerrufen wird, ist kein neuer Antrag für diese Beteiligung mehr möglich. Deshalb ist die

Kapitalgesellschaft namentlich anzugeben (Anlage KAP Zeile 32). Einzutragen sind jeweils die Einkünfte, also die um die Werbungskosten geminderten Einnahmen.

→ ANLAGE KAP ZEILE 30
Erträge aus Lebensversicherungen

Kapitalerträge aus nach dem 31.12.2004 abgeschlossenen Lebensversicherungen, deren Leistung nach Vollendung des 60. Lebensjahres und nach Ablauf von zwölf Jahren seit Vertragsabschluss ausgezahlt wurde, sind zur Hälfte steuerfrei. Einzutragen sind die gesamten Kapitalerträge; die Berücksichtigung des steuerfreien Teils erfolgt durch das Finanzamt. Bei fondsgebundenen Lebensversicherungen ist allerdings für die Wertsteigerungen ab 1.1.2019 eine Steuerfreistellung i. H. v. 15 % abzuziehen.

→ ANLAGE KAP ZEILEN 31, 32
Antrag auf Anwendung der tariflichen Einkommensteuer

Der Antrag auf Anwendung der tariflichen Einkommensteuer für die in Zeile 32 eingetragenen Beträge, muss in Zeile 31 durch Eintragung einer „1" explizit gestellt werden.

Der Antrag auf Günstigerprüfung (Zeile 4) ersetzt nicht den Antrag auf Anwendung der tariflichen Einkommensteuer (Zeile 31).

→ ANLAGE KAP ZEILE 33
vGA

Einzutragen sind erzielte verdeckte Gewinnausschüttungen, die bei der Kapitalgesellschaft als Betriebsausgabe geltend gemacht wurden.

→ ANLAGE KAP ZEILE 34
Spezialfonds

Soweit Sie Einkünfte aus Spezial-Investmentfonds bezogen haben, ist hier eine „1" einzutragen.

→ ANLAGE KAP ZEILEN 35–36
Ermäßigte Besteuerung

Hier sind Kapitaleinkünfte aus den Zeilen 7, 18 oder 19 der Anlage KAP sowie aus den Zeilen 6 und 14 der Anlage KAP-BET zu erfassen, die bei der tariflichen Besteuerung nach § 34 EStG begünstigt sind. Dazu gehören z. B. Nachzahlungen für einen längeren Zeitraum.

→ ANLAGE KAP ZEILEN 37–42
Einbehaltene Steuern

Tragen Sie hier die Höhe der Steuern ein, die von der Bank einbehalten und an das Finanzamt abgeführt wurden. Dazu gehört auch die ausländische Quellensteuer, die für ausländische Kapitalerträge einbehalten wurde. Sie kann direkt auf die deutsche Kapitalertragsteuer angerechnet werden. Ebenfalls einzurechnen sind die Abzugsteuern auf Erträge, die in der Anlage KAP-INV erklärt werden, nicht aber solche auf Erträge aus der Anlage KAP-BET. Die zu viel einbehaltene Abgeltungsteuer (z. B. aufgrund ungünstig erteilter Freistellungsaufträge) wird erstattet. Die einbehaltenen Steuern werden wie Steuervorauszahlungen angerechnet, aber nur sofern der Abgeltungsteuertarif nicht zur Anwendung kommt (z.B. erfolgreiche Günstigerprüfung).

→ ANLAGE KAP
ZEILEN 43–45
**Steuer-
anrechnung**

Gehören die Zinserträge zu einer anderen Einkunftsart (z.B. Zinsen für Mietkonto zur Einkunftsart Vermietung, betriebliche Zinserträge), sind die Zinsen auf der jeweiligen Anlage (z.B. Anlage V) zu erfassen. Sie werden nicht mit dem Abgeltung-steuersatz von 25 %, sondern mit dem persönlichen Steuersatz versteuert. Die von der Bank einbehaltenen Abgeltung-, Kir-chensteuern und Solidaritätszuschlag (Anlage KAP Zeile 43–45) werden bei Vorlage der Originalsteuerbescheinigung angerech-net.

→ ANLAGE KAP
ZEILE 46
**Beschränkung
des Kapital-
ertragsteuer-
abzugs**

Nur drei Fünftel der Kapitalertragsteuer können angerechnet werden, wenn die Voraussetzungen des § 36a EStG nicht erfüllt sind. Dieser verlangt u.a., dass die Wertpapiere mindestens 45 Tage gehalten wurden und der Eigentümer nicht verpflichtet ist, die Kapitalerträge ganz oder überwiegend an andere Per-sonen weiterzuleiten. Liegen diese Voraussetzungen nicht vor, ist in Zeile 46 eine 1 einzutragen.

Außerdem muss die entsprechende Kapitalertragsteuer in Zei-le 37 bzw. 43 abgezogen werden, allerdings kann die nicht anrechenbare Kapitalertragsteuer auf Antrag bei der Ermittlung der Einkünfte abgezogen werden. Die jeweilige Ermittlung ist in einer gesonderten Aufstellung zu erläutern.

12.3 Anlage KAP-BET

→ ANLAGE KAP-
BET ZEILEN 1–38
**Erträge aus
Beteiligungen**

Sind Ihnen aus einer Beteiligung (z.B. Erbengemeinschaft) Kapitalerträge zuzurechnen, wurden diese Einkünfte vom Finanz-amt für alle Beteiligten einheitlich und gesondert festgestellt. Die auf Sie entfallenden Erträge sowie die anrechenbaren Steu-ern können Sie diesem Feststellungsbescheid entnehmen.

12.4 Anlage KAP-INV

In der Anlage KAP-INV sind Eintragungen für Investment-erträge vorzunehmen, die nicht dem inländischen Steuerabzug unterlegen haben. Diese sind nicht aus den Steuerbescheini-gungen der (deutschen) Depotbanken ersichtlich.

→ ANLAGE KAP-
INV ZEILEN 4–13
**Laufende Invest-
menterträge**

Anzugeben sind die Ausschüttungen nach § 2 Abs. 11 InvStG, getrennt nach Art des Fonds (Assetklasse) vor Anwendung der jeweiligen Teilfreistellung.

Die Vorabpauschalen für 2019 gelten im Jahr 2020 als zugeflossen. Sie sind in den Zeilen 31–46 zu berechnen und das Ergebnis getrennt nach den verschiedenen Fondsarten in die Zeilen 9–13 zu übernehmen (vor Anwendung der jeweiligen Teilfreistellung). Die Zeilen 31–46 müssen nicht ausgefüllt werden, wenn die Werte einer Bescheinigung der Bank entnommen werden können.

→ ANLAGE KAP-INV ZEILEN 14–28
Veräußerung von Investmentanteilen ohne inländischen Steuerabzug

Für jede Fondsart sind ggf. drei Werte einzutragen: Der laufende Gewinn aus der Veräußerung von Investmentanteilen, die nicht dem inländischen Steuerabzug unterlegen haben, der darin enthaltene Teil, der auf bestandsgeschützte Alt-Anteile entfällt, sowie Gewinne oder Verluste aus der fiktiven Veräußerung der Bestände zum 31.12.2017.

→ ANLAGE KAP-INV ZEILEN 14, 17, 20, 23, 26
Veräußerungsgewinne/-verluste

Soweit Gewinne bzw. Verluste aus der Veräußerung von Investmentanteilen, die nicht dem inländischen Steuerabzug unterlegen haben, angefallen sind, sind diese vor Anwendung der jeweiligen Teilfreistellung und getrennt nach Fondsarten zu erfassen. Die Berechnung der Gewinne soll auf Seite 2 der Anlage KAP-INV (Zeilen 47 bis 57) erfolgen.

→ ZEILEN 15, 18, 21, 24 UND 27
Bestandsgeschützte Alt-Anteile

Soweit in der jeweiligen Vorzeile Veräußerungsgewinne aus bestandsgeschützten Alt-Anteilen i.S.d. § 56 Abs. 6 Satz 1 Nr. 2 InvStG enthalten sind, sind diese hier zu vermerken, damit der personenbezogene Freibetrag von 100.000 € abgezogen und fortgeschrieben werden kann.

→ ANLAGE KAP-INV ZEILEN 16, 19, 22, 25 UND 28
Fiktive Veräußerungsgewinne zum 31.12.2017

Steuerlich gilt der Fondsbestand zum 31.12.2017 als verkauft und zum 1.1.2018 als wieder angeschafft. Der dabei entstehende Gewinn oder Verlust aus der fiktiven Veräußerung der Anteile wurde zum 31.12.2017 gesondert festgestellt, ist aber erst in dem Zeitpunkt zu versteuern, in dem die Alt-Anteile tatsächlich veräußert werden. Ist der Verkauf erfolgt, sind die festgestellten Gewinne und Verluste aus dieser fiktiven Veräußerung von Alt-Anteilen (§ 56 Abs. 2 i.V.m. Abs. 3 Satz 1 InvStG) gesondert einzutragen. Sie wirken sich im Jahr des tatsächlichen Verkaufs auf die Besteuerung aus. Für die Einkünfte aus der fiktiven Veräußerung von Alt-Anteilen wird keine Teilfreistellung berücksichtigt. Auch wird kein Freibetrag wie bei der Veräußerung der bestandsgeschützten Alt-Anteile gewährt.

→ ANLAGE KAP-
INV ZEILE 29
**Zwischengewinn
nach dem
Investmentsteu-
ergesetz 2004**

Bei Alt-Anteilen (vor dem 31.12.2017 erworben) ist der zum 31.12.2017 ermittelte Zwischengewinn im Zeitpunkt der tatsächlichen Veräußerung zu versteuern, unabhängig davon, ob es sich um bestandsgeschützte oder nicht bestandsgeschützte Alt-Anteile handelt. Der Zwischengewinn zum 31.12.2017 war vom Investmentfonds zu ermitteln und zu veröffentlichen. Diese Zwischengewinne sind in Zeile 29 zu erklären.

→ ANLAGE KAP-
INV ZEILEN
47–57
**Berechnung der
Veräußerungsge-
winne und -ver-
luste**

Die Ermittlung des Veräußerungsgewinns bzw. -verlustes ist für jeden Fonds getrennt vorzunehmen. Sollten Fondsanteile von mehr als 3 Fonds veräußert worden sein, so sind entsprechend viele Anlagen KAP-INV einzureichen. Hierzu ist in Anlage KAP-INV Zeile 3 eine laufende Nummer der jeweiligen Anlage zu vergeben.

In der Zeile 47 ist die internationale Wertpapierkennnummer ISIN („International Securities Identification Number") und in der Zeile 48 die Fondsbezeichnung anzugeben.

In der Zeile 49 ist die Art des Investmentfonds (Assetklasse) einzugeben:

1 = Aktienfonds

2 = Mischfonds

3 = Immobilienfonds

4 = (besonderer) Immobilienfonds

5 = sonstiger Investmentfonds

Die Eingabe ist erforderlich, um die Teilfreistellungssätze ermitteln zu können.

In der Zeile 50 ist die Anzahl der veräußerten Anteile des entsprechenden Investmentfonds einzutragen.

Die Zeilen 51 bis 55 dienen der Ermittlung des Gewinns. Besonders zu beachten ist, dass zur Vermeidung einer doppelten Besteuerung in Zeile 54 die seit 2019 bereits versteuerten Vorabpauschalen vom Veräußerungsgewinn abzuziehen sind. Ggf. muss nachgewiesen werden, dass die Vorabpauschale in der Steuererklärung angegeben wurde oder die gesamten Kapitaleinkünfte in den betreffenden Veranlagungszeiträumen den Sparer-Pauschbetrag nicht überschritten haben.

Die Zeilen 55–57 müssen nicht ausgefüllt werden, wenn die Werte einer Bescheinigung der Bank entnommen werden können.

Die sich für jede Fondsart ergebende Summe der Veräußerungs-gewinne/-verluste ist in die Zeilen **14, 17, 20, 23 und 26** der ersten Anlage KAP-INV zu übertragen.

Für Investmentanteile, die vor dem 1.1.2009 angeschafft wur-den, ist der in der Zeile 55 ermittelte Betrag in die Zeile 56 zu übertragen. Die sich für jede Fondsart ergebende Summe ist dann in die Zeilen **15, 18, 21, 24 und 27** der ersten Anlage KAP-INV einzutragen.

Für Investmentanteile, die nach dem 31.12.2008 aber vor dem 1.1.2018, angeschafft wurden ist der zum 31.12.2017 ermit-telte Gewinn oder Verlust aus der fiktiven Veräußerung für jeden Fonds getrennt in der Zeile 57 zu erfassen. Die Summe der Veräußerungsgewinne aus der fiktiven Veräußerung von Alt-Anteilen ist in die Zeilen 16, 19, 22, 25 und 28 der ersten Anlage KAP-INV zu übertragen.

Checkliste Anlage KAP

Folgende Abzugsmöglichkeit geprüft? Vgl. Ausfüllhin-weise zur Zeile!

Ihre Zinserträge betragen weniger als 801 € bzw. bei Ehegatten 1.602 €? ☐
Prüfen Sie, ob bei Zinsgutschrift von der Bank Kapital-ertragsteuer einbehalten wurde. Füllen Sie die Anlage KAP aus und holen Sie sich die einbehaltenen Steuern zurück (Anlage KAP Zeile 5).

Sie haben Ihren Freistellungsauftrag ungünstig erteilt? ☐
Sie können den unrichtigen Steuerabzug der Banken durch Abgabe der Anlage KAP im Veranlagungsverfahren kor-rigieren lassen (Anlage KAP Zeile 5).

Ihr persönlicher Grenzeinkommensteuersatz liegt möglicherweise unter 25 %? ☐
Soweit Kapitalertragsteuer einbehalten wurde, geben Sie auf jeden Fall eine Anlage KAP ab und tragen Sie Ihre Zinserträge ein (Anlage KAP Zeile 4).

Folgende Abzugsmöglichkeit geprüft? Vgl. Ausfüllhin-weise zur Zeile!

Sie sind an einer GmbH oder AG zu mindestens 25 % ☐
beteiligt oder zu mindestens 1 % und dort auch in
leitender Funktion tätig und haben die Beteiligung mit
Kredit finanziert?
Prüfen Sie, ob es sinnvoll ist, die Erträge nach dem Teil-einkünfteverfahren zu versteuern. Dann müssen Sie zwar
60 % der Einkünfte mit dem tariflichen Steuersatz ver-steuern, können aber auch 60 % der Werbungskosten
(insbesondere Finanzierungskosten) steuerlich geltend
machen (Anlage KAP Zeilen 31 und 32).

Sie haben ausländische Kapitalerträge erzielt, für die ☐
bisher nur ausländische Quellensteuer einbehalten
wurde?
Die Zinsen unterliegen der deutschen Einkommensteuer im
Regelfall mit dem Abgeltungsteuersatz von 25 %. Die aus-ländische Steuer können Sie aber auf die deutsche Steuer
anrechnen lassen (Anlage KAP Zeilen 51–53).

Sie wollen einbehaltene Steuern anrechnen lassen? ☐
Dazu benötigen Sie stets die Originalsteuerbescheinigun-gen (Anlage KAP Zeilen 37–45).

13 Anlage V (Einkünfte aus Vermietung und Verpachtung)

13.1 Allgemein

WICHTIG

Vermietungseinkünfte richtig erfassen

Die **Anlage V** benötigen Sie in folgenden Fällen:

- Sie haben Grundbesitz oder Teile davon (z.B. Haus, Wohnung, Zimmer, Garage etc.) vermietet.

- Sie sind Haus-/Wohnungseigentümer und haben vergeblich versucht, einen Mieter zu finden.

- Sie wollen ein Haus oder eine Wohnung bauen oder kaufen und beabsichtigen zu vermieten.

- Wenn Sie mehrere Objekte (Häuser, Eigentumswohnungen) haben, müssen Sie für jedes Objekt eine eigene Anlage V ausfüllen.

Überblick

Im Bedarfsfall ausfüllen	
Seite 1	**Allgemeine Angaben** zu Grundstück und Eigentümer (Zeilen 1–8). **Einnahmen aus bebauten Grundstücken (Zeilen 9–21)** Hier sind die Mieteinnahmen und Umlagen einzutragen. **Anteile an Vermietungseinkünften (Zeilen 25–29)** Eintragungen sind erforderlich bei Beteiligung an einer oder mehreren Grundstücksgemeinschaft(en) (eine Anlage V genügt), einer Erbengemeinschaft mit Grundbesitz oder einem Immobilienfonds.
Seite 2	**Andere Vermietungseinkünfte (Zeilen 31, 32)** Hierher gehört die Untervermietung von selbst angemieteten Räumen und Vermietung von unbebauten Grundstücken und (möblierten) Zimmern. **Werbungskosten (Zeilen 33–53)** Die Aufwendungen (z.B. Abschreibungen, Finanzierungskosten, Reparaturen, laufende Kosten) für das vermietete Objekt tragen Sie hier ein.

Eigengenutzte Wohnung

Die **Anlage V** ist nur für vermietete Objekte vorgesehen.

 TIPP

Steuerermäßigung für haushaltsnahe Tätigkeiten i. Z. m. eigengenutztem Wohnraum

Sie können für bestimmte Aufwendungen (z. B. Gartenarbeiten, haushaltsnahe Dienstleistungen und Handwerkerleistungen) im eigengenutzten Haus bzw. Ihrer eigengenutzten Wohnung evtl. eine **Steuerermäßigung** nach § 35a EStG in Anspruch nehmen **(Anlage Haushaltsnahe Aufwendungen)**. Vertiefend siehe → Haushaltsnahe Tätigkeiten/Dienstleistungen.

Für energetische Maßnahmen an einem zu eigenen Wohnzwecken genutzten eigenen Gebäude(teil) kann auch die Steuerermäßigung nach § 35c EStG beantragt werden. Vertiefend siehe → Energetische Maßnahmen.

13.2 Einnahmen

→ ZEILEN 4–6
Einkünfte aus dem bebauten Grundstück

Tragen Sie die Lage des Grundstücks, den Anschaffungszeitpunkt (= Zeitpunkt des Übergangs von Nutzen, Lasten und der Gefahr des zufälligen Untergangs) und/oder den Zeitpunkt der **Fertigstellung** (= Bezugsfertigkeit) ein. Die Angaben haben Bedeutung für die Berechnung der Absetzung für Abnutzung (Zeile 33). Außerdem übertragen Sie bitte aus dem Einheitswertbescheid für das Grundstück das Einheitswert-Aktenzeichen mit max. 17 Stellen (Zeile 6).

→ ZEILEN 7–8
UND ZEILE 12
Ferienwohnung, kurzfristige Vermietung, Angehörigenvermietung, Gesamtwohnfläche

Bei Ferienwohnungen wird das Finanzamt, insbesondere wenn Sie diese auch selbst nutzen, genau prüfen, ob tatsächlich die Absicht besteht, Mietüberschüsse zu erzielen. Nur dann sind die Ausgaben steuerlich abzugsfähig.

Liegt eine kurzfristige Vermietung von Wohnraum, z. B. über eine Internetplattform vor, ist dies in Zeile 7 zu vermerken.

Bei der Vermietung an Angehörige wird das Mietverhältnis daraufhin geprüft, ob es wie unter Fremden vereinbart und durchgeführt worden ist. Außerdem wird die verbilligte Überlassung (tatsächliche Miete < 66 % der ortsüblichen Miete) geprüft.

Soweit keine Mieteinnahmen vorliegen und auch nicht erkennbar sind oder es sich um eine verbilligte Überlassung handelt,
können die Aufwendungen nicht oder nur teilweise als Werbungskosten geltend gemacht werden. Vertiefend siehe → Ver-
mietung/Immobilien.

→ ZEILEN 9–14
Mieteinnahmen

Geben Sie hier die Anzahl der Wohnungen, aufgeteilt auf die
einzelnen Geschosse, die Wohnungsgrößen und die Ihnen tatsächlich zugeflossenen (Kalt-)**Mieten** an. Die vereinnahmten
Umlagen für Nebenkosten wie Strom, Wasser ... (laufende und
Nachzahlungen für Vorjahre) erfassen Sie in Zeile 13. Soweit Sie
Umlagen (aus Vorjahren) an Mieter zurückgezahlt haben, kürzen Sie den Umlagebetrag entsprechend. Die Einnahmen aus
der Vermietung von Wohnraum an Angehörige müssen gesondert in Zeile 12, die von Angehörigen gezahlten Umlagen in
Zeile 14 eingetragen werden (s. a. Zeile 8).

→ ZEILE 15
Mietnachzahlung

Mietnach- oder -vorauszahlungen sind in dem Jahr zu versteuern, in dem sie zugeflossen sind.

→ ZEILE 16
**Garagen und an-
dere vermietete
Grundstücks-
flächen**

Hier tragen Sie die erhaltenen Garagenmieten und Entgelte
z. B. für das Aufstellen von Reklameträgern, Automaten, Kios-
ken, Mobilfunkantennen oder Solaranlagen ein.

→ ZEILEN 17–18
Umsatzsteuer

Wenn Sie Ihr Grundstück umsatzsteuerpflichtig vermietet haben, gehören auch die vom Mieter zusätzlich zur Miete gezahlte
Umsatzsteuer und die vom Finanzamt erstattete Vorsteuer
i. Z. m. dem Grundstück zu den Einnahmen.

→ ZEILE 19
**Bausparzinsen,
Zuschüsse**

In die Zeile 19 sind Guthabenzinsen aus Bausparverträgen einzutragen, wenn der Vertrag durch Zwischenfinanzierung in
einem direkten Zusammenhang mit der Anschaffung, Herstellung oder Reparatur des (vermieteten) Gebäudes steht. Eventuell von der Bank abgezogene Kapitalertragsteuer (Abgeltungsteuer) können Sie auf die Einkommensteuer anrechnen lassen
(**Anlage KAP**).

Andere Bausparzinsen gehören zu den Kapitaleinnahmen. Öffentliche Zuschüsse zur Instandhaltung (z. B. für Wärmedämmung, Solaranlagen etc.) sind auch als Einnahmen zu erfassen.
Die Kosten für derartige Maßnahmen sind Erhaltungsaufwendungen und damit abziehbare Werbungskosten (Zeilen 40–42).

→ ZEILEN 21–24
**Einkunfts-
ermittlung**

Bei einem „Verlust" versehen Sie den Betrag mit einem Minus-
zeichen. Gehört das Grundstück beiden Ehegatten, sind die
ermittelten Einkünfte in Zeile 24 entsprechend den Eigentums-
verhältnissen auf die Ehegatten zu verteilen.

→ ZEILEN 25–29
Beteiligungen an Grundstücksgesellschaften

Sind Sie an einer Grundstücks-, Erbengemeinschaft mit Vermietungseinkünften, Bauherren- oder Erwerbergemeinschaft oder einem geschlossenen Immobilienfonds beteiligt, dann haben Sie von der Gesellschaft eine Mitteilung über die Höhe Ihres Anteils und darüber, bei welchem Finanzamt und unter welcher Steuernummer die Gesellschaft erfasst ist, erhalten. Tragen Sie diese Angaben – je nach Art der Gesellschaft – in die Zeilen 25–29 ein. Die Einkünfte der Gesellschaft bzw. Gemeinschaft sowie die Verteilung auf die einzelnen Beteiligten werden aufgrund der eingereichten Steuererklärung der Gesellschaft (Feststellungserklärung mit eigener Anlage V) vom dafür zuständigen Finanzamt gesondert und einheitlich festgestellt und den Finanzämtern der Beteiligten mitgeteilt.

 ACHTUNG

Einzelaufwendungen eines Beteiligten

Sollten Ihnen i. Z. m. den Beteiligungen Aufwendungen entstanden sein, müssen Sie diese der Gesellschaft mitteilen, da die Ausgaben nur im Rahmen der gesonderten und einheitlichen Feststellung, nicht aber in Ihrer Einkommensteuererklärung berücksichtigt werden können.

→ ZEILEN 31–32
Sonstige Vermietungen

In die Zeilen 31 und 32 gehören die Einkünfte aus der Untervermietung von Räumen oder der Vermietung von unbebauten Grundstücken (z. B. Lager-, Kfz-Stellplatz ohne Wohnungsvermietung) oder von möblierten Zimmern oder erhaltene Erbbauzinsen. Stellen Sie Ihre Einnahmen und Ausgaben (Werbungskosten) auf einem gesonderten Blatt zusammen und übertragen Sie die Einkünfte (Einnahmen – Werbungskosten = Einkünfte) in den Vordruck.

13.3 Werbungskosten

→ ZEILEN 33–53
Werbungskosten

Wenn bzw. soweit Sie ein Grundstück oder einen Teil davon unentgeltlich überlassen, zu eigenen Wohnzwecken oder zu eigenen beruflichen oder betrieblichen Zwecken nutzen, können Sie keine Werbungskosten aus V+V geltend machen. Vertiefend siehe → Vermietung/Immobilien.

Nur bei entgeltlicher Vermietung sind die Aufwendungen als Werbungskosten (Anlage V) abziehbar.

Gemischt genutzte Grundstücke

Bei gemischt genutzten Gebäuden müssen die Ausgaben erst insgesamt ermittelt werden (Spalte 1) und anschließend, soweit möglich, den einzelnen Nutzungen direkt zugeordnet (Spalten 2 und 4) oder flächenmäßig aufgeteilt (Spalten 3 und 4) werden. In Spalte 4 erscheint der **abzugsfähige Teil** der Aufwendungen.

Ausgaben i. Z. m. beruflich genutzten Räumen (häusliches Arbeitszimmer, Praxis, Kanzlei, Lagerraum, Büro ...) werden grds. bei der jeweiligen Einkunftsart berücksichtigt (**Anlage N**, Seite 2: Werbungskosten; **Anlagen G** und **S**: Betriebsausgaben in der Gewinnermittlung). Ist das gesamte Objekt vermietet, reicht es aus, die Eintragungen in Spalte 4 vorzunehmen.

→ ZEILEN 33–36
Absetzung für Abnutzung (AfA)/Abschreibung

Die Zeilen sind für die AfA vorgesehen, die sich aus den Anschaffungs- bzw. Herstellungskosten des Gebäudes und anderer Wirtschaftsgüter ermittelt. Soweit Sie erstmals AfA geltend machen, müssen Sie eine Aufstellung der entstandenen Anschaffungs- oder Herstellungskosten (Art und Betrag) sowie die von Ihnen vorgenommene AfA-Berechnung auf einem gesonderten Blatt beifügen. Das Finanzamt wird in vielen Fällen auf die Vorlage der Einzelbelege (Bauordner) verzichten.

→ ZEILE 33
Normale Gebäude-AfA

In Zeile 33 tragen Sie die „normale" lineare oder degressive Gebäude-AfA ein. Bei umsatzsteuerpflichtiger Vermietung mit Vorsteuerabzug gehört die gezahlte Umsatzsteuer nicht zu den Anschaffungs- oder Herstellungskosten. Vertiefend siehe → Abschreibungen/Gebäude.

→ ZEILE 34
Sonderabschreibung für Mietwohnungsneubau

Die Sonderabschreibung nach § 7b EStG kann für Baumaßnahmen zur Herstellung einer neuen, bisher nicht vorhandenen Wohnung in Anspruch genommen werden. Die Wohnung muss aufgrund eines nach dem 31.8.2018 gestellten Bauantrags oder einer entsprechenden Bauanzeige geschaffen und nach der Fertigstellung zehn Jahre entgeltlich zu Wohnzwecken überlassen werden. Wegen weiterer Voraussetzungen siehe. Vertiefend siehe → Abschreibungen/Gebäude.

→ ZEILE 35
Baudenkmäler/ Gebäude in Sanierungsgebieten

Für Baudenkmäler und Häuser in Sanierungsgebieten oder städtebaulichen Entwicklungsbereichen sind erhöhte Abschreibungen möglich. Vertiefend siehe → Abschreibungen/Gebäude.

→ ZEILE 36
AfA für andere Wirtschaftsgüter

Haben Sie zusammen mit einem Haus oder einer Wohnung andere Wirtschaftsgüter (z. B. Einbauküche/Möbel, Rasenmäher, Mülltonnen oder Gartengeräte) mitvermietet, können Sie die Brutto-Anschaffungskosten dieser Wirtschaftsgüter (netto

höchstens 800 €) im Jahr der Anschaffung sofort als Werbungskosten abziehen. Betragen die Anschaffungskosten einschließlich Umsatzsteuer mehr als 952 € je Wirtschaftsgut, ist
der Kostenabzug aber nur im Wege der AfA, verteilt auf die
individuelle Nutzungsdauer, möglich.

→ ZEILEN 37, 38
Schuldzinsen
Geldbeschaf-
fungskosten

Zu den **Schuldzinsen** gehören auch von der Bank einbehaltene
Zinsvorauszahlungen (Damnum, Disagio) und zu zahlende Erbbauzinsen, nicht jedoch von Ihnen geleistete Darlehensrück-
zahlungen (Tilgung). Stellen Sie die einzelnen Beträge auf
einem gesonderten Blatt zusammen.

Geldbeschaffungskosten sind z.B. Bankgebühren, Fahrtkosten,
Porto i. Z. m. der Kreditaufnahme, Notar- und Grundbuch-
gebühren i. Z. m. der Bestellung und Eintragung einer Grundschuld oder Hypothek. Vertiefend siehe → Vermietung/Immo-
bilien.

→ ZEILE 39
Renten/dauernde
Lasten

Haben Sie das vermietete Grundstück gegen Zahlung einer
Rente oder dauernden Last erworben, ist der Rentenbetrag
zum Teil (Barwert der Verpflichtung) als Anschaffungskosten
des Grundstücks und zum Teil (Zinsanteil) als Werbungskosten
zu behandeln. Wenn Sie erstmals derartige Aufwendungen
geltend machen, benötigt das Finanzamt zur Prüfung/Ermitt-
lung des Zinsanteils den Übergabevertrag.

→ ZEILEN 40–41
Reparaturen/
Erhaltungs-
aufwendungen

Reparaturkosten (auch Erhaltungsaufwendungen oder Instand-
haltungskosten genannt) stellen Sie auf einem gesonderten
Blatt mit Angabe der durchgeführten Maßnahme, des Namens
des Zahlungsempfängers und der Höhe des gezahlten Betrags
zusammen. Beiträge zur Instandhaltungsrücklage bei Eigentumswohnungen (enthalten in den Hausgeldzahlungen) sind
erst abziehbar, wenn damit konkret durchgeführte Reparaturen
bezahlt worden sind.

Bei gemischt genutzten Gebäuden müssen Sie zwischen den
dem vermieteten Teil direkt zuordenbaren Reparaturen (Zeile 40) und den das gesamte Gebäude betreffenden Kosten
(Zeile 41), die nur anteilig abziehbar sind, unterscheiden. Vertiefend siehe → Reparaturen.

→ ZEILEN 42–46
Verteilung grö-
ßerer Reparatur-
aufwendungen

Bei (größeren) Reparaturaufwendungen an zu Wohnzwecken
vermieteten Objekten können Sie die Kosten anstelle des voll-
ständigen Abzugs im Jahr der Bezahlung auf Antrag gleichmäßig auf zwei bis fünf Jahre verteilen. Das ist einerseits
sinnvoll, wenn Ihre Einkünfte eher niedrig sind und sich die
Kosten wegen des niedrigen Steuersatzes steuerlich wenig oder

gar nicht auswirken. Bei einem hohen persönlichen Grenzsteuersatz kann eine Verteilung der Aufwendungen auf mehrere Jahre zu insgesamt höheren Erstattungen führen. Die Kostenverteilung beantragen Sie, indem Sie die Aufwendungen nicht in den Zeilen 40 oder 41, sondern in Zeile 42 (Gesamtaufwand und der im Jahr 2020 abzuziehende Betrag) eintragen. Vertiefend siehe → Vermietung/Immobilien. Haben Sie bereits für Reparaturaufwendungen der Jahre 2016–2019 die Verteilung beantragt, schreiben Sie den für 2020 abzugsfähigen Teil der Kosten in die Zeilen 43–46.

→ ZEILEN 47–50
Weitere Werbungskosten

Im Vordruck sind einige typische Aufwendungen benannt. Die Kosten für Heizung und Warmwasser, Müllabfuhr und andere Umlagen können Sie geltend machen, wenn Sie die von den Mietern dafür bezahlten Beträge in den Einnahmen (Zeilen 13, 14) erfasst haben. Zu den Hausversicherungen (Zeile 47) gehören neben der Gebäudehaftpflicht- auch die Gebäudebrand- und Elementarschadenversicherung, eine Glasbruch- und die Leitungswasserschadenversicherung. Verwaltungskosten (Zeile 48) sind insbesondere Zahlungen an den Hausverwalter, Porto, Telefon und Reisekosten (Fahrtkosten, Verpflegungsmehraufwendungen und Übernachtungskosten i. Z. m. Reparaturen, Behördengängen, Handwerkerbesprechungen oder Grundstückskontrollen).

Zu „Sonstiges" (Zeile 50) gehören z. B. Mitgliedsbeiträge zum Haus- und Grundbesitzerverein, Kosten für die Mietersuche (Makler, Zeitungsanzeigen), Anwalts-, Mahn-, Gerichtskosten, Kontoführungsgebühren (pauschal 16 €) und Steuerberatungskosten. Vertiefend siehe → Steuerberatungskosten und → Vermietung/Immobilien.

→ ZEILEN 50, 52
Bezahlte
Umsatzsteuer

Haben Sie umsatzsteuerpflichtig vermietet, gehört die von Ihnen bezahlte **Umsatzsteuer** aus den Handwerkerrechnungen zu den sofort abziehbaren Werbungskosten. Der Abzug erfolgt über die Bruttobeträge in den Zeilen 33–49. In Zeile 52 sind die gesamten **abziehbaren Vorsteuerbeträge** nochmals einzutragen. Die an das Finanzamt abgeführten Umsatzsteuerzahlungen gehören in Zeile 50.

→ ZEILE 53
Zuschüsse

Haben Sie zu den Baukosten (Herstellungskosten) oder dem Kaufpreis (Anschaffungskosten) öffentliche Zuschüsse erhalten, mindern diese die Abschreibungsbemessungsgrundlage.

✔ Checkliste Anlage V

Folgende Abzugsmöglichkeit geprüft? Vgl. Ausfüllhinweise zur Zeile!

Leer stehende Mietwohnung? ☐

Sie können auch die während des Leerstehens angefallenen Kosten (z. B. AfA, Reparaturen, Grundsteuer, Versicherungen) als Werbungskosten geltend machen, wenn Sie die Absicht der Vermietung gegenüber dem Finanzamt (z. B. durch Zeitungsannoncen, Maklerbeauftragung) glaubhaft darlegen.

Haben Sie an den Abzug folgender Kosten gedacht? ☐

- **Schornsteinfegergebühren**, Wartungsverträge (Zeile 47)
- alle **Versicherungen** und **Kosten für die Verwaltung** (Zeilen 47, 48)
- **Kleinreparaturen** (Material, Fahrtkosten bei Reparatur in Eigenregie) (Zeilen 40, 48)

Ist größerer Erhaltungsaufwand (Reparaturen) angefallen? ☐

Eine Verteilung der Kosten auf mehrere Jahre kann zu einer insgesamt höheren Steuererstattung führen (Zeilen 42 ff.).

Reparaturen, Wartungskosten, Gartenarbeiten rund um die selbst bewohnte Wohnung? ☐

Dafür können Sie eine Steuerermäßigung nach § 35a EStG (Anlage Haushaltsnahe Aufwendungen) oder nach § 35c EStG (Anlage Energetische Maßnahmen) erhalten.

14 Anlage SO (Sonstige Einkünfte)

14.1 Allgemein

 **WICHTIG**

Sonstige Einkünfte sind erhaltene Unterhaltszahlungen und Spekulationsgewinne

Die **Anlage SO** ist für folgende Fälle gedacht:

- Sie haben vom geschiedenen oder dauernd getrennt lebenden Ehegatten/Lebenspartner Unterhalt erhalten bzw. er hat Ihre Kranken- oder Pflegeversicherungsbeiträge gezahlt und Sie haben der Versteuerung zugestimmt. Vertiefend siehe → Unterhaltszahlungen.

- Sie haben Einkünfte aus sonstigen Leistungen (z. B. gelegentliche Vermittlung von Versicherungen oder Bausparverträgen oder Vermietung von beweglichen Gegenständen, wie z. B. Fahrzeugen) von über 255 € im Jahr erzielt.

- Sie haben private Wirtschaftsgüter (z. B. Grundstücke, Wertgegenstände, Oldtimer etc.), die nur kurze Zeit in Ihrem Eigentum waren, verkauft und einen Gewinn von über 599 € (je Ehegatte) erzielt. Vertiefend siehe → Spekulationsgeschäfte.

Veräußerungserlöse aus dem Verkauf von Wertpapieren (Aktien, Optionen, Futures, Warentermingeschäfte) gehören zu den Einkünften aus Kapitalvermögen und unterliegen der Abgeltungsteuer (Anlage KAP). Ehegatten geben eine gemeinsame Anlage SO ab.

Überblick

Im Bedarfsfall ausfüllen
Seite 1	**Wiederkehrende Bezüge/Unterhalt (Zeilen 4–9)** Dieser Abschnitt betrifft in erster Linie Personen, die vom geschiedenen oder dauernd getrennt lebenden Ehegatten Unterhaltszahlungen erhalten haben. **Leistungen (Zeilen 10–15)** Einkünfte aus gelegentlichen Vermittlungsgeschäften oder Vermietung beweglicher Güter unterliegen nur der Besteuerung, wenn sie die Freigrenze von 255 € übersteigen. Auch Verluste sind berücksichtigungsfähig.

Überblick

Im Bedarfsfall ausfüllen	
Seite 2	**Private Veräußerungsgeschäfte (Zeilen 31–52)** Zu erfassen sind Verkäufe von privaten Wirtschaftsgütern (Grundstücke, private Wertgegenstände wie Münzen, Schmuck, Oldtimer etc.), wenn diese nur kurze Zeit in Ihrem Eigentum waren. Beträgt der Gewinn nicht mehr als 599 € im Jahr, ist nichts zu versteuern. Auch Verluste aus solchen Geschäften können Sie geltend machen.

14.2 Wiederkehrende Bezüge, Unterhalt, Leistungen (Seite 1)

→ ZEILE 4
Wiederkehrende Bezüge

In Zeile 4 sind im Wesentlichen Versorgungsleistungen aufgrund von Vermögensübertragungen, Altenleistungen in der Land- und Forstwirtschaft oder Aufwendungen aufgrund eines schuldrechtlichen Versorgungsausgleichs, wenn der Zahlende die Zahlungen als Sonderausgaben abziehen will, einzutragen. Soweit die Einkünfte dem Teileinkünfteverfahren unterliegen, sind die Einnahmen in Zeile 8, darauf entfallende Werbungskosten in Zeile 9 einzutragen.

→ ZEILE 5
Ausgleichszahlungen zur Vermeidung des Versorgungsausgleichs

Einzutragen sind **erhaltene** Ausgleichsleistungen zur Vermeidung des Versorgungsausgleichs, soweit der Zahlungspflichtige (geschiedener Ehegatte/Lebenspartner) die Ausgleichsleistungen zur Vermeidung des Versorgungsausgleichs mit Zustimmung als Sonderausgaben abzieht.

→ ZEILE 6
Ehegattenunterhalt

Zeile 6 betrifft Unterhaltszahlungen bzw. „Basis"-Kranken- bzw. Pflegepflichtversicherungsbeiträge, die ein Geschiedener/ dauernd getrennt Lebender von seinem (ehemaligen) **Ehegatten/Lebenspartner** bekommen hat. Wenn der Unterhaltsempfänger auf der **Anlage U** zugestimmt hat, dass der Leistende die Zahlungen als Sonderausgaben abziehen kann, ist er damit gleichzeitig einverstanden, dass er die Zahlungen als sonstige Einkünfte versteuert. Vertiefend siehe → Unterhaltszahlungen. Soweit die Einkünfte dem Teileinkünfteverfahren unterliegen, sind die Einnahmen in Zeile 8, darauf entfallende Werbungskosten in Zeile 9 einzutragen.

→ ZEILEN 10–15
Andere Leistungen, Werbungskosten, Freigrenze, Verluste

Andere Einnahmen, die unter die sonstigen Einkünfte fallen, sind z. B. die gelegentliche Vermittlung von Kauf- und Tauschgeschäften sowie die gelegentliche Vermietung einzelner beweglicher Gegenstände (z. B. Fahrzeug, Motorjacht, Wohnmobil, Klavier, einzelne Maschinen), aber auch im Rahmen einer Fahrgemeinschaft für die Mitnahme von Kollegen erhaltene Fahrtgelder. Zu den abzugsfähigen Werbungskosten (Zeile 13) gehören z. B. Aufwendungen für Zeitungsanzeigen, Werbung, Fahrtkosten oder die Abschreibung. Sind die in Zeile 14 ermittelten Einkünfte (Unterschiedsbetrag aus Einnahmen und Werbungskosten) nicht höher als 255 € (bei Ehegatten gilt die Grenze bei jedem für seine Einkünfte), bleiben sie steuerfrei. Liegen sie über dieser Freigrenze, muss der gesamte Gewinn versteuert werden.

Verluste aus solchen Geschäften können nur mit Gewinnen aus gleichartigen Leistungen im selben Jahr, im Vorjahr (Verlustrücktrag) oder in folgenden Jahren (Verlustvortrag) verrechnet werden.

→ ZEILEN 16–42
**Abgeordneten-
bezüge**

Hinweis: Wichtiges zum Thema „Abgeordnetenbezüge" finden Sie auf http://mybook.haufe.de unter „Weiterführende steuerliche Informationen".

14.3 Private Veräußerungsgeschäfte (Seite 2)

→ ZEILEN 31–52
**Private
Veräußerungs-
geschäfte**

In den Zeilen 31 bis 52 sind Gewinne bzw. Verluste aus sog. „Spekulationsgeschäften" zu erfassen. Vertiefend siehe → Spekulationsgeschäfte.

Gewinne aus derartigen Verkäufen bleiben steuerfrei, wenn sie im Jahr nicht mehr als 599 € betragen. Dieser Betrag gilt bei Eheleuten getrennt für die Geschäfte des jeweiligen Ehegatten.

→ ZEILEN 31–41
Grundstücke

Die Zeilen 31 bis 41 betreffen Grundstücke, die Sie **innerhalb von zehn Jahren** (Datum der Kaufverträge maßgebend!) angeschafft und veräußert haben. Dies kann auch für geerbte oder geschenkte Grundstücke infrage kommen.

Wurde das gesamte Grundstück bis zum Verkauf bzw. im Veräußerungsjahr und in den letzten beiden Jahren davor nur zu eigenen Wohnzwecken genutzt (Zeile 33), liegt kein steuerpflichtiges Veräußerungsgeschäft vor. Weitere Angaben sind dann nicht mehr erforderlich. Anderes gilt jedoch für ein im selbst genutzten Haus befindliches Arbeitszimmer oder einen vermieteten Gebäudeteil. Veräußerungsgewinne aus solchen Gebäudeteilen (Angaben in Zeile 34) sind genauso (anteilig) steuerpflichtig wie der Verkauf von vermieteten Häusern und Wohnungen. Machen Sie die gefragten Angaben in den folgenden Zeilen 34–41. Bei einem gemischt genutzten Gebäude sind nur die Angaben bezüglich des steuerpflichtig veräußerten Grundstückteils notwendig.

→ ZEILEN 35–39
**Gewinn-
ermittlung**

Zu versteuern ist grds. der Unterschiedsbetrag zwischen dem Veräußerungspreis (Zeile 35) und den Anschaffungskosten zzgl. Nebenkosten (Zeile 36) des Grundstücks. Sofern Sie auf dem Grundstück Gebäude oder Außenanlagen errichtet, ausgebaut oder erweitert haben, erhöhen die dabei angefallenen Aufwendungen Ihre Anschaffungskosten. Soweit Sie eine Abschreibung (AfA) für das Grundstück bei einer Einkunftsart (z. B. Vermietung) steuerlich geltend gemacht haben (Eintragung in Zeile 37), werden Ihre Anschaffungskosten um diese AfA-Beträge gekürzt. Zu den abzugsfähigen Werbungskosten (Zeile 38) gehören alle Kosten i. Z. m. der Veräußerung wie z. B. Inserate, Fahrtkosten, Maklergebühren. Der ermittelte Gewinn (Zeile 39) muss wegen der Freigrenze dem Eigentümer-Ehegatten zugeordnet werden (Zeile 40). Vertiefend siehe → Spekulationsgeschäfte.

→ ZEILEN 42–49
**Andere Wirt-
schaftsgüter**

Die Veräußerung von anderen Wirtschaftsgütern des Privatvermögens (Zeile 42) ist steuerpflichtig, wenn Anschaffung und Veräußerung **innerhalb eines Jahres** (Zeile 43) erfolgt sind. Hierzu gehören auch Gewinne bzw. Verluste aus dem Verkauf von Fremd-, Kryptowährungen. Bei Wirtschaftsgütern, mit denen steuerpflichtige Einnahmen erzielt wurden (z. B. Vermietung von beweglichen Wirtschaftsgütern), gilt ein Zehnjahreszeitraum. Nicht steuerpflichtig ist der Verkauf von Gegenständen des täglichen Bedarfs (z. B. Pkw). Der ermittelte Gewinn ist bei Ehegatten wegen der Freigrenze dem zutreffenden Ehegatten zuzuordnen.

→ ZEILEN 50, 51
Gemeinschaften

Waren Sie an einer Gemeinschaft, z. B. Erbengemeinschaft, beteiligt, die derartige Geschäfte getätigt hat, musste die Gemeinschaft eine eigene Steuererklärung abgeben, aufgrund derer das Finanzamt die Gewinne ermittelt und auf alle Beteiligten aufgeteilt hat. Ihren Anteil am Gewinn erfassen Sie, soweit er Ihnen bekannt ist, in den Zeilen 50 und 51.

→ ZEILE 52
Verluste

Verluste, die Sie aus privaten Veräußerungsgeschäften erlitten haben, können nur mit gleichartigen Gewinnen des Vorjahres oder in Folgejahren verrechnet werden. Auch eine Begrenzung des Verlustrücktrags zugunsten eines Vortrags auf künftige Gewinne ist möglich. Tragen Sie hier ein, wenn Sie Verluste aus 2020 nicht bzw. nur begrenzt mit Gewinnen im Jahr 2019 verrechnen lassen wollen.

Checkliste Anlage SO

Folgende Abzugsmöglichkeit geprüft? Vgl. Ausfüllhinweise zur Zeile!

Ausgleichszahlungen zur Vermeidung des Versorgungsausgleichs (Zeile 5) bzw. Ehegattenunterhalt (Zeile 6) versteuern? ☐

Machen Sie Ihre notwendige Zustimmung am besten von vornherein davon abhängig, dass Ihr geschiedener Ehepartner/Lebenspartner die bei Ihnen zu zahlende Steuer übernimmt. Sie können die Zustimmung zur Versteuerung des Unterhalts für künftige Jahre widerrufen bzw. betragsmäßig auch so begrenzen, dass bei Ihnen keine Mehrsteuer anfällt.

Spekulationsverluste aus Vorjahren? ☐

Sie können die Verluste eventuell auch mit Veräußerungsgewinnen aus Kapitaleinkünften verrechnen **(Anlage KAP)**.

15 Anlage AUS (Ausländische Einkünfte)

15.1 Allgemein

 WICHTIG

Im Inland steuerpflichtige ausländische Einkünfte

Die **Anlage AUS** benötigen Sie in folgenden Fällen:

Sie haben Einkünfte (**außer Kapitalerträge**) aus dem Ausland bezogen, die

- auch im Inland **steuerpflichtig** sind und wollen die ausländische Steuer auf Ihre Einkommensteuer anrechnen lassen;

- in Deutschland **steuerfrei sind**, aber den Steuersatz der inländischen Einkünfte verändern (Progressionsvorbehalt).

Liegen Einkünfte aus Kapitalvermögen vor, kommt eine Eintragung in der Anlage AUS nur in Betracht, wenn die tarifliche Einkommensteuer Anwendung findet (Eintragungen in den Zeilen 20 bis 27 und 60 der Anlage KAP bzw. in den Zeilen 19 bis 24 der Anlage KAP-BET).

Jeder Ehegatte mit ausländischen Einkünften benötigt eine eigene Anlage AUS. Die Angaben müssen für jeden Staat und jede Einkunftsart getrennt vorgenommen werden.

Überblick

Im Bedarfsfall ausfüllen	
Seite 1	**Steuerpflichtige ausländische Einkünfte (Zeilen 4–11)** Im Inland steuerpflichtige Einkünfte sind auf den Anlagen der entsprechenden Einkunftsart (z. B. Anlage V) einzutragen. Durch die Eintragung der ausländischen Einkünfte auf der Anlage AUS **(Zeilen 12–13)** beantragen Sie die Anrechnung der ausländischen Steuer auf die deutsche Einkommensteuer.

Überblick

Im Bedarfsfall ausfüllen
Seite 2 **Nicht nach DBA steuerfreie negative Einkünfte i. S. d. § 2a Abs. 1 EStG (Zeilen 31–35)** Durch eine Eintragung erreichen Sie eine Verrechnung ausländischer Verluste mit positiven gleichartigen Einkünften aus demselben Land in Vor- oder Folgejahren. **Nach DBA steuerfreie Einkünfte/Progressionsvorbehalt (Zeilen 36–44)** Diese Einkünfte sind nur auf der Anlage AUS einzutragen. Sie beeinflussen den Steuersatz der in Deutschland steuerpflichtigen Einkünfte (Progressionsvorbehalt). **Einkünfte i. S. d. § 32b EStG i. V. m. privaten Veräußerungsgeschäften nach § 23 EStG (Zeilen 45–47)** Eintragungen sind notwendig, wenn ausländisches unbewegliches Vermögen innerhalb von 10 Jahren nach dem Erwerb wieder veräußert wird und diese Einkünfte nach dem DBA steuerfrei sind. Sie unterliegen dann dem Progressionsvorbehalt. Falls ein Verlustrücktrag nach 2019 begrenzt werden soll, ist der gewünschten Betrag in Zeile 47 einzutragen. **Nach DBA steuerfreie negative Einkünfte i. S. d. § 2a Abs. 1 EStG (Zeilen 47–51)** Hier beantragen Sie die Verrechnung von ausländischen Verlusten mit entsprechenden positiven Vorjahreseinkünften.

15.2 Kurzinformation zu ausländischen Einkünften

Ausländische Einkünfte sind im Inland grds. steuerpflichtig, und zwar unabhängig davon, ob mit dem ausländischen Staat ein Abkommen zur Vermeidung einer Doppelbesteuerung (DBA) besteht oder nicht. Deshalb müssen die steuerpflichtigen ausländischen Einkünfte bei der jeweiligen Einkunftsart (z. B. Mieteinkünfte auf der **Anlage V**) erfasst werden.

Bei den Einkünften aus Kapitalvermögen ist die Einkommensteuer grds. durch den Steuerabzug abgegolten. Deshalb kommt eine Eintragung in den Zeilen 4 bis 14 nur in den Fällen des § 32d Abs. 2 EStG in Betracht. Vertiefend siehe → Kapitalanlagen.

Soweit die ausländischen Einkünfte dem Teileinkünfteverfahren unterliegen (Gewinnanteile und Veräußerungsgewinne aus Beteiligungen), sind diese außer in Zeile 7 noch in Zeile 8 einzutragen. Ggf. sind in Zeile 9 die Teilfreistellungsbeträge nach §§ 20, 21 InvStG einzutragen. Die ausländische Steuer kann, soweit sie auf im Inland zu versteuernde Einkünfte entfällt, und wenn sie der deutschen Einkommensteuer entspricht, in bestimmtem Umfang steuerlich berücksichtigt werden. Der Umfang der Berücksichtigung muss für jeden ausländischen Staat gesondert ermittelt werden. Deshalb müssen Sie die Einnahmen nach Staaten getrennt angeben. Infrage kommt für die ausländische Steuer zum einen die direkte Anrechnung auf die deutsche Einkommensteuer (Eintragung Anlage AUS, Zeile 12, Eintragungen in Zeile 13, wenn nicht die tatsächlich gezahlte, sondern nur eine fiktive, im DBA bestimmte ausländische Steuer angerechnet wird) oder der Abzug der Steuer wie Betriebsausgaben oder Werbungskosten (Berücksichtigung bei der Ermittlung der Einkünfte in Zeile 7).

Erträge aus einem Investmentfonds im Betriebsvermögen sind für jeden einzelnen Fonds getrennt in voller Höhe aufzuführen. Gleiches gilt für die darauf entfallenden Steuern. Kommt das Teileinkünfteverfahren zur Anwendung, wird die ausländische Steuer nur zu 60 % berücksichtigt.

Fügen Sie Ihrer Anlage AUS die **ausländischen Steuerbescheinigungen** bei. Besteht mit dem ausländischen Staat ein DBA, dann kann dort außerdem geregelt sein, dass die ausländischen Einkünfte im Inland steuerfrei sind. Dann sind sie nur auf der Anlage AUS (Zeilen 36–43) einzutragen. In diesem Fall bewirken sie jedoch eine Veränderung des Steuersatzes für die im Inland steuerpflichtigen Einkünfte (Progressionsvorbehalt).

Die **Anlage AUS** dient also im Wesentlichen dazu, die Anrechnung der ausländischen Steuer zu beantragen bzw. die Veränderung des inländischen Steuersatzes im Wege des Progressionsvorbehalts sicherzustellen.

Arbeitslohn

Ausländische Einkünfte aus nichtselbstständiger Arbeit sind grds. nur in den Anlagen N und N-AUS anzugeben, es sei denn, es wird die Anrechnung im Ausland gezahlter Steuern gewünscht. In diesem Fall sind die ausländischen Einkünfte und die darauf entfallende ausländische Steuer zusätzlich in der Anlage AUS zu erklären (Ausnahme: schweizerische Abzugsteuer, vgl. Zeile 26 der Anlage N).

Soweit ausländische **Lohneinkünfte** im Inland steuerfrei sind, ist eine Eintragung auf der **Anlage N** (Zeilen 22–24) und auf der Anlage N-AUS vorzunehmen.

→ ZEILEN 21–22
Sondervergütungen von ausländischen Personengesellschaften

§ 50d Abs. 10 EStG regelt die Besteuerung grenzüberschreitend gezahlter Sondervergütungen bei Personengesellschaften (Darlehenszinsen, Miet- und Pachtzinsen, Tätigkeitsvergütungen etc.). Diese Einkünfte sind in Zeile 21 einzutragen, die darauf entfallenden anrechenbaren Steuern in Zeile 22. Die Steuern sind durch Vorlage der Steuerbescheinigungen bzw. des ausländischen Steuerbescheids mit Zahlungsnachweis zu belegen.

111

Checkliste Anlage AUS

Folgende Abzugsmöglichkeit geprüft? Vgl. Ausfüllhinweise zur Zeile!

Sie möchten ausländische Steuer anrechnen lassen? ☐
Dazu benötigen Sie stets die ausländische Steuerbescheinigung. Regelmäßig ist die direkte Anrechnung (Zeilen 12–13) günstiger als der Abzug als Werbungskosten bzw. Betriebsausgaben (Zeile 7).

Wegweiser

Anhand des Wegweisers können Sie sich auf einen Blick informieren, an welcher Stelle des Buches Sie nützliche Tipps und Hinweise zu bestimmten Problemkreisen finden.

Einnahmen als Arbeitnehmer/Beamter/Pensionär

Haus- und Grundbesitz

Andere Einkünfte

Abgeltungsteuer

Die Abgeltungsteuer wird nicht nur auf Zins- und Dividendeneinnahmen, sondern u. a. auch auf Spekulationsgewinne angewandt. Dafür werden diese Erträge regelmäßig nicht im Einkommensteuerbescheid erfasst.

§§ 43, 43a EStG, § 32d EStG

Alle wichtigen Informationen haben wir für Sie im Stichwort → Kapitalanlagen zusammengefasst.

Abschreibungen/Gebäude

Nutzen Sie ein Gebäude, eine Eigentumswohnung oder einen im Teileigentum stehenden Gebäudeteil zur Erzielung von Einkünften, können Sie die AK bzw. HK im Wege der Absetzungen für Abnutzung (AfA) auf einen bestimmten Zeitraum steuermindernd verteilen.

§§ 7 Abs. 4 bis 5a, 7b EStG

Vertiefend siehe → Vermietung/Immobilien und → Reparaturen.

1 Allgemeines

Die Absetzungen für Abnutzung (kurz: Abschreibungen oder AfA) beschränken sich bei einem Grundstück nur auf das Gebäude. Die AK für Grund und Boden sind nicht absetzbar.

Absetzungsberechtigt ist im Allgemeinen der bürgerlich-rechtliche oder der wirtschaftliche Eigentümer. Das ist regelmäßig derjenige, der die AK oder HK getragen hat und den Tatbestand der Einkünfteerzielungsabsicht erfüllt.

Wurde das Gebäude bereits vor 2020 erworben bzw. fertiggestellt und wurden mindestens im Vorjahr 2019 Abschreibungen vorgenommen, ist die lineare oder degressive AfA fortzuführen.

2 Erwerb/Fertigstellung 2020

Wurde das Objekt neu hergestellt oder angeschafft, kann der Bauherr/Käufer die **lineare Gebäude-AfA nach § 7 Abs. 4 EStG** und in bestimmten Fällen eine Sonderabschreibung nach § 7b EStG in Anspruch nehmen.

Ein Bauherr kann mit der Abschreibung des Gebäudes ab dem Zeitpunkt der Fertigstellung (= Bezugsfertigkeit) beginnen. Für den Erwerber beginnt die Abschreibung mit dem Zeitpunkt der Anschaffung. Das ist der im Kaufvertrag vereinbarte Zeitpunkt des Übergangs von Besitz, Nutzen, Lasten und Gefahr (Erwerb des wirtschaftlichen Eigentums). Im ersten Jahr wird die lineare AfA zeitanteilig nach Monaten berechnet.

Soweit das Gebäude unentgeltlich durch Schenkung oder Erbschaft erworben wurde, bleiben die AK oder HK des Rechtsvorgängers (Schenker, Erblasser) maßgebend. Der Rechtsnachfolger (Beschenkter, Erbe) setzt die durch den Vorgänger begonnene Abschreibung fort. Anders kann es sein, wenn das Gebäude bisher zum Privatvermögen und nun zum Betriebsvermögen gehört (siehe Punkt 4).

Gegenstand der Abschreibung

Besteht ein Gebäude aus **mehreren selbstständigen Gebäudeteilen**, ist jeder Gebäudeteil für sich abzuschreiben. Dabei können unterschiedliche Abschreibungssätze in Betracht kommen.

Mehrere selbstständige Gebäudeteile liegen immer dann vor, wenn ein Gebäude unterschiedlich genutzt wird. So kann ein Gebäude teils **eigenbetrieblich**, teils **fremdbetrieblich**, teils für **fremde** oder teils für **eigene Wohnzwecke** genutzt werden. Jede dieser Nutzungen führt zu einem selbstständigen Gebäudeteil.

Für zu eigenen Wohnzwecken genutzte oder unentgeltlich an andere überlassene Gebäude(teile) ist der Abzug einer AfA als Werbungskosten mangels Einnahmen nicht möglich. Wegen der AfA bei späterer Vermietung siehe Punkt 4.

3 Abschreibungen im Einzelnen

Wirtschaftsgebäude und andere Gebäude

Innerhalb der linearen AfA sind zwei Arten von Gebäuden zu unterscheiden:

- **Wirtschaftsgebäude** sind Gebäude(teile),
  - die zum Betriebsvermögen gehören,
  - die nicht Wohnzwecken dienen und
  - für die der Bauantrag nach März 1985 gestellt wurde.
- **Andere Gebäude** sind Gebäude(teile), die die Voraussetzungen für Wirtschaftsgebäude nicht erfüllen.

Lineare Abschreibung

Bei der Inanspruchnahme der linearen AfA werden die AK oder HK gleichmäßig auf die vom Gesetz vorgesehene Nutzungsdauer (ND) verteilt. Die lineare AfA ist grundsätzlich bei allen Arten von Gebäuden im Inland oder Ausland anwendbar (§ 7 Abs. 4 EStG).

Wirtschaftsgebäude(teile)

Personenkreis	Bauherr oder Erwerber
Bauantrag/Kaufvertrag	a) nach März 1985 und vor 2001 b) nach 2000
AfA-Satz (unterstellte Nutzungsdauer)	a) **4 %** (ND 25 Jahre) b) **3 %** (ND 33,3 Jahre)
Bemessungsgrundlage	AK/HK
AfA im Erstjahr	zeitanteilig

Gebäude(teile), die keine Wirtschaftsgebäude sind

Personenkreis		Bauherr oder Erwerber
AfA-Satz (auch bei Erwerb)	Fertig stellung a) vor 1.1.1925	2,5 %
	b) nach 31.12.1924	2 %
Bemessungsgrundlage		AK/HK
AfA im Erstjahr		zeitanteilig

Sonderabschreibungen beim Mietwohnungsneubau

Für die Anschaffung (spätestens bis zum Ende des Jahres der Fertigstellung) oder Herstellung neuer Wohnungen kann nach § 7b EStG unter folgenden **Voraussetzungen** eine Sonderabschreibung **zusätzlich** zur linearen AfA nach § 7 Abs. 4 EStG als BA oder WK geltend gemacht werden:

- Bauantrag oder Bauanzeige nach dem 31.8.2018 und vor dem 1.1.2022.

- Eine bisher nicht vorhandene Wohnung – auch in einem bereits bestehenden Gebäude – wird im Inland oder einem Mitgliedsstaat der EU neu geschaffen.

- Die AK/HK für die Wohnung einschließlich der Nebenräume überschreiten die Baukostenobergrenze in Höhe von 3.000 € je Quadratmeter Wohnfläche nicht. Unter die Baukostenobergrenze fallen auch nachträgliche AK/HK innerhalb von drei Jahren nach Anschaffung/Herstellung der Wohnung. Wird die Grenze überschritten, ist eine Sonder-AfA nicht

möglich bzw. muss durch Änderung bereits ergangener Bescheide rückgängig gemacht werden.

- Die Wohnung wird im Jahr der Anschaffung/Herstellung und in den folgenden neun Jahren entgeltlich zu Wohnzwecken vermietet und stellt keine Ferienwohnung dar. Bei beruflicher und privater Nutzung erfolgt eine ausschließliche Zuordnung zur überwiegenden Nutzungsart. Das häusliche Arbeitszimmer des Mieters ist als Wohnzwecken dienend anzusehen.

- Die Voraussetzungen der De-minimis-Beihilfen-Verordnung der EU sind eingehalten (Zuschüsse und Steuervergünstigungen betragen je Steuerpflichtigen höchstens 200.000 € in drei Jahren).

Bemessungsgrundlage für die Sonder-AfA sind die tatsächlichen AK/HK, höchstens 2.000 € je Quadratmeter Wohnfläche.

Die **Sonderabschreibung** beträgt im Jahr der Anschaffung/Herstellung und in den drei Folgejahren jeweils bis zu 5 % der Bemessungsgrundlage und kann neben der linearen Gebäude-AfA steuerlich geltend gemacht werden. In Anschaffungsfällen kann die Sonder-AfA nur vom Erwerber in Anspruch genommen werden.

Entfallen die Voraussetzungen nachträglich oder wird die Wohnung innerhalb von zehn Jahren steuerfrei veräußert, entfällt die Sonderabschreibung rückwirkend und bereits ergangene Steuerfestsetzungen sind rückgängig zu machen.

BEISPIEL

Sonderabschreibung nach § 7b EStG

V ist Eigentümer eines Mietshauses.

Maßnahme 1: An die bestehende Wohnung im Erdgeschoss wird eine neue zusätzliche Wohnung in einem Anbau mit 70 m² Wohnfläche errichtet. Baukosten: 205.000 €. **Maßnahme 2:** Die Wohnung im 1. OG wird um ein Zimmer mit 20 m² Wohnfläche erweitert. Baukosten: 35.000 €. **Maßnahme 3:** Das Treppenhaus wird renoviert. Baukosten: 15.000 €. **Maßnahme 4:** Das bisher nicht genutzte Dachgeschoss wird zu einer Wohnung mit 50 m² Wohnfläche ausgebaut. Baukosten: 155.000 €.

- **Maßnahme 1:** Kosten je m² (= 205.000 € : 70 m²) 2.929 €/m². Die Sonderabschreibung nach § 7b EStG kann in Anspruch genommen werden, da die Höchstgrenze von 3.000 € pro Quadratmeter nicht überschritten wird. Vier Jahre 5 % aus den tatsächlichen HK (205.000 €), max. 2.000 € × 70 m² (140.000 €) = 7.000 €. Die lineare AfA nach § 7 Abs. 4 EStG beträgt 2 % von 205.000 € = 4.100 € (zeitanteilig im ersten Jahr).

- **Maßnahme 2:** Die Erweiterung im 1. OG führt nicht zur Herstellung einer neuen, bisher nicht vorhandenen Wohnung. Die Sonderabschreibung nach § 7b EStG kann nicht in Anspruch genommen werden.

- **Maßnahme 3:** Der Renovierungsaufwand (Treppenhaus) kann in voller Höhe im Jahr der Zahlung als Instandhaltungsaufwand berücksichtigt werden.

- **Maßnahme 4:** Kosten je m² (= 155.000 € : 50 m²) 3.100 €/m². Die Sonderabschreibung nach § 7b EStG kann nicht in Anspruch genommen werden, da die Höchstgrenze von 3.000 € pro Quadratmeter überschritten wird. Die lineare AfA nach § 7 Abs. 4 EStG beträgt 2 % von 155.000 € = 3.100 € (zeitanteilig im ersten Jahr). **Hinweis:** Bei den Gesamtkosten der Maßnahme 4 (Ausbau Dachgeschoss) sollte geprüft werden, ob darin Aufwand enthalten ist, der als Instandhaltungsaufwand herausgerechnet werden kann. Damit lägen die HK pro Quadratmeter unter der Grenze von 3.000 €.

Degressive Gebäudeabschreibung

Eine degressive AfA ist seit 2006 (Bauantrag oder Kaufvertrag) in Neufällen nicht mehr möglich. Degressive Abschreibungen aus früheren Jahren werden aber mit den bei Beginn der Abschreibung jeweils vorgesehenen Abschreibungssätzen fortgeführt (§ 7 Abs. 5 EStG). Auf eine Darstellung der zahlreichen Abschreibungsvarianten wird hier verzichtet.

Abschreibung von Gebäuden in Sanierungsgebieten und von Baudenkmalen

Für Gebäude in Sanierungsgebieten und städtebaulichen Entwicklungsbereichen sowie für denkmalgeschützte Gebäude gelten besondere Vorschriften (§§ 7h, 7i, 10f EStG). Bitte erkundigen Sie sich ggf. bei Ihrem Finanzamt.

4 Wechsel der Abschreibungsmethoden und Nutzungsänderungen

Ein Übergang von der linearen zur degressiven Gebäude-AfA oder umgekehrt bzw. ein Wechsel des AfA-Satzes innerhalb der degressiven AfA ist grundsätzlich unzulässig.

Bei Gebäuden sind die Abschreibungsmethoden nur zu wechseln, wenn der Eigentümer

- ein zu einem Betriebsvermögen gehörendes Gebäude ins Privatvermögen überführt und vermietet (**Entnahme**)

bisherige Bemessungsgrundlage	AK/HK
bisherige AfA	linear oder degressiv
Entnahmewert	Teilwert
künftige Bemessungsgrundlage	Teilwert
künftige AfA	linear 2 %
Summe der weiteren AfA	bis zum Teilwert

- oder ein zum Privatvermögen gehörendes bisher vermietetes Gebäude in einem späteren Jahr zu eigenbetrieblichen Zwecken nutzt (**Einlage**).

bisherige Bemessungsgrundlage	AK/HK
bisherige AfA	linear oder degressiv
Einlagewert	Teilwert
künftige Bemessungsgrundlage § 7 Abs. 1 Satz 5 EStG	1. Einlagewert > AK/HK: → Einlagewert abzgl. bereits in Anspruch genommene AfA 2. Einlagewert < AK/HK und > fortgeführte AK/HK: → fortgeführte AK/HK 3. Einlagewert (Teilwert) < fortgeführte AK/HK: → Einlagewert
künftige AfA	linear 3 %, wenn Bauantrag des Gebäudes nach März 1985, sonst 2 %
Summe der weiteren AfA	bis zum Einlagewert

Wird ein Gebäude zunächst vom Eigentümer selbst zu eigenen Wohnzwecken genutzt oder unentgeltlich an andere zu Wohnzwecken überlassen und erfolgt zu einem späteren Zeitpunkt eine Vermietung, bemisst sich die Abschreibung nach den ursprünglichen AK/HK und dem für das Gebäude maßgebenden AfA-Satz. In der Folgezeit kann die AfA aber nur bis zur Höhe des Restwerts abgezogen werden, der von den AK oder HK verbleibt, nachdem die fiktive AfA, die auf die Zeit der Selbstnutzung oder unentgeltlichen Überlassung entfällt, abgezogen wurde.

5 Anschaffungs- oder Herstellungskosten

Anschaffungs- und Herstellungskosten

Bemessungsgrundlage für die Gebäude-AfA sind die AK oder HK des Gebäudes. Wird ein bebautes Grundstück angeschafft, müssen die AK auf Grund und Boden einerseits sowie das Gebäude andererseits aufgeteilt werden. Das BMF hat dazu eine **Arbeitshilfe zur Aufteilung der AK für ein bebautes Grundstück (Kaufpreisaufteilung)** veröffentlicht.

Nachträgliche Anschaffungs- und Herstellungskosten

Nachträgliche AK oder HK erhöhen die bisherige Bemessungsgrundlage des Gebäudes für die AfA. Sie sind von den Erhaltungsaufwendungen abzugrenzen. Nachträgliche HK liegen vor, wenn an einem bestehenden Gebäude Aufwendungen für dessen **Erweiterung (Anbau, Aufstockung, Vergrößerung der Wohn- oder Nutzfläche, Substanzmehrung) oder eine über den ursprünglichen Zustand hinausgehende wesentliche Verbesserung** anfallen. Vertiefend siehe → Reparaturen und → Vermietung/Immobilien.

Bei Nettoaufwendungen bis 4.000 € je Baumaßnahme kann aus Vereinfachungsgründen sofort abziehbarer Erhaltungsaufwand angenommen werden, außer es handelt sich um eine Maßnahme, die der endgültigen erstmaligen Fertigstellung des Gebäudes dient. Vertiefend siehe → Reparaturen und → Vermietung/Immobilien.

Nachträgliche AK oder HK sind im Entstehungsjahr so zu behandeln, als ob sie schon zu Beginn des Kalenderjahres vorgelegen hätten. Es ist **keine zeitanteilige Berechnung** der Abschreibung vorzunehmen. Der Abschreibungszeitraum verlängert sich und endet erst mit der vollen Absetzung der gesamten AK oder HK.

Keine nachträglichen HK, sondern HK für ein anderes Wirtschaftsgut entstehen, wenn das bisherige Gebäude im Wesen geändert und so tief greifend umgestaltet oder in einem solchen Ausmaß erweitert wird, dass die eingefügten neuen Teile dem neuen Gebäude das Gepräge geben und die verwendeten Altteile bedeutungs- und wertmäßig untergeordnet erscheinen.

Ebenfalls keine nachträglichen HK, sondern die Herstellung eines neuen, selbstständigen Gebäudeteils liegt vor, wenn durch Erweiterung des Gebäudes zu einer vorhandenen Nutzung eine andere Nutzung hinzukommt.

 BEISPIEL

Neuer Gebäudeteil

Der Steuerpflichtige besitzt ein Gebäude, das bisher ausschließlich zu betrieblichen Zwecken vermietet wird. Durch eine Aufstockung des Gebäudes wird eine Wohnung eingebaut, die (auch evtl. an den Mieter der Betriebsräume) vermietet wird.

Die Aufwendungen für die Wohnung sind keine nachträglichen HK des bisherigen Gebäudes, sondern stellen erstmalige HK für einen neuen, selbstständigen Gebäudeteil (siehe Punkt 2) dar, der unabhängig vom bisherigen Gebäude abgeschrieben wird. Im Jahr der Fertigstellung der Wohnung ist die AfA zeitanteilig nach Monaten zu berechnen.

6 Abschreibung anderer Wirtschaftsgüter

Solaranlagen/Fotovoltaikanlagen

Vertiefend siehe → Fotovoltaikanlagen und Blockheizkraftwerke und → Vermietung/Immobilien.

Altersentlastungsbetrag

Versorgungsbezüge, allgemeine Leibrenten und bestimmte Leistungen aus Altersvorsorgeverträgen werden durch spezielle steuerliche Vergünstigungen, z. B. in Form von Freibeträgen oder ermäßigter Besteuerung, gefördert. Für die restlichen Einkünfte wird bei einem Steuerpflichtigen, der älter als 64 Jahre ist, ein Altersentlastungsbetrag berücksichtigt.

§ 24a EStG

1 Voraussetzungen

Grundvoraussetzung für den Altersentlastungsbetrag im Steuerjahr 2020 ist, dass der Steuerpflichtige **vor Beginn** des Kalenderjahres 2020 das 64. Lebensjahr vollendet hat, d. h. vor dem 2.1.1956 geboren wurde.

Außerdem müssen

- **Arbeitslohn aus einem gegenwärtigen (aktiven) Dienstverhältnis** oder

- **andere Einkünfte,** die in der **Summe positiv** sind,

vorhanden sein.

Arbeitslohn in Form von Versorgungsbezügen (Pensionen, Betriebsrenten) und Leibrenten, die nur teilweise (mit dem Besteuerungsanteil oder Ertragsanteil) besteuert werden, werden bei der Berechnung des Altersentlastungsbetrags nicht einbezogen.

Kapitalerträge, die durch den Kapitalertragsteuerabzug der Bank oder im Rahmen einer Einkommensteuerveranlagung mit dem besonderen Steuersatz von 25 % besteuert werden, sind ebenfalls bei der Berechnung nicht zu berücksichtigen. Kapitalerträge, die tariflich (mit dem persönlichen Steuersatz) besteuert werden, sind dagegen begünstigt.

 TIPP

Kapitalerträge

Liegt Ihr persönlicher Steuersatz unter 25 % und haben Sie Einkünfte aus Kapitalvermögen, die dem **Steuerabzug durch Kapitalertragsteuer mit 25 %** unterlegen haben, sollten Sie einen **Antrag auf Günstiger-**

prüfung nach § 32d Abs. 6 EStG stellen. Dies hat zwei positive Auswirkungen: Zum einen werden Ihre Kapitaleinkünfte mit dem niedrigeren persönlichen Steuersatz besteuert und zum anderen wird für die Kapitaleinkünfte der Altersentlastungsbetrag steuermindernd berücksichtigt, wenn der Abzugshöchstbetrag noch nicht erreicht war.

2 Höhe

Der Entlastungsbetrag berechnet sich nach einem bestimmten Prozentsatz, begrenzt auf einen Höchstbetrag. Prozentsatz und Höchstbetrag verringern sich für jeden neu hinzukommenden Altersjahrgang, bis der Entlastungsbetrag für diejenigen, die ab 2040 das 64. Lebensjahr vollenden, vollständig entfällt.

Maßgebend für die Berechnung des Entlastungsbetrags ist das auf die Vollendung des 64. Lebensjahres folgende Kalenderjahr, also das Jahr, für das der Entlastungsbetrag erstmals möglich ist. Daraus ergibt sich (auszugsweise):

Voraussetzung erstmals erfüllt im Jahr	in % der Einkünfte	Höchstbetrag in €
2005	40,0	1.900
...	...	...
2020	**16,0**	**760**
2021	15,2	722
...	...	...
2039	0,8	38
2040	0,0	0

Der erstmals festgelegte maßgebliche Prozentsatz und der Höchstbetrag bleiben für alle Folgejahre unverändert, also auch für Jahre nach 2040, erhalten.

3 Berechnung

Der Altersentlastungsbetrag wird in folgenden Schritten berechnet:

- jeweiliger Prozentsatz des **Arbeitslohns** aus einer **aktiven** Tätigkeit (ohne Versorgungsbezüge und ohne Kapitalerträge, die mit 25 % ESt Abgeltungstarif belastet und nicht im zu versteuernden Einkommen enthalten sind),

- jeweiliger Prozentsatz aus der **positiven Summe** der **übrigen Einkünfte** (ohne Leibrenten),

- max. entsprechender Höchstbetrag.

 BEISPIEL

Berechnung

Karl K. hat im Laufe des Jahres 2019 das 64. Lebensjahr vollendet. Im Kalenderjahr 2020 beträgt sein Arbeitslohn 24.000 €, davon entfallen 16.000 € auf Versorgungsbezüge (Betriebsrente oder Pension). Außerdem hat er Einkünfte aus einer freiberuflichen Nebentätigkeit in Höhe von 2.000 € und einen Verlust aus Vermietung von 2.500 €.

Der Altersentlastungsbetrag wird erstmals für 2020 wie folgt berechnet: 16 % des Arbeitslohns aus dem **aktiven** Dienstverhältnis (24.000 € – 16.000 €) 8.000 € = 1.280 €, höchstens jedoch **760 €**. Die freiberuflichen Einkünfte und die Vermietungseinkünfte werden bei der Berechnung des Altersentlastungsbetrags nicht berücksichtigt, weil ihre **Summe (–500 €) negativ** ist. Sie wären auch ohne Auswirkung, weil der Höchstbetrag bereits über den Arbeitslohn erreicht ist. Damit werden 760 € Altersentlastungsbetrag berücksichtigt.

4 Zusammenveranlagung

Bei Zusammenveranlagung von Ehegatten/eingetragenen Lebenspartnern wird der Altersentlastungsbetrag personenbezogen beim jeweiligen Ehegatten/eingetragenen Lebenspartner, der die persönlichen Voraussetzungen erfüllt, aus dessen Einkünften berechnet.

Ausbildung und Studium

Kosten der Ausbildung oder eines Studiums sind je nachdem, ob es sich um eine erste oder weitere Ausbildung handelt und ob die Ausbildung im Rahmen eines Arbeitsverhältnisses erfolgt oder nicht, als Sonderausgaben oder vorweggenommene Werbungskosten bzw. Betriebsausgaben abzugsfähig.

§§ 9 Abs. 6, 4 Abs. 9, 10 Abs. 1 Nr. 7 EStG

1 Werbungskosten oder Sonderausgaben

Ausbildungsdienstverhältnis

Erfolgt die Ausbildung im Rahmen eines **Dienstverhältnisses** (Berufsausbildungsvertrag mit Arbeitslohn), sind die Ausbildungskosten, egal ob es sich um eine Erstausbildung bzw. ein Erststudium (duales Studium mit Wechsel zwischen Theoriephasen an der Berufsakademie und berufspraktischen Phasen in einem Unternehmen oder einer sozialen Einrichtung bei Bezug von Gehalt) oder eine andere Ausbildung (z. B. betriebliche Ausbildung) handelt, der Höhe nach unbegrenzt (vorweggenommene) **Werbungskosten**. Wirken sich die Kosten in einem Jahr mangels Einkünften steuerlich nicht aus, wird der Verlust festgestellt (Verlustfeststellung) und kann mit Einkünften späterer Jahre verrechnet werden.

Erstmalige Berufsausbildung (ohne Dienstverhältnis)

Aufwendungen für die eigene erstmalige Berufsausbildung bzw. ein Erststudium an einer Hochschule (Universität, pädagogische Hochschule, Kunsthochschule, Fachhochschule, andere Bildungseinrichtungen, die nach Landesrecht einer staatlichen Hochschule entsprechen, einschließlich entsprechender kirchlicher und privater Bildungseinrichtungen) **außerhalb** eines Dienstverhältnisses sind aufgrund gesetzlicher Regelung keine Werbungskosten bzw. Betriebsausgaben, sondern (nur) als **Sonderausgaben**, begrenzt auf maximal 6.000 € jährlich, abzugsfähig. Sonderausgaben sind nicht in spätere Jahre übertragbar, sodass die Kosten in vielen Fällen ohne steuerliche Auswirkung bleiben. Das gesetzliche Abzugsverbot ist verfassungsgemäß (BverfG, Beschluss v. 19.11.2019, BvL 22/14).

 ACHTUNG

„Erste Berufsausbildung"

Der Begriff „Berufsausbildung" ist gesetzlich definiert als eine auf der Grundlage von Rechts- oder Verwaltungsvorschriften geordnete Ausbildung mit einer vorgesehenen Mindestdauer von zwölf Monaten bei vollzeitiger Ausbildung und mit einer durchgeführten Abschlussprüfung. Ist eine Abschlussprüfung nach dem Ausbildungsplan nicht vorgesehen, gilt die Ausbildung mit der tatsächlichen planmäßigen Beendigung als abgeschlossen. Sofern nur eine Prüfung abgelegt wird, ohne dass jemand zuvor die Berufsausbildung durchlaufen hat, ist dies ebenfalls als abgeschlossene Ausbildung anzusehen. Sind die dargestellten Anforderungen nicht erfüllt, ist die Bildungsmaßnahme als „Anlernphase" und Bestandteil der ersten Ausbildung anzusehen.

Ein **Erststudium** liegt vor, wenn weder ein anderes durch einen berufsqualifizierenden Abschluss beendetes Studium noch eine andere abgeschlossene nichtakademische Berufsausbildung vorangegangen ist.

Zweite Berufsausbildung

Aufwendungen für eine zweite Berufsausbildung (z. B. Erststudium oder Umschulung nach einer abgeschlossenen Ausbildung, Ergänzungsstudium und Aufbaustudium, wenn das vorhergehende Studium zu einem berufsqualifizierenden Abschluss geführt hat, Masterstudiengang nach Bachelorabschluss, Zweitstudium) sind **Betriebsausgaben oder Werbungskosten**, wenn ein konkreter Zusammenhang mit der Erzielung künftiger steuerpflichtiger Einnahmen besteht, was normalerweise der Fall ist. Dabei spielt es keine Rolle, ob die Ausbildung innerhalb oder außerhalb eines Ausbildungsarbeitsverhältnisses erfolgt.

Ein Rentner/Pensionär, der im Ruhestand ein Studium beginnt, kann die Ausbildungskosten nur steuerlich geltend machen, wenn er nicht nur die beabsichtigte Einkunftserzielungsabsicht glaubhaft macht, sondern auch darlegen kann, dass er voraussichtlich insgesamt höhere Einnahmen erzielen wird, als Kosten angefallen sind bzw. anfallen (Überschussprognose).

Kosten für den Besuch allgemeinbildender Schulen (Abendrealschule, Abendgymnasium) sind auch nach einer abgeschlossenen ersten Berufsausbildung nicht als Werbungskosten, sondern nur als Sonderausgaben, begrenzt auf 6.000 €, abziehbar.

 TIPP

Werbungskostenabzug sichern

Überlegen Sie, ob vor Beginn eines langen und kostenträchtigen Studiums eine zwölfmonatige Vollzeitausbildung mit einer Abschlussprüfung absolviert werden kann (z. B. vor dem Medizinstudium eine Ausbildung zum Rettungssanitäter). Dadurch wird das Studium zur Zweitausbildung, und die möglichen Werbungskosten (Verlustvortrag) können mit späteren positiven Einkünften verrechnet werden und führen zu nicht unerheblichen Steuererstattungen.

Praktika

Kosten in Zusammenhang mit Praktika **während** eines Studiums werden entsprechend den Kosten des zugrunde liegenden Studiums als Werbungskosten oder Sonderausgaben eingeordnet. Im Grundsatz ist dabei die Universität als erste Tätigkeitsstätte anzusehen, sodass für die Praktika der Reisekostenabzug gilt.

Vor- und Nachpraktika (Student noch nicht oder nicht mehr immatrikuliert) begründen ein eigenständiges Beschäftigungsverhältnis, sodass der Ort des Praktikums regelmäßig eine erste Tätigkeitsstätte (ohne Reisekostenabzug) ist. Bei auswärtiger Unterbringung ist u. U. der Kostenabzug für eine doppelte Haushaltsführung möglich.

Prüfschema

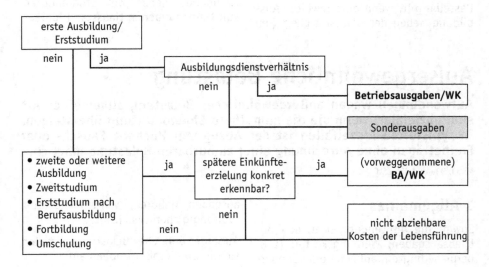

2 Abzugsfähige Kosten

Abziehbar sind insbesondere Schul-, Kurs- und Studiengebühren, Kosten für Fachliteratur und Lernmaterial, Kosten eines Arbeitszimmers, Abschreibungen für z. B. Schreibtisch, Computer und Software, Druck- und Kopierkosten, Zulassungs- und Prüfungsgebühren sowie

Zinsen für ein Studiendarlehen (nicht für BAföG-Darlehen).

Die Ermittlung der Kosten ist beim Abzug als Werbungskosten und Sonderausgaben identisch. Wesentliche Unterschiede bestehen dagegen beim Abzug von Fahrtkosten, Übernachtungskosten und Verpflegungsmehraufwendungen.

Erfolgt die Ausbildung im Rahmen eines Ausbildungsdienstverhältnisses, besteht im Regelfall am Betriebssitz des Arbeitgebers eine erste Tätigkeitsstätte.

Der Besuch einer auswärtigen Bildungseinrichtung im Rahmen des Ausbildungsdienstverhältnisses ist eine Auswärtstätigkeit mit Reisekostenabzug.

Dasselbe gilt, wenn eine (zweite) Ausbildung neben der Berufstätigkeit (am Abend, am Wochenende, Fernstudium, berufsbegleitend) erfolgt.

Wird die Bildungseinrichtung (z. B. Universität) **außerhalb** eines Dienstverhältnisses in **Vollzeit** (dies unterstellt die Verwaltung, wenn neben der Ausbildung keine oder nur eine regelmäßige Beschäftigung von wöchentlich maximal 20 Stunden oder ein Minijob ausgeübt wird) aufgesucht, gilt die Bildungseinrichtung als erste Tätigkeitsstätte mit der Folge, dass grundsätzlich nur die Fahrten zur Bildungseinrichtung mit der einfachen Entfernung, nicht aber Reisekosten abzugsfähig sind. Bei auswärtiger Unterbringung ist u. U. der Kostenabzug für eine doppelte Haushaltsführung möglich, wenn der Auszubildende neben der Studienunterkunft einen eigenen Hausstand führt.

Außergewöhnliche Belastung

Aufwendungen wegen außergewöhnlicher Belastung allgemeiner Art sind abziehbar, wenn sie die zumutbare Eigenbelastung übersteigen. In typisierten Einzelfällen ist der Abzug von Höchst-, Pausch- oder Freibeträgen ohne Anrechnung einer zumutbaren Belastung möglich.

§§ 33, 33a und 33b EStG

1 Allgemeines

Soweit die Aufwendungen zu den Betriebsausgaben, Werbungskosten (z. B. berufsbedingte Krankheit) oder Sonderausgaben gehören, werden sie dort (vorrangig) berücksichtigt.

Außergewöhnliche Belastungen teilen sich in zwei große Gruppen auf:

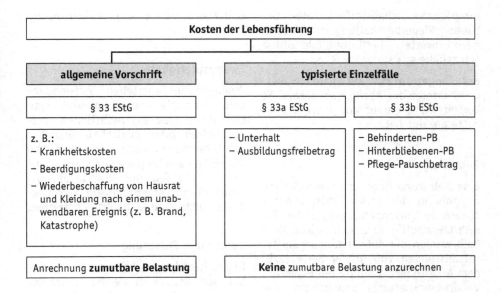

2 Typisierte Einzelfälle

Unterhalt

Aufwendungen für den **Unterhalt**/die Berufsausbildung einer Ihnen oder Ihrem Ehegatten gegenüber gesetzlich unterhaltsberechtigten Person, für die niemand einen Anspruch auf Kindergeld oder Kinderfreibetrag hat. Vertiefend siehe → Unterhaltszahlungen.

Ausbildungsfreibetrag

Aufwendungen für die **Berufsausbildung** eines **auswärtig untergebrachten volljährigen Kindes**, für das Sie einen Kinderfreibetrag oder Kindergeld erhalten.

Behinderte Menschen/Pflegepauschbetrag

Vertiefend siehe → Behinderte Menschen.

3 Allgemeine Vorschrift

Abzugsvoraussetzungen

Haben Sie **zwangsläufig** höhere Aufwendungen als die überwiegende Mehrzahl der Personen gleicher Einkommensverhältnisse, gleicher Vermögensverhältnisse und gleichen Familienstandes (**= außergewöhnlich**), liegen außergewöhnliche Belastungen nach § 33 EStG vor. Abzugsfähig sind die Aufwendungen nur, soweit sie eine zumutbare Eigenbelastung (s. u.) übersteigen. Zu den außergewöhnlichen Belastungen gehören vor allem Krankheitskosten, Pflegeaufwendungen, Bestattungskosten, behinderungsbedingte Ausgaben, Sanie-

127

rungskosten schadstoffbelasteter Gebäude, Wiederbeschaffung von Hausrat nach Unwetter, Überflutung oder Sturm (Einzelfälle s. u.).

Bei Ehegatten mit Zusammenveranlagung erfolgt der Abzug gemeinsam. Es kommt nicht darauf an, welcher Ehegatte gezahlt hat.

Belastung

Eine Belastung liegt vor, wenn Sie ein Ereignis in der persönlichen Lebenssphäre zu Ausgaben zwingt, die Sie selbst endgültig zu tragen haben. Deshalb werden die Aufwendungen um Ersatzleistungen von dritter Seite (z. B. dem Arbeitgeber, Beihilfe bei Beamten, Versicherungsersatz) unabhängig vom Erstattungszeitpunkt gemindert. Werden mögliche Ersatzansprüche gegen Dritte nicht geltend gemacht (z. B. Kostenbelege werden bei der Versicherung nicht eingereicht, um eine Beitragsrückerstattung zu erhalten oder höhere

Beiträge zu vermeiden), ist kein Abzug möglich.

Zwangsläufigkeit

Zwangsläufig entstehen Aufwendungen, wenn sie notwendig sind, man sich ihnen also aus **rechtlichen, tatsächlichen oder sittlichen Gründen** nicht entziehen kann und soweit sie der Höhe nach angemessen sind. Damit sind regelmäßig nur Kosten abzugsfähig, die die eigene Person, den Ehegatten oder nahe Angehörige betreffen.

Zumutbare Belastung

Die Aufwendungen wirken sich steuerlich nur aus, soweit sie die Grenze der zumutbaren Belastung übersteigen. Die Höhe der zumutbaren Belastung errechnet sich nach einem bestimmten Prozentsatz, abhängig vom Gesamtbetrag der Einkünfte.

Die zumutbare Belastung beträgt für einen Gesamtbetrag der Einkünfte	Steuerbürger ohne Kinder		Steuerbürger mit Kindern	
	unverheiratet	verheiratet	1 oder 2 Kinder	3 oder mehr Kinder
bis 15.340 €	5 %	4 %	2 %	1 %
von 15.341 € bis 51.130 €	6 %	5 %	3 %	1 %
über 51.130 €	7 %	6 %	4 %	2 %

des Gesamtbetrags der Einkünfte

Als Kinder zählen berücksichtigungsfähige Kinder, also solche, für die Sie Freibeträge oder Kindergeld erhalten.

 BEISPIEL

Berechnung der Eigenbelastung

Eheleute ohne Kinder haben einen gemeinsamen Gesamtbetrag der Einkünfte von 60.000 €.

Die zumutbare Eigenbelastung berechnet sich stufenweise:

Gesamtbetrag		
1 bis 15.340 €	4 % von 15.340 €	= 613 €
15.340 € bis 51.130 €	5 % von 35.790 €	= 1.789 €
51.131 € bis 60.000 €	6 % von 8.869 €	= 532 €
zumutbare Eigenbelastung		2.934 €

Nur soweit die geltend gemachten Kosten höher sind, wirken sie sich steuerlich aus.

Abzugszeitpunkt

Die Aufwendungen sind im Kalenderjahr der Zahlung zu berücksichtigen (Abflussprinzip). Auch wenn sich bei hohen Kosten wegen geringer Einkünfte keine volle steuerliche Auswirkung ergibt, ist eine Verteilung der Aufwendungen auf mehrere Jahre – im Wege der Billigkeit – nicht zulässig (BFH, Urteil v. 12.7.2017, VI R 36/15).

4 Einzelfälle

Adoption: keine außergewöhnlichen Belastungen (BFH, Urteil v. 10.3.2015, VI R 60/11)

Allergie: → Krankheitskosten

Behinderungsbedingte Ausgaben: Vertiefend siehe → Krankheitskosten und → Behinderte Menschen.

Bestattungskosten/Grabbesuch/ Grabinstandhaltung: Beerdigungskosten für Angehörige sind abziehbar, soweit sie nicht aus dem Nachlass bezahlbar sind. Anzurechnen sind Versicherungsleistungen (Sterbegeld, Lebensversicherung). Abziehbar sind die Kosten für die Grabstätte, den Sarg, Blumen und Kränze, Trauerkarten, Todesanzeigen, Überführung und Aufbahrung, nicht dagegen Aufwendungen für die Bewirtung der Trauergäste, Fahrtkosten zur Beerdigung, Aufwendungen für Trauerkleidung, Grabbesuch sowie Kosten für Grabinstandsetzung (BFH, Urteil v. 22.10.19, VI R 48/17) und Grabpflege.

Diätverpflegung: Vertiefend siehe → Krankheitskosten.

Elektrosmog: Aufwendungen für Schutzmaßnahmen gegen z. B. Mobilfunkwellen sind nur abziehbar, wenn die von den Gegenständen ausgehende konkrete Gesundheitsgefährdung durch ein technisches Gutachten nachgewiesen wird. Vertiefend siehe → Krankheitskosten.

Eltern-Kind-Verhältnis: Aufwendungen des nicht sorgeberechtigten Elternteils zur Kontaktpflege sind nicht außergewöhnlich.

Flutschaden/Hochwasser/Katastrophenschäden: Aufwendungen wie z. B. die Reparatur eines selbst genutzten Hauses oder die Ersatzbeschaffung von Hausrat anlässlich von unabwendbaren Ereignissen (Erdbeben, Überschwemmungen, Sturm, Brand, Hagel) sind berücksichtigungsfähig. Soweit durch die Erneuerung eine Wertsteigerung des Gebäudes eingetreten ist, werden die abzugsfähigen Kosten entsprechend gemindert. Vertiefend siehe → Orkanschäden/Naturkatastrophen.

Hausumbau/Sanierung: Die Sanierungskosten des selbst bewohnten Hauses sind abzugsfähig, wenn vom Gebäude eine akute Gesundheitsgefährdung (d. h. gesetzliche Schadstoffgrenzwerte sind überschritten) ausgeht (z. B. Gefahr durch Holzschutzmittel, Formaldehyd, Dioxin, Asbest, Elektrosmog, Mobilfunkwellen) oder wenn die Sanierung durch ein unausweichliches Ereignis (z. B. bei Hochwasser, Sturm etc.) oder wegen konkreter Einsturzgefahr durch Hausschwamm notwendig geworden ist. Eine rein vorsorgliche Sanierung ist nicht begünstigt. Dasselbe gilt für Aufwendungen zur Beseitigung von Baumängeln, selbst wenn dabei auch konkrete Gesundheitsgefährdungen beseitigt werden (BFH, Beschluss v. 29.3.2018, VI B 106/17). Weitere Voraussetzungen für eine Berücksichtigung der Sanierungskosten sind, dass der Grund für die Sanierung beim Kauf des Hauses noch nicht erkennbar war, es sich nicht um übliche, alterstypische Reparaturen handelt, den Steuerpflichtigen kein eigenes Verschulden trifft (z. B. Schimmelbildung wegen unsachgemäßen Lüftens) und Schadensersatzansprüche gegenüber Dritten nicht durchsetzbar sind. Erfährt das Haus durch die Maßnahmen eine Wertsteigerung, weil Bausubstanz erneuert wurde, ist die Wertsteigerung bei der Berechnung der abzugsfähigen Kosten zu kürzen. In allen Fällen reicht der einfache Nachweis aus, also z. B. ein Gutachten durch einen Fachmann (BFH, Urteil v. 29.3.2012, VI R 21/11; BFH, Urteil v. 29.3.2012, VI R 47/10; BFH, Urteil v. 29.3.2012, VI R 70/10).

Zu behinderungsbedingten Umbaukosten → Behinderte Menschen.

Heimunterbringung: Vertiefend siehe → Pflegekosten/Heimunterbringung.

Bei krankheitsbedingter Unterbringung → Krankheitskosten.

Künstliche Befruchtung: → Krankheitskosten

Kurkosten: → Krankheitskosten

Pflegeaufwendungen: Vertiefend siehe → Pflegekosten/Heimunterbringung.

Prozesskosten/Scheidung: Kosten für Strafprozesse sind keine außergewöhnlichen Belastungen. Zivilprozesskosten sind aufgrund gesetzlicher Regelung ebenfalls nicht mehr als außergewöhnliche Belastungen abzugsfähig. Die gesetzliche Ausnahme für Fälle, in denen der Steuerpflichtige ohne den Rechtsstreit Gefahr liefe, seine Existenzgrundlage zu verlieren und seine lebensnotwendigen Bedürfnisse im üblichen Rahmen nicht mehr befriedigen zu können, ist nur in absoluten Ausnahmefällen denkbar und hat bisher keine praktische Bedeutung. Kosten in Zusammenhang mit einer Scheidung sind nicht abzugsfähig (BFH, Urteile v. 18.5.2017, u. a. VI R 9/16, VI R 19/15). Ob das auch für Prozesskosten bei Streitigkeiten über das Umgangsrecht der Eltern mit ihren Kindern gilt, muss der BFH noch entscheiden (Az. beim BFH VI R 27/18.)

Vermögensverluste: Wertverluste, die infolge von Diebstahl oder Zerstörung an Gegenständen des privaten Vermögens eingetreten sind, können nicht als außergewöhnliche Belastungen abgezogen werden. Aufwendungen für deren Wiederbeschaffung sind i. d. R. wegen des vorhandenen Gegenwerts auch nicht abziehbar. Ausnahme:

Wiederbeschaffung von Hausrat und Kleidung: Derartige Aufwendungen sind eine außergewöhnliche Belastung, wenn Hausrat oder Kleidung durch ein unabwendbares Ereignis wie Brand, Hochwasser, Unwetter, Kriegseinwirkung, Vertreibung oder politische Verfolgung verloren gegangen ist und wiederbeschafft werden muss. Die Aufwendungen sind nur in Höhe der notwendigen und angemessenen Kosten abzugsfähig und werden nur berücksichtigt, soweit sie den (Rest-)Wert des Gegenstands vor dem Schadenseintritt nicht übersteigen.

Weitere Voraussetzung für den Kostenabzug ist, dass der Geschädigte eine allgemein übliche und zumutbare Versicherung (z. B. Hausratversicherung, Elementarversicherung für ein Gebäude) abgeschlossen hat.

 TIPP

Aus Billigkeit lässt, wenn durch ein Naturereignis (z. B. Überflutung, Unwetter) viele Menschen betroffen sind, die Finanzverwaltung den Abzug aber auch zu, wenn keine Versicherung abgeschlossen wurde.

Baukindergeld

Mit dem Baukindergeld fördern die KfW-Bank und das Bundesministerium des Inneren den „Ersterwerb" von selbst genutzten Wohnimmobilien und Wohnungen für Familien mit Kindern. Die Rahmenbedingungen der Förderung ergeben sich allein aus dem KfW-Programm „Baukindergeld (424)".

1 Fördervoraussetzungen

Folgende Bedingungen müssen für eine Förderung erfüllt sein:

- Eigentum am Förderobjekt
- Eigennutzung zu Wohnzwecken
- nur ein Immobilienbesitz (Erstwohnung)
- zum Haushalt gehörende minderjährige Kinder mit Kindergeldberechtigung
- Einkunftsgrenze
- zeitliche Voraussetzungen

Die Förderung ist für Neubauten und Bestandsimmobilien und sowohl für ein gekauftes als auch ein selbst gebautes Wohnobjekt möglich. Die Immobilie muss im Eigentum bzw. mind. 50%igem Miteigentum des Antragstellers stehen und von der Familie selbst bewohnt werden. Die Miteigentumsanteile des Ehegatten, Lebenspartners, eheähnlichen Partners des Antragstellers oder eines in Haushaltsgemeinschaft lebenden Kindes werden mitgezählt. Keine Förderung gibt es für Ferienhäuser, Ferienwohnungen und Wohnungen, die als Nebenwohnsitz gelten.

Im Zeitpunkt des Kaufs (maßgebend: Datum des Kaufvertrags) oder der erteilten Baugenehmigung bzw. Bauanzeige des Förderobjekts darf der oben genannte Personenkreis **kein weiteres Wohneigentum** besitzen. Sowohl eine zu diesem Zeitpunkt vorhandene (bisher) selbst genutzte wie auch eine vermietete Immobilie schließt die Förderung für das (weitere) neue Objekt aus.

 BEISPIEL

Erstwohnung

Familie K, zwei minderjährige Kinder, wohnt in einer kleinen Eigentumswohnung (ETW), die der Ehefrau gehört. Die Ehegatten kaufen mit Vertrag vom 1.12.2020 eine größere ETW, in die sie am 1.1.2021 einziehen. Zur Finanzierung verkauft die Ehefrau die kleine ETW

a) vor dem 1.12.2020.

b) nach dem 1.12.2020.

Im Fall a) ist für die neue ETW Baukindergeld möglich, denn im Zeitpunkt des Kaufs besaß niemand in der Familie eine weitere Immobilie; die erworbene Wohnung ist damit Erstobjekt im Sinne der Förderung.

Im Fall b) gehörte die kleine ETW im Zeitpunkt des Kaufs noch der Ehefrau. Damit ist die neu erworbene ETW ein Zweitobjekt, das nicht gefördert wird.

Außerdem muss die Baugenehmigung für das Objekt zwischen dem 1.1.2018 und dem 31.12.2020 erteilt bzw. der notarielle Kaufvertrag innerhalb dieses Zeitraums geschlossen werden. Eine geerbte oder geschenkte Immobilie wird nicht gefördert. Wird nur der Grund und Boden unentgeltlich erworben, kann die Förderung für ein darauf errichtetes Gebäude beansprucht werden. Baukindergeld gibt es nur für in der Immobilie im **Zeitpunkt der Antragstellung** wohnende minderjährige Kinder (Haushaltszugehörigkeit), für die der Antragsteller entweder kindergeldberechtigt ist oder bei denen die kindergeldberechtigte Person mit dem Antragsteller im Haushalt lebt (Ehegatte, Lebenspartner, eheähnlicher Partner).

 BEISPIEL

Kinderzahl

Peter und Petra Meier sind in jeweils zweiter Ehe miteinander verheiratet. Beide haben Kinder aus ihrer ersten Ehe. Peter Meiers Sohn Jürgen, 17 Jahre alt, wohnt bei seiner Mutter, Peter Meiers geschiedener Frau. Peter Meier zahlt den gesetzlichen Unterhalt. Seine Tochter Frieda aus erster Ehe, 15 Jahre alt, und Petras Sohn Fabian aus erster Ehe, 19 Jahre alt, leben beide im Haushalt der Eheleute Meier. Außerdem leben dort die zwei gemeinsamen drei und sechs Jahre alten Kinder Max und Moritz.

Die Eheleute Meier können für alle in ihrem Haushalt wohnenden minderjährigen Kinder, für die einer von ihnen Anspruch auf Kindergeld hat, Baukindergeld bekommen. Das sind Max, Moritz und Frieda. Für Jürgen besteht kein Anspruch. Er ist zwar minderjährig und Peter Meier hat den hälftigen Kindergeldanspruch, lebt aber nicht im Haushalt. Für Fabian besteht zwar ein Anspruch auf Kindergeld und er lebt im Haushalt, ist aber volljährig.

Außerdem darf das z. v. E. der Eltern im zweiten und dritten Jahr vor Antragstellung (bei Antragstellung 2020: maßgebend Einkommen 2017 und 2018) im Durchschnitt der beiden Jahre 90.000 € (mit einem Kind) nicht übersteigen. Für jedes weitere minderjährige Kind erhöht sich dieser Betrag um 15.000 €, sodass das z. v. E einer Familie mit zwei Kindern bis zu 105.000 € jährlich betragen darf.

2 Höhe der Förderung

Die Förderung beträgt 1.200 € pro Jahr für jedes im geförderten Objekt lebende, im Zeitpunkt der Antragstellung minderjährige Kind über einen Zeitraum von maximal zehn Jahren, also bis zu 12.000 € je Kind, wenn das Wohneigentum ununterbrochen zehn Jahre selbst genutzt wird.

Änderungen nach Antragstellung (z. B. Geburt eines weiteren Kindes, Erreichen der Volljährigkeit) sind ohne Bedeutung. Der Anspruch auf Baukindergeld endet, wenn die geförderte Immobilie nicht mehr selbst bewohnt wird.

Baukindergeld wird nur so lange gezahlt, wie die bereitgestellten Bundesmittel reichen. Es besteht kein Rechtsanspruch auf die Förderung.

3 Antrag

Der Antrag muss bei der staatlichen KfW-Bank spätestens drei Monate nach Einzug (maßgebend: amtliche Meldebestätigung) bzw. beim Kauf einer bereits selbst genutzten Wohnung spätestens drei Monate nach Unterzeichnung des notariellen Kaufvertrags online unter www.kfw.de/zuschussportal gestellt werden.

Nach Antragseingangsbestätigung müssen innerhalb von drei Monaten die ESt-Bescheide der beiden maßgebenden Jahre, die amtliche Meldebestätigung über den Einzugstag und ein Grundbuchauszug über den Eigentumserwerb bzw. die Auflassungsvormerkung elektronisch übermittelt werden.

4 Auszahlung

Die Auszahlung erfolgt in jährlichen Raten. Dazu erhält der Antragsteller eine Auszahlungsbestätigung, in der der Zeitpunkt der ersten Ratenzahlung genannt ist. Die Auszahlung der weiteren Raten soll jährlich jeweils im gleichen Monat wie die Auszahlung der ersten Rate erfolgen. Weitergehende Informationen finden Sie auf dem Internetportal der KfW-Bank unter www.kfw.de/baukindergeld.

Behinderte Menschen

Behinderte Menschen können typische Mehraufwendungen, die ihnen durch ihre Behinderung entstehen, entweder über den Abzug eines Pauschbetrags oder in tatsächlicher Höhe nach Berücksichtigung der zumutbaren Eigenbelastung bei den außergewöhnlichen Belastungen geltend machen. Besondere Einzelaufwendungen können neben dem Pauschbetrag berücksichtigt werden.

§§ 33, 33b EStG

1 Pauschbetrag

Allgemeiner Pauschbetrag

Der Pauschbetrag deckt die Kosten für die Hilfe bei den regelmäßig wiederkehrenden Verrichtungen des täglichen Lebens, die Pflege sowie für den erhöhten Wäschebedarf ab.

Er richtet sich nach dem amtlich festgestellten Grad der Behinderung. Bei einem Grad der Behinderung von mindestens 50 % ist immer ein Pauschbetrag möglich, bei weniger als 50 %, aber mind. 25 % ist zusätzlich erforderlich, dass

- dem behinderten Menschen wegen der Behinderung nach gesetzlichen Vorschriften Renten oder andere laufende Bezüge zustehen oder

- die Behinderung zu einer dauernden Einbuße der körperlichen Beweglichkeit geführt hat oder

- die Behinderung auf einer typischen Berufskrankheit beruht.

Der Pauschbetrag beträgt bei einem Grad der Behinderung:

von 25 und 30 %	310 €
von 35 und 40 %	430 €
von 45 und 50 %	570 €

von 55 und 60 %	720 €
von 65 und 70 %	890 €
von 75 und 80 %	1.060 €
von 85 und 90 %	1.230 €
von 95 und 100 %	1.420 €

Für behinderte Menschen, die **hilflos** sind, und für **Blinde** erhöht sich der Pauschbetrag auf **3.700 €.** Es handelt sich dabei stets um einen Jahresbetrag, der nicht zeitanteilig berechnet wird, wenn die Behinderung erst im Laufe des Jahres eingetreten oder weggefallen ist. Ändert sich der Grad der Behinderung, ist der jeweils höchste Grad im Jahr maßgebend.

 WICHTIG

Pauschbetrag oder Pflegekosten?

Wenn Sie den Pauschbetrag für behinderte Menschen in Anspruch nehmen, können Sie für Pflegekosten oder Heimunterbringungskosten keinen Abzug als außergewöhnliche Belastungen und auch keine Steuerermäßigung für Pflegeleistungen bei den haushaltsnahen Dienstleistungen mehr geltend machen. Prüfen Sie deshalb genau, ob der Abzug der tatsächlichen Aufwendungen (s. u.) nicht günstiger ist.

Nachweis der Behinderung

Ab einem Grad der Behinderung von 50 % ist beim ersten Mal die Vorlage des Schwerbehindertenausweises erforderlich. Im Ausweis stehen ggf. auch die Merkmale „blind (Bl)" oder „hilflos (H)". Dem Merkzeichen „H" entspricht die Einstufung in die Pflegegrade 4 oder 5 durch den Medizinischen Dienst der Krankenversicherung. Eine Gehbehinderung wird durch die Merkmale „G" oder „aG" bescheinigt.

Beträgt der Grad der Behinderung zwischen 25 % und weniger als 50 %, benötigt das Finanzamt eine Bescheinigung des Versorgungsamts bzw. bei Rentenzahlung aufgrund der Behinderung den Rentenbescheid als Nachweis.

Tatsächliche Aufwendungen

Statt des Pauschbetrags können die tatsächlichen **laufenden** und **typischen pflege- oder behindertenbedingten Aufwendungen** nach § 33 EStG als außergewöhnliche Belastungen berücksichtigt werden. Dazu gehören erhöhte Kosten für Wäsche und Hygieneartikel, Hilfe bei den gewöhnlichen und regelmäßig wiederkehrenden Arbeiten des täglichen Lebens, Diätkosten und Stärkungsmittel, ein Blindenhund, ambulante Pflege (angestellte Pflegerin oder Pflegedienst), Kurzzeit-, Tages- oder Nachtpflege sowie Pflege und Unterbringung im Heim. Allerdings wird der Gesamtaufwand um die zumutbare Eigenbelastung gekürzt. Vertiefend siehe → Pflegekosten/Heimunterbringung und → Außergewöhnliche Belastung.

Abzug neben Pauschbetrag

Zusätzlich zum Pauschbetrag können unter Beachtung der zumutbaren Eigenbelastung berücksichtigt werden:

Krankheitskosten, Kurkosten

Darunter fallen Zahlungen für Heilbehandlungen (Operationen, Heilbehandlungen, Arzneimittel, Arztbesuche), auch soweit diese durch die Behinderung bedingt sind, sowie die Kosten einer Heilkur. Vertiefend siehe → Krankheitskosten.

Begleitperson

Sind Sie wegen Ihrer Behinderung auf ständige Begleitung angewiesen (Merkzeichen „H" oder Pflegegrade 4 bzw. 5 bzw. amtsärztliches Gutachten oder Bescheinigung des Medizinischen Dienstes der Krankenversicherung erforderlich), können Sie Mehraufwendungen (Fahrtkosten, Unterbringung, Verpflegung), die Ihnen auf einer Urlaubsreise für eine Begleitperson entstehen, in angemessenem Umfang geltend machen. Das gilt nicht, soweit es sich um einen Familienurlaub mit einem behinderten Kind handelt oder die Begleitperson, insbesondere wenn es sich um den Ehegatten handelt, aus eigenem Interesse teilgenommen hat (BVerfG, Beschluss v. 15.5.2014, 2 BvR 295/14).

Behinderungsgerechter Umbau

Werden spezielle, auf die Behinderung abgestellte Vorrichtungen eingebaut (z. B. Treppenschräglift, Badewannenlift, Haltegriffe, Sitzerhöhung, Spezialrauchmelder für gehörlose Menschen, Hausnotruf), handelt es sich um **medi-**

zinisch notwendige Hilfsmittel, die als Krankheitskosten abzugsfähig sind.

Umbaumaßnahmen, die das Gebäude selbst betreffen, wie z. B. elektrisches Garagentor, Rollstuhlrampe, Aufzug, Türverbreiterung, behindertengerechtes Bad (bodengleiche Dusche, Sitzwanne), und die auch für nicht behinderte Personen angenehm sind, können dagegen nur berücksichtigt werden, soweit ein Käufer dafür keinen höheren Kaufpreis zahlen würde, denn nur insoweit liegt ein durch die Behinderung verursachter (verlorener) Aufwand vor. Für den Kostenabzug ist es unerheblich, ob die behinderungsbedingten Mehrkosten im Rahmen eines Neubaus oder einer Modernisierung bzw. eines Umbaus angefallen sind. Ebenso ist es ohne Bedeutung, ob die Aufwendungen situationsbedingt zwangsläufig waren (Umbau nach unvorhersehbarer Krankheit, z. B. Schlaganfall) oder infolge einer schleichenden Erkrankung (BFH, Urteil v. 24.2.2011, VI R 16/10). Eine Verteilung hoher Kosten auf mehrere Jahre ist nicht möglich (BFH, Urteil v. 12.7.2017, VI R 36/15).

Die Zwangsläufigkeit der Umbaukosten kann z. B. durch Bescheid eines gesetzlichen Trägers der Sozialversicherung über die Bewilligung eines Zuschusses oder ein Gutachten des Medizinischen Dienstes der Krankenversicherung (MDK), des Sozialmedizinischen Dienstes (SMD) oder der Medicproof Gesellschaft für Medizinische Gutachten mbH nachgewiesen werden.

2 Behinderte Kinder

Kinder, die wegen körperlicher, geistiger oder seelischer Behinderung **außerstande sind, sich selbst zu unterhalten**, können, unabhängig vom Alter, bei den Eltern steuerlich berücksichtigt werden, vorausgesetzt, die Behinderung ist vor Vollendung des 25. Lebensjahres eingetreten. Den Eltern stehen alle kindabhängigen Steuervergünstigungen (z. B. Kindergeld, Freibeträge, Betreuungskosten etc.) zu.

Der dem Kind zustehende Behindertenpauschbetrag ist auf die Elternteile auf Antrag beliebig übertragbar, wenn ihn das Kind mangels eigener (geringer) Einkünfte nicht in Anspruch nimmt. Zusätzlich – neben dem Pauschbetrag – sind bei den Eltern die nicht laufenden behinderungsbedingten Aufwendungen (s. o.) abzugsfähig. Dazu gehören auch die Kosten für den Führerschein eines Kindes mit schwerer Geh- und Stehbehinderung sowie der behindertengerechte Umbau eines Kfz.

Auch ohne die Übertragung des Pauschbetrags können die Eltern ihre eigenen zwangsläufigen Aufwendungen für das Kind (z. B. Fahrtkosten in Zusammenhang mit der Betreuung des Kindes im Heim, Kosten, die durch die persönliche Pflege und Betreuung des Kindes in der elterlichen Wohnung entstehen) nach § 33 EStG abziehen, denn durch den Pauschbetrag werden nur die Aufwendungen des behinderten Kindes abgegolten.

3 Fahrtkosten

Berufliche Fahrten

Behinderte Menschen können für Fahrten mit dem eigenen Kfz zwischen Wohnung und erster Tätigkeitsstätte oder Betrieb statt der Entfernungspauschale die **tatsächlichen Kosten** als Werbungskosten bzw. Betriebsausgaben abziehen, wenn ein Grad der Behinderung vorliegt von

- mind. 70 % oder

- mind. 50 % und zusätzlich eine erhebliche Gehbehinderung (Merkzeichen „G" oder „aG" im Ausweis).

Ohne Einzelnachweis sind bei Benutzung eines Pkw für eine arbeitstägliche Fahrt pauschal 0,30 € je **gefahrenen** Kilometer (0,60 € je Ekm) als Werbungskosten abzugsfähig. Es kann allerdings nur einheitlich entweder mit der Entfernungspauschale oder den tatsächlichen Kosten abgerechnet werden.

Auch Familienheimfahrten bei doppelter Haushaltsführung sind in entsprechender Höhe absetzbar.

 TIPP

Fahrten zur ersten Tätigkeitsstätte

Wird der behinderte Arbeitnehmer von seinem Ehegatten zu seiner ersten Tätigkeitsstätte gebracht und von dort abgeholt, können pro Tag zwei Hin- und Rückfahrten abgerechnet werden, wenn der behinderte Mensch keinen Führerschein hat oder aus Gründen der Behinderung von der Fahrerlaubnis keinen Gebrauch macht.

Andere beruflich veranlasste Fahrten (z. B. infolge einer Auswärtstätigkeit) können wie bei nicht behinderten Menschen auch in tatsächlicher Höhe abgezogen werden.

Privatfahrten behinderter Menschen

Personen mit einem Grad der Behinderung von

- mind. 80 % oder

- mind. 70 % und Merkzeichen „G"

können angemessene Kraftfahrzeugkosten (max. 0,30 €/km, höherer Kostensatz nur in krassen Ausnahmefällen, wenn für das Kfz weit überdurchschnittliche Kosten/km anfielen; BFH, Urteil v. 21.11.2018, VI R 28/16) für durch die Behinderung veranlasste unvermeidbare private Fahrten bis max. 3.000 km jährlich neben dem Pauschbetrag abziehen.

Bei

- außergewöhnlich gehbehinderten Menschen **(Merkzeichen „aG")** oder

- **blinden** Menschen (Merkzeichen „Bl") oder

- **hilflosen** Menschen (Merkzeichen „H" oder Pflegegrade 4 bzw. 5)

werden grundsätzlich alle privaten Fahrten, also auch Erholungs-, Freizeit- und Besuchsfahrten, bis zu 15.000 km jährlich berücksichtigt. Zusätzlich abzugsfähig sind Kosten für den behinderungsgerechten Umbau des Kfz in voller Höhe im Zahlungsjahr (keine Kostenverteilung zulässig), nicht dagegen Aufwendungen durch einen verschleißbedingten Motorschaden (BFH, Urteil v. 19.1.2017, VI R 60/14).

TIPP

Fahrten zum Arzt

Zusätzlich sind die Fahrtkosten zum Arzt als Krankheitskosten abziehbar (BFH, Urteil v. 16.6.2010, VI B 11/10).

4 Heimunterbringung/ Haushaltshilfe

Leben behinderte Menschen im eigenen Haushalt, können sie für Hilfe und Dienstleistungen im Haushalt eine Steuerermäßigung erhalten. Vertiefend siehe → Haushaltsnahe Tätigkeiten/ Dienstleistungen.

Bei krankheits-, pflege- oder behinderungsbedingter Heimunterbringung können statt des Pauschbetrags für behinderte Menschen die gesamten tatsächlichen Aufwendungen (ohne Kosten des typischen Unterhalts) als Krankheitskosten berücksichtigt werden. Vertiefend siehe → Krankheitskosten und → Pflegekosten/Heimunterbringung.

5 Pflegepauschbetrag

Pflegen Sie **persönlich** einen nicht nur vorübergehend **hilflosen** Menschen (Merkzeichen „H" oder Pflegegrade 4 bzw. 5) in Ihrer oder in seiner Wohnung, erhalten Sie für jede gepflegte Person einen Pflegepauschbetrag von **924 €** im Jahr (§ 33b Abs. 6 EStG). Alternativ können Sie die Ihnen tatsächlich durch die Pflege entstandenen Kosten als allgemeine außergewöhnliche Belastungen unter Berücksichtigung der zumutbaren Eigenbelastung (§ 33 EStG) geltend machen.

Wird eine pflegebedürftige Person von mehreren Personen gepflegt, ist der Pauschbetrag gleichmäßig aufzuteilen.

Wird die Pflegeperson für die Pflege bezahlt, kann sie keinen Pauschbetrag erhalten. Auch ein weitergegebenes Pflegegeld aus der Pflegeversicherung ist schädlich. Lediglich das an die **Eltern** eines behinderten Kindes für die Pflege des Kindes ausgezahlte Pflegegeld ist unbeachtlich.

Beteiligungen/Erben- und Grundstücksgemeinschaften

Hier erfahren Sie alles Wissenswerte über das Besteuerungsverfahren von Erben- und Grundstücksgemeinschaften und den daran beteiligten Personen.

1 Die Gemeinschaft

Erben- und Grundstücksgemeinschaften versteuern ihre Erträge nicht selbst. Die Besteuerung erfolgt stattdessen durch die einzelnen Beteiligten. Die Einkünfte werden dazu in einem sog. **Feststellungsbescheid gesondert** vom Einkommensteuerveranlagungsverfahren und bei mehreren Beteiligten für alle **einheitlich** festgestellt.

Dazu müssen die Beteiligten (i. d. R. durch einen Bevollmächtigten) eine **Erklärung zur gesonderten und einheitlichen Feststellung von Grundlagen für die Einkommensbesteuerung** (Feststellungserklärung; Grundvordruck **ESt 1 B**) abgeben. In der Feststellungserklärung benennen die Beteiligten einen gemeinsamen Empfangsbevollmächtigten. Die erteilte Empfangsvollmacht wirkt auch für künftige Feststellungszeiträume, sofern sie nicht geändert oder widerrufen wird.

Zusätzlich ist für jeden Gesellschafter die **Anlage FB** nötig, denn sie enthält Angaben über die Art der Beteiligung und die Verteilung der Besteuerungsgrundlagen (Aufteilungsquote). Die erstmalige Nummerierung der Beteiligten in den Anlagen FB ist auch in Folgejahren unbedingt beizubehalten, denn die Daten werden mit den gespeicherten Daten der Vorjahre elektronisch abgeglichen. Außerdem muss die Gemeinschaft für jede vorliegende Einkunftsart eine Anlage mit der Ermittlung der Einkünfte abgeben. Vermietet eine Erben- oder Grundstücksgemeinschaft z. B. Grundbesitz, gibt sie für jedes Grundstück eine **Anlage V** ab.

Zusätzlich muss u. U. die **Anlage FE 1** ausgefüllt werden. Sie wird benötigt, wenn ein Beteiligter Zahlungen über seinen Anteil hinaus erhalten hat, z. B. für das Ausfüllen der Steuererklärung der Gesellschaft oder für Verwaltungsaufgaben (Sondereinnahmen). In der Anlage FE 1 sind auch Ausgaben zu erfassen, die zwar die Gesellschaft betreffen, die aber ein Beteiligter allein getragen hat (Sonderwerbungskosten), wie z. B. Finanzierungskosten.

 WICHTIG

Wahl des Steuererklärungsvordrucks

Alle Ausgaben im Zusammenhang mit der Beteiligung müssen in der Feststellungserklärung erfasst werden. Sie gehören nicht in die Einkommensteuererklärung.

Die **Anlage FE 2** ist erforderlich, wenn in den erklärten Einkünften auch solche aus Veräußerungsgeschäften enthalten sind. Gegebenenfalls ist auch die **Anlage FE 3** einzureichen, wenn die Gesellschaft oder ein Gesellschafter Spenden aus Gesellschaftsmitteln getätigt hat.

Bei Kapitalerträgen ist die Abgabe der **Anlage FE-KAP 1** trotz abgeltendem Steuerabzug erforderlich, weil die von der Gesellschaft/Gemeinschaft erzielten Kapitalerträge immer gesondert und einheitlich festzustellen sind. Sind in den Kapitalerträgen auch ausländische Investmenterträge enthalten, ist zusätzlich die **Anlage FE-KAP-INV** einzureichen.

Bei gemeinsamen gewerblichen Einkünften (z. B. gemeinsamer Betrieb einer Fotovoltaikanlage) oder gemeinschaftlich ausgeübter selbstständiger Arbeit (z. B. Praxisgemeinschaft) ist die **Anlage FG** abzugeben.

Zuständig für die Feststellungserklärung ist bei Vermietungs-, Kapital- und sonstigen Einkünften das Finanzamt, in dessen Bezirk derjenige wohnt, der die Erträge verwaltet und der die Gemeinschaft als Bevollmächtigter vertritt. Bei Gewinneinkünften ist das Betriebsstättenfinanzamt Ansprechpartner.

Aufgrund der Feststellungserklärung erlässt das zuständige Finanzamt einen **Bescheid über die gesonderte und einheitliche Feststellung von Einkünften**. Die in diesem Bescheid getroffenen Regelungen (Höhe der Einkünfte, Zurechnung der Einkünfte auf die Beteiligten) werden dem Empfangsbevollmächtigten der Gemeinschaft und den Wohnsitzfinanzämtern der Beteiligten mit Bindungswirkung mitgeteilt. Ist für einen Beteiligten bereits ein Einkommensteuerbescheid mit abweichenden Werten ergangen, kann dieser aufgrund der Mitteilung jederzeit geändert werden.

 WICHTIG

Einspruch

Wenn ein Beteiligter mit den für die Gesellschaft getroffenen Regelungen (z. B. Höhe der Einkünfte, Höhe seines Anteils) nicht einverstanden ist, muss er innerhalb eines Monats direkt gegen den **Feststellungsbescheid** für die Gemeinschaft Einspruch erheben. Ein insoweit gegen den nachfolgenden Einkommensteuerbescheid erhobener Einspruch ist unbegründet.

Ein Feststellungsbescheid ergeht nicht, wenn die Gemeinschaft nur aus Ehegatten besteht, die **zusammen** zur Einkommensteuer veranlagt werden.

2 Ermittlung der Einkünfte der Gemeinschaft

Einnahmen und Werbungskosten sind den Miteigentümern grundsätzlich nach dem Verhältnis der bürgerlich-rechtlichen Beteiligungsverhältnisse (§ 722 BGB) zuzurechnen. **Abweichende Vereinbarungen** sind nur maßgebend, wenn sie zivilrechtlich wirksam sind und für sie wirtschaftliche Gründe vorliegen. Finanziert z. B. ein Miteigentümer seinen Teil der AK aus Eigenkapital, der andere Miteigentümer seinen Anteil aber mit Fremdmitteln, stellen die fälligen Schuldzinsen, da sie nur von einem Miteigentümer getragen werden, bei Letzterem Sonderwerbungskosten dar.

Zwischen Angehörigen müssen Vereinbarungen wie zwischen fremden Dritten vorliegen und auch tatsächlich umgesetzt werden.

Abschreibungen und andere WK

Abschreibungen kann nur der Miteigentümer in Anspruch nehmen, der die AK oder HK getragen hat. Trägt ein Miteigentümer höhere Aufwendungen als seinem Anteil entsprechend, werden ihm diese Aufwendungen nur dann als Werbungskosten aus V+V im Rahmen der gesonderten und einheitlichen Feststellung zugerechnet, wenn er die anderen Miteigentümer nicht bereichern wollte (keine Schenkung) und kein durchsetzbarer Ausgleichsanspruch (keine lediglich vorläufige Kostentragung, z. B. Kreditgewährung) gegenüber den Miteigentümern besteht.

Trägt ein Miteigentümer Aufwendungen über seinen Beteiligungsanteil hinaus, steht ihm nach § 426 BGB gegenüber den anderen Miteigentümern grundsätzlich ein Anspruch auf Ersatz dieser Kosten zu. Eine überquotale Zurechnung auf den zahlenden Miteigentümer ist dann nicht möglich. Ein Ausgleichsanspruch kann ggf. dadurch befriedigt werden, dass der zahlende Miteigentümer einen höheren Anteil an den zukünftigen Erträgen oder am Veräußerungserlös des gemeinschaftlichen Grundstücks erhält.

Nach dem Urteil des BFH (BFH, Urteil v. 18.5.2004, IX R 49/02) ist bei der Zurechnung von Mieteinkünften wie folgt vorzugehen:

- Zunächst ist bei Miteigentümern festzustellen, **wer** den objektiven Tatbestand der Einkunftsart V+V verwirklicht hat. Bei Miteigentümern muss geprüft werden, ob sie gemeinschaftlich oder ein Miteigentümer allein das Objekt oder einen Teil davon vermietet bzw. verpachtet. Treten die Miteigentümer gemeinsam als Vermieter auf, haben sie den Einkunftstatbestand grundsätzlich gemeinschaftlich verwirklicht. Schließt nur ein Miteigentümer den Mietvertrag über eine Wohnung ab, hat er allein Vermietungseinkünfte i. S. v. § 21 EStG.

- Es ist zu prüfen, **wem** die Einkünfte zuzurechnen sind. Haben die Miteigentümer gemeinschaftlich das Objekt vermietet bzw. verpachtet, sind ihnen die Einkünfte entsprechend ih-

ren Miteigentumsanteilen zuzurechnen. Das gilt unabhängig davon, ob und in welchem Umfang der bzw. die Miteigentümer andere Wohnungen selbst nutzen.

 BEISPIEL

Einkunftsaufteilung bei einer Grundstücksgemeinschaft

An einem Zweifamilienhaus sind die Mutter A zur Hälfte und die Kinder B und C zu je einem Viertel im Rahmen einer Erbengemeinschaft beteiligt. Eine Wohnung wird von A ohne Mietvertrag zu eigenen Wohnzwecken genutzt. Die andere Wohnung wird **durch die Grundstücksgemeinschaft** vermietet.

Die durch einen Mieterwechsel anfallenden Renovierungskosten für die vermietete Wohnung in Höhe von 5.000 € werden ausschließlich von B und C bezahlt, da A kein weiteres Vermögen und nur geringe Renteneinkünfte hat.

Die Renovierungskosten können nur **entsprechend den Beteiligungsverhältnissen** auf die Miteigentümer verteilt werden, da die Grundstücksgemeinschaft als Vermieter insgesamt auftritt und B und C jeweils einen Ausgleichsanspruch gegen A haben. Dieser kann über eine höhere Einnahmenbeteiligung oder einen Ausgleich nach Verkauf des Grundstücks verwirklicht werden.

Zu einem anderen Ergebnis kommt man, wenn der zahlende Miteigentümer wegen Zahlungsunfähigkeit und Vermögenslosigkeit der anderen Miteigentümer voraussichtlich keinen Ersatz bekommen wird. Die Aufwendungen sind dann allein dem die Kosten tragenden Miteigentümer zuzurechnen.

3 Besteuerung des Beteiligten

Der jeweilige Beteiligte macht in seiner Einkommensteuererklärung auf der Anlage zur jeweiligen Einkunftsart (Grundstücksgemeinschaften, z. B. **Anlage V**) Angaben über Art und Namen der Beteiligung (z. B. „Erbengemeinschaft Mustermann") und trägt den auf ihn entfallenden Anteil der Einkünfte ein. Ggf. kann ein entsprechender Vermerk angebracht werden, wenn die Höhe der Beteiligungseinkünfte nicht bekannt ist.

4 Kein Verlustvortrag bei Erbschaft

Ein Erbe kann einen vom Verstorbenen (Todestag nach dem 12.3.2008) nicht ausgenutzten Verlustabzug nicht bei seiner eigenen Veranlagung zur Einkommensteuer geltend machen, d. h. ein Verlustvortrag ist nicht vererblich (BFH, GrS 2/04).

Der Erbe kann aber die noch offene Kirchensteuer des Erblassers im Jahr der Zahlung als Sonderausgabe abziehen (BFH, Urteil v. 21.7.2016, X R 43/13).

Corona/steuerliche Aspekte

Zur Unterstützung der von der Corona-Krise betroffenen Menschen und der wirtschaftlichen Erholung wurden auch eine Reihe steuerlicher Maßnahmen getroffen. Im Folgenden ein Überblick über die steuerlichen Maßnahmen, die für die Jahresveranlagung 2020 relevant sind.

1 Familienförderung

Kinder

Für jedes kindergeldberechtigte Kind wird zusätzlich zum Kindergeld einmalig ein Kinderbonus von 300 € gewährt. Dieser wird in die Vergleichsberechnung mit den Freibeträgen für Kinder einbezogen.

Alleinerziehende

Der Entlastungsbetrag für Alleinerziehende wird für die Veranlagungszeiträume 2020 und 2021 für das erste Kind von 1.908 € auf 4.008 € erhöht.

Elterngeld

Elterngeld ist steuerfrei, erhöht aber den Steuersatz für die steuerpflichtigen Einkünfte (Progressionsvorbehalt). Übersteigt das Elterngeld 410 € im Jahr, besteht eine gesetzliche Pflicht zur Abgabe einer Steuererklärung. Es kann sich eine Steuernachzahlung ergeben.

2 Arbeitnehmer

Corona-Sonderzahlungen

Arbeitgeber können ihren Arbeitnehmern in der Zeit vom 1.3.2020 bis zum 31.12.2020 Beihilfen und Unterstützungen bis zu einem Betrag von 1.500 € in Form von Zuschüssen und Sachbezügen steuerfrei gewähren (§ 3 Nr. 11a EStG). Voraussetzung ist, dass es sich um zusätzlich zum ohnehin geschuldeten Arbeitslohn zugewendeten Arbeitslohn handelt. Vertiefend siehe → Arbeitslohn/geldwerter Vorteil. Eine Gehaltsumwandlung ist nicht begünstigt.

Aufgestocktes Kurzarbeitergeld

Das gezahlte Kurzarbeitergeld und der Zuschuss des Arbeitgebers zum Kurzarbeitergeld ist wie auch das Arbeitslosengeld steuerfrei, unterliegt aber dem Progressionsvorbehalt (s. o. Elterngeld). Damit kann sich, insbesondere wegen der Aufstockung des Kurzarbeitergelds, unter Umständen eine deutliche Steuernachzahlung ergeben.

Arbeitslohnspende

Verzichtet der Arbeitnehmer auf Auszahlung von Teilen des Arbeitslohns zugunsten einer Zahlung des Arbeitgebers auf ein Spendenkonto, sind die Lohnteile kein steuerpflichtiger Arbeitslohn.

3 Unternehmer

Corona-Soforthilfen

Die Soforthilfen für Soloselbstständige, Freiberufler und Unternehmen zählen als Zuschüsse zu den Betriebseinnahmen und unterliegen der Einkommen- und ggf. der Gewerbesteuer. Die Soforthilfen sind – wie Überbrückungshilfen und vergleichbare Zuschüsse – in der neuen Anlage Corona-Hilfen zu erklären. Umsatzsteuer fällt dagegen nicht an, weil es am Leistungsaustausch fehlt.

Zuwendungen aus dem Betrieb

Zuwendungen im Rahmen der Corona-Hilfe (Sponsoring-Maßnahme) sind geeignet, das unternehmerische Ansehen zu sichern bzw. zu steigern. Es handelt sich deshalb um abzugsfähige Betriebsausgaben. Dasselbe gilt für Zuwendungen, die direkt an von der Corona-Krise unmittelbar betroffene Geschäftspartner oder an mit der Bewältigung der Corona-Krise befasste Unternehmen oder Einrichtungen (z. B. Krankenhäuser) geleistet wurden.

Degressive Abschreibung

Unternehmer können für in den Jahren 2020 und 2021 angeschaffte bewegliche Wirtschaftsgüter des Anlagevermögens (z. B. Fuhrpark, Maschinen, Geschäftsausstattung) bis zum 2,5-Fachen der linearen AfA (gleichmäße Verteilung der Anschaffungskosten auf die Nutzungsdauer), maximal aber 25 % der Anschaffungskosten als jährliche Betriebsausgabe geltend machen.

Investitionsabzugsbetrag

Der Investitionszeitraum beträgt vier Jahre (bisher drei).

Gewerbesteuer

Dem einkommensteuerliche Gewinn werden für Zwecke der Gewerbesteuer bestimmte als Betriebsausgaben abgezogene Aufwendungen, z.B. Schuldzinsen, Miete und Pacht, Aufwendungen für Konzessionen und Lizenzen, teilweise wieder gewinnerhöhend hinzugerechnet, soweit sie einen Freibetrag übersteigen. Der Freibetrag, bis zu dem keine Gewinnerhöhung erfolgt, wurde von 100.000 € auf 200.000 € verdoppelt.

Umsatzsteuer

Umsatzsteuersatz

Der Umsatzsteuersatz für zwischen dem 1.7.2020 und dem 31.12.2020 ausgeführte Umsätze beträgt statt 19 % nur 16 %, der ermäßigte Steuersatz statt 7 % nur 5 %. Für nach dem 30.6.2020 und vor dem 1.7.2021 erbrachte Restaurant- und Verpflegungsdienstleistungen gilt mit Ausnahme von Getränken der ermäßigte Umsatzsteuersatz.

Einfuhrumsatzsteuer

Die Fälligkeit der Einfuhrumsatzsteuer wird vom 10. auf den 26. des Folgemonats verschoben.

4 Sonstiges

Verlustrücktrag

In den Jahren 2020 und 2021 erwirtschaftete Verluste (negativer Gesamtbetrag der Einkünfte) können bis zu einem Betrag von 5.000.000 € (bisher 1.000.000 €) bzw. bei Zusammenveranlagung 10.000.000 € (bisher 2.000.000 €) ins Vorjahr zurückgetragen und mit dort erzielten Einkünften verrechnet werden.

Spenden

Für in Zusammenhang mit Corona geleistete Spenden auf ein Sonderkonto einer inländischen juristischen Person des öffentlichen Rechts, einer öffentlichen Dienststelle oder eines Verbands der freien Wohlfahrtspflege genügt als Nachweis der Kontoauszug, Lastschrifteinzugsbeleg oder PC-Ausdruck beim Online-Banking.

Übungsleiterpauschale/Ehrenamtsfreibetrag

Werden die Zahlungen an Übungsleiter oder ehrenamtlich Tätige weiter bezahlt, obwohl die Ausübung aufgrund der Corona-Krise zumindest zeitweise nicht möglich war, bleiben die Zahlungen unverändert bis zu 2.400 € bzw. 720 € im Jahr steuerfrei. Vertiefend siehe → Ehrenamt.

Ehegattenveranlagung

Bei Ehegatten ist zu prüfen, in welcher Form die Einkommensteuerveranlagung durchzuführen ist.

1 Allgemeines

Die Ausführungen in diesem Buch zu Ehegatten und Ehen gelten auch für eingetragene Lebenspartner und eingetragene Lebenspartnerschaften.

Grundsätzlich ist jeder Steuerpflichtige nach § 25 EStG einzeln zur Einkommensteuer zu veranlagen. Die tarifliche Einkommensteuer berechnet sich nach dem **Grundtarif.**

Eine Ausnahme von der Einzelveranlagung ist die Ehegattenveranlagung nach § 26 Abs. 1 EStG. Diese liegt vor, wenn

- eine rechtsgültige Ehe vorliegt,

- beide Ehegatten unbeschränkt einkommensteuerpflichtig sind,

- nicht dauernd getrennt leben und

- diese Voraussetzungen an mindestens einem Tag im Jahr vorliegen.

Die Ehegattenveranlagung unterscheidet zwischen der

- **Zusammenveranlagung** von Ehegatten (§ 26b EStG) mit Splittingtarif und der

- **Einzelveranlagung von Ehegatten auf Antrag** (§ 26a EStG) mit Grundtarif.

Erfüllen die Ehegatten die Voraussetzungen für die Ehegattenveranlagung nicht, ist eine (normale) Einzelveranlagung (§ 25 EStG) mit dem Grundtarif durchzuführen.

In besonderen Fällen kann noch eine Einzelveranlagung mit Splittingtarif für das Jahr der Auflösung der Ehe durch Tod in Betracht kommen.

2 Veranlagung von Ehegatten

Das Wahlrecht zwischen Zusammenveranlagung und Einzelveranlagung nach § 26a EStG besteht, wenn alle vorgenannten Voraussetzungen an mindestens einem Tag im Jahr erfüllt sind. Es reicht also aus, wenn die Ehe spätestens am 31. Dezember zivilrechtlich geschlossen wurde. Ist ein Ehegatte im Laufe des Jahres verstorben, kann das Wahlrecht durch den überlebenden Ehegatten und die Erben ausgeübt werden.

Nicht dauerndes Getrenntleben

Wenn sich Ehegatten im Laufe des Jahres auf Dauer trennen, ist eine Ehegattenveranlagung für das Jahr der Trennung noch möglich, weil sie zu Beginn des Jahres noch nicht dauernd getrennt gelebt haben. Ab dem folgenden Jahr kommt die Ehegattenveranlagung nicht mehr in Betracht, da die Ehegatten das gesamte Jahr dauernd getrennt gelebt haben. Es ist eine Einzelveranlagung nach § 25 EStG mit Anwendung des **Grundtarifs** durchzuführen.

Eine nur **vorübergehende** räumliche **Trennung** (z. B. ein Ehegatte ist vorübergehend im Ausland beschäftigt, längere Zeit im Krankenhaus oder verbüßt eine mehrjährige Haftstrafe) ist kein dauerndes Getrenntleben, wenn zumindest eine Wirtschaftsgemeinschaft (wirtschaftliche Fragen werden gemeinsam erledigt; über die Verwendung des Familieneinkommens wird gemeinsam entschieden) bestehen bleibt und die Wiederherstellung der häuslichen Lebensgemeinschaft angestrebt wird. Hier liegen die Voraussetzungen für eine Ehegattenveranlagung noch vor.

Wie wird das Ehegattenwahlrecht ausgeübt?

Ehegatten werden zusammen veranlagt, wenn beide die Zusammenveranlagung wählen. Wird das Wahlrecht nicht oder bzgl. einer Einzelveranlagung auf Antrag nicht wirksam ausgeübt, unterstellt das Gesetz die Zusammenveranlagung. Die zur Ausübung des Wahlrechts erforderliche Erklärung kann grundsätzlich noch bis zur Unanfechtbarkeit des Steuerbescheids, d. h. auch noch im Rechtsbehelfs- und Klageverfahren, nicht aber im Revisionsverfahren, abgegeben werden.

Zusammenveranlagung

Bei Zusammenveranlagung geben die Ehegatten eine gemeinsame Steuererklärung ab, die von beiden eigenhändig zu unterschreiben ist. Die Zusammenveranlagung ist auch dann möglich, wenn nur eine Person Einkünfte bezogen hat. Das Finanzamt berechnet die Einkünfte der Eheleute zunächst getrennt, errechnet dann aber eine gemeinsame Summe und einen gemeinsamen Gesamtbetrag der Einkünfte und

ein gemeinsames z. v. E. Die Steuer wird nach dem **Splittingverfahren** (§ 32a Abs. 5 EStG) festgelegt. Dabei wird unterstellt, dass beide gleich hohe Einkünfte erzielt haben. Deshalb wird das gemeinsame z. v. E. je zur Hälfte auf die Ehegatten verteilt. Die Steuer wird für jede Hälfte des z. v. E. nach dem Grundtarif ermittelt und die beiden Steuerbeträge werden zur gemeinsamen tariflichen Einkommensteuer aufaddiert. Bei unterschiedlich hohen Einkünften der Personen wird dadurch sichergestellt, dass jeder Ehegatte seinen Grundfreibetrag (2020: 9.408 €) und die niedrigen Steuersätze voll ausnutzen kann.

 BEISPIEL

Grundfall: nicht verheiratetes Paar

A, Freiberufler, z. v. E. 50.000 €, und B, Studentin, keine Einkünfte, leben 2020 als nicht verheiratetes Paar zusammen.

Für A ist eine Einzelveranlagung (§ 25 EStG) durchzuführen. Die Steuer beträgt nach dem Grundtarif 12.141 €. B wird nicht zur Einkommensteuer veranlagt.

Abwandlung 1: A und B heiraten

Heiraten A und B im Jahr 2020, können sie im Wege der Ehegattenveranlagung die Zusammenveranlagung wählen. Unterstellt, das gemeinsame z. v. E. beträgt ebenfalls 50.000 €, wird die Steuer für jede Person aus dem hälftigen Anteil des z. v. E. (25.000 €) über den Grundtarif mit 3.714 € ermittelt. Die gemeinsame tarifliche Einkommensteuer beträgt deshalb in der Summe 7.428 €. Dies hat im Vergleich zum nicht verheirateten Paar eine Ersparnis von 4.713 € zur Folge.

Abwandlung 2: A und B haben gleich hohe Einkünfte

Die nicht verheirateten Steuerpflichtigen A und B haben jeweils ein z.v.E. i.H.v. 25.000 €. Für jeden wird eine Einzelveranlagung mit Grundtarif durchgeführt. Die tarifliche Steuer der jeweiligen Person beträgt 3.714 €.
Durch eine Heirat würden A und B zwar zusammen zur Einkommensteuer veranlagt. Ein Steuervorteil ergibt sich hier aber nicht, weil die gemeinsame Steuer nach dem Splittingverfahren in der Summe ebenfalls 7.428 € betragen würde.

Das bei der Zusammenveranlagung anzuwendende Splittingverfahren bringt also nur dann einen Vorteil, wenn die Eheleute unterschiedlich hohe Einkünfte haben und der zu versteuernde Anteil mindestens einer Person unter dem Spitzensteuersatz versteuert wird.

Einzelveranlagung auf Antrag von Ehegatten

Eine Einzelveranlagung auf Antrag nach § 26a EStG kommt in Betracht, wenn

- mindestens ein Ehegatte den Antrag auf Einzelveranlagung stellt und
- jeder eine eigenhändig unterschriebene Steuererklärung mit seinen Einkünften abgibt.

Jeder erhält seinen Steuerbescheid. Die Steuer wird nach der Grundtabelle festgesetzt.

Bei der Einzelveranlagung von Ehegatten auf Antrag werden

- → Sonderausgaben,
- → Außergewöhnliche Belastung und
- die Steuerermäßigungen nach § 35a EStG (→ Haushaltsnahe Tätigkeiten/ Dienstleistungen) und § 35c EStG (→ Energetische Maßnahmen)

grundsätzlich demjenigen zugerechnet, der die Aufwendungen wirtschaftlich getragen hat. Insoweit unterscheidet sich die Einzelveranlagung von Ehegatten auf Antrag (§ 26a EStG) nicht von der Einzelveranlagung unverheirateter Personen (§ 25 EStG).

Auf **übereinstimmenden Antrag** der Ehegatten werden die vorgenannten Aufwendungen und die Steuerermäßigung nach § 35a EStG **jeweils zur Hälfte** bei den Ehegatten abgezogen. Der Antrag wird in der Anlage Sonstiges (Zeile 11) gestellt. Eine von der Hälfte abweichende Verteilung der Aufwendungen ist nicht möglich. Für die Aufteilung sind die jeweiligen Aufwendungen zu halbieren. Anschließend sind die Sonderausgabenhöchstbetragsrechnung, die Berechnung der abziehbaren außergewöhnlichen Belastungen und die abziehbaren Steuerermäßigungen individuell für jeden Ehegatten zu berechnen (BFH, Urteil v. 28.11.2019, III R 11/18).

Hat nur ein Ehegatte die Aufwendungen wirtschaftlich getragen, reicht sein Antrag in begründeten Einzelfällen allein aus. Ein solcher begründeter Einzelfall ist anzunehmen, wenn der andere Ehegatte z.B. krank oder verstorben ist oder der andere Ehegatte sich wegen Meinungsverschiedenheiten nicht zu einer gemeinsamen Erklärung bewegen lässt. Liegen außergewöhnliche Belastungen i. S. d. § 33 EStG vor, wird die zumutbare Belastung nach dem Gesamtbetrag der Einkünfte des jeweiligen Ehegatten bestimmt.

In welchen Fällen bietet die Einzelveranlagung auf Antrag Vorteile?

Die Einzelveranlagung kann Vorteile bieten, wenn ein Ehegatte z. B

- nur oder hohe steuerfreie Lohnersatzleistungen (z. B. Arbeitslosengeld, Kurzarbeitergeld, Mutterschaftsgeld, Elterngeld) oder andere steuerfreie (z. B. nach DBA steuerfreie ausländische) Einkünfte bezieht, die dem Progressionsvorbehalt unterliegen,

- die sog. Fünftelregelung nach § 34 EStG (evtl. bei Arbeitnehmerabfindung) oder einen anderen ermäßigten Steuersatz anwenden kann,

- Verluste erzielt hat und durch den Verlustausgleich Freibeträge des anderen wegfallen würden,

- selbstständig ist und der andere Arbeitnehmer; die Arbeitgeberleistungen zur gesetzlichen Rentenversicherung des Arbeitnehmerehegatten kürzen ggf. den Höchstbetrag der Altersvorsorgeaufwendungen;

- Nebeneinkünfte bezieht, für die der Härteausgleich nach § 46 Abs. 3 EStG möglich wäre,

- einen Anspruch auf den Entlastungsbetrag für Alleinerziehende für einen Teil des Veranlagungszeitraums hat.

In den meisten Fällen wird eine Zusammenveranlagung mit dem Splittingtarif aber günstiger sein.

Sonderfall: Einzelveranlagung mit Splittingtarif

Eine Einzelveranlagung bedeutet normalerweise immer Besteuerung nach dem Grundtarif. Nur in zwei Ausnahmefällen wird die Einzelveranlagung mit dem Splittingtarif durchgeführt:

Tod eines Ehegatten

Eine Ehegattenveranlagung wird noch für das Jahr durchgeführt, in dem der Ehegatte verstorben ist. Im Folgejahr (Kalenderjahr **nach** dem Tod) wird das Einkommen des Überlebenden im Rahmen einer Einzelveranlagung nach § 25 EStG noch ein weiteres Mal mit dem **Splittingtarif** nach § 32a Abs. 6 Nr. 1 EStG versteuert, wenn der Steuerpflichtige und sein verstorbener Ehegatte im Zeitpunkt seines Todes die Voraussetzungen für die Ehegattenveranlagung nach § 26 Abs. 1 EStG erfüllt haben. Sämtliche Freibeträge (z. B. Sparerfreibetrag) und die abzugsfähigen Sonderausgaben werden jedoch einfach in Abzug gebracht. In den Folgejahren ist der Grundtarif anzuwenden.

Trennung/Scheidung

Wird eine Ehe im Laufe des Jahres geschieden, ist wegen des im Scheidungsrecht geltenden Scheiterungsprinzips (mindestens ein Jahr getrennt lebend) davon auszugehen, dass die Eheleute während des ganzen Jahres dauernd getrennt gelebt haben. Sie werden einzeln mit Grundtarif veranlagt.

Kann das Paar glaubhaft machen, dass es zu Beginn des Jahres noch nicht dauernd getrennt gelebt hat (eher selten), liegen die Voraussetzungen für das Ehegattenwahlrecht grundsätzlich vor. Heiratet einer der beiden im selben Jahr wieder und erfüllt mit seinem neuen Partner ebenfalls die Voraussetzungen für die Ehegattenveranlagung, darf das Wahlrecht nur für die neue Ehe ausgeübt werden. Der andere, nicht wieder Verheiratete wird einzeln veranlagt mit **Splittingtarif** nach § 32a Abs. 6 Nr. 2 EStG.

3 Steuerklassenwahl

Ehegatten, die beide Einkünfte aus nichtselbstständiger Arbeit erzielen, können wählen, ob beide nach Steuerklasse IV (Grundsatz) besteuert werden wollen oder der Besserverdienende nach Steuerklasse III und der andere nach Steuerklasse V. Seit dem Steuerjahr 2020 ist es möglich, die Steuerklassen auch mehrmals im Jahr zu wechseln (§ 39 Abs. 6 EStG). Die Steuerklassenkombination III/V bietet sich an, wenn der besser verdienende Ehegatte (III) ca. 60 %, der andere (V) ca. 40 % des Gesamtarbeitslohns erzielt. In diesem Fall besteht aber die Verpflichtung, nach Ablauf des Jahres eine Einkommensteuererklärung abzugeben.

Für Doppelverdienerpaare gibt es auch die Möglichkeit, ein „optionales Faktorverfahren" in Anspruch zu nehmen. Ehepaare können auf Antrag jeweils nach Steuerklasse IV unter Berücksichtigung eines Faktors, den das Finanzamt berechnet und der Unterschiede in den Einkünften ausgleichen soll, besteuert werden. Dieses Faktorverfahren bietet sich bei sehr unterschiedlich hohen Arbeitslöhnen an. Es kann gegenüber III/V hohe Nachzahlungen und gegenüber IV/IV einen zu hohen Lohnsteuereinbehalt vermeiden.

Ehrenamt

Viele Steuerpflichtige sind ehrenamtlich z. B. als Übungsleiter, Vereinsvorstand oder im Stadtrat tätig und erhalten hierfür eine kleine Vergütung. Wir zeigen Ihnen, wie Sie hier steuerlich am günstigsten fahren.

§§ 4, 9, 15, 18, 19 EStG

1 Steuerbefreiung für Übungsleiter, Ausbilder, Erzieher

Nebenberufliche Tätigkeiten bleiben bis zu 2.400 € pro Jahr steuerfrei, wenn folgende Voraussetzungen erfüllt sind (§ 3 Nr. 26 EStG):

- **Art der (nebenberuflichen) Tätigkeit**
  Insbesondere Übungsleiter, Ausbilder, Erzieher oder Ausübende künstlerischer Tätigkeiten sind begünstigt.

- **Für wen erfolgt die Tätigkeit?**
  Die Tätigkeit muss im Dienst bzw. Auftrag einer inländischen juristi-

schen Person des öffentlichen Rechts oder einer gemeinnützigen, mildtätigen oder kirchlichen Zwecken dienenden Einrichtung erfolgen. Es handelt sich somit insbesondere um Tätigkeiten z. B. für die IHK, die Steuerberaterkammer, Sparkassenverbände, Kirchen, Universitäten, Volkshochschulen, gemeinnützige Vereine oder Wohlfahrtsverbände.

Auch für die Tätigkeit bei einer vergleichbaren Organisation im Ausland gilt der Steuerfreibetrag (BFH, Urteil v. 22.7.2008, VIII R 101/02).

Die Vorschriften zum Mindestlohn sind bei ehrenamtlich Tätigen nicht zu beachten.

Nachfolgend einige Beispiele aus der Praxis:

Ärzte im Behinderten- und Koronarsport, Ausbilder

Chorleiter

Dirigenten

Erste-Hilfe-Ausbilder

Fahrer und Beifahrer im Behindertenfahrdienst (OFD Koblenz, Verfügung v. 8.5.2008, S 2121 A – St 32 2)

Feuerwehrangehörige, die andere ausbilden

Fortbildungstätigkeit für die Anwalts- oder Ärztekammer

Jugendwarte

Kinderbetreuer, Kirchenmusiker

Lehrtätigkeit

Mannschaftsbetreuer

Prüfungsausschussmitglieder

Sanitäts- und Rettungsdienst, Schwimmlehrer, Sportwarte

Stadtführer

Telefonseelsorger

Trainer (allerdings nicht Tiertrainer)

Unterrichtstätigkeit (z. B. IHK)

Vortragstätigkeit (z. B. an Volkshochschulen)

Weitere Beispiele und Hinweise siehe z. B. Bayerisches Landesamt für Steuern, Verfügung v. 8.9.2011, S. 2121.1.1 – 1/33 St32.

Nicht begünstigt sind z. B. Tätigkeiten als Büttenredner, Hausmeister, Hallen-, Geräte- und Platzwart, Reinigungskraft, Vorstandsmitglied, Verbandsfunktionär, Helfer bei Wohlfahrtsorganisationen, Helfer beim Mahlzeitendienst karitativer Verbände sowie Tätigkeiten für Gewerkschaften, Arbeitgeberverbände und Parteien.

Auch müssen die Themen eines Vortragenden noch der Fortbildung dienen, sie dürfen nicht allgemeiner Art sein (FG Köln, Urteil v. 19.10.2017, 15 K 2006/16).

Erhalten Feuerwehrleute eine Entschädigung für ihre ehrenamtliche Tätigkeit, ist 1/3 (mind. 200 €) nach § 3 Nr. 12 EStG steuerfrei, zusätzlich kommt für Ausbilder noch die Steuerbefreiung nach § 3 Nr. 26 EStG in Betracht. Der Umfang der Steuerfreiheit ist davon abhängig, ob die Vergütung auch einen Ausbildungsanteil enthält. Für Zug- und Gruppenführer beträgt dieser z. B. 80 %, für Jugendfeuerwehrwarte und Sicherheitsbeauftragte

100 % (FinMin Mecklenburg-Vorpommern, Erlass v. 27.9.2017, IV 301 – S 2337 – 10/96 – 004, FinMin Nordrhein-Westfalen, Erlass v. 3.12.2013, S 2337 – 32 – V B 3). Ob Fahrer, die nebenberuflich für eine Einrichtung der teilstationären Tagespflege im Fahrdienst tätig sind, die Steuerbefreiung geltend machen können, ist strittig (FG Baden-Württemberg, Urteil v. 8.3.2018 3 K 888/16, Rev. beim BFH, Az. VI R 9/18).

Weitere Einzelheiten zu diversen Tätigkeiten ergeben sich aus R 3.26 LStR sowie der Verfügung der OFD Frankfurt/M. v. 22.3.2018, S 2245 A – 2 – St 213.

 TIPP

Tätigkeitsumfang

Eine **nebenberufliche Tätigkeit** liegt vor, wenn diese nicht mehr als 1/3 der Arbeitszeit eines vergleichbaren Vollzeiterwerbs in Anspruch nimmt. Auf die Höhe der Vergütung kommt es hierbei nicht an. Es ist nicht erforderlich, dass noch eine andere (Haupt-)Tätigkeit ausgeübt wird, sodass z. B. auch Rentner, Studenten, Hausfrauen, Arbeitslose oder Vermieter eine nebenberufliche Tätigkeit ausüben können.

 TIPP

Tätigkeit als Arbeitnehmer

Noch günstiger ist es, wenn Sie die Tätigkeit als Arbeitnehmer auf Lohnsteuerkarte ausüben. Dann bleiben weitere 1.000 € (Arbeitnehmerfreibetrag) steuerfrei, wenn Sie nicht

noch anderweitig nichtselbstständig tätig sind. Die nach § 3 Nr. 26 EStG steuerfreien Einnahmen sind auch sozialversicherungsfrei (§ 14 SGB IV). Erhalten Sie den Freibetrag nach § 3 Nr. 26 EStG nicht, sollten Sie prüfen, ob Sie die Voraussetzung für den Freibetrag nach § 3 Nr. 26a EStG erfüllen.

Wenn Sie mehrere begünstigte Nebentätigkeiten ausüben, erhalten Sie den Freibetrag nur einmal pro Jahr.

 BEISPIEL

Entgelt übersteigt den Freibetrag

Sie trainieren die A-Jugend des örtlichen Fußballvereins und erhalten dafür im Jahr pauschal 2.800 €.

Von den 2.800 € bleiben 2.400 € steuerfrei. Die übersteigenden 400 € müssen versteuert werden. Ein Abzug von Aufwendungen ist nicht möglich, da diese mit dem Abzug des steuerfreien Betrags abgegolten sind. Wenn Ihre Aufwendungen mehr als 2.400 € betragen, können Sie diese anstelle des Freibetrags abziehen.

 TIPP

Verlustberücksichtigung

Auch ein Verlust kann steuerlich geltend gemacht werden, sofern die Tätigkeit mit Einkünfteerzielungsabsicht ausgeübt wird. Unabhängig von den Motiven, aus denen der Einzelne einer Beschäftigung nachgeht, ist eine Gewinn-/Überschusserzielungsabsicht dann anzunehmen, wenn tatsächlich in der Regel Überschüsse aus der Beschäftigung erzielt werden. Umgekehrt ist von dem Fehlen einer Gewinn-/Überschusserzielungsabsicht auszugehen, wenn die Einnahmen in Geld oder Geldeswert lediglich dazu dienen, in pauschalierender Weise die Selbstkosten zu decken (BFH, Urteil v. 20.12.2017, III R 23/15). Das gilt auch dann, wenn die Einnahmen den Freibetrag nach § 3 Nr. 26 EStG in Höhe von 2.400 € pro Jahr nicht übersteigen (BFH, Urteil v. 20.11.2018, VIII R 17/16).

Das gilt auch für Tätigkeiten, für die andere Freibeträge (z. B. Freibetrag für Einnahmen aus sonstigen nebenberuflichen Tätigkeiten oder für ehrenamtliche Vormünder, Pfleger oder Betreuer) gewährt werden.

Tätigkeit für denselben Arbeitgeber

Keine begünstigte Nebentätigkeit liegt vor, wenn diese und die Haupttätigkeit für denselben Arbeitgeber in einem sachlichen und wirtschaftlichen Zusammenhang stehen. Das ist der Fall, wenn die zu erfüllenden Aufgaben beider Tätigkeiten sich entsprechen, die Tätigkeiten für denselben Dienstherrn ausgeübt werden oder die Nebentätigkeit eine faktische oder rechtliche Verpflichtung aus der Haupttätigkeit darstellt (BFH, Beschluss v. 11.12.2017, VI B 75/17). Das gilt selbst dann, wenn die Tätigkeit Ausfluss der hauptberuflichen Fähigkeiten ist, auch wenn keine Verpflichtung dazu vorlag und eine Anzeigepflicht für „Nebentätigkeiten" bestand (FG Köln, Urteil v. 19.10.2017, 15 K 2006/16).

2 Freibetrag für Einnahmen aus nebenberuflichen Tätigkeiten

Der Freibetrag des § 3 Nr. 26a EStG begünstigt Einnahmen aus nebenberuflichen Tätigkeiten im gemeinnützigen, mildtätigen oder kirchlichen Bereich von bis zu 720 € im Jahr. Das gilt auch für die Sozialversicherung.

 TIPP

Begünstigte Tätigkeiten

Die „**Ehrenamtspauschale**" können z. B. geltend machen:

- Vorstandsmitglieder
- Eltern, die Fahrdienste im Sportverein verrichten
- Reinigungspersonal oder Platzwarte
- ehrenamtliche Schiedsrichter im Amateursport

Zahlungen von pauschalen Vergütungen für Arbeits- oder Zeitaufwand (Tätigkeitsvergütungen) an den Vorstand sind nur dann zulässig, wenn dies durch die Satzung ausdrücklich zugelassen ist. Ein Verein, der nicht ausdrücklich die Bezahlung des Vorstands regelt und dennoch Tätigkeitsvergütungen zahlt, verstößt gegen das Gebot der Selbstlosigkeit. Der Ersatz tatsächlich entstandener Aufwendungen ist unkritisch. Weitere Einzelheiten siehe BMF, Schreiben v. 21.11.2014, IV C 4 – S 2121/07/0010 032.

Zahlungen an Mitglieder dürfen nicht unangemessen hoch sein, d. h. höchstens den Zahlungen an Nichtmitglieder entsprechen.

Sollen höhere tatsächliche Betriebsausgaben oder Werbungskosten geltend gemacht werden, müssen diese nachgewiesen werden.

Die Inanspruchnahme der Aufwandspauschale schließt die Aufwandsentschädigung aus öffentlichen Kassen und auch den Übungsleiterfreibetrag aus.

 TIPP

Inanspruchnahme verschiedener Freibeträge

Allerdings können Sie sowohl den Freibetrag für nebenberufliche Tätigkeiten im gemeinnützigen, mildtätigen oder kirchlichen Bereich als auch den Übungsleiterfreibetrag für zwei verschiedene Tätigkeiten erhalten.

 BEISPIEL

Unterschiedliche Tätigkeiten

A ist als Jugendtrainer für den örtlichen Sportverein tätig. Hierfür erhält er 2.000 € jährlich. Für seine Tätigkeit als Buchhalter der Kirchengemeinde erhält er 400 € Aufwandsentschädigung jährlich.

Für die Jugendtrainertätigkeit kann A die Regelung des § 3 Nr. 26 EStG (Übungsleiterfreibetrag) in Anspruch nehmen. Die andere Tätigkeit ist nach § 3 Nr. 26a EStG begünstigt.

3 Freibetrag ehrenamtlicher Vormünder, Pfleger oder Betreuer

Für Personen, die ehrenamtlich als Vormund, Pfleger oder Betreuer tätig sind und eine Aufwandsentschädigung nach § 1835a BGB erhalten, gibt es einen Freibetrag von bis zu 2.400 € (§ 3 Nr. 26b EStG). Allerdings gibt es für alle in § 3 Nr. 26 und Nr. 26b genannten Tätigkeiten insgesamt nur einmal einen Freibetrag von 2.400 €. Die Steuerbefreiung nach § 3 Nr. 12 EStG kommt nicht zur Anwendung (FG Baden-Württemberg, Urteil v. 6.3.2019, 2 K 317/17; Rev. beim BFH, Az. VIII R 20/19).

4 Ehrenamtliche Richter und Mandatsträger

Hinweis: Wichtiges zum Thema „Besteuerung von ehrenamtlichen Richtern und Schöffen sowie Mandatsträgern wie z. B. Ratsherren" finden Sie auch auf http://mybook.haufe.de unter „Weiterführende steuerliche Informationen/ Ehrenamtliche Richter/Schöffen".

5 Zahlungen ohne Leistung – Corona

Zudem wird es gemeinnützigkeitsrechtlich nicht beanstandet, wenn die Ehrenamts- oder Übungsleiterpauschalen weiterhin geleistet werden, obwohl eine Ausübung der Tätigkeit aufgrund der Corona-Krise (zumindest zeitweise) nicht mehr möglich ist. Vertiefend siehe → Corona/steuerliche Aspekte.

Energetische Maßnahmen

Für energetische Maßnahmen an einem im Inland oder der EU belegenen zu eigenen Wohnzwecken genutzten eigenen Gebäude kann für die Durchführung bestimmter energetischer Maßnahmen eine Steuerermäßigung in Anspruch genommen werden. Voraussetzung ist, dass das begünstigte Objekt bei der Durchführung der energetischen Maßnahme älter als zehn Jahre ist. Für die Beantragung gibt es die neue „Anlage Energetische Maßnahmen".

§ 35c EStG, Energetische Sanierungsmaßnahmen-Verordnung (ESanMV)

1 Voraussetzungen

Für energetische Maßnahmen kann der Steuerbürger auf Antrag eine Steuerermäßigung erhalten, wenn folgende Voraussetzungen erfüllt sind:

- **Durchführung energetischer Maßnahmen** im Sinne des § 35c Abs. 1 Satz 3 EStG, einschließlich der Kosten für die Bescheinigung und der Kosten für einen zugelassenen Energieberater (abschließende Aufzählung). Energetische Maßnahmen sind Wärmedämmung von Wänden, Dachflächen und Geschossdecken sowie die Erneuerung der Fenster, Außentüren, Lüftungsanlage, Heizungsanlage und der Einbau von digitalen Systemen zur energetischen Betriebs- und Verbrauchsoptimierung und der Optimierung bestehender Heizungsanlagen, sofern diese älter als zwei Jahre sind.

- Durchführung durch einen **Fachbetrieb** im Sinne des § 2 ESanMV, § 35c Abs. 1 S. 6 EStG.

- **Nachweis durch Bescheinigung** (nach amtlichem Muster) durch das ausführende Fachunternehmen, aus der sich ergibt, dass alle Anforderungen aus der ESanMV dem Grunde und der Höhe nach erfüllt sind. Die Bescheinigung kann dem Steuerpflichtigen mit den notwendigen Anlagen auch in elektronischer Form übermittelt werden. Bei Wohnungseigentümergemeinschaften genügt es, wenn der Verwalter die anteiligen auf das Miteigentum entfallenden Aufwendungen nach dem Verhältnis des Miteigentumsanteils aus einer Gesamtbescheinigung aufteilt. Die Einzelheiten zum Bescheinigungsverfahren regelt ein Schreiben des BMF v. 31.03.2020, IV C 1 – S 2296-c/ 20/10003 :001; 2020/ 0309220.

- Der Steuerpflichtige hat für die Aufwendungen eine **Rechnung** erhalten, die die förderungsfähigen energetischen Maßnahmen, die Arbeitsleistung des Fachunternehmens und die Adresse des begünstigten Objekts ausweisen und die in deutscher Sprache ausgefertigt ist.

- Die **Zahlung** ist auf das Konto des Erbringers der Leistung **unbar** erfolgt.

- Für die Aufwendungen wurden weder Betriebsausgaben oder Werbungskosten noch Sonderausgaben oder außergewöhnliche Belastungen abgezogen. Es wurden auch keine Steuerermäßigungen nach § 35a EStG (haushaltsnahe Dienstleistungen) und keine öffentlich geförderten zinsverbilligten Darlehen oder steuerfreie Zuschüsse (z. B. KfW-Förderung) in Anspruch genommen.

2 Begünstigtes Objekt

Steuerbegünstigt ist ein ausschließlich zu eigenen Wohnzwecken genutztes eigenes Gebäude. Dies gilt auch für Gebäudeteile, die selbstständige unbewegliche Wirtschaftsgüter sind, und für Eigentumswohnungen. Die Eigennutzung muss im jeweiligen Jahr der Inanspruchnahme der Steuerermäßigung vorliegen. Unschädlich ist die unentgeltliche Überlassung an andere Personen zu Wohnzwecken. Das Gebäude muss bei Durchführung der energetischen Maßnahme älter als zehn Jahre (ab Beginn der Herstellung des Gebäudes) sein.

3 Höhe der Förderung

Die Steuerermäßigung ist über drei Jahre gestaffelt.

1. Jahr (Abschluss der Maßnahme)	7 % der Sanierungskosten	maximal 14.000 € (7 % von max. 200.000 €)
2. Jahr	7 % der Sanierungskosten	maximal 14.000 €
3. Jahr	6 % der Sanierungskosten	Maximal 12.000 €

Die Kosten für einen Energieberater, der mit der Sanierungsplanung beauftragt wird oder der die Bauausführung begleitet, können in Höhe von 50 % der anfallenden Ausgaben als Steuerermäßigung berücksichtigt werden, wenn es sich um einen BAFA-zertifizierten Energieberater handelt.

4 Höchstbetrag

Je Objekt können mehrere Einzelmaßnahmen gefördert werden. Als Steuerermäßigung darf **je Objekt** ein Förderbetrag in Höhe von 20 % der jeweiligen Aufwendungen (höchstens 200.000 €), jedoch höchstens insgesamt 40.000 € in Anspruch genommen werden.

5 Anwendungszeitraum

Die Steuerermäßigung gibt es für energetische Maßnahmen, mit deren Durchführung nach dem 31.12.2019 begonnen wurde und die vor dem 01.01.2030 abgeschlossen sind. Maßgebend sind Bauantrag oder der Beginn der Baumaßnahme, wenn ein Bauantrag nicht erforderlich ist.

6 Mehrere Beteiligte

Steht das Eigentum am begünstigten Objekt mehreren Personen zu, können die Steuerermäßigungen für das begünstigte Objekt insgesamt nur einmal in Anspruch genommen werden. Die der Steuerermäßigung zugrunde liegenden Aufwendungen können einheitlich und gesondert festgestellt werden.

BEISPIEL

Energetische Maßnahme

Die Ehegatten Fink sind Eigentümer eines Zweifamilienhauses, Baujahr 1989, AK Gebäude 323.000 €. Die OG-Wohnung (80 m^2) ist vermietet. Die EG-Wohnung (140 m^2) nutzen die Eheleute zu eigenen Wohnzwecken. Im August 2020 wurde die 30 Jahre alte Heizungsanlage erneuert. Die Eheleute überweisen im August 2020 eine Abschlagszahlung in Höhe von brutto 12.000 € für das Material an den ausführenden Fachbetrieb. Die Schlussrechnung erhalten sie im Dezember 2020. Rechnungsbetrag 20.200 € zzgl. 3.838 € USt. In der Rechnung waren u.a. 6.450 € Arbeitslohn zzgl. USt und 250 € Fahrtkostenpauschale zzgl. USt ausgewiesen. Nach Abzug der Abschlagszahlung überwiesen die Ehegatten im Januar 2021 den verbleibenden Betrag in Höhe von 12.038 €.

Der Rechnung war eine Bescheinigung der ausführenden Fachfirma nach amtlich vorgeschriebenem Muster beigefügt.

Obergeschoss

Die Aufwendungen sind als Werbungskosten bei den Einkünften aus Vermietung und Verpachtung abzugsfähig.

2020: Abschlagszahlung 4/11 von 12.000 € = 4.364 € WK

2021: Schlusszahlung 4/11 von 12.038 € = 4.378 € WK

Erdgeschoss

Steuerermäßigung für energetische Maßnahmen: Alle Voraussetzungen sind erfüllt. Begünstigte Aufwendungen, soweit sie auf das Erdgeschoss entfallen: 24.038 €, davon 7/11 (140/220) = 15.297 €.

Die Förderung sieht wie folgt aus (Abschluss der Maßnahme 2020):

Förderjahr	Förderbetrag	Höchstbetrag	Steuerermäßigung § 35c EStG
2020	7 % von 15.297 € = 1.071 €	14.000 €	1.071 €
2021	7 % von 15.297 € = 1.071 €	14.000 €	1.071 €
2022	6 % von 15.297 € = 918 €	12.000 €	918 €

Finanzierungskosten

Finanzierungskosten (z.B. Zinsen, Geldbeschaffungskosten, Damnum/Disagio) sind steuerlich abzugsfähig, wenn sie mit einer Einkunftsart zusammenhängen. Insbesondere im Immobilienbereich kann man durch eine überlegte Gestaltung Steuern sparen.

§ 9 Abs. 1 Nr. 1 EStG

1 Finanzierungskosten für Mietwohngrundstücke

Sie vermieten ein Haus/ eine Eigentumswohnung

Finanzierungskosten (insbesondere Darlehenszinsen) für eine private, vermietete Immobilie (z. B. Darlehen zum Hausbau bzw. -kauf, zur Finanzierung von Reparaturmaßnahmen) stellen Werbungskosten bei den Einkünften aus V+V dar.

Damnum, Disagio, Bearbeitungs- und Auszahlungsgebühren

Bei diesen Gebühren sind drei Gruppen zu unterscheiden:

- Das Darlehen, für das die Gebühren gezahlt werden, hat eine Laufzeit von maximal fünf Jahren.

- Die Laufzeit des Darlehens beträgt mehr als fünf Jahre und die Gebühren sind marktüblich.

- Die Laufzeit des Darlehens beträgt mehr als fünf Jahre und die Gebühren sind nicht marktüblich.

In den ersten beiden Fällen sind die Aufwendungen im Jahr der Zahlung als Werbungskosten abziehbar. Von der Marktüblichkeit kann ausgegangen werden, wenn für ein Darlehen mit einem Zinsfestschreibungszeitraum von mindestens fünf Jahren ein Damnum in Höhe von bis zu 5 % vereinbart worden ist.

Wird ein nicht marktübliches Disagio vereinbart, ist die Regelung des § 11 Abs. 2 Satz 3 EStG anzuwenden, d. h. die Aufwendungen sind gleichmäßig auf die Laufzeit des Darlehens zu verteilen.

Abzug von Schuldzinsen für ein gescheitertes Bauvorhaben

Hat ein Steuerpflichtiger zur Finanzierung eines Mietobjekts ein Darlehen aufgenommen und kündigt er den Vertrag mit dem Bauträger wegen drohenden Konkurses, so sind die Finanzierungskosten als vergebliche Werbungskosten abzugsfähig (FG Nürnberg, Urteil v. 10.4.2001, I R 178/98).

Kauf eines unbebauten Grundstücks

Wird der Kauf eines unbebauten Grundstücks durch ein Darlehen finanziert, sind die anfallenden Aufwendungen nur dann abzugsfähig, wenn eine konkrete Bauabsicht vorliegt und ein Mietwohngrundstück errichtet werden soll. Auch wenn Bauerwartungsland erworben wird und mit einer Baugenehmigung in absehbarer Zeit zu rechnen ist, ist ein Abzug möglich.

Vorzeitige Ablösung einer Schuld

Das Objekt wird weiter vermietet

Verlangt die Bank eine Vorfälligkeitsentschädigung, weil ein Darlehen vorzeitig gekündigt wurde (z. B. wegen Umfinanzierung), ist diese als Werbungskosten abzugsfähig, wenn das Darlehen mit einem Mietwohngrundstück zusammenhängt.

Grundstücksveräußerung ohne Neubau/-erwerb

Wird die Darlehensschuld vorzeitig abgelöst, um ein bisher vermietetes Objekt lastenfrei verkaufen zu können, kann eine Vorfälligkeitsentschädigung nicht als Werbungskosten abgezogen werden (BFH, Urteil v. 23.9.2003, IX R 20/02).

Grundstücksveräußerung und Neubau/-erwerb

Eine im Zusammenhang mit einer Grundstücksveräußerung gezahlte Vorfälligkeitsentschädigung gehört (mit dem entsprechenden Anteil) zu den Finanzierungskosten eines neuen Mietobjekts, wenn der nach der Darlehenstilgung verbleibende Restkaufpreis zur Finanzierung dieses Objekts tatsächlich verwendet wurde (BFH, Urteil v. 14.1.2004, IX R 34/01).

Sie verkaufen Ihr Grundstück

Für die Berücksichtigung nachträglicher Schuldzinsen bei den Einkünften i. S. d. § 21 Abs. 1 Satz 1 Nr. 1 EStG ist maßgeblich, was mit dem Erlös aus der Veräußerung des mit einem Darlehen fremdfinanzierten Vermietungsobjekts geschieht (BFH, Urteil v. 6.12.2017, IX R 4/17).

 TIPP

Erlös reicht nicht aus

Wird eine Immobilie verkauft und reicht der Erlös nicht aus, um die Schulden zu tilgen, können die Schuldzinsen für die Restschuld dauerhaft als nachträgliche Werbungskosten geltend gemacht werden. Das gilt unabhängig davon, ob der Verkauf innerhalb oder nach Ablauf der zehnjährigen Spekulationsfrist erfolgt, und betrifft auch Refinanzierungs- oder Umschuldungsdarlehen, nicht aber Vorfälligkeitsentschädigungen (BFH, Urteil v. 8.4.2014, IX R 45/13; BFH, Urteil v. 11.2.2014, IX R 42/13).

Voraussetzung für den Zinsabzug ist, dass die Einkünfteerzielungsabsicht nicht bereits vor dem Verkauf aufgegeben wurde. Wurde das Mietverhältnis aufgelöst, um das Haus besser verkaufen zu können, sind die Finanzierungskosten ab Auszug des Mieters nicht mehr absetzbar.

Wurde jedoch eine während der Vermietung durchgeführte Reparatur durch ein Darlehen finanziert, sind die hierfür nach der Veräußerung ggf. noch anfallenden Schuldzinsen als nachträgliche Werbungskosten bei den Einkünften aus V+V abzugsfähig, sofern der Verkauf vor dem 1.1.2014 erfolgte. Seit 2014 soll das nur dann gelten, wenn der Veräußerungserlös nicht ausreicht, um das Darlehen abzulösen (BMF, Schreiben v. 27.7.2015, IV C 1 – S 2211/11/10001).

Wird ein bisher fremdfinanziertes Gebäude verkauft und der Verkaufserlös nur teilweise für den Erwerb eines anderen Gebäudes unter Verwendung der bisherigen Finanzierung benötigt, können die Schuldzinsen für dieses Darlehen in vollem Umfang als Werbungskosten geltend gemacht werden (BMF, Schreiben v. 3.5.2006, IV C 3 – S 2211 – 11/06).

Finanzierungskosten im Zusammenhang mit der eigengenutzten Wohnung

Stehen die Finanzierungskosten im Zusammenhang mit der eigengenutzten Privatwohnung, ist ein steuerlicher Abzug nicht möglich.

Finanzierungskosten im Zusammenhang mit „gemischt genutzten Grundstücken"

Betrifft ein Darlehen ein Gebäude, das unterschiedlich genutzt wird (z. B. für eigene Wohnzwecke und Vermietung), sind die Finanzierungskosten normalerweise im Verhältnis der Nutzflächen den jeweiligen Gebäudeteilen zuzuordnen.

Können die HK (soweit möglich) den einzelnen Gebäudeteilen zugeordnet werden, kann man nach der BFH-Rspr. erreichen, dass ein Großteil der Zinsaufwendungen steuerlich abzugsfähig ist (BFH, Urteil v. 9.7.2002, IX R 40/01).

- Lassen Sie sich getrennte Handwerkerrechnungen für die konkret zuordenbaren HK pro Wohnung sowie die allgemeinen HK geben.

- Richten Sie zur Abwicklung der Baukosten für die einzelnen Gebäudeteile getrennte Baukonten ein.

- Schließen Sie getrennte Darlehensverträge ab und legen Sie darin fest, für welchen Gebäudeteil der Vertrag gedacht ist.

 TIPP

Auszahlung

Lassen Sie die Beträge aus den verschiedenen Darlehen keinesfalls auf dasselbe Konto auszahlen, sonst funktioniert das ganze System nicht mehr und alle Finanzierungskosten werden zwingend nach dem Verhältnis der Wohnflächen aufgeteilt (BFH, Urteil v. 1.4.2009, IX R 35/08).

- Vermeiden Sie auf jeden Fall das Zusammenführen von Eigen- und Fremdmitteln auf einem Konto (s. dazu BFH, Urteil v. 12.3.2019, IX R 2/18)

Auch in **Erwerbsfällen** sind die vorstehenden Grundsätze anzuwenden – am besten durch eine angemessene vertraglich vereinbarte Aufteilung des Kaufpreises. Andernfalls ist das Verhältnis der Nutz-/Wohnflächen der beiden Teile maßgebend. Für die zu vermietende Einheit sollte ein Darlehen aufgenommen und damit nur die darauf entfallenden AK bezahlt werden; die AK für den eigengenutzten Teil sollten getrennt davon bezahlt werden. Auch eine Abwicklung über ein Notaranderkonto ist möglich.

Einfacher wird es, wenn Sie Wohnungs-/Teileigentum erwerben bzw. erstellen. Wenn Sie ein Gebäude als Bauherr erstellen, sollten Sie vor Baubeginn beim Grundbuchamt eine Teilungserklärung einreichen.

Die Grundsätze gelten auch bei Gebäuden, die nach der Fertigstellung teilweise vermietet und teilweise veräußert werden sollen (BFH, Urteil v. 4.2.2019, IX R 1/18).

Mitfinanzierung durch Ehegatten

 BEISPIEL

Mitfinanzierung

Der Ehefrau gehört ein geerbtes Mietshaus. Für eine umfangreiche Renovierung nimmt der Ehemann ein Darlehen auf.

Die Zinsen für das Darlehen sind nicht als Werbungskosten abziehbar, da der Ehemann nicht (Mit-)Eigentümer ist und die Eigentümerin nicht (Mit-)Schuldnerin (BFH, Urteil v. 26.6.2008, X R 36/05).

Hat der Ehegatte aber eine gesamtschuldnerische Mithaftung für das Darlehen übernommen, sind die Zinsen abzugsfähig (BFH, Urteil v. 20.6.2012, IX R 29/11).

Gehört das Haus beiden Ehegatten und nutzt einer allein die Wohnung zu beruflichen Zwecken, kann er AfA und Schuldzinsen nur entsprechend seinem Miteigentumsanteil geltend machen (BFH, Urteil v. 6.12.2017, VI R 41/15). Nutzt dieser jedoch nur einen Raum, z. B. als Arbeitszimmer, können die gesamten auf diesen Raum entfallenden Kosten von diesem Ehegatten abgesetzt werden (Großer Senat des BFH, Beschluss v. 23.8.1999, GrS 5/97).

 TIPP

Alleineigentümer

Ist ein Ehegatte Alleineigentümer, sollte dieser als Darlehensschuldner auftreten, oder die Ehegatten nehmen ein gesamtschuldnerisches Darlehen auf. Dann steht einem Werbungskostenabzug garantiert nichts im Wege.

2 Finanzierungskosten für Wertpapiere

Informationen dazu finden Sie im Stichwort → Kapitalanlagen.

3 Darlehen bei Verwandten

Mittels Darlehensverträgen zwischen nahen Angehörigen können u. U. Steuern gespart werden. Das gilt insbesondere, wenn der Empfänger der Zinsen nicht oder nur gering versteuern muss. Allerdings muss der Darlehensvertrag i. d. R. einem Fremdvergleich standhalten, insbesondere wenn die Darlehensmittel zuvor vom Darlehensnehmer geschenkt wurden oder z. B. bei Arbeitsverhältnissen durch Stehenlassen aufgelaufen sind. Keine strenge Prüfung ist vorzunehmen, wenn das Darlehen unmittelbar durch die Einkunftserzielung veranlasst ist, z. B. der Anschaffung von Anlagegütern dient. Voraussetzung ist aber, dass tatsächlich Zinsen gezahlt werden (BFH, Urteil v. 22.10.2013, X R 26/11). Keinesfalls darf dies durch private Zuwendungs- oder Unterhaltsüberlegungen (§ 12 Nr. 1 und 2 EStG) motiviert sein.

Das sollten Sie beachten:

- Schließen Sie einen schriftlichen Darlehensvertrag ab.

- Regeln Sie im Vertrag die Laufzeit des Darlehens, die Tilgungsmodalitäten und die Höhe der Verzinsung.

- Halten Sie die Vereinbarungen ein (pünktliche Zins-/Tilgungszahlungen).

- Bei einer Laufzeit von mehr als sechs Monaten und einem Darlehensbetrag von mindestens 25.000 € ist es i.d.R. erforderlich, dass der Darlehensnehmer Sicherheiten stellt (z.B. Eintragung einer Grundschuld, Sicherungsübereignung, Bürgschaft).

- Es sollte sich eindeutig nachvollziehen lassen, dass der Darlehensbetrag aus dem Vermögen des Darlehensgebers stammt.

Darlehen mit Kindern

Obwohl der BFH entschieden hat, dass ein Vertrag nicht nur wegen einer zivilrechtlichen Unwirksamkeit (z.B. zunächst fehlender Genehmigung des Ergänzungspflegers) steuerlich unwirksam ist, geht das BMF von strengeren Kriterien aus. Die Vertragspartner müssen nachweisen, dass sie zeitnah nach dem Auftauchen von Zweifeln alle erforderlichen Maßnahmen ergriffen haben, um die zivilrechtliche Wirksamkeit des Vertrags herbeizuführen, und dass ihnen die Unwirksamkeit nicht anzulasten ist (BMF, Schreiben v. 23.12.2010, IV C 6 – S 2144/07/10004).

 TIPP

Darlehen mit Kindern

Zinszahlungen der Eltern an minderjährige Kinder sollten bis zur Volljährigkeit des Kindes fest auf dessen Namen angelegt werden. Wenn Sie die Zinserträge für den eigenen Lebensunterhalt bzw. für den des Kindes ausgeben, könnte das Finanzamt sonst zu dem Ergebnis kommen, dass das Darlehensverhältnis steuerlich nicht anzuerkennen ist.

Erst schenken und dann leihen

Wenn Sie Ihrem Kind Geld schenken und anschließend über dieses Geld ein Darlehen vereinbaren, werden weder die Schenkung noch das Darlehensverhältnis steuerlich anerkannt.

 ACHTUNG

Kriterien der Schädlichkeit

Schädlich ist

- die Vereinbarung von Schenkung und Darlehen in einem Vertrag,

- die Vereinbarung in mehreren Verträgen innerhalb kurzer Zeit,

- die Schenkung unter der Auflage, das Geld als Darlehen zur Verfügung zu stellen,

- das Schenkungsversprechen unter der aufschiebenden Bedingung der Rückgabe als Darlehen.

4 Was gehört alles zu den Finanzierungskosten?

Neben den Zinsaufwendungen und dem Damnum/Disagio (= Unterschiedsbetrag zwischen der Darlehenssumme und dem verminderten Auszahlungsbetrag) gehören z. B. folgende Aufwendungen zu den Finanzierungskosten: Bankspesen, Fahrtkosten im Zusammenhang mit der Erledigung von Finanzierungsangelegenheiten (bei Pkw 0,30 €/km bzw. die tatsächlichen Kosten), Kreditvermittlungsgebühren, Aufwendungen für Porto, Telefon, Schätzgutachten (falls dieses für Kreditgewährung verlangt wird), Notar- und Grundbuchkosten für die Eintragung von Grundschulden und Hypotheken, Kosten im Zusammenhang mit Bürgschaften. Wird ein Darlehen aufgenommen, um ein Fremdwährungsdarlehen abzulösen, das zur Anschaffung eines Vermietungsobjekts diente, sind die Schuldzinsen nicht als Werbungskosten abzuziehen, soweit das Darlehen zur Bezahlung eines Währungskursverlusts verwendet wurde (BFH, Urteil v. 12.3.2019, IX R 36/17).

Fotovoltaikanlagen und Blockheizkraftwerke

Der Betreiber einer stromgewinnenden Anlage, darunter fallen z. B. Fotovoltaikanlagen, Solaranlagen und Blockheizkraftwerke, betreibt i. d. R. einen Gewerbebetrieb. Er muss die Einkünfte in seiner Einkommensteuererklärung angeben und meist Umsatzsteuer abführen.

§ 15 EStG, §§ 1, 2, 15 UStG

1 Überblick

Durch die Einspeisung von Strom in das Netz des örtlichen Stromlieferanten werden Einkünfte aus einem **Gewerbebetrieb erzielt.** Die Aufnahme der gewerblichen Tätigkeit ist dem Finanzamt anzuzeigen.

 TIPP

Anrechnung auf Renten

Überschüsse aus dem Betrieb einer Fotovoltaikanlage können zur Kürzung von Renten oder anderen Sozialleistungen führen. Sollten Sie mit dem Gedanken spielen, Ihre Fotovoltaikanlage entgeltlich oder unentgeltlich auf den Ehegatten oder andere Familienmitglieder zu übertragen, um die Kürzungen zu vermeiden, ist diese Übertragung nicht rückwirkend, sondern nur für die Zukunft mit den vorgenannten steuerlichen Folgen möglich.

Gewinnermittlung

I. d. R. kann der Gewinn durch eine **Einnahmenüberschussrechnung** (Einnahmen abzgl. Aufwendungen) ermittelt werden.

Sowohl die Vergütung für den eingespeisten Strom als auch die **Selbstverbrauchsvergütung**, die für den privat verbrauchten Strom gezahlt wird, stellen Betriebseinnahmen dar. Zusätzlich ist der privat verbrauchte Strom als Sachentnahme bei den Betriebseinnahmen zu erfassen.

Abschreibung

Die Fotovoltaikanlage wird auf die Nutzungsdauer von 20 Jahren abgeschrieben. Damit ergibt sich eine gleichmäßige AfA von 5 % über den gesamten Zeitraum. Im ersten Jahr ist die AfA nach Monaten aufzuteilen.

Investitionsabzugsbetrag (IAB)

Schon vor Fertigstellung der Anlage kann ein Investitionsabzugsbetrag in Höhe von 40 % der voraussichtlichen

Kosten steuermindernd geltend gemacht werden.

Formular in der Einkommensteuererklärung

Es liegen Einkünfte aus Gewerbebetrieb vor, daher muss der Gewinn in der Anlage G der Einkommensteuererklärung erklärt werden.

Umsatzsteuer

Mit dem regelmäßigen Verkauf des selbst erzeugten Stroms werden Sie zum umsatzsteuerlichen Unternehmer. Damit können Sie sich die Umsatzsteuer, die im Zusammenhang mit der Anschaffung gezahlt wurde, vom Finanzamt erstatten lassen.

2 Detailinformationen

Hinweis: Wichtiges zum Thema „Fotovoltaikanlagen und Blockheizkraftwerke" finden Sie auch auf http://mybook.haufe.de unter „Weiterführende steuerliche Informationen".

Haushaltsnahe Tätigkeiten/ Dienstleistungen

Für im eigenen Haushalt erhaltene Haushalts-, Betreuungs- und Pflegeleistungen sowie Handwerkerleistungen und für vergleichbare Haushaltsdienstleistungen bei Unterbringung in einem Pflegeheim sind Steuerermäßigungen möglich.

§ 35a EStG

1 Allgemeines

Abzugsmöglichkeiten

Soweit Aufwendungen für die Beschäftigung einer Person im Haushalt, Betreuungsleistungen oder Handwerkerleistungen als **Betriebsausgaben, Werbungskosten** oder **Sonderausgaben** abzugsfähig sind (z. B. Reinigungsarbeiten in beruflich genutzten Räumen), ist keine weitere Steuerermäßigung als „haushaltsnahe Dienstleistung" möglich.

Werden Aufwendungen als **außergewöhnliche Belastungen** abgezogen, können

- der Teil der Aufwendungen, der durch den Ansatz einer **zumutbaren Belastung** nicht als außergewöhnliche Belastung berücksichtigt wird, sowie

- der den Höchstbetrag nach § 33a EStG **übersteigende Teil der Unterhaltsaufwendungen**

über die Steuerermäßigung berücksichtigt werden.

Kinderbetreuungskosten sind im Rahmen des § 10 Abs. 1 Nr. 5 EStG zwar nur teilweise als Sonderausgaben abziehbar. Gleichwohl ist eine Steuerermäßigung für den nicht abzugsfähigen Teil nicht möglich.

Berechtigter Personenkreis

Arbeitgeber eines haushaltsnahen Beschäftigungsverhältnisses oder Auftraggeber einer haushaltsnahen Dienstleistung, einer Pflege- oder Betreuungsleistung oder eines Handwerkers können eine **Steuerermäßigung** (direkter Abzug von der tariflichen Einkommensteuer) erhalten.

 TIPP

Steuerermäßigung auch als Mieter

Sie erhalten die Steuerermäßigung auch als **Mieter**, wenn Sie z. B. Ihre Wohnung durch einen Malerbetrieb renovieren lassen, oder für entsprechende Aufwendungen, die Ihnen vom Vermieter in Rechnung gestellt werden.

Ort der Tätigkeit

Die Tätigkeit muss in einem in der EU oder im Europäischen Wirtschaftsraum (EWR = EU-Mitgliedstaaten plus Island, Norwegen und Liechtenstein) liegenden **eigengenutzten Haushalt** ausgeübt werden.

Pflege- und Betreuungsdienstleistungen können auch in der **Wohnung der zu pflegenden Person** durchgeführt werden. Bei einer Heimunterbringung ist Voraussetzung, dass das Heim oder der Ort der dauernden Pflege in der EU oder im EWR liegt.

Aufwendungen in **Zweit-, Wochenend- und Ferienwohnungen im Inland oder EU-/EWR-Ausland** sind ebenfalls zu berücksichtigen, wenn diese Wohnungen tatsächlich selbst genutzt werden. Die Steuerermäßigung kann aber für alle Wohnungen **insgesamt nur einmal** bis zum jeweiligen Höchstbetrag abgezogen werden.

Nachweis und Abzugszeitpunkt

Voraussetzung für den Abzug dieser Steuerermäßigung ist, dass der Steuerpflichtige eine **Rechnung** erhalten hat und die **Zahlung auf das Konto des Leistenden** (unbar, d. h. durch Überweisung, Verrechnungsscheck, Dauerauftrag, Einzugsermächtigung oder Onlinebanking) erfolgt ist. Bei Minijobs (s. u.) ist eine unbare Zahlung nicht erforderlich.

Die Steuerermäßigung erfolgt für das **Jahr der Zahlung.**

Nicht begünstigt sind:

- Aufwendungen für die Erteilung von **Unterricht** (z. B. Nachhilfeunterricht), die **Vermittlung besonderer Fähigkeiten**, sportliche und andere **Freizeitbetätigungen**

- **personenbezogene Dienstleistungen** (z. B. Friseur- und Kosmetikleistungen), wenn diese nicht zu den Pflege- und Betreuungsleistungen gehören

- die Beschäftigung von **im Haushalt** lebenden Ehegatten, Lebensgefährten oder Kindern

 TIPP

Betreuung durch Oma oder Opa

Wenn Sie z. B. Ihre Eltern zur Kinderbetreuung in der Weise einsetzen, dass diese den Fahrdienst für Kinder, die das 14. Lebensjahr bereits vollendet haben, übernehmen, und Ihre

Eltern erhalten zwar keinen Lohn, aber Sie erstatten ihnen die Fahrtkosten, können Sie den Fahrtkostenersatz steuerlich geltend machen. Voraussetzungen sind allerdings eine vertragliche Vereinbarung, eine Rechnung sowie die unbare Zahlung.

2 Minijobs

Begünstigt sind Aufwendungen für haushaltsnahe geringfügige Beschäftigungsverhältnisse ($\rightarrow$ Minijobs) i. S. d. § 8a SGB IV, die in einem inländischen Haushalt ausgeübt werden. Die Anmeldung erfolgt über den „Haushaltsscheck" (Formular) bei der Minijob-Zentrale in Essen.

Begünstigt sind die Aufwendungen für typische Tätigkeiten im Haushalt. Dazu gehören z. B. die Reinigung der Wohnung, die Zubereitung von Mahlzeiten, die Gartenpflege und die Versorgung und Betreuung von Kindern, sofern es sich nicht um Kinderbetreuungskosten handelt.

Die **Steuerermäßigung** (direkter Abzug von der Steuer) beträgt 20 % der tatsächlichen Aufwendungen (Bescheinigung der Minijob-Zentrale), höchstens 510 €. Bei Minijobs mit Haushaltsscheckverfahren gehören die pauschalen Abgaben, die bis zum 15. Januar des Folgejahres bezahlt werden, noch zu den Aufwendungen des Vorjahres.

3 Andere Beschäftigungs- verhältnisse, Dienst- und Pflegeleistungen

Begünstigte Aufwendungen sind solche in Zusammenhang mit

- einem **sozialversicherungspflichtigen Beschäftigungsverhältnis,**

- der Inanspruchnahme von **haushaltsnahen Dienstleistungen,**

- der Inanspruchnahme von **Pflege- und Betreuungsleistungen und**

- der **Unterbringung in einem Heim** oder **zur dauernden Pflege**, soweit dadurch Aufwendungen für Dienstleistungen anfallen, die mit denen einer Hilfe im Haushalt vergleichbar sind.

Umfang der Förderung

Für alle diese Aufwendungen kann **insgesamt** eine Steuerermäßigung in Anspruch genommen werden. Diese beträgt 20 % der **gesamten** Aufwendungen, höchstens 4.000 €.

Sozialversicherungspflichtige Beschäftigungsverhältnisse

Bei den sozialversicherungspflichtigen Beschäftigungsverhältnissen gehören neben dem Bruttoarbeitslohn (einschließlich Arbeitnehmeranteile zur Sozialversicherung, Lohn- und Kirchensteuer sowie Solidaritätszuschlag) auch die Arbeitgeberanteile zur Sozialversicherung zu den begünstigten Aufwendungen.

Haushaltsnahe Dienstleistungen

Zu den haushaltsnahen Dienstleistungen gehören nur Tätigkeiten,

- die nicht zu den handwerklichen Leistungen gehören,

- die gewöhnlich durch Haushaltsmitglieder erledigt werden können und

- für die ein externer selbstständiger Dienstleister in Anspruch genommen wird.

Begünstigt sind danach z. B. Gebäudereiniger, Fensterputzer, Schneeräumdienste, Hausmeisterdienste bzw. Gartenpflegearbeiten oder Kosten für von Umzugsspeditionen durchgeführte, privat veranlasste Umzüge. Bei Umzügen sind sowohl Kosten in Zusammenhang mit der „alten" als auch der „neuen" Wohnung berücksichtigungsfähig. Auch Aufwendungen für **Tierbetreuung** sind begünstigt, sofern die Betreuung im Rahmen des Haushalts (auch „Gassi"-Gehen) erfolgt (BFH, Urteile v. 3.9.2015, VI R 13/15 und v. 25.9.2017, VI B 25/17). Nicht berücksichtigungsfähig ist dagegen die externe (urlaubsbedingte) Unterbringung und Betreuung in Tierpensionen.

Selbst die Inanspruchnahme von Dienstleistungen (Handwerkerleistungen), die jenseits der Grundstücksgrenze auf fremdem, beispielsweise öffentlichem Grund erbracht werden, ist begünstigt, wenn sie in unmittelbarem räumlichem Zusammenhang zum Haushalt durchgeführt werden und dem Haushalt dienen (BFH, Urteile v. 20.3.2014, VI R 55/12 und VI R 56/12). Darunter fallen z. B. der Kehrdienst, der Schneeräumdienst auf Gehwegen sowie das Verlegen des Hausanschlusses für

Telefon, Kabel bzw. Breitbandinternet oder Fernwärme etc.

Leistungen, bei denen die Entsorgung im Vordergrund steht (z. B. Müllgebühren), sind nicht begünstigt. Ist die Entsorgung nur Nebenleistung (z. B. Grünschnittabfuhr bei Gartenpflege), sind neben dem Lohnaufwand auch die Entsorgungskosten absetzbar. Aufwendungen für Verbrauchsmittel (z. B. Reinigungsmittel und Streugut) sind stets begünstigt, nicht jedoch Materialkosten.

 BEISPIEL

Aufteilung des Gesamtbetrags

Sie haben einen Cateringservice mit der Durchführung Ihrer Gartenparty beauftragt. Speisen und Getränke werden angeliefert, Geschirr und Besteck werden zur Verfügung gestellt und Personal, das die Speiseausgabe übernimmt, ist für drei Stunden vor Ort.

Nur die Kosten der Personalgestellung vor Ort sind als haushaltsnahe Dienstleistung anzusehen. Die Steuerermäßigung errechnet sich aus dem Arbeitskostenanteil.

Es reicht aus, wenn der Rechnungsaussteller den Arbeitslohnanteil in der Rechnung nur prozentual ausweist.

Pflege-/Betreuungsleistungen

Abzugsfähig sind sowohl Aufwendungen für die Betreuung (z. B. Hausaufgabenbetreuung) von Kindern (über 14 Jahren) im Haushalt, da insoweit kein Sonderausgabenabzug möglich ist, als auch die Betreuung und Pflege älterer Menschen. Die Feststellung oder der Nachweis einer Pflegebedürftigkeit sind nicht erforderlich. Begünstigt sind Dienstleistungen zur Grundpflege, d. h. zur unmittelbaren Pflege am Menschen (Körperpflege, Ernährung und Mobilität), oder zur Betreuung. Dazu gehören auch die Kosten für ein mit der Betreuungspauschale abgegoltenes Notrufsystem, das innerhalb der Wohnung im Rahmen des betreuten Wohnens Hilfeleistung rund um die Uhr sicherstellt (BFH, Urteil v. 3.9.2015, VI R 18/14). Wird das Notrufsystem (Rotes-Kreuz-/Caritas-Notknopf) als eigenständige (alleinige) Bereitschaftsleistung erbracht, erkennt die Verwaltung die Kosten bisher nicht an.

Pflege durch Angehörige

Die Steuerermäßigung können auch **Angehörige** erhalten, wenn sie für Pflege- bzw. Betreuungsleistungen im eigenen Haushalt oder im Haushalt der zu pflegenden Person aufkommen. Die Leistungen der Pflegeversicherung sind mit Ausnahme des Pflegegeldes anzurechnen. Nimmt die zu pflegende Person oder der Angehörige den Pflegepauschbetrag oder den Behindertenpauschbetrag in Anspruch, schließt dies eine Steuerermäßigung für haushaltsnahe Beschäftigungsverhältnisse und Dienstleistungen im Abgeltungsbereich des Pauschbetrags aus. Auch der von einem Kind auf den Steuerpflichtigen übertragene Behindertenpauschbetrag führt zum Ausschluss. Vertiefend siehe → Behinderte Menschen und → Pflegekosten/Heimunterbringung. Die Steuerermäßigung ist haushaltsbezogen und wird nur einmal gewährt, wenn zwei pflegebedürftige Personen in einem Haushalt gepflegt werden.

Heimunterbringung

Begünstigt ist auch eine Heimunterbringung wegen Alters oder zur dauernden Pflege (z. B. Altenheim, Pflegeheim, Wohnstift). Nicht begünstigt sind Studentenwohnheime oder andere Ausbildungswohnheime. Wegen der zu berücksichtigenden Aufwendungen ist zu unterscheiden, ob im Heim ein ei-

genständiger **und abgeschlossener Haushalt** (Bad, Küche, Wohn- und Schlafbereich) vorliegt und eine eigene Wirtschaftsführung des Bewohners gegeben ist oder nicht. Abzugsfähig sind die Kosten nur, soweit sie auf die eigene Heimunterbringung bzw. die eigene Pflege oder die des zusammenveranlagten Ehegatten entfallen, nicht dagegen Kosten für Angehörige (BFH, Urteil v. 3.3.2019, VI R 19/17).

	kein abgeschlossener Haushalt im Heim	abgeschlossener Haushalt im Heim
Grundpflege:		
Pflege- und Betreuungsleistungen	ja	ja
Reinigung des Zimmers	ja	ja
Reinigung der Gemeinschaftsflächen (Flure, Treppenhaus, Gemeinschaftsräume)	ja	ja
Zubereitung von Mahlzeiten in der hauseigenen Küche des Heims	ja	ja
Servieren von Mahlzeiten (auch im Speisesaal)	ja	ja
Wäscheservice, soweit er im Heim erfolgt	ja	ja
Sonstiges:		
Miete im Altenheim/Wohnstift	nein	nein
Hausmeisterarbeiten	nein	ja
Gartenpflege	nein	ja
Handwerkerleistungen	nein	ja
Dienstleistungen des Haus- und Etagenpersonals (Empfang von Besuchern, kleine Botengänge)	nein	ja

Aufwendungen, die im Voraus geleistet werden, um bei Bedarf bestehende Pflege- und Betreuungsleistungen in Anspruch zu nehmen, sind nur begünstigt, wenn die Dienstleistung tatsächlich in Anspruch genommen wurde. Vertiefend siehe → Pflegekosten/Heimunterbringung.

4 Handwerkerleistungen

Eine Steuerermäßigung gibt es auch für handwerkliche Tätigkeiten im Privathaushalt.

Umfang der Steuerermäßigung

Die Steuerermäßigung beträgt 20 % der Aufwendungen, höchstens 1.200 € jährlich. Sie kann im **Jahr der Zahlung** in Anspruch genommen werden.

Begünstigte Aufwendungen

Zu den **begünstigten Aufwendungen** gehören insbesondere Arbeiten am Dach, an der Fassade, an Garagen, die Reparatur oder der Austausch von Fenstern oder Türen und Bodenbelägen, Maler- und Tapezierarbeiten, Wartung oder Austausch von Heizungsanlagen sowie die Modernisierung des Badezimmers, Aufwendungen für Mess- und Überprüfungsarbeiten (Dichtigkeitsprüfung einer Abwasserleitung, Legionellenprüfung, Kontrolle von Aufzügen oder Blitzschutzanlagen und andere technische Prüfdienste) sowie Maßnahmen zur Feststellung der Ursache von Gebäudeschäden, nicht jedoch Gutachterkosten.

Der Abzug ist nur für Dienstleistungen in Form von **Arbeitslohn, Fahrt- und Maschinenkosten** sowie Kosten für **Verbrauchsmittel** (z. B. Befestigungsmaterial in geringem Umfang oder Streugut) möglich, **nicht** dagegen **Material- oder Warenkosten**. Bei der Erneuerung der Einbauküche bzw. der Reparatur von Haushaltsgeräten (z. B. Waschmaschine, Herd, Fernseher, PC) sind deshalb auch nur die Arbeitskosten, die auf Arbeiten im Haushalt entfallen, abziehbar.

Nicht begünstigt sind z. B. Aufwendungen für den Architekten, da es sich um keine handwerkliche Leistung handelt. Auch (Lohn-)Kosten, die in einer Werkstatt anfallen, sind nach derzeitiger Rechtsauffassung nicht begünstigt, auch wenn sie einen Gegenstand des Haushalts betreffen. Ob dies (weiterhin) gilt, muss der BFH in einem anhängigen Verfahren (Az. beim BFH VI R 44/18) überprüfen.

Ebenfalls ausgeschlossen ist eine Steuerermäßigung für Maßnahmen, die z. B. über zinsverbilligte Darlehen (z. B. der KfW-Bank) oder steuerfreie Zuschüsse öffentlich gefördert wurden. Dies gilt auch für den Teil der Aufwendungen, der sich, z. B. wegen Überschreitung des Förderhöchstbetrags, im Rahmen der öffentlichen Förderung nicht auswirkt.

 TIPP

Energetische Gebäudesanierung

Handelt es sich bei der Handwerkerleistung um eine energetische Gebäudesanierung (z. B. Wärmedämmung, Heizungstausch), dann beantragen Sie alternativ die Steuerermäßigung nach § 35c EStG. Diese ist regelmäßig höher, weil hier auch Materialkosten berücksichtigt werden und ein höherer Höchstbetrag gilt. Vertiefend siehe → Energetische Maßnahmen.

Neubaumaßnahme/Erweiterung

Aufwendungen im Rahmen einer **Neubaumaßnahme** (erstmalige Erstellung eines Haushalts bis zu dessen erstmaliger Fertigstellung) sind nicht begünstigt. Ein Gebäude gilt dann als fertiggestellt, wenn alle wesentlichen Bauarbeiten abgeschlossen sind und der Bau so weit errichtet ist, dass der Bezug der Wohnung zumutbar ist. Aufwendungen für eine Maßnahme sind dann begünstigt, wenn sie im räumlichen Zusammenhang eines **vorhandenen** Haushalts erbracht werden. Dazu gehören z. B. Restarbeiten am Haus, am Außenputz und an der Gartenanlage, die **nach dem Bezug** eines Neubaus anfallen.

Auch Aufwendungen für eine **Erweiterung**, z. B. Anbau, Ausbau des Dachgeschosses oder Einbau einer Dachgaube, Bau eines Wintergartens, Erstellung eines Carports oder einer Garage, sind begünstigt. Ob es sich bei den Aufwendungen für eine einzelne Maßnahme steuerlich um Erhaltungs- oder Herstellungsaufwand handelt, ist ohne Bedeutung.

Wohnungswechsel

Bei Umzug in eine andere Wohnung kann eine Steuerermäßigung sowohl für die Renovierung im bisherigen als auch im neuen Haushalt in Anspruch genommen werden. Der Höchstbetrag verdoppelt sich aber nicht.

 TIPP

Abschlagszahlungen

Vereinbaren Sie mit Ihrem Handwerker Teil- oder Abschlagszahlungen in verschiedenen Jahren, dann können Sie die Steuerermäßigung für die jeweilige Zahlung in verschiedenen Jahren in Anspruch nehmen. Voraussetzung ist aber jeweils eine Rechnung für die betreffende Teil- oder Abschlagszahlung.

5 Eigentümergemeinschaft

Liegt eine Beteiligung an einem Grundstück in Form von Wohnungs- oder Teileigentum vor, kann die Steuerermäßigung für haushaltsnahe Beschäftigungsverhältnisse oder vergleichbare Dienstleistungen (z. B. Hausmeister) und Handwerkerleistungen an diesem Grundstück in Anspruch genommen werden.

Geringfügige Beschäftigungsverhältnisse, die eine Wohnungseigentümergemeinschaft abschließt, sind – anders als solche, die von einzelnen Wohnungseigentümern abgeschlossen wurden – nicht begünstigt, da eine Teilnahme am Haushaltsscheckverfahren nicht möglich ist. Die Aufwendungen sind aber im Rahmen der haushaltsnahen Dienstleistungen abziehbar.

Erforderlich ist die Vorlage einer Jahresabrechnung der Wohnungseigentümergemeinschaft. In der Abrechnung müssen die verschiedenartigen Begünstigungen aufgelistet und der auf den Steuerpflichtigen entfallende Kostenanteil ausgewiesen sein.

Die Kosten für die Hausverwaltung durch einen externen Hausverwalter sind keine haushaltsnahen Dienstleistungen, da sie nicht auf dem Grundstück ausgeübt werden.

6 Mehrfache Förderung

Sie können die verschiedenen Steuerermäßigungen **nebeneinander** in Anspruch nehmen, der Höchstbetrag pro Förderart wird allerdings nur einmal gewährt.

 BEISPIEL

Mehrere Haushaltsleistungen

Fall 1

Für eine Hilfe im Haushalt werden Sozialversicherungspflichtbeiträge bezahlt. Die Gesamtkosten belaufen sich auf 12.000 € im Jahr. Außerdem wird ein Malermeister mit der Renovierung der Hausfassade beauftragt und es werden 4.000 € Lohnkosten bezahlt. Für die Wartung der Heizungsanlage fallen 150 € Arbeitslohn an.

Die Steuerermäßigung beträgt für die Haushaltshilfe 2.400 €, für die Handwerkerleistungen 830 €.

Fall 2

Ein Landschaftsgärtner erledigt Arbeiten im Garten. Die Arbeiten umfassen Schnittarbeiten an Hecken und Sträuchern, den Austausch von Büschen und anderen Pflanzen sowie das Fällen eines größeren Baumes. In der Rechnung i. H. v. 7.000 € sind 4.700 € Lohnaufwand, 2.000 € Materialkosten (Pflanzen und Erde) sowie 300 € Transportkosten enthalten.

Die Materialkosten sind nicht begünstigt. Die Lohnkosten können in haushaltsnahe Dienstleistungen (Gartenpflegearbeiten) – 20 %, höchstens 4.000 € – und Handwerkerleistungen (Fällen größerer Bäume, Rodungen, Um-/Neugestaltung des Gartens) – 20 %, höchstens 1.200 € – aufgeteilt werden. Die Entgelte müssen in der Rechnung gesondert ausgewiesen sein.

Haushaltsbezogene Höchstbeträge

Die Höchstbeträge sind haushaltsbezogen. Ehegatten, Partner einer eingetragenen Lebensgemeinschaft, die einzeln veranlagt werden, oder Alleinstehende, die zusammen in einem Haushalt leben, können die Steuerermäßigung aus ihren jeweiligen Aufwendungen bis zum hälftigen Höchstbetrag in Anspruch nehmen oder gemeinsam eine andere Aufteilung des Höchstbetrags beantragen. Wird ein gemeinsamer Haushalt im Laufe des Jahres begründet oder beendet und lebt der Steuerpflichtige die übrige Zeit des Jahres allein in seinem Haushalt, kann er die vollen Höchstbeträge in Anspruch nehmen.

7 Zusammenfassung

Art der begünstigten Tätigkeit	Abzugsbetrag
geringfügig beschäftigte Haushaltshilfe (Minijob)	20 % der Aufwendungen, höchstens 510 €
sozialversicherungspflichtige Haushaltshilfe	20 % der gesamten Aufwendungen, höchstens 4.000 €
haushaltsnahe Dienstleistungen	
haushaltsnahe Pflege- und Betreuungsleistungen	
Unterbringung im Heim oder zur dauernden Pflege bzgl. Aufwendungen, die denen einer Hilfe im Haushalt vergleichbar sind	
Handwerkerleistungen	20 % der Kosten (ohne Material), höchstens 1.200 €

Kapitalanlagen

Durch die Abgeltungsteuer unterliegen die meisten Kapitaleinkünfte nicht mehr der Regelbesteuerung. Es gilt aber vieles zu beachten.

§§ 20, 9, 3c, 24c, 32d EStG, R 20.1–20.3 EStR

1 Allgemeines

Kapitalerträge von Privatpersonen unterliegen regelmäßig nicht mehr dem normalen (progressiven) Einkommensteuertarif. Stattdessen muss z. B. die auszahlende Bank eine 25%ige Abgeltungsteuer einbehalten. Mit dieser ist die Steuerschuld des Anlegers regelmäßig abgegolten. Die Anrechnung der einbehaltenen Steuerbeträge im Rahmen der Veranlagung entfällt. Es gibt jedoch Ausnahmen, bei denen die Erträge im Rahmen der Einkommensteuerveranlagung zu erfassen sind.

Erfassung durch die Abgeltungsteuer

Was fällt darunter?

Fast alle Kapitalerträge sind mit der Abgeltungsteuer zu belegen, z. B.:

- Zinsen auf Spareinlagen
- Zinsen auf festverzinsliche Wertpapiere
- Erträge auf Anteile an Investmentfonds
- Dividendenzahlungen
- Gewinne aus der Veräußerung von privaten Kapitalanlagen (→ Spekulationsgeschäfte)

⚡ **HINWEIS**

Negative Einlagezinsen

Eine Verrechnung negativer Einlagezinsen mit Guthabenzinsen kommt nicht in Betracht, da diese keine Zinsen i. S. des § 20 Abs. 1 Nr. 7 EStG sind. Sie werden nicht vom Kapitalnehmer an den Kapitalgeber als Entgelt für die Überlassung von Kapital gezahlt.

Die wichtigsten Ausnahmen

- Erträge, die im Rahmen eines Betriebs (gewerblich, freiberuflich) anfallen

- Gläubiger und Schuldner sind nahestehende Personen und die Zahlungen sind beim Schuldner Betriebsausgaben oder Werbungskosten (s. a. BFH, Urteil v. 28.1.2015, VIII R 8/14).

- Einnahmen z. B. aus Darlehen, sofern der Gläubiger oder eine ihm nahestehende Person zu mehr als 10 % beteiligt ist (s. a. BFH, Urteil v. 29.4.2014, VIII R 23/13). Bei einer mittelbaren Beteiligung gilt das nur dann, wenn auch die zwischengeschaltete Kapitalgesellschaft beherrscht wird (BFH, Urteil v. 20.10.2016, VIII R 27/15).

Werden z. B. Zinsen an Familienangehörige gezahlt, ist der Abgeltungsteuersatz nicht unbedingt ausgeschlossen, denn ein lediglich aus der Familienangehörigkeit abgeleitetes persönliches Interesse reicht nicht aus. Erforderlich ist ein Beherrschungsverhältnis zwischen dem Darlehensgeber und dem Anteilseigner (BFH, Urteil v. 14.5.2014, VIII R 31/11).

Werbungskosten können in diesen Fällen in vollem Umfang geltend gemacht werden.

Veranlagungsoption

Der Steuerpflichtige kann beantragen, dass die Einkünfte in die Veranlagung einzubeziehen sind (Günstigerprüfung). Dies liegt dann in seinem Interesse, wenn seine Steuerbelastung geringer ist als 25 %. Das Finanzamt prüft dann, ob der persönliche Grenzsteuersatz günstiger ist als die Abgeltungsteuer. In diesem Fall wird die einbehaltene Kapitalertragsteuer auf die Einkommensteuer angerechnet.

 BEISPIEL

Abgeltungsteuer günstiger

E hat 2020 ein z. v. E. von 24.500 € erzielt. Darauf entfällt eine Jahressteuer von 3.572 €. Das entspricht einem Steuersatz von 14,58 %. Trotzdem bleibt die Abgeltungsteuer günstiger. Vergleichsmaßstab ist der Grenzsteuersatz. Das ist der Steuersatz, der auf den letzten Euro des z. v. E. angewandt wird. Im Beispiel beträgt dieser Satz 28,20 % und übersteigt damit den besonderen Steuersatz von 25 %.

TIPP

Nutzen Sie die Günstigerprüfung

In Fällen, in denen Sie die Günstigerprüfung nutzen wollen, müssen Sie dies unbedingt durch ein Kreuz in der Anlage KAP beantragen. Nur dann führt das Finanzamt die Prüfung durch. Außerdem sollten Sie Ihren Steuerbescheid daraufhin kontrollieren.

Veranlagungsantrag bei Anteilseignern

Auf Antrag können Anteilseigner von Kapitalgesellschaften ihre Erträge der individuellen Einkommensteuer unterwerfen, wenn sie mindestens zu

- 25 % beteiligt sind oder

- 1 % beteiligt und beruflich für die Gesellschaft tätig sind sowie durch eine berufliche Tätigkeit für diese maßgeblichen unternehmerischen Einfluss auf deren wirtschaftliche Tätigkeit nehmen können.

In diesen Fällen sind die Erträge im Rahmen der Einkommensteuererklärung anzusetzen und unterliegen dem persönlichen Steuersatz. Die einbehaltenen Steuern werden angerechnet. Auch in diesen Fällen können alle Werbungskosten in vollem Umfang geltend gemacht werden.

 TIPP

Antrag zusammen mit Steuererklärung

Der Veranlagungsantrag muss spätestens mit Abgabe der Einkommensteuererklärung gestellt werden (BFH, Urteil v. 28.7.2015, VIII R 50/14). Diese Frist ist sogar dann zu beachten, wenn sich erst im Rahmen einer Außenprüfung herausstellt, dass ein Teil des Gehalts als verdeckte Gewinnausschüttung anzusehen ist. Der BFH rät dazu, den Antrag auf Anwendung des Teileinkünfteverfahrens vorsorglich zu stellen (BFH, Urteil v. 14.5.2019, VIII R 20/16).

Allerdings hat der BFH einem steuerlich nicht beratenen Steuerpflichtigen die Wiedereinsetzung in die Antragsfrist gewährt, weil ihm nicht vorzuwerfen sei, dass er die komplizierten, unvollständigen und zum Teil irreführenden amtlichen Anleitungen zur Anlage KAP nicht verstanden habe (BFH, Urteil v. 29.8.2017, VIII R 33/15). Dieser ist längstens ein Jahr nach Fristversäumnis möglich (§ 110 Abs. 3 AO).

Sonstige Veranlagungsanträge

 TIPP

Berechnung der Abgeltungsteuer prüfen lassen

Daneben können Sie nach § 32d Abs. 4 EStG insbesondere in folgenden Fällen noch beantragen, die Berechnung der Abgeltungsteuer im

Rahmen der Einkommensteuerveranlagung zu überprüfen:

- bei einem nicht vollständig ausgeschöpften Sparerpauschbetrag

- zur Anwendung der Ersatzbemessungsgrundlage bei nicht nachzuweisenden AK (§ 43a Abs. 2 Satz 7 EStG)

- bei einem noch zu berücksichtigenden Verlust, der z. B. bei einer anderen Bank entstanden ist und dort nicht ausgeglichen werden konnte

- bei einem Verlustvortrag nach § 20 Abs. 6 EStG

- bei noch nicht berücksichtigten ausländischen Steuern

- zur Überprüfung des Steuereinbehalts dem Grunde oder der Höhe nach

Auf diese Einkünfte wird der Abgeltungsteuersatz (25 %) angewandt. Der persönliche Grenzsteuersatz kommt nur auf Antrag zum Einsatz, wenn dieser günstiger ist.

 HINWEIS

Antragsvoraussetzungen

Der Antrag kann nur

- für alle der Abgeltungsteuer unterliegenden Erträge und

- von Ehegatten gemeinsam

gestellt werden.

Der Antrag stellt ein unbefristetes Veranlagungswahlrecht dar. Er kann zeitlich auch nach Abgabe der Einkommensteuererklärung gestellt werden, solange die Steuerfestsetzung verfahrensrechtlich noch änderbar ist. Kommt eine Änderung wegen neuer Tatsachen (§ 173 AO) in Betracht, ist die Differenz zwischen Einkommensteuer und anrechenbarer Kapitalertragsteuer maßgeblich. Kommt es danach zu einer niedrigeren Steuer, kann eine Änderung nur erfolgen, wenn den Steuerpflichtigen kein grobes Verschulden an der Verspätung trifft (BFH, Urteil v. 21.8.2019, X R 16/17).

Außerdem können Sie beantragen, dass im Rahmen der Einkommensteuererklärung der Einbehalt der Abgeltungsteuer überprüft wird. Das ist in den Fällen interessant, in denen Sie den Sparerpauschbetrag durch einen Freistellungsauftrag nicht oder nicht richtig gestellt haben.

BEISPIEL

Günstigerprüfung

S hat Konten bei der A- und bei der B-Bank. Er gibt einen Freistellungsauftrag nur bei der B-Bank ab. Dort erzielt er Zinseinnahmen von 500 €. Die A-Bank behält von den dort erzielten Zinseinnahmen i. H. v. 600 € Abgeltungsteuer ein. S hat seinen Sparerpauschbetrag i. H. v. (801 – 500 =) 301 € nicht ausgenutzt. Wenn er keinen Antrag stellt, verliert er bares Geld.

Beantragt er dagegen die Günstigerprüfung im Rahmen der Einkommensteuererklärung, erhält er 75,25 € (25 % von 301 €) zurück.

Veräußerungsgewinne

Unter die Einnahmen aus Kapitalvermögen und damit auch unter die Abgeltungsteuer fallen seit 2009 Vorgänge, die bisher als „Spekulationsgewinne" bezeichnet wurden und regelmäßig nur bei Verkäufen innerhalb einer Frist von einem Jahr steuerpflichtig wurden.

Es handelt sich um folgende Vorgänge:	Gilt für
Veräußerung von Anteilen an Körperschaften (z. B. Aktien)	Anteile, die nach dem 31.12.2008 erworben wurden
Veräußerung von Dividenden- und Zinsscheinen ohne Stammrecht	Veräußerungen nach dem 31.12.2008
Gewinne und Verluste aus Termingeschäften	Rechte, die nach dem 31.12.2008 erworben wurden
Veräußerung eines Anteils an einer stillen Gesellschaft bzw. eines partiarischen Darlehens	entsprechende WG, Rechte oder Rechtspositionen, deren Anschaffung oder Erstellung nach dem 31.12.2008 erfolgte
Rechtsübertragung bei Hypotheken, Grundschulden, Renten	
Veräußerung einer Rechtsposition i. S. d. § 20 Abs. 1 Nr. 9 EStG (z. B. Anspruch aus Gewinnausschüttung)	
Veräußerung einer Kapitallebensversicherung	Abschluss des Versicherungsvertrags nach dem 31.12.2004; Veräußerung nach dem 31.12.2008
Veräußerung von sonstigen Kapitalforderungen	Zufluss nach dem 31.12.2008; Ausnahmen

Für die anderen Vorgänge gelten die Altregelungen. Vertiefend siehe → Spekulationsgeschäfte.

Dazu gehört auch der Erlös aus dem Verkauf von Genussrechten, die vor dem 1.1.2009 erworben wurden (BFH, Urteil v. 12.12.2012, I R 27/12). Ein Entgelt für die vorzeitige Beendigung des Genussrechtsverhältnisses gehört dagegen zu den Einkünften aus Kapitalvermögen (BFH, Urteil v. 11.2.2015, VIII R 4/12).

Die Überführung von vor 2009 erworbenen Aktien vom Betriebs- in das Privatvermögen steht einem Erwerb nicht gleich. Werden diese später veräußert, führt der Vorgang nicht zu Einkünften aus Kapitalvermögen (FG Münster, Urteil v. 26.3.2020, 8 K 1192/18 F; Rev. beim BFH, Az. VIII R 12/20).

 BEISPIEL

Wann gilt die Altregelung?

- Aktien am 5.1.2008 erworben, am 15.10.2020 veräußert – Altregelung, nicht steuerpflichtig

- Grundstücksveräußerung, keine Aufzählung in § 20 EStG – Altregelung

Berechnung der Veräußerungsgewinne

Die Berechnung der Gewinne erfolgt nach folgender Methode:

Veräußerungspreis

– AK

– Veräußerungskosten

= Veräußerungsgewinn/Veräußerungsverlust

Veräußerungskosten dürfen entgegen dem Werbungskostenabzugsverbot abgezogen werden. Auch bei der Gewinnermittlung für Termingeschäfte sind die Aufwendungen im Zusammenhang mit diesen abziehbar.

Bei der Veräußerung von Wertpapieren wird unterstellt, dass die zuerst angeschafften Wertpapiere auch zuerst veräußert wurden.

Eine Veräußerung ist nicht von der Höhe der Gegenleistung und der anfallenden Veräußerungskosten abhängig. Damit ist auch die Überlassung wertloser Anteile zwischen fremden Dritten ohne Gegenleistung steuerlich wirksam (BFH v. 12.6.2018, VIII R 32/16). Auch die ersatzlose Ausbuchung endgültig wertlos gewordener Aktien durch die das Depot führende Bank führt als „ausbleibende Rückzahlung" zu einem einkommensteuerlich berücksichtigungsfähigen Verlust aus Kapitalvermögen (FG Rheinland-Pfalz, Urteil v. 12.12.2018, 2 K 1952/16; Rev. beim BFH, Az. VIII R 5/19). Das gilt auch für „Knock-out-Zertifikate" (BFH, Urteil v. 20.11.2018, VIII R 37/15).

 TIPP

Bankabrechnung prüfen

Kontrollieren Sie die Abrechnung Ihrer Bank insbesondere dann, wenn Sie Wertpapiere nach einem Depotwechsel verkaufen. Hat die übergebende Bank den Erwerbszeitpunkt und die AK nicht korrekt mitgeteilt, kann es dazu kommen, dass zu viele Abgaben einbehalten werden. Sie können solche Fehler in der Steuererklärung korrigieren!

Aber: Fehler, die z. B. die Bank bei Einbehalt und Abführung der KapESt

macht und die erst nach Ablauf eines Kalenderjahres aufgedeckt werden, dürfen nach § 20 Abs. 3a Satz 1 EStG im Rahmen des Veranlagungsverfahrens nur mit Wirkung für die Zukunft korrigiert werden. Nach dieser Regelung ist die Fehlerkorrektur nur im Jahr der Aufdeckung des Fehlers vorzunehmen. Der Steuerpflichtige muss durch eine Bescheinigung der zum KapESt-Abzug verpflichteten Stelle nachweisen, dass diese die Korrektur nicht vorgenommen hat und auch in Zukunft nicht vornehmen wird. Eine Antragsveranlagung nach § 32d Abs. 4 oder 6 EStG, durch die eine rückwirkende Fehlerkorrektur vorgenommen werden soll, ist nicht zulässig.

Termingeschäfte/Optionen

Die Anschaffung einer Option und der Ausgang des Optionsgeschäfts sind grundsätzlich als Einheit zu behandeln. Dementsprechend ist der Ausgang des Optionsgeschäfts – auch bei einem Verlust – in vollem Umfang steuerbar (BFH, Urteile vom 12.1.2016, IX R 48/14, IX R 49/14 und IX R 50/14). Zu beachten ist allerdings die eingeschränkte Möglichkeit der Verlustnutzung. Der Verlust aus dem Verfall von Optionen ist ab 2020 steuerlich nicht mehr berücksichtigungsfähig.

Fremdwährungsgeschäfte

Bei Fremdwährungsgeschäften sind die Einnahmen im Zeitpunkt der Veräußerung und die AK im Zeitpunkt der Anschaffung in Euro umzurechnen. Das bedeutet, dass alle Fremdwährungsgewinne der Abgeltungsteuer unterliegen.

 BEISPIEL

Gewinn oder Verlust?

L kauft am 5.1.2020 100 Stück Aktien für 130 USD. Der Kurs beträgt 1,20 €. L zahlt somit 15.600 €. Er verkauft die Aktien am 20.10.2020 für 120 USD, Kurs 1,40 € und erhält 16.800 €. Obwohl K auf Dollarbasis einen Verlust erzielt hat, muss er 1.200 € versteuern.

Unentgeltlicher Erwerb

Bei unentgeltlichem Erwerb (z. B. Erbschaft, Schenkung) sind die Anschaffungswerte des Rechtsvorgängers maßgebend.

Erfassung im Rahmen der Einkommensteuerveranlagung

Folgende Einnahmen sind im Rahmen der Einkommensteuerveranlagung zu erfassen:

Einnahmen, die nicht unter die Abgeltungsteuer fallen/Besteuerung auf Antrag

Inländische Einnahmen, die nicht unter die Abgeltungsteuer fallen (s. unter „Die wichtigsten Ausnahmen") müssen immer in der ESt-Erklärung aufgeführt werden. Auch wenn ein Veranlagungsantrag gestellt wird oder die Günstigerprüfung erfolgen soll, müssen die Einnahmen in der Steuererklärung angegeben werden.

Dasselbe gilt für den Antrag, den Anteilseigner von Kapitalgesellschaften stellen können. Außerdem sind im Veranlagungsverfahren alle ausländischen Einnahmen zu erklären.

Gehören Dividenden zu den Einnahmen, gilt hierfür das Teileinkünfteverfahren. Es werden nur 60 % der Einnahmen versteuert.

Steuererstattungszinsen

Zinsen auf Steuererstattungen gehören zu den steuerpflichtigen Einnahmen. Das Ergebnis ist für die Steuerzahler unbefriedigend: Erstattungszinsen müssen versteuert werden, während Nachzahlungszinsen nicht abziehbar sind. Laut BMF, Schreiben v. 5.10.2000, IV C 1-S 2252-231/0, BStBl 2000 S. 1508, sind auf Antrag Erstattungszinsen i. S. d. § 233a AO nach § 163 AO nicht in die Steuerbemessungsgrundlage einzubeziehen, soweit ihnen nicht abziehbare Nachforderungszinsen gegenüberstehen, die auf ein- und demselben Ereignis beruhen. Bei der Berechnung ist allerdings zu beachten, dass die Gegenrechnung nicht unbedingt in vollem Umfang erfolgen kann.

 BEISPIEL

Steuererstattungszinsen

Dem Steuerpflichtigen S geht der Steuerbescheid für den Vz 01 am 15.10.03 zu. Er muss 100.000 € nachzahlen. Außerdem werden ihm 3.000 € Zinsen berechnet (5 Monate × 0,5 %). Auf seinen Einspruch hin wird die Steuer durch Bescheid vom 15.12.04 um 90.000 € herabgesetzt. Außerdem erhält S 9.000 € Zinsen erstattet (20 Monate × 0,5 %). Die zu versteuernden Zinseinnahmen betragen jedoch nicht nur 6.000 € (9.000 € – 3.000 €) sondern 6.300 € (9.000 € – 2.700 € (90.000 × 6 Monate × 0,5 %)).

Kapitallebensversicherungen

Einnahmen aus Kapitallebens- und Rentenversicherungen unterliegen der „normalen" Versteuerung. Dabei gilt:

- Die Ertragsanteile aus Verträgen, die bis 2004 geschlossen wurden, sind steuerfrei, wenn die Mindestlaufzeit von zwölf Jahren erfüllt ist.

- Erträge aus Kapitallebensversicherungen, die nach dem 31.12.2004 abgeschlossen werden, müssen versteuert werden. Steuerpflichtig ist die Differenz zwischen Ablaufleistung und den gezahlten Beiträgen.

- Erfolgt die Auszahlung nach Vollendung des 60. Lebensjahres und nach Ablauf von zwölf Jahren seit dem Vertragsabschluss, sind die Erträge nur zur Hälfte steuerpflichtig.

Diese Regelung gilt entsprechend für Erträge aus fondsgebundenen Lebensversicherungen, für Erträge im Erlebensfall bei Rentenversicherungen ohne Kapitalwahlrecht, soweit keine lebenslange Rentenzahlung vereinbart und erbracht wird, und für Erträge bei Rückkauf des Vertrags bei Rentenversicherungen ohne Kapitalwahlrecht.

Wird eine Kapitallebensversicherung mit Rentenwahlrecht abgeschlossen, erfolgt auch bei Ausübung der Renten-

option eine Besteuerung der Erträge aus der Anspar- bzw. Aufschubphase.

Ausgenommen von diesen Regelungen sind sog. vermögensverwaltende Versicherungsverträge. Diese liegen vor, wenn in einem Versicherungsvertrag eine gesonderte Verwaltung von speziell für diesen Vertrag zusammengestellten Kapitalanlagen vereinbart ist.

Rentenversicherungen

 HINWEIS

Riester-Rente

Erträge aus Riester-Renten sind nicht als Einnahmen aus Kapitalvermögen, sondern als „Sonstige Einkünfte" zu versteuern.

Rentenversicherungen mit Kapitalwahlrecht, bei denen der Versicherungsnehmer die Rentenzahlung wählt, sind nicht als Kapitaleinkünfte, sondern als sonstige Einkünfte nach § 22 Nr. 1 Satz 3, Buchst. a, Doppelbuchst. aa EStG mit dem Ertragsanteil zu versteuern.

Nimmt der Versicherungsnehmer jedoch die Kapitalauszahlung in Anspruch, muss der Zinsanteil versteuert werden.

 WICHTIG

Rentenzahlung – Voraussetzungen

Voraussetzungen für das Vorliegen einer Rentenzahlung sind:

- gleichbleibender oder steigender wiederkehrender Bezug (das gilt auch bei Zahlung eines gleichblei-

benden oder steigenden Sockel-
betrags zzgl. einer jährlich schwankenden Überschussbeteiligung)

- zeitlich unbeschränkte Gültigkeit
für die Lebenszeit der versicherten
Person (lebenslange Leibrente)

In vollem Umfang zu versteuern sind
Renten, wenn eine Höchstlaufzeit (abgekürzte Leibrente) oder eine festgelegte Dauer (Zeitrente) vereinbart
wird. Bei einer Mindestlaufzeit (verlängerte Leibrente) erfolgt eine volle Versteuerung nur dann, wenn die Renten-
garantiezeit über die mittlere Lebenserwartung des Versicherten bei Rentenbeginn hinausgeht. In den anderen
Fällen gilt die Ertragsanteilsbesteue-
rung auch für den Erben.

 TIPP

Lebenslange Rente

Die Auszahlung in Form einer lebenslangen Rente ist steuerfrei, soweit die
darin enthaltenen Zinsen die Anspar-
zeit (Vertragsschluss bis Rentenbeginn) betreffen. Nicht begünstigt
ist die Auszahlung durch Einmalbetrag oder mehrere Teilbeträge.

Steuerpflichtig sind aber die Zinsen aus
der Zeit vom Rentenbeginn bis zur tatsächlichen Auszahlung (Ertragsanteil).

 BEISPIEL

**Rentenversicherung mit
Kapitalwahlrecht**

A hat eine Rentenversicherung mit
Kapitalwahlrecht abgeschlossen. Mit

Vollendung des 64. Lebensjahres kann
er wählen, ob er eine Einmalzahlung
erhält oder lebenslang einen gleich-
bleibenden Betrag. Wählt A die Auszahlung als **Rente**, bleiben die Beträge steuerfrei, nur der Zinsanteil,
der auf die Zeit vom Beginn der Rentenzahlung bis zur Auszahlung eines
jeden einzelnen Rentenbetrags anfällt, ist steuerpflichtig. Wählt er dagegen eine Kapitalauszahlung, muss
er alle Erträge versteuern.

Hat A vereinbart, dass die Auszahlung
in Form einer konstanten Anzahl von
Investmentfondsanteilen erfolgen
soll, ist der Grundsatz, dass es sich
um eine gleichbleibende Rente han-
deln muss, nicht gewahrt, da die
Fondsanteile Wertschwankungen oder
einem totalen Wertverlust unterliegen
können und es dadurch zu einem zumindest zeitweise sinkenden Bezug
kommen kann.

 ACHTUNG

Spätere Kapitalauszahlung

Wählt A zunächst die Rentenzahlung
und lässt sich später den Restbetrag
als Einmalbetrag auszahlen, ist dieser
Betrag noch steuerpflichtig.

 BEISPIEL

Abgekürzte Leibrente

B hat eine Rentenversicherung abgeschlossen, die ihm ab Vollendung des
64. Lebensjahres bis zum Tod, längstens aber 20 Jahre, eine Rente zahlt.

Begrifflich handelt es sich hier um eine **abgekürzte Leibrente**. Die Auszahlung ist in vollem Umfang steuerpflichtig.

 BEISPIEL

Zeitrente

C hat ebenfalls eine Rentenversicherung abgeschlossen, die ihm ab Vollendung des 64. Lebensjahres für 20 Jahre eine Rente zahlt. Die Auszahlung der **Zeitrente** ist in vollem Umfang steuerpflichtig.

 BEISPIEL

Verlängerte Leibrente

E hat eine Rentenversicherung abgeschlossen, die ihm ab Vollendung des 64. Lebensjahres bis zum Tod, mindestens aber zwölf Jahre, eine Rente zahlt. Sollte er vorher versterben, erhalten seine Erben die Rente bis zum Ablauf der Laufzeit.

Es handelt sich um eine **verlängerte Leibrente**, die steuerfrei bleibt. Wäre jedoch die Mindestlaufzeit mit 20 Jahren vereinbart worden, müsste E (und bei Versterben vor Ablauf dieses Zeitraums auch seine Erben) die Rentenzahlungen im vollen Umfang versteuern. In diesem Fall wäre nämlich die Mindestlaufzeit länger als die Lebenserwartung von E.

Zinsen aus Rentennachzahlungen

Als Folge der Rechtsprechung des BFH gehören Zinsen aus Rentennachzahlungen nicht mehr zu den Leistungen i. S. d. § 22 EStG, sondern sind nach § 20 Abs. 1 Nr. 7 EStG als Kapitaleinkünfte (Erträge aus sonstigen Kapitalforderungen) zu erfassen (BFH, Urteil v. 9.6.2015, VIII R 18/12; H 20.2 EStR).

Verzugszinsen

Zivilrechtliche Verzugs- oder Prozesszinsen unterliegen nicht der Besteuerung (BFH, Urteil v. 24.5.2011, VIII R 3/09).

Bitcoins

Der Gewinn oder Verlust aus der Veräußerung von Bitcoins führt zu sonstigen Einkünften aus privaten Veräußerungsgeschäften, sofern Erwerb und Veräußerung der Bitcoins innerhalb eines Jahres stattfanden (§ 22 Nr. 2 EStG i. V. m. § 23 Abs. 1 Satz 1 Nr. 2 EStG). Vertiefend siehe → Spekulationsgeschäfte.

2 Sparerpauschbetrag/ Werbungskosten

Unterliegen die Einnahmen dem Abgeltungsteuersatz, wird der Sparerpauschbetrag gewährt. Dieser beträgt

- 801 € für Alleinstehende bzw.

- 1.602 € für zusammen veranlagte Ehegatten.

Damit sind sämtliche Werbungskosten (z. B. Depotgebühren, Fremdfinanzierungszinsen etc.) abgegolten. Auch bei der Günstigerprüfung kommt ein Abzug der tatsächlich entstandenen Werbungskosten nicht in Betracht (BFH, Urteil v. 28.1.2015, VIII R 13/13).

Die tatsächlichen Werbungskosten können nur in Ausnahme- und Antragsfällen in vollem Umfang bzw. bei Dividenden nur zu 60 % geltend gemacht werden. In den Fällen, in denen die tatsächlichen Werbungskosten geltend gemacht werden können, kommt der Sparerpauschbetrag nicht zur Anwendung (FG Münster, Urteil v. 16.7.2014, 10 K 2637/11 E).

Etwas anderes gilt nur, wenn die Einnahmen dem Betriebsvermögen zufließen („Einnahmen im Betriebsvermögen") oder wenn Anteilseigner von Kapitalgesellschaften einen Antrag auf Einbeziehung der Einkünfte in die Regelbesteuerung stellen.

 TIPP

Wertpapiere in den Betrieb einlegen

Sofern für Ihre Kapitaleinkünfte hohe Kosten anfallen, z.B. Zinsen für fremdfinanzierte Wertpapiere, können Sie diese in Abgeltungsteuerfällen nur dann geltend machen, wenn Sie die Wertpapiere in den betrieblichen Bereich einlegen. Sofern Sie keinen Betrieb haben, kommt u.U. die Gründung einer gewerblich geprägten Personengesellschaft in Betracht.

3 Freistellungsauftrag

Der Einbehalt der Abgeltungsteuer kann durch den Sparerpauschbetrag (für Ledige 801 € bzw. für Ehegatten 1.602 €) ganz oder teilweise verhindert werden. Hierzu muss der Anleger seiner Bank o.Ä. einen schriftlichen Freistellungsauftrag erteilen. Dieser muss dem amtlichen Muster entsprechen; das Kreditinstitut hat entsprechende Formblätter. Liegt ein Freistellungsauftrag vor, so braucht das Kreditinstitut den Zinsabschlag nicht vorzunehmen. Der Freistellungsauftrag kann nicht auf einzelne Konten oder Depots einer Bank beschränkt werden. Er gilt somit immer für alle Konten und Depots dieser Bank.

Sie dürfen Freistellungsaufträge mehrfach und an mehrere Kreditinstitute erteilen. Insgesamt dürfen durch die Freistellungsaufträge die Grenzen von 801/1.602 € nicht überschritten werden.

4 Verluste

Verluste aus den Einkünften, die der Abgeltungsteuer unterliegen, können nicht mit anderen positiven Einkünften verrechnet werden. Diese werden jedoch auf zukünftige Erträge vorgetragen.

Eine weitere Einschränkung gilt für Aktienveräußerungen: Aktienveräußerungsverluste dürfen nur mit Aktienveräußerungsgewinnen ausgeglichen bzw. verrechnet werden (§ 20 Abs. 6 Satz 5 EStG).

 BEISPIEL

Gewinne und Verluste

A hat Zinserträge i.H.v. 2.000 € bezogen. Daneben hat er aus der Veräußerung von Aktien Gewinne i.H.v.

500 € und Verluste von 1.200 € erzielt.

Die Zinserträge unterliegen in vollem Umfang der Abgeltungsteuer. Die Aktienveräußerungsgewinne werden mit den Verlusten verrechnet. Der Restbetrag von 700 € wird vorgetragen auf das nächste Jahr.

Verluste und Gewinne bei verschiedenen Banken

Hat der Anleger Verluste und Gewinne bei verschiedenen Banken, muss er bis zum 15.12. des entsprechenden Jahres bei seiner Bank eine Bescheinigung über die angefallenen Verluste anfordern. Der Verlusttopf wird daraufhin bei dieser Bank geleert und die Verluste im Rahmen der Einkommensteuerveranlagung angerechnet.

Verluste im Ausland

Verluste, die bei ausländischen Banken entstanden sind, müssen ebenfalls bei der Veranlagung geltend gemacht werden.

Verlustvortrag aus Altjahren

Seit 2014 dürfen auch Altverluste lediglich mit Gewinnen aus § 23 EStG (Spekulationsgewinne) verrechnet werden. Vertiefend siehe → Spekulationsgeschäfte.

Beschränkung der Verlustverrechnung ab 2020 bzw. 2021

• Verluste aus Kapitalvermögen wegen Uneinbringlichkeit einer Kapitalforderung, aus der Ausbuchung oder Übertragung wertloser Wertpapiere oder einem sonstigen Ausfall von Wertpapieren dürfen ab 2020 nur in Höhe von 10.000 Euro mit Einkünften aus Kapitalvermögen ausgeglichen werden.

• Verluste aus Termingeschäften dürfen ab 2021 nur in Höhe von 10.000 Euro mit Gewinnen aus Termingeschäften und Stillhalterprämien ausgeglichen werden.

• Nicht verrechnete Verluste werden vorgetragen und dürfen in den Folgejahren ebenfalls nur bis zur Höhe von 10.000 Euro verrechnet werden.

Zu beachten ist allerdings, dass die Regelungen des § 17 EStG (s. unter 10) Vorrang vor der Besteuerung nach § 20 EStG haben. Damit können z. B. ausgefallene Forderungen nicht als negative Einkünfte aus Kapitalvermögen geltend gemacht werden, wenn sie als Anschaffungskosten einer Beteiligung anzusehen sind.

Werden nach dem 31.12.2008 erworbene Aktien dem Aktionär entschädigungslos entzogen, kann dies als Aktienveräußerungsverlust steuerlich geltend gemacht werden (BFH, Urteil v. 3.12.2019, VIII R 34/16). Die neue Verlustverrechnungsregelung gilt hierfür nicht.

5 Die Fondsbesteuerung seit 2018

2018 wurde die Fondsbesteuerung (ausgenommen Rentenfonds) vollkommen umgestellt. Steuerlich gilt der Fondsbestand zum 31.12.2017 als verkauft und zum 1.1.2018 als wieder angeschafft. Der dabei entstehende Gewinn oder Verlust aus der fiktiven Veräußerung der Anteile ist erst zu dem Zeitpunkt zu versteuern, zu dem die Alt-Anteile tatsächlich veräußert werden. Die wichtigsten weiteren Änderungen:

• Deutsche Fonds zahlen 15 % Körperschaftsteuer, was zu einer Verringerung des Ausschüttungsvolumens führt.

• Der Anleger erhält zum Ausgleich je nach Art des Fonds eine Steuerfreistellung für in- und ausländische Fonds.

Teilfreistellungssätze	natürliche Personen (Privatvermögen)	natürliche Personen (Betriebsvermögen)	Körperschaften
Aktienfonds (mindestens 51 % in Kapitalbeteiligungen angelegt)	30 %	60 %	80 %
Mischfonds (mindestens 25 % in Kapitalbeteiligungen angelegt)	15 %	30 %	40 %
Immobilienfonds			
• mindestens 51 % in Immobiliengesellschaften angelegt	60 %	60 %	60 %
• mindestens 51 % in Auslandsimmobilien angelegt	80 %	80 %	80 %

Ausgenommen von der Freistellung sind Fonds, die in Swaps investieren (Fully-funded Swaps). Die Steuerfreistellung gilt sowohl für laufende Erträge als auch für Gewinne bzw. Verluste, die bei einem Verkauf anfallen.

Laufende Einkünfte ausschüttender Fonds

Bei ausschüttenden Fonds unterliegen die so geminderten Ausschüttungen der Abgeltungsteuer.

Laufende Einkünfte thesaurierender Fonds

Für thesaurierende Fonds wird eine „Vorabpauschale" berechnet. Diese gilt am 1.1. des Folgejahres als zugeflossen. Der Wert des Fondsanteils am Jahresanfang wird mit 70 % des von der Deutschen Bundesbank zum Jahresanfang errechneten Basiszinssatzes multipliziert. Der Basiszinssatz für 2018 wurde mit 0,87 % festgestellt (BMF, Schreiben v. 4.1.2018), für 2019 mit 0,52 % (BMF, Schreiben v. 9.1.2019) und für 2020 mit 0,07 % (BMF, Schreiben v. 29.1.2020).

 BEISPIEL

Laufende Besteuerung eines thesaurierenden Fonds

Der Wert des Fondsbestandes (Aktienfonds > 51 % Aktien) am 1.1.2020 beträgt 50.000 €, am 31.12. 52.000 €.

Die Vorabpauschale beträgt somit 24,50 € (50.000 × 0,07 % × 0,7).

Verglichen wird die Vorabpauschale mit dem Zuwachs, den der Fonds bis zum 31.12. erzielt hat. Ist der Zuwachs geringer als die Vorabpauschale, wird dieser für die Abgeltungsteuer zugrunde gelegt.

Die so ermittelten fiktiven Einkünfte werden um die Steuerfreistellung von 30 % gekürzt. Der verbleibende Betrag von 17,15 € unterliegt der Abgeltungsteuer (25 % = 4,29 €). Als Zuflusszeitpunkt gilt der 1.1.2020.

Den Steuerbetrag muss der Anleger der Bank zur Verfügung stellen. I. d. R. wird dazu ein Verrechnungskonto vereinbart oder es erfolgt ein Teilverkauf der Fondsanteile. Der Anleger kann dieser Belastung widersprechen, muss dann aber die Erträge in seiner Steuererklärung angeben.

Verkauf von Fondsanteilen

Werden Fondsanteile eines ausschüttenden Fonds verkauft, ist der Differenzbetrag zwischen Verkaufserlös und Anschaffungskosten steuerpflichtig. Bei einem thesaurierenden Fonds trifft dies auch zu, allerdings werden die bereits versteuerten Vorabpauschalen angerechnet, sodass eine Doppelbesteuerung vermieden wird. In beiden Fällen erfolgt die Teilfreistellung des Unterschiedsbetrags.

Wird ein Fonds mit Verlust verkauft, erhöht sich der Verlust bei einem thesaurierenden Fonds um die Vorabpauschalen. Auch hier ist der Verlust nur mit dem Betrag steuerwirksam, der nicht der Teilfreistellung unterliegt.

Verkauf von Fondsanteilen – Altbestand vor 2009

Für Altbestände, die bereits vor Einführung der Abgeltungsteuer am 1.1.2009 angeschafft wurden und bei denen der Verkauf vor dem 1.1.2018 steuerfrei gewesen wäre (bestandsgeschützte Alt-Anteile), ist die Neuregelung u. U. von Nachteil. Anleger erhalten für diese Bestände beim Verkauf auf den Gewinn, der zwischen dem 31.12.2017 und dem Zeitpunkt der Veräußerung angefallen ist, einen Freibetrag von 100.000 € (Ehegatten doppelt). Ein darüber hinausgehender Ertrag ist allerdings zu versteuern. Voraussetzung für den Freibetrag ist, dass die Alt-Anteile seit der Anschaffung nicht im Betriebsvermögen gehalten wurden.

 BEISPIEL

Verkauf von Fondsanteilen – Altbestand

Der Fondsbestand eines Aktienfonds wurde 2006 für 200.000 € erworben. Zum 31.12.2017 betrug der Wert 250.000 €, verkauft wurde der Fonds für 400.000 €. Vom Veräußerungsgewinn bleibt der Betrag von 50.000 €, der bis zum 31.12.2017 angefallen ist, außer Betracht. Vom Restbetrag (150.000 €) wird der Freibetrag von 100.000 € abgezogen. Der verbleibende Gewinn von 50.000 ist zu 70 % steuerpflichtig (Teilfreistellung). Es verbleibt eine Steuerschuld von 8.750 € (50.000 × 70 % × 25 %).

WICHTIG

Freibetrag

Der persönliche Freibetrag von 100.000 € ist nur in der Veranlagung und nicht bei der Erhebung der Kapitalertragsteuer anzuwenden. Das bedeutet, dass die Bank zunächst einmal die volle Abgeltungsteuer einbehalten muss. Eine Erstattung gibt es dann mit dem Steuerbescheid.

Unterliegen die Erträge aus Investmentfonds im Rahmen der endgültigen Besteuerung nicht dem besonderen Steuersatz (§ 32d EStG), z. B. weil sie im Betriebsvermögen gehalten werden, können darauf entfallende Betriebsausgaben nur anteilig abgezogen werden, soweit die Teilfreistellung nicht gilt.

Weitere Auswirkungen: Die Anrechnung im Ausland gezahlter ausländischer Quellensteuern entfällt.

Rentenfonds sind von der Neuregelung nicht betroffen.

Für die steuerliche Behandlung der Einkünfte aus einem Spezial-Investmentfonds gelten abweichende Regeln: Der gesonderte Steuertarif nach § 32d EStG ist nicht anzuwenden und entfaltet somit keine Abgeltungswirkung; damit ist ein Abzug der tatsächlichen Werbungskosten nach § 20 Abs. 9 EStG möglich. Auf die Einkünfte ist der individuelle Steuersatz anzuwenden.

6 Einnahmen im Betriebsvermögen

Die Erträge werden im Rahmen der Gewinnermittlung erfasst und unterliegen somit der normalen Versteuerung (Einkommen- bzw. Körperschaftsteuer). Nach dem „Teileinkünfteverfahren" sind Dividenden und ähnliche Erträge zu 60 % steuerpflichtig. Es erfolgt eine Anrechnung der einbehaltenen Steuerbeträge. Außerdem sind Betriebsausgaben, die mit den Einnahmen in Zusammenhang stehen, in dem Verhältnis abzugsfähig, in dem sie steuerpflichtig sind.

7 Kirchensteuerpflicht

Die Bank muss einmal jährlich beim Bundeszentralamt für Steuern (BZSt) nachfragen, ob der Steuerpflichtige am 31.8. kirchensteuerpflichtig ist und auf der Basis der erteilten Auskunft die Kirchensteuer einbehalten und abführen. Das Ergebnis der Abfrage ist für die Bank bindend. Ändern sich später die Verhältnisse des Steuerpflichtigen, weil dieser z. B. nach dem 31.8. aus der Kirche austritt, können diese Änderungen nur mit der Steuererklärung geltend gemacht werden.

Durch einen Sperrvermerk kann verhindert werden, dass das BZSt der Bank Auskünfte erteilt. Anträge müssen bis zum 30. Juni beim BZSt eingegangen sein. Der Sperrvermerk verpflichtet dann aber zur Abgabe einer Steuererklärung.

Besteht Kirchensteuerpflicht, ermäßigt sich die Abgeltungsteuer um 25 % der auf die Kapitalerträge entfallenden Kirchensteuer. Die Steuer berechnet sich nach folgender Formel:

$$\frac{\text{Einkommen} - (\text{anr. ausl. Steuern} \times 4)}{4 + \text{Kirchensteuersatz}}$$

 BEISPIEL

Kirchensteuer bei Zinserträgen

A erzielt bei der B-Bank Zinserträge von 1.000 €. Ein Freistellungsauftrag besteht nicht. Der Kirchensteuersatz beträgt 9 %.

Die Einkommensteuer für die Kapitalerträge beträgt 244,50 € (1.000/ 4,09). An Kirchensteuer werden 22 € (9 % von 244,50 €) einbehalten.

 TIPP

Kirchensteuer als Sonderausgabe

Kirchensteuer, die im Rahmen des besonderen Einkommensteuersatzes anfällt, ist nicht als Sonderausgabe abzugsfähig. Kommt nachträglich die Günstigerprüfung zur Anwendung, ist die Kirchensteuer als Sonderausgabe abzugsfähig. Achten Sie darauf, dass diese im ESt-Bescheid berücksichtigt ist.

8 Nichtveranlagungsbescheinigung

Bei Vorliegen der Voraussetzungen und auf besonderen Antrag bescheinigt das Finanzamt, dass Steuerbürger nicht zur Einkommensteuer veranlagt werden (Nichtveranlagungsbescheinigung oder NV-Bescheinigung). Die Bescheinigung

wird widerruflich i.d.R. für drei Jahre ausgestellt.

Bei Vorlage einer NV-Bescheinigung können die Kreditinstitute von der Erhebung des Zinsabschlags absehen (§ 44a EStG). Von Bedeutung ist die NV-Bescheinigung für Schüler, Studierende und Rentner. Während ein Freistellungsauftrag nur bis zur Höhe der Freibeträge von 801 € bzw. 1.602 € gilt, entfällt der Zinsabschlag bei Vorlage einer Freistellungsbescheinigung für sämtliche Kapitaleinkünfte.

9 Ausfall einer privaten Darlehensforderung

 TIPP

Darlehensausfall berücksichtigen

Mit seiner Entscheidung, dass der endgültige Ausfall einer Kapitalforderung i.S.d. § 20 Abs. 1 Nr. 7 EStG einem Verkauf der Forderung gleichzusetzen ist und in der privaten Vermögenssphäre zu einem steuerlich anzuerkennenden Verlust führen kann, hat der BFH die Trennung von Vermögens- und Ertragsebene für Einkünfte aus Kapitalvermögen aufgegeben. Durch die Vorschriften zur Abgeltungsteuer können danach alle Wertveränderungen im Zusammenhang mit Kapitalanlagen erfasst werden, sowohl positiv als auch negativ.

Ein Verlust liegt vor, wenn die Rückzahlung der Kapitalforderung unter dem Nennwert des hingegebenen Darlehens bleibt. Die Zinszahlungen bleiben dabei außer Betracht. Allerdings verlangt der BFH den endgültigen Forderungsausfall, d. h. dass weitere Rückzahlungen nicht mehr zu erwarten sind. Die Eröffnung eines Insolvenzverfahrens reicht hierfür in der Regel nicht aus, bei einer Ablehnung der Eröffnung des Insolvenzverfahrens mangels Masse sind die Voraussetzungen erfüllt.

Auch derartige Verluste unterliegen der Verlustverrechnungsbeschränkung für Kapitaleinkünfte (§ 20 Abs. 6 EStG).

Ob auch ein Verzicht auf eine Darlehensforderung steuerlich zu berücksichtigen ist, hat der BFH ausdrücklich offengelassen (BFH, Urteil v. 24.10.2017, VIII R 13/15).

10 Veräußerung von Anteilen an Kapitalgesellschaften

Ein Gewinn oder Verlust aus der Veräußerung von Anteilen an einer Kapitalgesellschaft (z. B. GmbH) gehört nach § 17 EStG zu den Einkünften aus Gewerbebetrieb, wenn der Veräußerer irgendwann innerhalb der letzten fünf Jahre am Kapital der Gesellschaft unmittelbar oder mittelbar zu mind. 1 % beteiligt war. § 17 EStG greift also auch dann, wenn der Beteiligungsumfang zum Zeitpunkt der Veräußerung nicht mehr als 1 % beträgt, aber im Fünfjahreszeitraum eine Beteiligung von mind. 1 % vorgelegen hat. Steuerpflichtig ist dann auch der Verkauf eines Anteils von weniger als 1 %.

Der Veräußerungsgewinn/-verlust unterliegt dem Teileinkünfteverfahren (§ 3 Nr. 40 Satz 1 EStG) und wird dem Einkommen nur mit 60 % zugerechnet. Das gilt auch bei Anteilsveräußerungen nach § 17 EStG gegen wiederkehrende Bezüge (BFH, Urteil v. 18.11.2014, IX R 4/14).

Durch das JStG 2019 wurde der Anschaffungskostenbegriff in § 17 Abs. 2a EStG neu geregelt. Dieser ist auf Veräußerungen nach dem 31.7.2019 anzuwenden, auf Antrag auch früher. Anschaffungskosten sind alle Aufwendungen, die der Steuerpflichtige zum Erwerb des Anteils aufwenden muss. Dazu gehören neben dem Kaufpreis die Anschaffungsnebenkosten (z. B. Notargebühren) und die nachträglichen Anschaffungskosten, z. B. offene oder verdeckte Einlagen, Darlehensverluste oder Ausfälle von Bürgschaften. Für die beiden Letzteren gilt dies, soweit die Gewährung oder das Stehenlassen in der Krise der Gesellschaft gesellschaftsrechtlich veranlasst war. Dieses ist gegeben, wenn ein fremder Dritter die Mittel bei sonst gleichen Umständen zurückgefordert oder nicht gewährt hätte (unübliche Konditionen).

Die Gewinnermittlung ist nicht nach dem Zuflussprinzip, sondern zum Zeitpunkt der Veräußerung vorzunehmen. Fallen nachträglich noch Änderungen an, weil z. B. ein eigenkapitalersetzendes Darlehen ausfällt, muss der Einkommensteuerbescheid des Veräußerungsjahres geändert werden, auch wenn dieser bereits bestandskräftig ist (BFH, Urteil v. 16.6.2015, IX R 30/14).

Für den steuerpflichtigen Teil des Veräußerungsgewinns sieht § 17 Abs. 3 EStG einen Veräußerungsfreibetrag vor. Dieser beträgt 9.060 € bei einer

100%igen Beteiligung. Bei einem geringeren Anteil wird der Freibetrag nur anteilig gewährt (z. B. bei einer 30%igen Beteiligung 2.718 €). Beträgt der Veräußerungsgewinn mehr als 36.100 €, wird der Freibetrag um den übersteigenden Betrag gekürzt. Auch Verluste sind zu 60 % steuerwirksam.

 TIPP

Keine Verlustverrechnungs-beschränkung

Zu beachten ist, dass für derartige Verluste die Beschränkungen des § 20 Abs. 6 EStG (Verlustverrechnungs-beschränkung) nicht gelten, da die Einkünfte unter § 17 EStG fallen.

Nachträgliche Schuldzinsen für die Anschaffung einer im Privatvermögen gehaltenen wesentlichen Beteiligung, die auf Zeiträume nach der Veräußerung der Beteiligung entfallen, können seit 2009 nicht als nachträgliche Werbungskosten bei den Einkünften aus Kapitalvermögen abgezogen werden (BFH, Urteil v. 21.10.2014, VIII R 48/12).

11 Lohnt es sich, Zinseinkünfte auf Kinder zu verlagern?

Durch die Abgeltungsteuer ist die Vermögensübertragung auf Kinder aus ertragsteuerlichen Gründen unattraktiver geworden. Der Abgeltungsteuersatz ist für alle gleich, unabhängig von der Höhe der Einkünfte. Zwar könnte für die Kinder noch eine Berücksichtigung im Rahmen der Veranlagung beantragt werden, aber dann wird sich das Fi-

nanzamt sicher intensiv damit beschäftigen, ob eine anzuerkennende Übertragung vorliegt.

Wollen Sie trotzdem Vermögen übertragen, müssen Sie folgende Grundsätze beachten:

- Nach der Vermögensübertragung müssen die Kapitalanlagen auf den Namen des Kindes laufen.

- Außerdem muss der endgültige Übergang feststehen. Der Wille der Eltern sollte für die Bank eindeutig erkennbar sein (z. B. durch ausdrückliche Regelungen zur Begünstigung und Gläubigerstellung des Kindes).

- Für die steuerrechtliche Zurechnung der Kapitalerträge ist es erforderlich, dass die Eltern das Geldvermögen der Kinder wie fremdes Vermögen behandeln.

- Auslegungsschwierigkeiten können vermieden werden, wenn bei Errichten des Sparkontos klargestellt ist, dass eine Verfügungsbefugnis der Eltern nur auf dem elterlichen Sorgerecht (entspr. §§ 1626 ff. BGB) beruht und tatsächlich entsprechend verfahren wird.

- Die Zinseinkünfte sollten bei minderjährigen Kindern vorsorglich bis zur Volljährigkeit stehen gelassen werden. Schädlich ist es, wenn die Erträge für den Unterhalt des Kindes oder für Belange der Eltern verwendet werden. Bei volljährigen Kindern können die Eltern verlangen, dass das Kind die Erträge und das Vermögen zur Bestreitung seines Unterhalts einsetzt.

12 Automatisierter Kontenabruf durch das Finanzamt und andere Behörden

Derzeit sind inländische Kreditinstitute zum Zweck des Kontenabrufs verpflichtet, für jedes inländische Konto/Depot eine Datei mit folgenden Stammdaten anzulegen: Kontonummer, Datum der Einrichtung und Auflösung des Kontos, Name und Geburtsdatum des Kontoinhabers, Name und Geburtsdatum eines Verfügungsberechtigten/wirtschaftlich Berechtigten. Kontenstände und Kontenbewegungen sind nicht Teil der Stammdaten. Sie können jedoch grundsätzlich durch ein Auskunftsersuchen nach § 92 Satz 2 Nr. 1 AO und § 93 Abs. 1 AO bei der betreffenden Bank abgefragt werden.

Krankheitskosten

Krankheitskosten gehören zu den außergewöhnlichen Belastungen allgemeiner Art. Sie mindern, soweit sie eine zumutbare Eigenbelastung übersteigen, das zu versteuernde Einkommen.

§ 33 EStG

Vertiefend siehe → Außergewöhnliche Belastung, → Behinderte Menschen und → Pflegekosten/Heimunterbringung.

1 Abzugsvoraussetzungen

Der steuerliche Abzug von Krankheitskosten setzt voraus, dass die Aufwendungen infolge einer tatsächlichen Erkrankung angefallen sind und nicht lediglich gesundheitsfördernde Vorbeuge- oder Folgekosten darstellen. Da diese Abgrenzung schwierig sein kann, muss die Notwendigkeit der Kosten (Zwangsläufigkeit) auf Anforderung des Finanzamts nachgewiesen werden.

Nachweise

Nach § 64 EStDV ist als Beleg für die Zwangsläufigkeit der Ausgaben grundsätzlich ein **einfacher** Nachweis in Form einer Verordnung durch einen Arzt oder einen Heilpraktiker erforderlich. In bestimmten Fällen ist ein **qualifizierter** Nachweis in Form eines amtsärztlichen Gutachtens oder einer ärztlichen Bescheinigung des Medizinischen Dienstes der Krankenversicherung (MDK) vorgeschrieben.

Der qualifizierte Nachweis muss stets vor Beginn der Maßnahme vorliegen. Er ist erforderlich bei

- Bade- und Heilkuren,

- psychotherapeutischer Erst- oder Fortsetzungsbehandlung,

- einer medizinisch erforderlichen auswärtigen Unterbringung eines an Legasthenie oder einer anderen Behinderung leidenden Kindes (dasselbe gilt für den auswärtigen Schulbesuch eines hochbegabten Kindes oder für Aufwendungen zur Behandlung von Lese- und Rechtschreibschwäche oder für logopädische Therapien),

- der Notwendigkeit der Betreuung einer volljährigen Person (bei Begleitung minderjähriger Kinder genügt der einfache Nachweis) durch eine Begleitperson z. B. im Urlaub oder während einer Kur, sofern nicht bereits das Merkzeichen „H" (hilflos) im Behindertenausweis eingetragen ist,

- medizinischen Hilfsmitteln, die als allgemeine Gebrauchsgegenstände des täglichen Lebens angesehen werden (z. B. Garagenrolltor, Fahrstuhl, Auffahrrampe, Bewegungsbad),

- wissenschaftlich nicht anerkannten Behandlungsmethoden, d. h. wenn Qualität und Wirksamkeit nicht dem allgemein anerkannten Stand der medizinischen Erkenntnisse entsprechen (BFH, Urteil v. 26.6.2014, VI R 51/13). Aufwendungen sind bei einem Erkrankten mit nur noch begrenzter Lebenserwartung auch dann zwangsläufig, wenn die Methoden aus schulmedizinischer oder naturheilkundlicher Sicht nicht anerkannt sind. Dies gilt z. B. für Frisch- und Trockenzellenbehandlung, Sauerstoff-, Chelat- und Eigenbluttherapie, immunbiologische Krebsabwehrtherapie, Kosten eines Wasserionisierers oder eine Delfin- oder Reittherapie, Liposuktion (operative Fettabsaugung, BFH, Urteil v. 18.6.2015, VI R 68/14, BFH/NV 2015 S. 1480) sowie Reikibehandlung (BFH, Beschluss v. 21.2.2018, VI R 11/16).

In allen anderen Fällen reicht der einfache Nachweis, also z. B. bei medizinischen Hilfsmitteln (Brille, Hörgerät, Zahnersatz, Treppenschräglift, Sitzerhöhung, Badewannenlift, Haltegriffe, Hausnotruf bei behinderten Menschen, Spezialrauchmelder bei Gehörlosen), Austausch von Möbeln wegen Gesundheitsgefährdung (z. B. bei Hausstauballergie oder Formaldehydbelastung, Allergikerbettwäsche), Aufwendungen für eine künstliche Befruchtung, Kosten einer Laseroperation am Auge, einer Zahnbehandlung oder bei der Notwendigkeit von Besuchsfahrten zu Ehegatten oder Kindern im Krankenhaus zur Heilung bzw. Linderung einer Krankheit. Einzelheiten und weitere Einzelfälle s. u.

Bei einer dauerhaften Erkrankung mit anhaltendem Verbrauch bestimmter Medikamente oder Hilfsmittel reicht die einmalige Vorlage der (ärztlichen) Verordnung. Die Nachweise müssen nur auf Anforderung des Finanzamts vorgelegt werden.

 TIPP

Berufskrankheiten

Handelt es sich um eine typische Berufskrankheit (Staublunge eines Bäckers oder Bergmanns) oder besteht ein eindeutiger Zusammenhang mit dem Beruf (z. B. Strahlenschäden bei einem medizinisch-technischen Assistenten) oder wurde die Krankheit durch den Beruf verursacht (z. B. HIV-Infektion bei der Berufsausübung), sind die Krankheitskosten Werbungskosten oder Betriebsausgaben. Burnout ist keine typische Berufskrankheit (BFH, Beschluss v. 9.11.2015, VI R 36/13).

Einzelfälle

Absetzbar sind die unmittelbar angefallenen Krankheitskosten, insbesondere:

- Kosten für **ärztliche stationäre oder ambulante Behandlung** – auch für einen teuren Spezialarzt – oder einen **Heilpraktiker**

- **Arznei-, Heil- und medizinische Hilfsmittel** (einschließlich Rezeptgebühr) **nach Verordnung durch Arzt oder Heilpraktiker.** Nicht rezeptpflichtige Medikamente sind ebenfalls nur nach entsprechender Verordnung abziehbar. Bei länger andauernden Erkrankungen reicht die einmalige Vorlage einer Verordnung. Aufwendungen für **medizinische Fachliteratur** sind nicht abziehbar, selbst wenn sie dazu dient, die Entscheidung für eine bestimmte Therapie oder die Auswahl eines bestimmten Facharztes zu treffen.

- **Krankenhauskosten** (auch Ein- oder Zweibettzimmer, Chefarztbehandlung, nicht jedoch die Kosten für Telefon oder Fernseher). Es erfolgt keine Kürzung der Krankenhauskosten um eine Haushaltsersparnis.

- Aufwendungen für die **krankheitsbedingte Unterbringung** der eigenen Person in einem Heim. Sämtliche Kosten (einschließlich Unterbringung und Verpflegung) sind als Krankheitskosten zu behandeln. Eine Haushaltsersparnis ist nicht zu berücksichtigen. Ebenso abzugsfähig sind die Kosten aufgrund der **krankheitsbedingten Unterbringung eines nahen Angehörigen** im Pflegeheim. Vertiefend siehe → Pflegekosten/ Heimunterbringung.

Weitere Einzelfälle:

- **Aids:** Aufwendungen zur Behandlung von Aids sind abziehbar.

- **Allergie:** Kosten für den Austausch allergieauslösender Möbel (Asthma, Formaldehydbelastung) sind abzugsfähig, ebenso Aufwendungen für das Fällen der das Wohnhaus umgebenden Bäume, wenn dies wegen Pollenallergie notwendig ist (einfacher Nachweis ausreichend).

- Aufwendungen für den **behindertengerechten Umbau** einer Wohnung oder eines Gebäudes. Vertiefend siehe → Behinderte Menschen.

- **Aufwendungen für den krankheitsbedingten Umbau** einer Wohnung oder eines Gebäudes z. B. wegen Schadstoffbelastung. Vertiefend siehe → Außergewöhnliche Belastung.

- **Burn-out:** abzugsfähige Krankheitskosten mit qualifiziertem Nachweis (BFH, Beschluss v. 9.11.2015, VI R 36/13)

- **Diätverpflegung:** Mehraufwendungen für eine Diätverpflegung sind abzugsfähig, wenn es sich bei den Präparaten um Arzneimittel i. S. d. § 2 AMG (Arzneimittelgesetz) handelt, nicht dagegen Nahrungsergänzungsmittel (BFH, Urteil v. 15.4.2015, VI R 89/13). Hier gilt das gesetzliche Abzugsverbot.

- **Gesundheitssport:** Die Aufwendungen sind – ohne ärztliche Verordnung – auch dann nicht abziehbar, wenn sie wegen einer Erkrankung besonders notwendig oder ratsam sind

(z. B. „Rückenschule" oder „Aktivwoche 55+").

- **Fahrtkosten** in Zusammenhang mit ärztlichen Behandlungen sind abzugsfähig. Kosten, die anfallen, um einen kranken Angehörigen, der in seinem eigenen Haushalt lebt, zu betreuen und zu versorgen, können unter besonderen Umständen abziehbar sein bzw. über den Pflegepauschbetrag erfasst werden. Auch behinderte Menschen können Fahrtkosten geltend machen. Vertiefend siehe → Behinderte Menschen.

- **heileurythmische Behandlung:** Kosten sind grundsätzlich abzugsfähig, ein einfacher Nachweis ist ausreichend, da es sich um eine anerkannte Behandlungsmethode handelt (BFH, Urteil v. 26.2.2014, VI R 27/13).

- **künstliche Befruchtung:** Der Kostenabzug ist möglich, wenn die jeweilige Insemination zur gezielten medizinisch indizierten Behandlung zum Zwecke der Heilung oder Linderung der Empfängnisunfähigkeit der Frau bzw. Zeugungsunfähigkeit des Mannes (Ersatz der gestörten Körperfunktion) erfolgt. Abzugsvoraussetzung ist aber immer, dass die Maßnahme mit den (inländischen) Richtlinien der Berufsordnungen für Ärzte und dem Embryonenschutzgesetz (ESchG) in Einklang steht (BFH, Beschluss v. 19.4.2017, VI R 20/15). Unter dieser Voraussetzung wird der Kostenabzug bei homologischer Insemination (Samenspende vom Ehegatten) und bei heterologischer Insemination (Samen eines Dritten) anerkannt. Dies gilt für eine In-vitro-Fertilisation (IVF) und eine intrazytoplasmatische Spermieninjektion (ICSI), auch wenn sie im Ausland durchgeführt wird. Ein Verstoß gegen deutsches Recht liegt nicht vor, wenn zwar mehr als drei Eizellen befruchtet werden, aber lediglich ein oder zwei entwicklungsfähige Embryonen entstehen sollen (sog. deutscher Mittelweg) (BFH, Urteil v. 17.5.2017, VI R 34/15). Der Abzug ist auch bei einer in gleichgeschlechtlicher Partnerschaft lebenden unfruchtbaren Frau möglich (BFH, Urteil v. 5.10.2017, VI R 47/15).

- **Kur:** Die Aufwendungen für die Kur sind nur dann abziehbar, wenn die Kur zur Heilung oder Linderung einer festgestellten Krankheit notwendig ist und eine andere Behandlungsweise nicht oder kaum Erfolg versprechend erscheint. Ein qualifizierter Nachweis ist erforderlich.

Höhe der Kuraufwendungen:

- **Arzt- und Kurmittelkosten** (Bäder, Packungen, Massagen etc.) sind auch abzugsfähig, wenn die Notwendigkeit der Kur nicht nachgewiesen wurde, die Heilmittel aber ärztlich verordnet waren.

- **Unterbringungskosten** sind in tatsächlicher und angemessener Höhe abzugsfähig.

- **Verpflegungsmehraufwendungen** sind gekürzt um die Haushaltsersparnis (20 % der Aufwendungen) abzugsfähig.

- Kosten für **öffentliche Verkehrsmittel**, nur ausnahmsweise (entsprechend Behinderung) sind eigene Kfz-Kosten abziehbar.

- Bei **Auslandskuren** werden nur die Kosten einer vergleichbaren Inlandskur anerkannt.

- Bei **behinderten Menschen** können Aufwendungen für eine Heilkur auch dann geltend gemacht werden, wenn der Behindertenpauschbetrag abgezogen wird.

- Bei **Heilkur eines Kindes** muss das Kind während der Kur in einem Kinderheim untergebracht sein. Findet die Unterbringung nicht in einem Heim statt und wird das Kind von einem Elternteil begleitet, muss die vor Kurantritt ausgestellte amtsärztliche Bescheinigung beinhalten, dass und warum der Kurerfolg auch bei einer Unterbringung außerhalb des Kinderheims gewährleistet ist. Bei minderjährigen Kindern sind dann auch die Kosten einer Begleitperson abzugsfähig. Es genügt der einfache Nachweis (BFH, Urteil v. 5.10.2011, VI R 88/10).

- **Legasthenie:** Die Aufwendungen zur Behandlung einer Lese- und Rechtschreibschwäche sind abziehbar, wenn diese krankheitsbedingt ist. Ein qualifizierter Nachweis ist erforderlich.

- **naturheilkundliche Behandlung:** Für Angehörige besteht weder eine rechtliche noch eine sittliche Verpflichtung, eine von der Krankenkasse nicht bezahlte naturheilkundliche Krebsnachbehandlung in Höhe eines größeren Betrags für einen krankenversicherten Elternteil zu tragen.

- **Operationen** gehören zu den abzugsfähigen Krankheitskosten, nicht jedoch kosmetische und Schönheits-

operationen (z. B. Haartransplantationen), es sei denn, sie sind aus psychischen Gründen notwendig.

- **Pflegepersonal:** Pflegen Sie Angehörige selbst, erhalten Sie u. U. den Pflegepauschbetrag. Aufwendungen für eine ambulante Pflegekraft sind zusätzlich als Krankheitskosten abziehbar. Vertiefend siehe → Pflegekosten/Heimunterbringung.

- **Privatschulbesuch:** Die Kosten sind abzugsfähig, wenn der Schulbesuch mit individueller Förderung wegen der Behinderung eines Kindes begründet (Lese- und Rechtschreibschwäche) wird, weil eine geeignete öffentliche oder private Schule nicht zur Verfügung steht oder nicht in zumutbarer Weise erreicht werden kann. Dasselbe gilt für den auswärtigen Schulbesuch eines (kranken) hochbegabten Kindes, wenn dies medizinisch angezeigt ist. In allen Fällen ist ein qualifizierter Nachweis notwendig (BFH, Urteil v. 12.5.2011, VI R 37/10; BFH, Urteil v. 19.11.2015, VI R 45/14).

- **Trinkgeld an Ärzte, Praxisteam oder Krankenhauspersonal** ist nicht abzugsfähig.

2 Ersatz von dritter Seite

Von den Krankheitskosten sind Ersatzleistungen (Zahlungen der Krankenkasse, Beihilfen, Unterstützungen, Schadensersatz Dritter) abzuziehen, wenn mit der Erstattung (z. B. aufgrund der abgeschlossenen Krankenversicherung) gerechnet werden konnte, unabhängig davon, wann die Erstattung erfolgte. Wegen einer möglichen Beitragsrückerstattung der Krankenversicherung nicht geltend gemachte Kosten sind nicht abzugsfähig.

Leistungen aus der **Krankenhaustagegeldversicherung** sind bis zur Höhe der Krankenhauskosten anzurechnen, nicht dagegen **Krankentagegelder**, denn diese werden als Ersatz für entgangene Einnahmen wegen Arbeitsunfähigkeit gezahlt.

Kur

Aufwendungen für eine Kur (Kosten der Heilbehandlung, Fahrtkosten, Unterkunft, Verpflegung) können wie Krankheitskosten als außergewöhnliche Belastung abgezogen werden, wenn sie zur Heilung oder Linderung einer Krankheit nachweislich notwendig sind.

§ 33 EStG

Vertiefend siehe → Krankheitskosten.

Minijobs

Für alle, die etwas nebenbei verdienen wollen, bieten sich die Regelungen zum Minijob an. Bei Minijobverhältnissen zahlt man entweder keine bzw. geringe Abgaben. Auch ist der so erzielte Arbeitslohn nicht in der Steuererklärung anzugeben, da der Arbeitgeber alle Abgaben leistet. In diesem Beitrag finden Sie das Wichtigste, was Sie als Arbeitnehmer dazu wissen müssen. Für den Fall, dass Sie z. B. eine Reinigungskraft beschäftigen, lernen Sie hier auch das Haushaltsscheckverfahren aus Sicht des Arbeitgebers kennen.

§§ 8, 8a SGB IV, § 168 SGB VI, §§ 40a, 35a EStG

Vertiefend siehe → Haushaltsnahe Tätigkeiten/Dienstleistungen und → Pflegekosten/Heimunterbringung.

1 Geringfügig entlohnte Beschäftigung

Die Bedeutung der Entgeltgrenze

Bei der geringfügig entlohnten Beschäftigung darf der durchschnittliche Verdienst 450 € je Monat nicht überschreiten. Dabei sind die Vorschriften zum Mindestlohn zu beachten. Neben dem Arbeitsentgelt zu zahlende zusätzliche Beträge (z. B. Urlaubs- und Weihnachtsgeld) sind bei der Durchschnittsberechnung mit einzubeziehen, wenn die Zahlung mit hinreichender Sicherheit (Tarifvertrag, betriebliche Übung) erfolgen wird.

Entgeltgrenze

A erhält ein monatliches Entgelt von 440 € sowie ein tarifliches Weihnachtsgeld von 300 €.

Das Gesamtentgelt beträgt 5.580 €, durchschnittlich also 465 € je Monat. Da die Arbeitsentgeltgrenze von 450 € überschritten wird, ist der Arbeitnehmer von Beginn an sozialversicherungspflichtig.

Ein nur gelegentliches und nicht vorhersehbares Überschreiten der Arbeitsentgeltgrenze ist unschädlich.

Bei schwankendem Arbeitslohn ist die Prognose des Arbeitslohns maßgeblich. Ist danach von einer Beschäftigung unter 450 € auszugehen und tritt aufgrund nicht vorhersehbarer Umstände eine Änderung ein, bleibt es bei der Versicherungsfreiheit. Es reicht aus, eine Jahresprognose zu erstellen (Obergrenze 5.400 €), ohne die zu erwartenden monatlichen Arbeitsentgelte zu schätzen.

TIPP

Übungsleiterpauschale

Die nach § 3 Nr. 26 und Nr. 26a EStG steuerfreien Einnahmen von max. 2.400 € (Übungsleiterpauschale) und 720 € (Ehrenamtsfreibetrag) bleiben auch bei der sozialversicherungsrechtlichen Beurteilung außer Betracht. Vertiefend siehe → Zusatzeinkünfte und → Ehrenamt.

Mehrere Minijobs

Übt der Arbeitnehmer mehrere Minijobs nebeneinander aus, ist durch Zusammenrechnung des Arbeitslohns aller geringfügigen Beschäftigungsverhältnisse zu prüfen, ob die 450-Euro-Grenze überschritten wird.

BEISPIEL

Mehrere Minijobs

C verdient bei X monatlich 300 €. Ab September arbeitet er zusätzlich bei W für 180 € monatlich.

Ab September besteht Versicherungspflicht für **beide** Arbeitsverhältnisse, da die Grenze überschritten ist.

Minijobs neben einer Haupttätigkeit

Übt ein Arbeitnehmer neben einer versicherungspflichtigen Haupttätigkeit noch mehrere Minijobs aus, bleibt der zuerst aufgenommene Minijob versicherungsfrei. Alle weiteren Minijobs werden für die Renten-, Kranken- und Pflegeversicherung, nicht jedoch für die Arbeitslosenversicherung zusammengerechnet.

Beamte und Minijobs

Das Beamtenverhältnis wird aufgrund der Versicherungsfreiheit nicht mit Minijobs zusammengerechnet. Für die Renten- und Arbeitslosenversicherung werden die Minijobs so behandelt, als ob es keine Hauptbeschäftigung gäbe. Bei der Kranken- und Pflegeversicherung herrscht jedoch absolute Versicherungsfreiheit.

BEISPIEL

Beamte

Der Beamte D geht neben seiner Haupttätigkeit (monatlich 1.800 €) noch zwei Minijobs mit 200 € bzw. 280 € nach.

Beide Minijobs bleiben grundsätzlich kranken- und pflegeversicherungsfrei. Da das Entgelt der Minijobs 450 € übersteigt, fallen aber Pflichtbeiträge zur Renten- und Arbeitslosenversicherung an.

Nachträgliche Erhöhung des Arbeitsentgelts

Erhöht sich das Arbeitsentgelt nachträglich, z. B. durch eine rückwirkende Tariferhöhung, und wird dadurch die 450-Euro-Grenze überschritten, hat dies Auswirkungen nur für die Zukunft.

Rentenversicherungspflicht

Minijobs sind grundsätzlich versicherungspflichtig in der gesetzlichen Rentenversicherung. Dieser Personenkreis kann sich aber von der Versicherungspflicht in der Rentenversicherung befreien lassen.

Hierfür muss der Beschäftigte dem Arbeitgeber schriftlich mitteilen, dass er die Befreiung wünscht. Dann zahlt der Arbeitgeber weiterhin den Pauschalbeitrag zur Rentenversicherung, der Minijobber zahlt keinen eigenen Beitrag. Den Antrag des Arbeitnehmers muss der Arbeitgeber zu den Entgeltunterlagen nehmen, aber nicht an die Minijob-Zentrale senden. Ein Musterantrag zur Befreiung von der Rentenversicherungspflicht ist auf der Internetseite der Minijob-Zentrale zu finden.

Die Befreiung wirkt ab dem Kalendermonat des Eingangs beim Arbeitgeber, frühestens ab dem Beschäftigungsbeginn. Voraussetzung ist, dass der Arbeitgeber der Minijob-Zentrale die Befreiung innerhalb von sechs Wochen nach Eingang des Befreiungsantrags meldet.

Beiträge

Liegt eine geringfügig entlohnte Tätigkeit vor, muss der **Arbeitgeber** Beiträge zur Renten- und i. d. R. auch zur Krankenversicherung zahlen. Dabei ist zwischen

- Arbeitnehmern, die ausschließlich im Privathaushalt beschäftigt sind, und

- sonstigen Arbeitnehmern im gewerblichen Bereich

zu unterscheiden.

Gleitzone/Übergangsbereich

Während Arbeitnehmer mit einem Arbeitslohn von bis zu 450 € je Monat versicherungsfrei bleiben, sind Beschäftigte mit einem Lohn von mehr als 450 € (ggf. Summe aus mehreren Dienstverhältnissen) versicherungspflichtig. Beträgt der Arbeitslohn im Monat zwischen 450,01 € und 1.300 € (sog. „Übergangsbereich"), muss der Arbeitgeber den vollen Beitragssatz leisten, der Beitragssatz des Arbeitnehmers steigt mit der Höhe des Entgelts an.

2 Haushaltsscheck

Liegt eine **ausschließliche Beschäftigung im privaten Haushalt** vor und handelt es sich um Tätigkeiten, die sonst durch Haushaltsmitglieder erledigt werden (z. B. Reinigungs- oder Gartenarbeiten, Pflegetätigkeiten – auch Tagesmütter), gelten die Besonderheiten des **Haushaltsscheckverfahrens**.

Der Haushaltsscheck dient der Anmeldung von Sozialabgaben und der Pauschsteuer bei der Deutschen Rentenversicherung Knappschaft-Bahn-See (Minijob-Zentrale).

Den Haushaltsscheck muss der Arbeitgeber zu Beginn und zum Ende jeder Beschäftigung eines Arbeitnehmers sowie dann abgeben, wenn sich dessen Entgelt ändert. Ist ein fester Lohn vereinbart, gilt die Beginnmeldung als Dauerbeleg. Schwankt die Höhe des Arbeitslohns, muss der Arbeitgeber der Minijob-Zentrale jeweils bis zum 30.6. und 31.12. auf einem Vordruck die gezahlten Löhne des vorangegangenen Halbjahres melden.

Auf der Basis dieser Angaben errechnet die Einzugsstelle den Beitrag und zieht diesen am 31. Juli bzw. 31. Januar für die jeweils vorhergehenden sechs Monate im Lastschriftverfahren ein.

Verzichtet der Arbeitnehmer auf die Rentenversicherungsfreiheit, muss er die Differenz zum Regelbeitrag (Aufstockungsbetrag) in Höhe von 13,6 % (Minijob im Haushalt) selbst tragen. Diese wird beim Arbeitgeber zusammen mit den Pauschalsätzen eingezogen. Hier ist die Mindestbemessungsgrundlage zu beachten, denn der zu zahlende monatliche Rentenversicherungsbeitrag ist von mind. 175 € zu berechnen.

 BEISPIEL

Haushaltsscheckverfahren

Die Haushaltshilfe H verdient im Monat 100 €. Sie ist rentenversicherungspflichtig. Der Arbeitgeber (Privathaushalt) muss folgende Abgaben leisten:

Krankenversicherung (5 %)	5,00 €
Rentenversicherung AG-Anteil 5 % von 100 €	5,00 €
Rentenversicherung AN-Anteil 18,6 % von 175 € (32,55 €) abzgl. AG-Anteil (5,00 €)	27,55 €
Umlage U1 (Lohnfortzahlung bei Krankheit) 0,9 %	0,90 €
Umlage U2 (wegen Schwangerschaft/Mutterschaft) 0,19 %	0,19 €
Unfallversicherung	1,60 €
Steuer	2,00 €

Der Arbeitnehmer bekommt noch (100 € – 27,55 € =) 72,45 € ausbezahlt. Der Arbeitgeber zahlt den Arbeitnehmeranteil von 27,55 € und den eigenen Anteil von 14,69 € an die Minijob-Zentrale.

Ist der Arbeitnehmer von der Rentenversicherungspflicht befreit, bekommt er 100 € ausbezahlt und der Arbeitgeber zahlt nur 14,69 € an die Minijob-Zentrale. (Alle Beitragssätze nach dem Stand von 2020; die Sätze für 2021 lagen bei Redaktionsschluss noch nicht vor.)

Vordrucke

Vordrucke sind erhältlich bei der Deutschen Rentenversicherung Knappschaft-Bahn-See, Minijob-Zentrale, 45115 Essen, und im Internet.

3 Steuerermäßigung bei haushaltsnahen Beschäftigungen/ Dienstleistungen

Zur Steuerermäßigung bei einer geringfügigen oder sozialversicherungspflichtigen Beschäftigung im Haushalt (→Minijob) bzw. zur Beschäftigung durch eine Wohnungseigentümergemeinschaft siehe → Haushaltsnahe Tätigkeiten/Dienstleistungen.

Orkanschäden/Naturkatastrophen

Bei Schäden infolge von Naturkatastrophen wie z. B. Orkan, Starkregen, Hagel oder Überflutung, versucht die Finanzverwaltung, den Betroffenen durch entsprechende Verwaltungserlasse über steuerliche Erleichterungen zu helfen.

1 Mögliche steuerliche Erleichterungen

Zu den möglichen Maßnahmen gehören:

- zinslose Stundung fälliger Steuerschulden

- Verzicht auf Säumniszuschläge bei verspäteter Zahlung

- Billigkeitsmaßnahmen bei Verlust von Buchführungsunterlagen und sonstigen Aufzeichnungen

- Sonderabschreibung für betrieblich neu angeschaffte Wirtschaftsgüter

- Sonderabschreibungen für vermietete Gebäude

- Abzug der Reparaturkosten eines selbst genutzten Hauses und der Wiederbeschaffungskosten für durch das Ereignis verloren gegangenen oder unbrauchbar gewordenen Hausrat als → Außergewöhnliche Belastung.

Hinweis: Wichtiges zum Thema „Orkanschäden/Naturkatastrophen" finden Sie auch auf http://mybook.haufe.de unter „Weiterführende steuerliche Informationen".

Pensionen/Betriebsrenten

Beamtenpensionen und Betriebsrenten, die der frühere Arbeitgeber zahlt, gehören als Arbeitslohn zu den Einkünften aus nichtselbstständiger Arbeit. Soweit es sich dabei um einen Versorgungsbezug handelt, bleibt ein Teil davon steuerfrei.

§ 19 Abs. 2 EStG

1 Beamtenpensionen

Beamtenpensionen sind Bezüge des öffentlichen Dienstes aus einem früheren Dienstverhältnis und stets **Versorgungsbezüge.** Dazu gehören auch Zahlungen, die als Ruhegehalt, Witwen- oder Waisengeld, Unterhaltsbeiträge oder als gleichartige Bezüge aufgrund beamtenrechtlicher oder entsprechender gesetzlicher Vorschriften oder nach beamtenrechtlichen Grundsätzen von Körperschaften, Anstalten oder Stiftungen des öffentlichen Rechts oder öffentlich-rechtlichen Verbänden von Körperschaften geleistet werden, sowie Sterbegelder und Bezüge der Beamten im einstweiligen Ruhestand (§ 19 Abs. 2 Nr. 1 EStG).

2 Betriebsrenten/ Werkspensionen

Betriebsrenten bzw. Werkspensionen sind Bezüge aus dem privaten Dienst. Hierunter fallen Bezüge und Vorteile aus früheren Dienstleistungen, z. B. auch Leistungen aus einer betrieblichen Unterstützungskasse des ehemaligen Arbeitgebers oder Vorruhestandsleistungen. Werden diese ab dem Erreichen einer Altersgrenze (Vollendung des 63. Lebensjahres oder als schwer behinderter Mensch – Grad der Behinderung > 50 % – Vollendung des 60. Le-

bensjahres) gezahlt oder wegen Berufsunfähigkeit, Erwerbsunfähigkeit oder als Hinterbliebenenbezüge gewährt, handelt es sich ebenfalls um **Versorgungsbezüge** (§ 19 Abs. 2 Nr. 2 EStG).

 HINWEIS

Andere Renten

Renten aus der gesetzlichen Rentenversicherung (z. B. gesetzliche Altersrente), aus berufsständischen Versorgungswerken, Direktversicherungsverträgen, Pensionsfonds, Pensionskassen sowie Rürup- und Riester-Renten gehören zu den sonstigen Einkünften (§ 22 EStG), für die eine andere Besteuerung gilt. Vertiefend siehe → Renten.

3 Versorgungsfreibetrag und Zuschlag

Versorgungsbezüge bleiben über einen Versorgungsfreibetrag und einen Zuschlag zum Freibetrag teilweise steuerfrei.

Die Höhe des Versorgungsfreibetrags und des Zuschlags richtet sich nach dem Jahr, in dem erstmals ein Versorgungsbezug vorlag. War dies 2005 oder früher, beträgt der Freibetrag 40 % der

Versorgungsbezüge, höchstens 3.000 € jährlich, und der Zuschlag 900 €. Freibetrag und Zuschlag werden für jeden ab 2006 in den Ruhestand tretenden Rentnerjahrgang abgeschmolzen. Liegt der Versorgungsbeginn im Jahr 2020, beträgt der Freibetrag nur noch 16 % des Versorgungsbezugs, max. 1.200 € zuzüglich eines Zuschlags von 360 €. Bemessungsgrundlage für den Freibetrag ist das Zwölffache des Versorgungsbezugs für den **ersten vollen Monat** des Versorgungsbezugs (frühestens Januar 2005).

Der im Erstjahr so ermittelte Jahresversorgungsfreibetrag und der Zuschlag gelten grundsätzlich **für die gesamte Laufzeit des Versorgungsbezugs**. Die jeweils gültigen Prozentsätze, Höchstbeträge und Zuschläge ergeben sich aus einer Tabelle in § 19 Abs. 2 EStG.

Werden Versorgungsbezüge nur für einen Teil des Kalenderjahres gezahlt, sind der auf das Kalenderjahr hochgerechnete Freibetrag und der Zuschlag zeitanteilig zu berücksichtigen.

 BEISPIEL

Werkspension

Ein verheirateter Steuerpflichtiger (64 Jahre), der seit Juni 2020 (= erster Versorgungsmonat) im Ruhestand ist, bekommt ab da vom früheren Arbeitgeber eine Werkspension von monatlich 450 €.

Bei der Werkspension handelt es sich um Arbeitslohn, der wegen Überschreitens der Altersgrenze (63 Jahre) als Versorgungsbezug begünstigt besteuert wird. Der Versorgungsfreibetrag ermittelt sich mit: 12 × 450 € = 5.400 €, davon 16 % = 864 € (maximal 1.200 €) + Zuschlag 360 € = 1.224 €. Ab dem folgenden Jahr (2021) bleiben von der Werksrente, auch wenn sie sich erhöht, jährlich 1.224 € steuerfrei. Für 2020 beträgt der steuerfreie Teil (ab Juni) 7/12 von 1.224 € = 714 €. Damit sind 2020 4.686 € (5.400 € – 714 €) steuerpflichtiger Arbeitslohn.

4 Werbungskosten

Bezieher von Versorgungsbezügen erhalten einen **Werbungskostenpauschbetrag von 102 €**, wenn sie keine höheren tatsächlichen Ausgaben, z. B. Beratungs- oder Prozesskosten in Zusammenhang mit dem Versorgungsbezug, nachweisen.

Wurde neben dem Versorgungsbezug auch anderer Arbeitslohn bezogen, sind der Arbeitnehmerpauschbetrag (1.000 €) und der Werbungskostenpauschbetrag (102 €) **nebeneinander** zu berücksichtigen, wenn jeweils keine tatsächlich höheren Aufwendungen vorliegen.

Beziehen **beide Ehegatten** Versorgungsbezüge, erhält jeder seinen Freibetrag und seinen Werbungskostenpauschbetrag.

TIPP

Vereinfachte Steuererklärung

Haben Sie außer Renten und Pensionen keine weiteren Einkünfte, können Sie in einigen Bundesländern eine vereinfachte Steuererklärung, die „**Erklärung zur Veranlagung von Alterseinkünften**", die nur aus einem zweiseitigen Vordruck besteht, abgeben.

Pflegekosten/Heimunterbringung

Aufwendungen für die Pflege einer Person können steuerlich auf verschiedene Arten berücksichtigt werden. Maßgebend für Art und Höhe des Kostenabzugs ist, wer gepflegt wird und wo die Pflege stattfindet.

1 Allgemeines

Pflegeaufwendungen

Zu den Pflegekosten gehören die Aufwendungen für die Beschäftigung einer ambulanten Pflegekraft und/oder die Inanspruchnahme von (anerkannten) Pflegediensten, von Einrichtungen der Tages- und Nachtpflege, der Kurzzeitpflege oder von nach Landesrecht anerkannten niedrigschwelligen Betreuungsangeboten. Für die Steuerermäßigung wegen Pflegeleistungen (s. u.) reichen Dienstleistungen zur Grundpflege (Körperpflege, Ernährung, Mobilität) – unabhängig von der Qualifikation der pflegenden Person – aus.

Mögliche Fallgestaltungen

Zu unterscheiden sind:

a) Aufwendungen für die **eigene Person** oder Pflege des zusammenveranlagten **Ehegatten** und

- Pflege im eigenen Haushalt oder bei der pflegenden Person,

- pflege-, behinderungs- oder krankheitsbedingte Heimunterbringung,

- altersbedingte Heimunterbringung.

b) Aufwendungen für die Pflege eines **Angehörigen** und

- Pflege im Haushalt des Angehörigen oder der pflegenden Person,

- pflege-, behinderungs- oder krankheitsbedingte Heimunterbringung,

- altersbedingte Heimunterbringung.

Mögliche Steuervergünstigungen

Die Kosten sind als allgemeine außergewöhnliche Belastungen (§ 33 EStG), als Unterhaltszahlung (§ 33a Abs. 1 EStG), über den Pauschbetrag für behinderte Menschen (§ 33b Abs. 1 bis 5 EStG), einen Pflegepauschbetrag (§ 33b Abs. 6 EStG) oder über eine Steuerermäßigung (§ 35a Abs. 2 EStG) berücksichtigungsfähig. Teilweise sind die Vorschriften nebeneinander anwendbar, teilweise schließen sie sich aus.

2 Steuerlicher Abzug

Aufwendungen für die eigene Person oder den Ehegatten

Außergewöhnliche Belastung

Pflegeaufwendungen (Inanspruchnahme einer ambulanten oder im Haushalt lebenden Pflegekraft oder eines Pflegedienstes, Tages- und Nachtpflege, Kurzzeitpflege) sind, nach Abzug von Ersatzleistungen (s. u.) als allgemeine außergewöhnliche Belastungen (§ 33 EStG) unter Anrechnung der zumutbaren Eigenbelastung abzugsfähig, wenn die Pflege wegen Pflegebedürftigkeit (Nachweis durch einen Pflegegrad 1–5 oder Merkzeichen „H" oder „BL" im Behindertenausweis notwendig), Krankheit oder Behinderung (jeweils Nachweis durch fachärztliche Bescheinigung notwendig) zwangsläufig ist.

Für den Kostenteil, der sich wegen der zumutbaren Eigenbelastung steuerlich nicht auswirkt, und für das erhaltene Pflegegeld nach § 37 SGB XI für einen selbst beschafften Pflegedienst, das den Kostenabzug ebenfalls gemindert hat, kann (zusätzlich) eine Steuerermäßigung nach § 35a Abs. 2 EStG (s. u.) beansprucht werden.

Alternativ kann auf den Abzug als außergewöhnliche Belastungen vollständig verzichtet und die Steuerermäßigung für alle Pflegekosten nach Abzug der Ersatzleistungen (außer dem Pflegegeld nach § 37 SGB XI für einen selbst beschafften Pflegedienst) beantragt werden.

 TIPP

Wahlrecht nutzen

Die Wahl der Steuerermäßigung für sämtliche Aufwendungen ist nur sinnvoll, wenn das zu versteuernde Einkommen nur gering (Steuersatz < 20 %) ist und die Aufwendungen maximal 10.000 € betragen.

Erfolgt aus den oben genannten Gründen eine Unterbringung in einem Pflegeheim, sind grundsätzlich die Gesamtkosten abzugsfähig. Zur Berücksichtigung der nicht abzugsfähigen Kosten für Wohnen und Verpflegung werden diese wegen der gleichzeitigen Auflösung des eigenen Haushalts um eine Haushaltsersparnis von 9.408 € im Jahr gekürzt. Sind beide Ehegatten im Heim, wird bei jedem die Haushaltsersparnis berücksichtigt (BFH, Urteil v. 4.10.2017, VI R 22/16). Soweit Pflegegeld für einen selbst beschafften Pflegedienst (§ 37 SGB XI) gezahlt wurde, ist dieser Betrag ebenfalls anzurechnen. Da im Pflegeheim kein eigenständiger Haushalt geführt wird, ist eine Steuerermäßigung für die Pflegeaufwendungen nicht möglich.

Erfolgt die Pflege (nur) altersbedingt, also ohne Pflegestufe und auch nicht behinderungs- oder krankheitsbedingt, sind nur durch einen **anerkannten Pflegedienst** erbrachte Leistungen als außergewöhnliche Belastung abzugsfähig. Erfolgt die Pflege im eigenen Haushalt bzw. einem abgeschlossenen Haushalt im Heim (betreutes Wohnen), ist für alle Pflegeaufwendungen die Steuerermäßigung nach § 35a Abs. 2 EStG (s. u.) möglich.

Pauschbetrag für behinderte Menschen

Behinderte Menschen können für die behinderungsbedingten Mehrkosten einen Pauschbetrag geltend machen. Vertiefend siehe → Behinderte Menschen. Da mit dem Pauschbetrag auch sämtliche Pflegekosten abgegolten sind, können bei Inanspruchnahme des Pauschbetrags weder tatsächliche behinderungsbedingte Kosten noch Pflegekosten als außergewöhnliche Belastungen abgesetzt und auch keine Steuerermäßigung geltend gemacht werden.

Steuerermäßigung

Die Steuerermäßigung nach § 35a Abs. 2 EStG ist möglich, wenn die Pflege bzw. Betreuung im **Haushalt** der pflegenden Person oder im Haushalt der gepflegten Person stattfindet oder wenn die Pflege z. B. im Rahmen des betreuten Wohnens in einem Heim in einem **abgeschlossenen** eigenen **Haushalt** erfolgt. Es ist weder eine Pflegebedürftigkeit oder der Bezug von Leistungen aus der Pflegeversicherung erforderlich noch eine besondere Qualifikation der pflegenden Person. Begünstigt ist bereits die Grundpflege am Menschen (Körperpflege, Ernährung, Mobilität). Weitere Voraussetzung ist, dass die Kosten nicht als außergewöhnliche Belastungen abgezogen werden, entweder soweit sich die Kosten wegen der zumutbaren Eigenbelastung nicht auswirken oder wenn auf den Abzug verzichtet wird (Wahlrecht). Die Ermäßigung beträgt 20 % aus max. 10.000 € Aufwendungen jährlich. Vertiefend siehe → Haushaltsnahe Tätigkeiten/Dienstleistungen.

Aufwendungen für Angehörige

Wurden Aufwendungen für den Unterhalt, die Betreuung oder Pflege eines **Angehörigen** gezahlt, sind die Kosten als (eigene) außergewöhnliche Belastung allgemeiner Art (§ 33 EStG) oder über eine Steuerermäßigung (§ 35a Abs. 2 EStG) berücksichtigungsfähig.

 ACHTUNG

Pflegeaufwendungen für Dritte

Hat der pflegebedürftige Dritte im Hinblick auf sein Alter (ab 65 Jahren) oder eine etwaige Bedürftigkeit Vermögenswerte (z. B. Grundstück, Geldvermögen) übertragen, kommt ein Abzug von Pflegekosten nur in Betracht, soweit die Aufwendungen den Wert des hingegebenen Vermögens übersteigen.

Sofern die Aufwendungen (auch bei Heimunterbringung) nicht wegen Pflegebedürftigkeit, Behinderung oder krankheitshalber angefallen sind, ist der Abzug als allgemeine außergewöhnliche Belastung nur möglich, soweit die Kosten durch einen **anerkannten Pflegedienst** (§ 89 SGB XI) erbracht werden. Für andere Aufwendungen ist nur der Abzug als Unterhaltszahlung (§ 33a Abs. 1 EStG) möglich. Einkünfte und Bezüge der unterstützten Person werden dabei angerechnet (§ 33a Abs. 1 EStG). Vertiefend siehe → Unterhaltszahlungen.

Alternativ ist für Pflegeleistungen, sofern diese im Haushalt der pflegenden oder im Haushalt der gepflegten Person erbracht wurden, die Steuerermäßigung möglich.

Bei pflege-, behinderungs- oder krankheitsbedingter Unterbringung des Angehörigen im Pflegeheim sind sämtliche Kosten als außergewöhnliche Belastung abzugsfähig. Während die Rechtsprechung alle Kosten als außergewöhnliche Belastung allgemeiner Art (§ 33 EStG) behandelt und davon die zumutbare Eigenbelastung abzieht, teilt die Finanzverwaltung die Kosten auf in einen Teil, der auf Wohnen und Nahrung entfällt und nur als Unterhaltszahlung über § 33a Abs. 1 EStG abzugsfähig ist, und den restlichen Teil, für den der Abzug über § 33 EStG möglich ist. Je nach Fallgestaltung führt die eine oder andere Variante zu einer höheren Steuerersparnis.

Hinweis: Berechnungshilfen, aus denen auf einen Blick ersichtlich ist, welche Steuervergünstigungen je nach Fallgestaltung möglich sind, finden Sie auf http://mybook.haufe.de unter „Der Steuerkalkulator".

Pflegepauschbetrag

Einen Pauschbetrag von 924 €/Jahr kann die Person, die die Pflege **persönlich** durchführt, als außergewöhnliche Belastung geltend machen, vorausgesetzt, die Pflege erfolgt in ihrer Wohnung oder in der Wohnung der zu pflegenden Person innerhalb der EU (§ 33b Abs. 6 EStG). Die (zusätzliche) Inanspruchnahme von Pflegediensten ist unschädlich. Weitere Voraussetzungen sind, dass die gepflegte Person nicht

nur vorübergehend hilflos ist (Pflegegrade 4 oder 5 oder Merkzeichen H im Behindertenausweis) und dass die pflegende Person durch die Pflege keine Einnahmen hat. Schädlich ist sowohl eine direkte Entlohnung als auch wenn das Pflegegeld, das die Pflegeversicherung an die gepflegte Person zahlt, an die pflegende Person weitergegeben wird. Unschädliche Einnahmen sind die von der Pflegeversicherung während der Pflegezeit übernommenen Sozialversicherungsbeiträge. Unter diesen Voraussetzungen sind alternativ auch die tatsächlichen Kosten der pflegenden Person für die Pflege unter Berücksichtigung der zumutbaren Eigenbelastung als allgemeine außergewöhnliche Belastung (§ 33 EStG) abzugsfähig (Wahlrecht).

3 Ersatzleistungen/ Pflegegelder/Pflegehilfe

Leistungen an die gepflegte Person aus der gesetzlichen oder privaten Pflegeversicherung sind nach § 3 Nr. 1 Buchst. a EStG steuerfrei. Auch die Weiterleitung des Pflegegeldes (§ 37 SGB XI) an einen Angehörigen, der die Pflege übernimmt, bleibt bei diesem nach § 3 Nr. 36 EStG steuerfrei.

Alle von der Pflegeversicherung ersetzten Kosten, z. B. das Pflegegeld nach § 37 SGB XI (für selbst übernommene bzw. selbst organisierte Pflege), Leistungen im Rahmen des persönlichen Budgets i. S. d. § 17 SGB IX, Leistungen nach § 36 SGB XI (Pflegesachleistungen, häusliche Pflegehilfe) sowie für zusätzliche Betreuungsleistungen (§ 45b SGB XI) mindern den als außergewöhnliche Belastung abziehbaren

Betrag. Soweit die Pflege im eigenen Haushalt stattfindet, kann (nur) für das erhaltene Pflegegeld nach § 37 SGB XI (selbst beschaffter Pflegedienst) gleichzeitig eine Steuerermäßigung (§ 35a EStG) in Anspruch genommen werden.

Renten

Renten, die nicht vom früheren Arbeitgeber gezahlt werden, fallen unter die Einkunftsart „sonstige Einkünfte". Die Höhe der Besteuerung hängt davon ab, wie die Beiträge ursprünglich in der Ansparphase steuerlich behandelt wurden. Die bisherige Anlage R wurde in drei Anlagen aufgeteilt. Anlage R für Renten aus dem Inland, Anlage R-AUS für Renten aus ausländischen Versicherungen bzw. einem ausländischen Rentenvertrag und Anlage R-AV/bAV für Leistungen aus Altersvorsorgeverträgen und aus der betrieblichen Altersversorgung.

§ 22 EStG

1 Abgrenzung der Einkunftsarten

Versorgungsbezüge

Renten und andere Vorteile, die aus einem früheren Dienstverhältnis zufließen, stellen Versorgungsbezüge dar und werden im Rahmen der Einkünfte aus nichtselbstständiger Arbeit besteuert (§ 19 ESt). Dazu gehören insbesondere die **Betriebsrente**, die der frühere Arbeitgeber bezahlt, und die **Beamtenpension**. Vertiefend siehe → Pensionen/Betriebsrenten.

Steuerfreie Renten

Nicht alle Renten unterliegen der Besteuerung. So sind z. B. folgende Renten steuerfrei:

- Renten aus der gesetzlichen Unfallversicherung (Berufsgenossenschaft) (§ 3 Nr. 1a EStG)

- Renten einer privaten Pflegeversicherung (§ 3 Nr. 1a EStG)

- der Abfindungsbetrag einer Witwen- oder Witwerrente wegen Wiederheirat des Berechtigten (§ 3 Nr. 3a EStG)

- Renten, die wegen der Anrechnung von Kindererziehungszeiten an Mütter der Geburtsjahrgänge vor 1921 gezahlt werden (§ 3 Nr. 67 EStG)

- Renten, die an Wehrdienst- oder Zivildienstbeschädigte oder deren Hinterbliebene gezahlt werden (§ 3 Nr. 6 EStG)

- Renten aufgrund der gesetzlichen Vorschrift zur Wiedergutmachung nationalsozialistischen Unrechts (§ 3 Nr. 8 EStG) und SED-Opferrenten (§ 3 Nr. 23 EStG)

Sonstige Einkünfte

Renten, die nicht der frühere Arbeitgeber zahlt und die nicht steuerfrei sind, werden als „sonstige Einkünfte" nach § 22 EStG besteuert. Es handelt sich dabei um Leibrenten, d. h. Renten, die auf Lebenszeit gezahlt werden, und um abgekürzte Leibrenten mit einer Höchstlaufzeit. Reine Zeitrenten werden nicht als „sonstige Einkünfte" besteuert.

Die Besteuerung der Renten ist nicht einheitlich, weil auch die Beiträge in der Ansparphase steuerrechtlich unterschiedlich behandelt wurden.

2 Gesetzliche Renten und Rürup-Renten

Die Renten aus

- der **gesetzlichen Rentenversicherung** (Alters-, Erwerbsminderungs-, Berufsunfähigkeits-, Witwen- oder Witwerrenten, Waisenrenten, Erziehungsrenten (BFH, Urteil v. 19.8.2013, X R 35/11),

- der **landwirtschaftlichen Alterskasse**,

- **berufsständischen Versorgungseinrichtungen** (z. B. Versorgungswerk der Ärzte, Architekten, Rechtsanwälte, Zahnärzte usw.) und

- **Rürup-Verträgen** Dies sind private Versicherungen, die nicht kapitalisierbar, nicht übertragbar – Ausnahmen: Scheidungsfolge; Übertragung auf andere Versicherung –, nicht beleihbar, nicht veräußerbar und nicht vererblich sind. Die Absicherung der Berufsunfähigkeit, der Erwerbsminderung oder von Hinterbliebenen ist

möglich. Die angesparte Summe darf nicht im Rahmen einer Einmalzahlung ausgezahlt werden, sondern ausschließlich als lebenslange monatliche Rente. Die Auszahlung darf frühestens mit Vollendung des 62. Lebensjahres – bei Verträgen vor 2011 des 60. Lebensjahres – beginnen.

werden nach § 22 Nr. 1 Satz 3 Buchst. a) Doppelbuchst. aa) EStG mit dem Besteuerungsanteil besteuert.

Besteuerungsanteil

Die Besteuerung erfolgt nach dem sog. Kohorten-Prinzip, d. h. die Höhe des Besteuerungsanteils richtet sich nach dem **Jahr des Rentenbeginns**. Für alle Neurentner eines Jahres gilt derselbe Prozentsatz. Der **Besteuerungsanteil** beträgt für Renten, die spätestens im Jahr 2005 erstmals gezahlt wurden, 50 %. Für jeden neu hinzukommenden Rentenjahrgang (Kohorte) erhöht sich der Prozentsatz ab 2006 um jährlich 2 % und ab 2021 um jährlich 1 %.

Jahr des Rentenbeginns	Besteuerungsanteil in %
bis 2005	50
2006	52
2007	54
...	...
2019	**78**
2020	**80**
2021	**82**
...	...
2039	99
2040	100

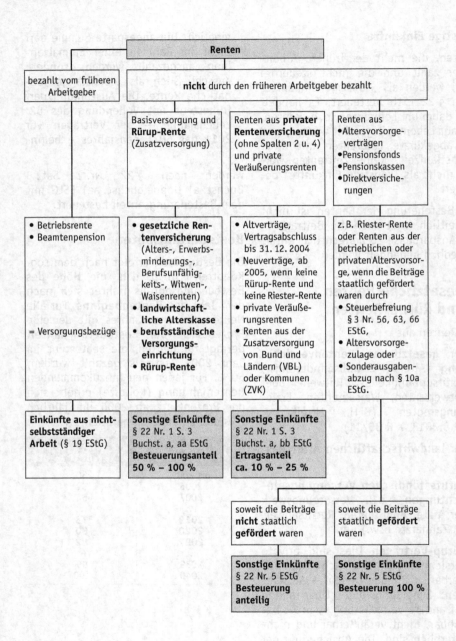

Damit wird die Rentenbesteuerung in die **nachgelagerte Besteuerung** übergeführt. Der BFH hat die Regelung als verfassungsrechtlich unbedenklich anerkannt (BFH, Urteil v. 26.11.2008, X R 15/07). Das Bundesverfassungsgericht hat im September 2015 drei gegen die Rentenbesteuerung gerichtete Verfassungsbeschwerden nicht zur Entscheidung angenommen und damit die Verfassungsmäßigkeit bestätigt (BVerfG, 2 BvR 2683/11, 2 BvR 1066/10, 2 BvR 1961/10).

 ACHTUNG

Verfassungswidrigkeit der nachgelagerten Rentenbesteuerung?

In zwei derzeit anhängigen Verfahren muss der BFH erneut prüfen, ob im Rahmen der Übergangsregelung zur nachgelagerten Besteuerung eine verfassungswidrige Zweifachbesteuerung von Altersvorsorgeaufwendungen und Altersbezügen vorliegt (BFH, Az. X R 20/19 und X R 33/19). Betroffene Rentner können Einspruch einlegen und unter Hinweis auf die Musterverfahren das Ruhen ihres Verfahrens nach § 363 AO beantragen.

Unter „**Beginn der Rente**" ist der Zeitpunkt zu verstehen, ab dem die Rente (ggf. nach rückwirkender Zubilligung) tatsächlich bewilligt wird. Das Datum ergibt sich aus dem Rentenbescheid. Wird die bewilligte Rente zunächst bis auf 0 € gekürzt, z.B. weil eigene Einkünfte anzurechnen sind, steht dies dem Beginn der Rente nicht entgegen und unterbricht die Laufzeit der Rente nicht. Verzichtet der Rentenberechtigte in Kenntnis der Kürzung der Rente auf die Beantragung, beginnt die Rente jedoch nicht zu laufen, solange sie mangels Beantragung nicht dem Grunde nach bewilligt wird.

Bemessungsgrundlage

Bemessungsgrundlage für die Berechnung des Besteuerungsanteils ist der Jahresbetrag der Rente, d.h. die **Bruttorente**, auf die ein Rechtsanspruch besteht, und nicht die an den Berechtigten ausgezahlte Rente. Die einbehaltenen und abgeführten Beiträge des Rentners für die Kranken- und Pflegepflichtversicherung gehören auch zur Bemessungsgrundlage. Diese sind aber auf der Anlage Vorsorgeaufwand einzutragen und können als Sonderausgaben abgezogen werden. Die Zuschüsse, die die gesetzliche Rentenversicherung zu den Krankenversicherungsbeiträgen beisteuert, sind nach § 3 Nr. 14 EStG steuerfrei und gehören weder zur Bemessungsgrundlage noch stellen sie Sonderausgaben dar.

 BEISPIEL

Besteuerungsanteil

Ein verheirateter Rentner bezieht seit Februar 2020 eine monatliche Rente von 2.200 €. Andere Einkünfte liegen nicht vor.

In diesem Fall beträgt der Besteuerungsanteil 80 % aus 24.200 € = 19.360 €. Dieser Betrag liegt nach Abzug von Kranken- und Pflegepflichtversicherungsbeiträgen als Sonderausgaben bereits unter dem Grundfreibetrag (18.816 €), sodass die Rente insgesamt nicht besteuert wird, wenn keine anderen Einkünfte vorliegen.

Teilkapitalisierung/Abfindungen von Rentenansprüchen/Sterbegelder

Auch einmalige Leistungen (z. B. Kapitalabfindungen, Abfindungen von Rentenansprüchen sowie Sterbegelder aus berufsständischen Versorgungseinrichtungen) werden wie laufende Renten mit dem Besteuerungsanteil erfasst. Es handelt sich um „andere Leistungen" i. S. d. § 22 Nr. 1 Satz 3 Buchst. a) EStG. Sie können jedoch nach der sog. Fünftel-Regelung ermäßigt besteuert werden (BFH, Urteil v. 23.10.2013, X R 3/12 bzw. X R 21/12 und Urteil v. 23.11.2016, X R 13/14).

Steuerfreier Teil der Rente

Bei Renten, die vor 2005 erstmals gezahlt wurden, beträgt der steuerfreie Teil 50 % der im Jahr 2005 gezahlten Rente. In allen anderen Fällen wird der steuerfreie Teil der Rente (Freibetrag) in dem Jahr ermittelt, das dem Jahr des Rentenbeginns folgt **(zweites Jahr des Rentenbezugs)**. Dies gilt auch dann, wenn die Rente schon im Jahr ihres Beginns für volle zwölf Monate bezogen wurde (BFH, Urteil v. 17.11.2015, X R 53/13). Der steuerfreie Teil ergibt sich aus dem Unterschiedsbetrag zwischen dem Jahresbetrag der Rente und dem Besteuerungsanteil in diesem Jahr.

Der steuerfreie Teil der Rente wird betragsmäßig für den einzelnen Rentner festgeschrieben und ist für die gesamte Laufzeit der Rente grundsätzlich unverändert zu beachten.

 WICHTIG

Volle Besteuerung der Rentenerhöhungen

Regelmäßige Anpassungen der Rente, z. B. wegen allgemeiner Steigerung der Nettolöhne, führen nicht zu einer Neuberechnung des Freibetrags. Im Ergebnis wird somit ab dem dritten Rentenzahlungsjahr jede **Rentenerhöhung zu 100 % besteuert.** Auch die reguläre Anpassung der Renten anhand des aktuellen Rentenwerts (Ost) gemäß § 255a SGB VI stellt eine regelmäßige Anpassung in diesem Sinne dar und führt nicht zur Neuberechnung des steuerfreien Teils der Altersrente (BFH, Urteil v. 3.12.2019, X R 12/18).

 BEISPIEL

Rentenberechnung mehrerer Jahre

A erhält ab August 2010 eine Altersrente aus der gesetzlichen Rentenversicherung i. H. v. monatlich 1.000 €. Ab 1.7.2011 beträgt die Rente 1.020 €. Durch weitere Anpassungen des Rentenniveaus an die gestiegenen Nettolöhne erhöht sich die Rente in den Jahren 2012 bis 2019 zusätzlich. Ab Juli 2019 wird eine monatliche Rente in Höhe von 1.285 € gezahlt. Ab 1.7.2020 beträgt die Rente 1.310 € je Monat. Im Jahr 2020 werden insgesamt 985 € Krankenversicherungs- und 230 € Pflegepflichtversicherungsbeiträge des Rentners von seiner Rente abgezogen.

2010

zugeflossene Rente (5 × 1.000 =)	5.000 €
Besteuerungsanteil 60 % von 5.000 € =	3.000 €
abzgl. WK-Pauschbetrag (s. u.)	– 102 €
sonstige Einkünfte (§ 22 EStG)	2.898 €

2011

zugeflossene Rente (6 × 1.000 + 6 × 1.020 =)	12.120 €
Besteuerungsanteil 60 % von 12.120 € =	7.272 €
abzgl. WK-Pauschbetrag	– 102 €
sonstige Einkünfte § 22 EStG	7.170 €
steuerfreier Teil (2. Jahr) (12.120 – 7.272 =)	4.848 €

2020

zugeflossene Rente (6 × 1.285 + 6 × 1.310 =)	15.570 €
abzgl. **steuerfreier Teil** (aus dem 2. Jahr)	– 4.848 €
= Besteuerungsanteil	10.722 €
abzgl. WK-Pauschbetrag	– 102 €
sonstige Einkünfte (§ 22 EStG)	**10.620 €**

Die Rentenerhöhungen werden ab 2012 in voller Höhe besteuert. Der steuerfreie Teil beträgt für A auch in den folgenden Jahren 4.848 €.

Muss ein Rentner in den ersten Jahren des Rentenbezugs keine Einkommensteuererklärung abgeben, kann der steuerfreie Teil der Rente in einem späteren Jahr, für das wieder eine Einkommensteuererklärungspflicht gegeben

ist, berechnet werden, ohne dass die Daten des zweiten Jahres bekannt sind. Möglich ist dies, weil in der Rentenbezugsmitteilung der Gesamtbetrag der Rentenanpassungen ab dem dritten Jahr durch den Rententräger auszuweisen ist (§ 22a EStG).

 BEISPIEL

Ermittlung des steuerfreien Teils der Rente unter Berücksichtigung der Rentenanpassungsbeträge wie vorheriges Beispiel, aber A erhält eine Rentenbezugsmitteilung, die folgende Angaben enthält:

zugeflossene Rente 2020 (Zeile 4 der Anlage R)	15.570 €
Rentenanpassungsbeträge (Zeile 5 der Anlage R)	3.450 €

Beginn der Rente (Zeile 6 der Anlage R): 1.8.2010

Die Berechnung im Jahr 2020 sieht wie folgt aus:

zugeflossene Rente	15.570 €
Rentenanpassungsbeträge ab dem 3. Jahr	– 3.450 €
diese werden zu 100 % besteuert	3.450 €
verbleiben (entspricht Rentenbetrag des 2. Jahres)	12.120 €
davon Besteuerungsanteil 60 % (Rentenbeginn 2010)	7.272 €

gesamter Be- steuerungsanteil 2020	10.722 €
abzgl. WK- Pauschbetrag (s. u.)	− 102 €
sonstige Ein- künfte (§ 22 EStG)	10.620 €

Ab welchem Rentenbetrag muss mit Steuer gerechnet werden?

Bei der Berechnung der tariflichen Einkommensteuer für das Jahr 2020 bleibt ein Grundfreibetrag in Höhe von 9.408 € vom z. v. E. steuerfrei. Unter Berücksichtigung weiterer steuermindernder Aufwendungen und Pauschalen kann ausgehend vom z. v. E. der Rentenbetrag ermittelt werden, der **mindestens** unversteuert bleibt, wenn **keine anderen Einkünfte** vorliegen.

	Jahr des Rentenbeginns (Rente 12 Monate) (maßgeblich für den Besteuerungsanteil)		
	2018	**2019**	**2020**
z. v. E. (entspricht dem Grundfreibetrag)	9.000 €	9.168 €	9.408 €
+ als Sonderausgabe abziehbare Kranken- und Pflegeversicherungsbeiträge (unterstellt: **durchschnittlicher Zusatzbeitrag; Kinder**)	1.473 €	1.569 € 2019: höhere PV	1.595 €
+ Sonderausgabenpauschbetrag	36 €	36 €	36 €
+ Werbungskostenpauschbetrag	102 €	102 €	102 €
= der Besteuerung unterliegender Anteil der Rente	10.611 €	10.875 €	11.141 €
Besteuerungsanteil (% aus der Monatsbruttorente)	76 %	78 %	80 %
+ steuerfreier Teil der Rente	3.351 €	3.067 €	2.785 €
= Jahresbruttorente	**13.962 €**	**13.942 €**	**13.926 €**
= Monatsbruttorente, die unversteuert bleibt	**1.163 €**	**1.162 €**	**1.160 €**

Diese Werte sind Näherungswerte und ergeben sich, wenn die Krankenkasse den durchschnittlichen Zusatzbeitrag erhebt. Bei Abweichungen ergeben sich geringfügig andere Jahres- und Monatsbeträge. Kinderlose Rentner zahlen höhere Pflegepflichtversicherungsbeiträge.

Für zusammen veranlagte Ehegatten verdoppeln sich Grundfreibetrag und Sonderausgaben-Pauschbetrag. Entsprechend höhere Rentenbeträge bleiben unbesteuert. Bezieht der Ehegatte eine gesetzliche Rente, ist zu beachten, dass für diese Rente i. d. R. ein anderer Besteuerungsanteil gilt.

Liegen weitere abzugsfähige Ausgaben vor (z. B. Spenden, außergewöhnliche Belastungen, Steuerermäßigungen für haushaltsnahe Dienst- und Handwerkerleistungen), bleibt eine höhere Rente ohne Besteuerung.

Neuberechnung des steuerfreien Teils

Der **steuerfreie Teil** der Rente ist nur dann **neu zu berechnen**, wenn sich der Rentenbetrag grundsätzlich verändert. Dies ist z. B. der Fall, wenn eine Rente wegen Anrechnung anderer Einkünfte ermäßigt wird. Soweit Renten z. B. wegen Anrechnung anderer Einkünfte erhöht oder herabgesetzt werden, ist keine neue Rente anzunehmen. Für den veränderten Rentenbetrag bleibt der ursprünglich ermittelte Prozentsatz maßgebend. Allerdings ist der steuerfreie Teil der Rente – ggf. jährlich – neu zu ermitteln. Dabei ist der steuerfreie Teil der Rente in dem Verhältnis anzupassen, in dem der jetzt veränderte Jahresbetrag der Rente (verringert um enthaltene Rentenanpassungsbeträge) zum Jahresbetrag der Rente steht, der der Ermittlung des bisherigen steuerfreien Teils der Rente zugrunde gelegen hat (i. d. R. der des zweiten Jahres).

Auch Rentennachzahlungen oder -rückzahlungen für mehrere Jahre sowie der Wegfall des Kinderzuschusses zur Rente aus einer berufsständischen Versorgungseinrichtung können zu einer Neuberechnung des steuerfreien Teils der Rente führen.

Folgerenten

Folgerenten (Renten nach einer vorhergehenden Rente aus derselben Versicherung) liegen z. B. vor, wenn

- eine Rente wegen voller Erwerbsminderung in eine Rente wegen teilweiser Erwerbsminderung umgewandelt wird (oder umgekehrt),

- eine Erwerbsminderungsrente in eine Altersrente umgewandelt wird,

- eine kleine Witwenrente in eine große Witwenrente (oder umgekehrt) geändert wird oder

- eine Altersrente bei Tod in eine nachfolgende Witwen- oder Witwerrente übergeht.

Diese Folgerenten sind zwar versicherungsrechtlich eigenständige Renten, aber bei der Ermittlung des Besteuerungsanteils wird nicht ihr tatsächlicher Rentenbeginn für die Ermittlung des Prozentsatzes herangezogen. Für diese Folgerenten wird ein **fiktives (gedachtes) Jahr des Rentenbeginns** ermittelt. Der tatsächliche Beginn der Folgerente wird dabei um die Laufzeit der Vorgängerrente in die Vergangenheit verschoben. Dadurch mindert sich der prozentuale Besteuerungsanteil. Dieser darf 50 % nicht unterschreiten.

Folgerenten werden für die Berechnung des steuerfreien Teils der Rente als eigenständige Renten behandelt. Das gilt nicht, wenn eine wegen Wiederheirat weggefallene Witwen- oder Witwerrente wieder auflebt. In diesem Fall berechnet sich der steuerfreie Teil der Rente nach der ursprünglichen Rente.

 BEISPIEL

Besteuerungsanteil einer Folgerente (Variante 1)

M erhält seit 1.5.2014 eine Altersrente aus der gesetzlichen Rentenversicherung. Im Jahr 2015 wurde ein steuerfreier Teil i. H. v. 32 % aus 19.800 € = 6.332 € festgestellt. Bis zu seinem Tod im August 2020 wird M eine Rente i. H. v. insgesamt 14.290 € ausbezahlt. Darin enthalten sind Rentenanpassungsbeträge von insgesamt 1.090 €. Seine **Ehefrau H**, die nicht berufstätig war, erhält ab September 2020 eine Witwenrente in Höhe von monatlich 1.070 €.

Bei der Zusammenveranlagung für das Todesjahr 2020 sind die Einkünfte der Eheleute getrennt zu ermitteln. Beide Ehegatten erzielen mit ihrer Rente sonstige Einkünfte.

Rentner M

zugeflossene Altersrente	14.290 €
abzgl. Anpassungsbeträge (Diese werden zu 100 % besteuert.)	– 1.090 €
= anteilige Rente (8/12) des zweiten Jahres	13.200 €
Besteuerungsanteil im 2. Jahr (2015, 8/12) 68 % =	8.976 €
+ Rentenanpassung (s. o.)	+ 1.090 €
Besteuerungsanteil im Jahr 2019	10.066 €
abzgl. WK-Pauschbetrag (s. u.)	– 102 €
sonstige Einkünfte (§ 22 EStG)	9.964 €

Ehefrau H

Die Witwenrente ist eine Folgerente.

tatsächlicher Rentenbeginn	1.9.2020
abzgl. Laufzeit der Vorgängerrente 1.5.2014 bis 31.8.2020 =	– 76 Monate
= fiktiver Rentenbeginn	1.5.2014

Der Besteuerungsanteil der Witwenrente beträgt 68 %.

Besteuerungsanteil 2020:

68 % von 4.280 € =	2.910 €
abzgl. WK-Pauschbetrag (nicht zeitanteilig)	– 102 €
sonstige Einkünfte (§ 22 EStG)	2.808 €

Besteuerungsanteil einer Folgerente (Variante 2)

W bezieht vom 1. Oktober 2012 bis zum 31. März 2015 eine Erwerbsminderungsrente aus der gesetzlichen Rentenversicherung in Höhe von mtl. 1.000 €. Anschließend ist er wieder erwerbstätig. Ab 1. November 2020 erhält er eine Altersrente i. H. v. 1.800 €.

2012

Besteuerungsanteil 64 % von 3.000 € =	1.920 €

2013

Besteuerungsanteil 64 % von 12.000 € =	7.680 €
Der steuerfreie Teil dieser Rente beträgt	4.320 €

2020

Die Altersrente ist eine **Folgerente**.

tatsächlicher Rentenbeginn	1.11.2020
– Laufzeit Vorgängerrente 1.10.2012–31.3.2015	– 30 Monate
= fiktiver Rentenbeginn der Altersrente	**1.5.2018**

Daraus ergibt sich ein Besteuerungsanteil für die Altersrente i. H. v.

76 % von 3.600 € =	2.736 €
abzgl. WK-Pauschbetrag	– 102 €
sonstige Einkünfte (§ 22 EStG)	2.634 €

Der steuerfreie Teil der Altersrente wird im Jahr 2020 für 2021 berechnet.

Vorgängerrenten, die vor 2005 geendet haben

Endet die Vorgängerrente **vor** 2005, wird diese für die Berechnung eines fiktiven Rentenbeginns bei einer Folgerente nicht mehr berücksichtigt.

Rentennachzahlungen

Werden Renten **für mehrere Jahre** in einem Jahr ausbezahlt, z. B. wegen verspäteter Antragstellung, sind diese insgesamt im Zuflussjahr zu erfassen und in eZeile 9 der Anlage R einzutragen. Das Finanzamt wird prüfen, ob für diese Nachzahlungen eine **Tarifvergünstigung** nach der sog. Fünftel-Regelung in Betracht kommt.

 ACHTUNG

Rentennachzahlung nur für ein Jahr

Werden Rentenbeträge **nur** für das unmittelbar **vorangegangene Jahr** im laufenden Jahr nachbezahlt, z. B. wegen verspäteter Rentenantragstellung, ist die gesamte zugeflossene Rente (einschl. der Nachzahlung) in eZeile 4 und nicht in eZeile 9 einzutragen. Der ermäßigte Steuersatz wird nicht angewendet, da es sich nicht um eine Vergütung für mehrjährige Tätigkeiten handelt.

Von der Deutschen Rentenversicherung im Zusammenhang mit Rentennachzahlungen gezahlte Zinsen gehören zu den Einnahmen aus Kapitalvermögen.

Öffnungsklausel

Auf Antrag des Steuerpflichtigen werden **Teile** der Leibrenten, die eigentlich der nachgelagerten Besteuerung mit dem Besteuerungsanteil unterliegen würden, mit einem niedrigeren **Ertragsanteil** (s. → Punkt 5) besteuert. Die Anwendung der Öffnungsklausel setzt voraus, dass bis zum 31.12.2004 in **mindestens zehn Jahren** Beiträge gezahlt wurden, die oberhalb des **Höchstbetrags zur gesetzlichen Rentenversicherung** lagen. Die Jahre müssen nicht unmittelbar aufeinanderfolgen. Beiträge sind grundsätzlich dem Jahr zuzurechnen, **in dem** sie gezahlt und **für das** sie bescheinigt werden (BFH, Urteil v. 19.1.2010, X R 53/08). Nach diesem Urteil kommt es bei der Öffnungsklausel nicht nur darauf an, dass die Beiträge bis zum 31.12.2004 geleistet wurden, sondern auch darauf, für welche Jahre vor 2005 der Steuerpflichtige die Beiträge geleistet hat. Wurden z. B. in einem Jahr (vor 2005) Nachzahlungen für mehrere Jahre durch einen Einmalbetrag bezahlt, sind die Zahlungen den einzelnen Jahren zuzurechnen, in denen sie rentenrechtlich wirksam werden (sog. Für-Prinzip).

Die Öffnungsklausel kann im Wesentlichen von Selbstständigen, die in der gesetzlichen Rentenversicherung pflichtversichert oder freiwillig versichert waren, sowie von Selbstständigen, die Beiträge an berufsständische Versorgungswerke gezahlt haben, in Anspruch genommen werden.

Im Rahmen der sog. Öffnungsklausel können in die Prüfung, welche Beiträge oberhalb des Höchstbetrags zur gesetzlichen Rentenversicherung gezahlt wurden, nur die tatsächlich geleisteten Beiträge einbezogen werden. Hat ein Steuerpflichtiger Beiträge an mehrere Versorgungseinrichtungen geleistet, bezieht aber zunächst nur Renteneinnahmen aus einem einzigen Versorgungswerk, sind in die Prüfung der Voraussetzungen der Öffnungsklausel gemäß § 22 Nr. 1 Satz 3 Buchst. a) Doppelbuchst. bb) Satz 2 EStG alle von ihm geleisteten Beiträge an Versorgungseinrichtungen einzubeziehen, die zu Leibrenten und anderen Leistungen i. S. v. § 22 Nr. 1 Satz 3 Buchst. a) Doppelbuchst. aa) EStG führen können (BFH, Urteil v. 3.5.2017, X R 12/14). Versorgungsanwartschaften eines Beamten bleiben unberücksichtigt (BFH, Urteil v. 18.5.2010, X R 29/09).

Für die Prüfung der Öffnungsklausel ist grundsätzlich der Höchstbetrag zur gesetzlichen Rentenversicherung der Angestellten und Arbeiter des Jahres heranzuziehen, dem die Beiträge zuzurechnen sind. Höchstbetrag ist die Summe des Arbeitgeberanteils und des Arbeitnehmeranteils zur jeweiligen gesetzlichen Rentenversicherung. Dabei spielt es keine Rolle, ob es sich um Pflichtbeiträge, freiwillige Beiträge oder Beiträge zur Höherversicherung handelt.

Der Antrag zur Anwendung der Öffnungsklausel ist beim zuständigen Finanzamt zu stellen (Anlage R, Zeile 10). Die Öffnungsklausel wird nicht von Amts wegen angewandt.

Nachweis der Versicherungsgesellschaft

Der Nachweis über das Vorliegen der oben genannten Voraussetzungen wird durch eine **Bescheinigung** des jeweiligen Versorgungsträgers, an den die Beiträge geleistet wurden, geführt. Aus der Bescheinigung müssen sich die vor dem 1.1.2005 geleisteten Beiträge und die jeweiligen Jahre, für die geleistet wurde, ergeben. Der Teil der Rente, auf den die Öffnungsklausel angewendet wird (Besteuerung mit dem Ertragsanteil), wird in der Bescheinigung durch einen entsprechenden Prozentsatz ausgewiesen.

Freiwillige Nachzahlungen zur Erhöhung der Rentenanwartschaften, soweit sie für ein abgelaufenes Jahr möglich waren, sind zur Berechnung des Höchstbetrags im Rahmen der Öffnungsklausel für das Jahr zu berücksichtigen, für das sie zulässigerweise geleistet wurden, auch wenn sie erst im Zahlungsjahr rentenrechtlich wirksam werden (BFH, Urteil v. 4.9.2019, X R 43/17).

⚡ ACHTUNG

Einmalauszahlung

Die Besteuerung mit dem Ertragsanteil gilt nach der gesetzlichen Definition nur für Erträge des Rentenrechts und damit nicht für Einmalauszahlungen. Einmalauszahlungen (z. B. bei Grenzgängern aus der Schweiz) bleiben daher steuerfrei, soweit auf sie die Öffnungsklausel angewendet wird.

Die endgültige Entscheidung darüber, ob die Öffnungsklausel zur Anwendung kommt, trifft das Finanzamt und nicht die auszahlende Stelle.

Rentner im Ausland

Hat der Steuerpflichtige seinen Wohnsitz ins Ausland verlegt, bleibt die Rente i. d. R. im Inland im Rahmen der beschränkten Einkommensteuerpflicht steuerpflichtig. Aus Deutschland stammende Renteneinkünfte gehören grundsätzlich zu den inländischen Einkünften im Sinne des § 49 EStG. Im Einzelnen regeln Doppelbesteuerungsabkommen, die die Bundesrepublik Deutschland mit anderen Ländern abgeschlossen hat, das Besteuerungsrecht der betreffenden Länder. Danach hat Deutschland kein Besteuerungsrecht für die deutschen Renteneinkünfte, wenn der Rentner seinen Wohnsitz z. B. in Bosnien-Herzegowina, Frankreich, Griechenland, Indien, Island, Serbien, der Slowakei, Tschechien oder den Vereinigten Staaten von Amerika hat. Weitere Länder finden Sie unter https://www.finanzamt-rente-im-ausland.de/de/wer-warum-wieviel/wer-muss-steuern-zahlen/warum-ist-der-wohnsitzstaat-entscheidend/.

Bei Wohnsitz in anderen Ländern erfolgt die Besteuerung grundsätzlich im Wohnsitzstaat. Die Bundesrepublik hat aber z. B. bei Wohnsitz in Spanien nach dem Doppelbesteuerungsabkommen mit diesem Land das Recht, für Renten, die erstmals ab 2015 gezahlt werden, eine 5%ige Steuer (Rentenbeginn ab 1.1.2030: 10 %) zu erheben. Diese wird im Gegenzug auf die spanische Steuer angerechnet. Ruhegehälter, die von der Bundesrepublik Deutschland, einem Bundesland, einer/einem Stadt/Gemeinde/Kreis oder anderen juristischen Person des öffentlichen Rechts gezahlt werden (z. B. Beamtenpension), werden nicht in Spanien, sondern nur in Deutschland besteuert.

Die Einkommensteuer auf Renteneinkünfte wird im Wege der Veranlagung erhoben. Dies bedeutet, dass für die Festsetzung der Einkommensteuer die Abgabe einer Steuererklärung erforderlich ist. Dem **Finanzamt Neubrandenburg** ist zentral die Zuständigkeit für die Veranlagung von Rentnern mit Wohnsitz im Ausland übertragen worden, die nicht aus anderen Gründen (andere inländische Einkünfte) bereits in Deutschland veranlagt werden. Ausführliche Informationen zur Besteuerung von Rentnern im Ausland stellt das Finanzamt Neubrandenburg auf der Internetseite https://www.finanzamt-rente-im-ausland.de zur Verfügung.

Wegen der Möglichkeit, eine vereinfachte Steuererklärung abzugeben, siehe Punkt 4.

Aufgrund einer EU-Amtshilferichtlinie in Steuersachen erfolgt zwischen EU-Mitgliedsstaaten ein automatischer Informationsaustausch zur Besteuerung. Neben Zinseinnahmen werden auch Daten über Renten, Pensionen und Lebensversicherungen weitergegeben.

Zu beachten ist, dass bei einer Veranlagung zur beschränkten Steuerpflicht kein Grundfreibetrag (2020: 9.408 €) berücksichtigt wird und damit der steuerpflichtige Teil der Rente in vollem Umfang der Besteuerung mit dem Grundtarif unterliegt. In bestimmten Fällen (z. B. die Einkünfte sind zu mindestens 90 % in Deutschland zu versteuern oder es gibt nur geringe ausländische Einkünfte) kann der Rentner einen Antrag auf unbeschränkte Steuerpflicht stellen und damit seine Steuerlast erheblich senken.

3 Renten aus der privaten Rentenversicherung, die mit einem Ertragsanteil besteuert werden

Renten aus der privaten Rentenversicherung (z. B. Altersrenten – ohne Renten aus Riester- und Rürup-Verträgen, einzutragen in die Zeilen 13–18 und Veräußerungsrenten, einzutragen in die Zeilen 31–36) werden mit einem geringeren **Ertragsanteil** besteuert, weil die entsprechenden Rentenbeiträge aus versteuertem Einkommen gezahlt wurden. Für diese Beiträge gab es keinen oder nur einen geringen Sonderausgabenabzug.

Hierunter fallen insbesondere

- Renten aus vor dem 1.1.2005 abgeschlossenen privaten Rentenversicherungsverträgen,

- Renten aus ab 2005 abgeschlossenen Lebensversicherungen, die nicht die Voraussetzungen der Riester- oder Rürup-Rente erfüllen, sowie

- Veräußerungsleibrenten. Hierunter fallen insbesondere Immobilienverkäufe gegen lebenslange Rentenzahlungen.

Ertragsanteil

Der Ertragsanteil bestimmt sich nach dem bei Beginn der Rente vollendeten Lebensjahr des Rentenberechtigten.

Bei Beginn der Rente vollendetes Lebensjahr (Auszug)	Ertragsanteil in %
30	44
40	38
50	30
60	22
63	20
64	19
65	18
70	15
80	8

Abgekürzte Leibrenten

Werden Renten aus der **privaten** Rentenversicherung nur als **abgekürzte Leibrenten** (Höchstzeitrenten) gezahlt, wird der Ertragsanteil der Rente nicht nach dem vollendeten Lebensjahr bei Beginn der Rente, sondern nach der voraussichtlichen Laufzeit der Rente ermittelt (§ 55 Abs. 2 EStDV). Der Ertragsanteil beträgt dann z. B. bei 10-jähriger Laufzeit 12 % und bei 20 Jahren Laufzeit 21 %.

- Veräußerung eines Grundstücks gegen Rentenzahlungen mit einer Beschränkung der Laufzeit auf höchstens eine bestimmte Anzahl von Jahren.

- Private Berufsunfähigkeitsrente, die mit Erreichen einer bestimmten Altersgrenze in eine private Altersrente umgewandelt wird.

  Aber: Wird eine Berufsunfähigkeitsrente versehentlich über die vertraglich vereinbarte Laufzeit hinaus ohne Rechtsgrund gezahlt, kommt eine Besteuerung der weiteren Zahlungen als abgekürzte Leibrente mit dem Ertragsanteil nicht mehr in Betracht. Die weiteren Rentenzahlungen erfolgen nicht aufgrund eigener Beitragsleistungen und stellen daher – auch nicht teilweise – eine Rückzahlung von zuvor angespartem Kapital dar. Die Zahlungen sind in voller Höhe als wiederkehrende Leistungen i. S. d. § 22 Nr. 1 Satz 1 EStG zu versteuern (FG Baden-Württemberg, Urteil v. 15.1.2016, 13 K 1813/14). Sofern die Zahlungen später zurückgezahlt werden müssen, liegen negative Einnahmen vor.

Renten mit Kapitalwahlrecht, abgeschlossen vor 2005

Lebensversicherungen, die vor dem 1.1.2005 abgeschlossen wurden, sind bei Auszahlung in voller Höhe steuerfrei, wenn u. a. die Versicherungssumme und die Erträge daraus komplett und in einem Betrag ausgezahlt werden. Wird bei einer Rentenversicherung mit Kapitalwahlrecht vom Kapitalwahlrecht kein Gebrauch gemacht, sondern stattdessen die Lebensversicherung als Leibrente in Form von monatlichen Zahlungen ausgezahlt, ist nach Auffassung der Finanzverwaltung der Rentenbezug insgesamt den sonstigen Einkünften nach § 22 EStG zuzuordnen und mit dem Ertragsanteil zu versteuern.

Das FG Baden-Württemberg vertritt dagegen die Auffassung, dass die Rentenzahlungen insgesamt den Einkünften aus Kapitalvermögen zuzuordnen und nach § 20 Abs. 1 Nr. 6 Satz 2 EStG insgesamt als steuerfrei zu behandeln sind. Der BFH hat jetzt die Rechtsfrage zu entscheiden (BFH, anhängiges Verfahren, Az. VIII R 4/18, Vorinstanz: FG-Württemberg, Urteil v. 17.10.2017, 5 K 1605/16). Bei vergleichbaren Fällen sollte das Ruhen des Verfahrens beantragt werden, bis der BFH entschieden hat.

4 Rentenbezugsmitteilungen und Veranlagung

Rentenbezugsmitteilung

Steuerpflichtige Rentenzahlungen sind als sonstige Einkünfte nach § 22 EStG zu versteuern. Die Besteuerung aller Leibrenten wird durch jährliche elektronische Rentenbezugsmitteilungen der Rentenversicherungsträger und der Lebensversicherungsunternehmen an die zentrale Zulagenstelle für Altersvermögen – ZfA – (Deutschen Rentenversicherung Bund) sichergestellt. Von hier werden die Daten elektronisch an die Landesfinanzbehörden weitergeleitet und im Rahmen der Veranlagung zur Einkommensteuer ausgewertet. Die Rentendaten sind an die steuerliche **Identifikationsnummer** gekoppelt und können so dem jeweiligen Steuerbürger zugeordnet werden. Renten, die steuerfrei sind, werden nicht in das Rentenbezugsmitteilungsverfahren einbezogen. Um das Ausfüllen der Steuererklärung zu erleichtern, stellt die Deutsche Rentenversicherung auf Wunsch eine Mitteilung über die Rentenhöhe und den Rentenanpassungsbetrag aus.

 TIPP

Vereinfachte Steuererklärung für Rentner und Pensionäre

Die Länder Brandenburg, Bremen, Mecklenburg-Vorpommern und Sachsen testen in einem Pilotprojekt mit Unterstützung des Bundesministeriums der Finanzen eine vereinfachte zweiseitige Steuererklärung für Rentner und Pensionäre. In der „Erklärung zur Veranlagung von Alterseinkünften" (Papiervordruck) können Aufwendungen für Unfall-, Haftpflicht und Risikolebensversicherungen sowie Spenden und Mitgliedsbeiträge, Kirchensteuer, außergewöhnliche Belastungen und Steuerermäßigungen für haushaltsnahe Dienstleistungen und Handwerkerleistungen geltend gemacht werden. Renteneinkünfte, Pensionen und die Krankenversicherungs- und Pflegepflichtversicherungsbeiträge wurden der Finanzverwaltung bereits in elektronischer Form durch die jeweiligen Institutionen gemeldet. Liegen noch andere Einkünfte wie z. B. aus Vermietung oder Gewerbe vor, muss eine normale Steuererklärung eingereicht werden. Weitere Bundesländer werden sich dem vereinfachten Steuererklärungsverfahren bald anschließen. Erkundigen Sie sich bei Ihrem Finanzamt.

5 Renten aus privaten Altersvorsorgeverträgen und aus der betrieblichen Altersversorgung

⚡ ACHTUNG

Neue Anlage zur Steuererklärung

Hier ist für das Jahr 2020 die neue „Anlage R-AV/bAV" auszufüllen.

Betroffen sind Renten aus

- Riester-Rentenversicherungsverträgen,
- Pensionsfonds,
- Pensionskassen,
- Direktversicherungen und
- umlagefinanzierten Versorgungseinrichtungen (z. B. Versorgungsanstalt des Bundes und der Länder oder Zusatzversorgungskassen der Kommunen oder Kirchen (ZVK)).

Ansparphase

Während der Ansparphase wurde eine **Altersvorsorgezulage** in Anspruch genommen oder die Beiträge waren steuerlich besonders begünstigt, weil sie nach § 3 Nr. 56, 63, 66 EStG (teilweise) **steuerfrei** waren, oder nach § 10a EStG kam ein **besonderer Sonderausgabenabzug** in Betracht.

Besteuerung

Die Renten aus privaten oder betrieblichen Altersvorsorgeverträgen werden grundsätzlich **in voller Höhe besteuert** (nachgelagerte Besteuerung über die neue Anlage R-AV/bAV). Wurden die Beiträge in der Ansparphase nur teilweise steuerlich gefördert, d. h. es wurden auch nicht geförderte Beiträge gezahlt, muss die Rente für die Besteuerung aufgeteilt werden. Der Rentenanteil, der auf steuerlich nicht geförderten Beiträgen beruht, wird nur anteilig mit dem **Ertragsanteil** besteuert.

BEISPIEL

Aufteilung der Leistungen aus geförderten Altersvorsorge-verträgen

Der Steuerpflichtige hat vor Jahren einen Riester-Vertrag abgeschlossen und die Altersvorsorgezulage erhalten. Seine laufenden Beitragszahlungen waren höher als der Förderhöchstbetrag.

Bei Auszahlung der Rente ist der Teil der Rente, der mit geförderten Beiträgen in Zusammenhang steht, in voller Höhe zu versteuern. Soweit die **Rente aus „überzahlten" (nicht geförderten) Beiträgen** stammt, muss sie nur mit dem **Ertragsanteil** versteuert werden.

 TIPP

Leistungsmitteilung

Von Ihrem Versicherungsunternehmen erhalten Sie eine **Leistungsmitteilung** (Bescheinigung), aus der hervorgeht, welcher Teil der Rente voll zu versteuern ist und welcher Teil nur anteilig besteuert wird (Aufteilung). Die Besteuerungsvorschrift ist ebenfalls angegeben. Übernehmen Sie bitte die Angaben aus der Bescheinigung in Ihre Anlage R-AV/bAV, Seite 1.

Leistungen (Rentenzahlungen) aus Riester-Altersvorsorgeverträgen unterliegen der nachgelagerten Besteuerung in voller Höhe. Dies gilt auch für den Teil der Leistungen, der aus Altersvorsorgezulagen stammt. Der Teil der Rente, der aus eigenen Beitragszahlungen stammt, wird sogar zweimal besteuert, da die Beiträge i.d.R. aus versteuerten Einnahmen bezahlt wurden. Im Fall einer schädlichen Verwendung erfolgt keine Besteuerung bzgl. der zurückzufordernden Altersvorsorgezulagen.

6 Zusammenfassende Übersicht über die Rentenbesteuerung

Rentenart	Fundstelle	Besteuerung
Rentenzahlung vom Arbeitgeber aufgrund einer Pensionszusage **(Direktzusage)** oder aus Unterstützungskassen **(Betriebsrente)**	Einkünfte aus nichtselbstständiger Arbeit § 19 Abs. 2 EStG	**Arbeitslohn** nach § 19 EStG; i.d.R. Versorgungsbezüge (Versorgungsfreibetrag und Zuschlag zum Versorgungsfreibetrag)
Alle Renten aus der **gesetzlichen** Rentenversicherung, den landwirtschaftlichen Alterskassen, von berufsständischen Versorgungseinrichtungen, **Rürup-Renten**	sonstige Einkünfte § 22 Nr. 1 Satz 3 Buchst. a) Doppelbuchst. **aa)** EStG	**Besteuerungsanteil** (nach dem Jahr des Rentenbeginns; bei Rentenbeginn 2020: 80 %)

Rentenart	Fundstelle	Besteuerung
Renten aus **privaten** Rentenversicherungen (ohne Riester- und ohne Rürup-Renten)	sonstige Einkünfte § 22 Nr. 1 Satz 3 Buchst. a) Doppelbuchst. bb) EStG	**Ertragsanteil** (ermittelt nach dem Alter bei Rentenbeginn) z. B. bei Rentenbeginn 65 Jahre: 18 %
Riester-Rente (einschl. Wohnriester) Rentenzahlung aus einer **Pensionskasse**, einem **Pensionsfonds** oder aus einer **Direktversicherung** **Renten aus** Zusatzversorgungseinrichtungen; z. B. Versorgungsanstalt des Bundes und der Länder (VBL bzw. Renten aus Zusatzversorgungskassen der Kommunen oder Kirchen (ZVK)	sonstige Einkünfte § 22 Nr. 5 EStG i. V. m. § 22 Nr. 1 Satz 3 Buchst. a) Doppelbuchst. bb) EStG	• soweit Beiträge staatlich gefördert wurden (Zulage und/oder Sonderausgabenabzug) oder steuerfrei waren: **volle Besteuerung** • soweit keine Förderung (Beiträge aus versteuertem Einkommen): Besteuerung mit dem **Ertragsanteil**
Kapitalauszahlung aus einer Lebensversicherung, die **vor dem 1.1.2005** abgeschlossen wurde (Altvertrag)		i. d. R. **steuerfrei**; in Einzelfällen Besteuerung nach § 20 Abs. 1 Nr. 6 EStG a. F.
Kapitalauszahlung aus einer Lebensversicherung, im Erlebensfall aus einem Neuvertrag (Vertragsabschluss **nach dem 31.12.2004**)	Einkünfte aus Kapitalvermögen § 20 Abs. 1 Nr. 6 EStG	**Einnahmen aus Kapitalvermögen** in Höhe des **vollen** Unterschiedsbetrags zwischen Auszahlung und Beiträgen; bei Mindestlaufzeit von 12 Jahren und 60. Lebensjahr (Vertragsabschluss ab 2011: 62. Lj.) vollendet, nur **halber** Unterschiedsbetrag
private Veräußerungsrenten	sonstige Einkünfte § 22 Nr. 1 Satz 3 Buchst. a) Doppelbuchst. bb) EStG	Besteuerung mit dem **Ertragsanteil**

7 Werbungskosten

Werbungskosten in tatsächlicher Höhe

Zu den als Werbungskosten im Zusammenhang mit Renteneinkünften abzugsfähigen Kosten gehören Gewerkschaftsbeiträge, Rechtsberatungskosten, Prozesskosten im Zusammenhang mit Ansprüchen aus der Rentenversicherung, Aufwendungen für (Steuer-)Literatur (z. B. Rentenratgeber oder vorliegendes Buch), Fahrtkosten zur Rentenberatung und Schuldzinsen für einen Kredit zur Nachentrichtung freiwilliger Beiträge zur gesetzlichen Rentenversicherung.

Finanzierungskosten, die durch den Abschluss eines Vertrags über eine sofort beginnende Leibrentenversicherungsleistung gegen Zahlung eines Einmalbetrags (Sofortrente) veranlasst sind, können als Werbungskosten abziehbar sein, wenn damit zu rechnen ist, dass die Summe der Besteuerungsanteile den Finanzierungsaufwand übersteigt. Auch wenn die Rente nur mit dem Besteuerungs- bzw. Ertragsanteil versteuert wird, können die Aufwendungen in voller Höhe als Werbungskosten abgesetzt werden.

 TIPP

Vorweggenommene Werbungskosten

Aufwendungen im Zusammenhang mit einer Rente, die Sie im Jahr 2020 bezahlt haben, sind auch dann schon abziehbar, wenn mit der Rentenzahlung erst 2021 zu rechnen ist. Die **vorweggenommenen Werbungskosten** führen zu negativen sonstigen Einkünften und können mit positiven Einkünften aus anderen Einkunftsarten verrechnet werden.

Beiträge eines Arbeitnehmers zur gesetzlichen Rentenversicherung sind nicht als vorab entstandene Werbungskosten, sondern nur als Sonderausgaben abziehbar (BVerfG, Beschlüsse v. 14.6.2016, 2 BvR 290/10 und 2 BvR 323/10).

Pauschbetrag für Werbungskosten

Bei Renten wird mindestens ein Pauschbetrag von 102 € berücksichtigt, wenn keine höheren tatsächlichen Werbungskosten geltend gemacht werden. Wenn mehrere Renten bezogen werden, kann der Pauschbetrag insgesamt nur einmal berücksichtigt werden. Werden Ehegatten zusammen zur Einkommensteuer veranlagt, erhält jeder Ehegatte mit Renteneinkünften den Pauschbetrag.

8 Der Steuerpflichtige zahlt eine Rente

Rentenzahlungen können entweder gar nicht, als Werbungskosten bzw. Betriebsausgaben oder als Sonderausgaben abgezogen werden.

Betriebsausgaben oder Werbungskosten

Hat der Steuerpflichtige Vermögensgegenstände, die der Erzielung von Einkünften dienen (z. B. vermietetes Grundstück mit Gebäude), gegen Rentenzahlungen erworben, ist zu prüfen, ob es sich um eine entgeltliche Übertragung handelt. Diese liegt vor, wenn Leistung und Gegenleistung gleichwertig sind. In diesen Fällen hat der Steuerpflichtige als Erwerber des Vermögens AK, die sich aus den Rentenleistungen durch Kapitalisierung berechnen lassen.

Der in den jeweiligen Rentenzahlungen enthaltene Zinsanteil (Ertragsanteil) kann als Betriebsausgabe oder Werbungskosten abgezogen werden. Der Veräußerer versteuert den Ertragsanteil als sonstige Einkünfte.

Sonderausgaben

Kirchensteuerzahlungen für den Erblasser

Zahlt ein Erbe die noch offene KiSt des Erblassers, kann der Erbe diese im Jahr der Zahlung als Sonderausgabe abziehen (BFH, Urteil v. 21.7.2016, X R 43/13).

Vermögensübertragung gegen Versorgungsleistungen

Versorgungsleistungen sind ganz oder teilweise existenzsichernde Zahlungen im Zusammenhang mit unentgeltlichen Vermögensübertragungen (§ 10 Abs. 1a Nr. 2 EStG).

Bei Vermögensübergaben gegen Versorgungsleistungen ab dem 1.1.2008 liegt ein Sonderausgabenabzug nur vor, wenn

- eine unentgeltliche Zuwendung (Leistungen und Gegenleistungen sind nicht gegeneinander abgewogen) vorliegt – die Höhe der Rente hängt vom Versorgungsbedürfnis des Berechtigten und der wirtschaftlichen Leistungsfähigkeit des Verpflichteten ab,

- lebenslange wiederkehrende Versorgungsleistungen, abhängig von der Lebenszeit des Empfängers, gezahlt werden,

- das übertragene Vermögen dem Übernehmer steuerlich zugerechnet wird (es besteht ein sachlicher Zusammenhang zwischen den Rentenzahlungen und dem übertragenen Vermögen),

- der begünstigte Empfänger der Übergeber des Vermögens, dessen Ehegatte, der eingetragene Lebenspartner oder ein erb- und pflichtteilsberechtigter Abkömmling ist und

- die Versorgungsleistungen mit der Übertragung eines Mitunternehmeranteils, eines Betriebs oder Teilbetriebs oder einer Beteiligung an

einer GmbH in bestimmten Fällen in Zusammenhang stehen.

Der Übernehmer hat den vollen **Sonderausgabenabzug**, der Übergeber versteuert in voller Höhe **sonstige Einkünfte** nach § 22 Nr. 1a EStG.

Ist das begünstigt erworbene Vermögen dem Übernehmer steuerlich nicht mehr zuzurechnen (z. B. Betriebsaufgabe oder Veräußerung), endet auch der sachliche Zusammenhang der wiederkehrenden Leistungen mit der Vermögensübertragung. Ab diesem Zeitpunkt liegen steuerlich nicht begünstigte Unterhaltszahlungen nach § 12 Nr. 2 EStG vor. Der Übernehmer hat keine Sonderausgaben, der Empfänger keine zu versteuernden Renten mehr.

Versorgungsausgleich nach Scheidung

(§ 10 Abs. 1a Nr. 3 EStG)

Nach dem Versorgungsausgleichsgesetz gilt für alle ausgleichsreifen Anrechte auf Altersversorgung (gesetzliche Rentenversicherung sowie alle Systeme der betrieblichen Altersversorgung) der **Grundsatz der internen Teilung** (öffentlich-rechtliches Rentensplitting). Wurden während der Ehe/eingetragenen Lebenspartnerschaft Rentenanwartschaftsrechte erworben, werden diese zum Zeitpunkt der Scheidung innerhalb des jeweiligen Rentensystems geteilt und für den ausgleichsberechtigten Ehegatten/Lebenspartner **eigenständige Versorgungsanrechte** geschaffen. Die Übertragung der Anrechte ist steuerfrei (§ 3 Nr. 55 a EStG).

Die **Besteuerung erfolgt erst während der Auszahlungsphase.** Ausgleichsverpflichtete und ausgleichsberechtigte Personen versteuern beide die ihnen jeweils zufließenden Leistungen im Rahmen der gleichen Einkunftsart (so, als ob die Teilung nicht stattgefunden hätte). Für die Ermittlung der steuerpflichtigen Versorgungsbezüge und des Besteuerungsanteils/Ertragsanteils bei Renten ist auf den Versorgungsbeginn, den Rentenbeginn bzw. das Lebensalter des jeweiligen Ehegatten abzustellen.

Sind **Rentenanwartschaftsrechte noch nicht endgültig,** erfolgt keine Aufteilung der Anwartschaftsrechte auf die Ehegatten. In diesen Fällen wird ein **schuldrechtlicher** Versorgungsausgleich durchgeführt, indem sich ein Ehegatte verpflichtet, dem anderen selbst eine Ausgleichsrente zu zahlen. Der zur Zahlung Verpflichtete erhält zunächst die

Rente in voller Höhe und versteuert diese nach den allgemeinen Grundsätzen. Er leitet die Rente teilweise an den anderen Ehegatten weiter und erhält dafür einen **Sonderausgabenabzug** (§ 10 Abs. 1a Nr. 4 EStG) in Höhe des steuerpflichtigen Teils der weitergeleiteten Rente.

Der Empfänger der Ausgleichsleistungen versteuert seinen Zufluss nach § 22 Nr. 1a EStG als sonstige Einkünfte. Auch Ausgleichsleistungen zur **Vermeidung eines Versorgungsausgleichs** sind als Sonderausgaben abziehbar (§ 10 Abs. 1a Nr. 3 EStG), soweit der Verpflichtete dies mit Zustimmung des Berechtigten beantragt. Der Berechtigte versteuert die Zahlungen nach § 22 Nr. 1a EStG als „sonstige Einkünfte".

Reparaturen

Dient ein Haus bzw. eine Wohnung der Erzielung von Einkünften, sind Reparaturaufwendungen als Betriebsausgaben oder Werbungskosten abzugsfähig. Betrifft der Aufwand die eigengenutzte Wohnung, lesen Sie bitte unter → Haushaltsnahe Tätigkeiten/Dienstleistungen und → Energetische Maßnahmen weiter.

§§ 7, 9, 21 EStG, § 82b EStDV, R 21.1 EStR, H 21.1 EStR

1 Abgrenzung von Reparaturen und Herstellungskosten

Der Abgrenzung von Reparaturkosten (steuerlicher Begriff: Erhaltungsaufwendungen) und nachträglichen Her-

stellungskosten (HK) kommt wegen der sehr unterschiedlichen steuerlichen Auswirkung große Bedeutung zu.

	Erhaltungs-aufwendun-gen (Repara-turen)	Nachträgli-che Herstel-lungskosten
Abzug	• sofort in voller Höhe	• nur im Wege der AfA
Abzugszeit-punkt	• im Jahr der Zah-lung	• ab dem Zeitpunkt der Entste-hung (Zah-lungszeit-punkt ohne Be-deutung)

Vertiefend siehe → Abschreibungen/ Gebäude.

Erhaltungsaufwendungen (Reparaturen)

Aufwendungen für die Erneuerung von bereits vorhandenen Teilen, Einrichtun-gen oder Anlagen, die dazu dienen, ein Gebäude in einem ordnungsgemäßen Zustand zu erhalten, werden als „Erhal-tungsaufwendungen" bezeichnet und sind im Jahr der Zahlung in voller Höhe als Werbungskosten abzugsfähig. Dabei kommt es darauf an, dass die erneuerten Teile die **Funktion** des bis-herigen Teils übernehmen. Ob dabei andere Materialien oder eine technisch andere Wirkungsweise zum Einsatz kommen, ist ohne Bedeutung.

Erhaltungsaufwendungen sind z. B. Auf-wendungen für die Dacherneuerung, nachträgliche Wärmeschutzmaßnah-men, das Anbringen einer Außenver-kleidung/Fassade, der Austausch von Fenstern und Türen, die Erneuerung ei-nes Bades, eine Heizungserneuerung (auch Umstellung des Heizsystems) oder der Einbau einer Solaranlage zur Brauchwassererwärmung.

Erhaltungsaufwendungen liegen auch vor, wenn eine werterhöhende Moderni-sierung dem Gebäude den zeitgemäßen Standard zurückgibt, den es ursprüng-lich besessen hat, der aber durch tech-nischen Fortschritt oder Änderung der Lebensgewohnheiten verloren gegan-gen ist.

 TIPP

Vereinfachungsregelung

Betragen die Aufwendungen für eine **einzelne Baumaßnahme** in einem Gebäude nicht mehr als 4.000 € netto (mit Umsatzsteuer = 4.760 €), kön-nen diese aus Vereinfachungsgründen auf Antrag als Erhaltungsaufwendun-gen behandelt und sofort im Jahr der Zahlung in voller Höhe abgezogen werden, außer es handelt sich um Aufwendungen, die der erstmaligen endgültigen Fertigstellung des Gebäu-des dienen. Eine Abgrenzung zwi-schen Erhaltungsaufwendungen und nachträglichen HK ist nicht erforder-lich. Verschiedene (auch gleichzeiti-ge) Baumaßnahmen im selben Ge-bäude sind bzgl. der Anwendung der 4.000-Euro-Grenze getrennt zu beur-teilen.

Beim Austausch einer Einbauküche in einer vermieteten Wohnung liegen keine Erhaltungsaufwendungen vor, sondern Anschaffungskosten für ein neues eigenständiges Wirtschaftsgut, das auf zehn Jahre abzuschreiben ist (BFH, Urteil v. 3.8.2016, IX R 14/15).

HK, nachträgliche HK und Herstellungsaufwand

Aufwendungen bis zur endgültigen Fertigstellung eines Gebäudes stellen immer (erstmalige) HK dar. Aufwendungen für Baumaßnahmen, die an einem bereits bestehenden Gebäude durchgeführt werden, sind i.d.R. nachträgliche HK, z.B.:

- **Vollverschleiß und Neubau:** Ist das Gebäude so sehr abgenutzt, dass es praktisch nicht mehr nutzbar ist (Bauruine), entsteht durch die Renovierung/Modernisierung ein neues Gebäude.

- **Erweiterungen**

- **wesentliche Verbesserungen**

In welchen Fällen liegt eine „Erweiterung" vor?

Die Erstellung eines **Anbaus** und die **Aufstockung** eines Gebäudes sind klassische Erweiterungen. Sämtliche Baumaßnahmen, die eine **Vergrößerung der Wohn- oder Nutzfläche** (z.B. Dachgeschossausbau) zur Folge haben, führen zu nachträglichen HK. Dies gilt selbst dann, wenn der Flächenzuwachs geringfügig ist (Einbau einer Dachgaube, Anbau einer Terrasse oder eines Balkons).

Auch bei der Umwidmung von Nutzflächen in Wohnflächen (z.B. aus einem nicht beheizbaren Kellerraum wird ein Kinderzimmer) handelt es sich um eine Erweiterung.

Bei einer **Substanzmehrung** liegen ebenfalls nachträgliche HK vor, wenn bisher nicht Vorhandenes eingebaut wird (z.B. Einbau einer zusätzlichen Treppe oder von Trennwänden, erstmaliger Einbau einer Alarmanlage oder einer Markise).

Nicht um HK, sondern um Erhaltungsaufwendungen handelt es sich, wenn der neue Gebäudebestandteil die **Funktion** des alten in vergleichbarer Weise erfüllt (z.B. Versetzen von Wänden, Vergrößern vorhandener Fenster).

Werden durch Baumaßnahmen bereits eingetretene Schäden beseitigt bzw. drohende Schäden vermieden (z.B. Errichtung einer Betonvorsatzschale zur Trockenlegung der durchfeuchteten Fundamente, Anbringung einer Überdachung an den Wohnungszugängen oder an einer Dachterrasse zum Schutz vor weiteren Wasserschäden), liegen Erhaltungsaufwendungen vor.

Die „wesentliche Verbesserung"

Aufwendungen, die dazu führen, dass das Gebäude eine **über den ursprünglichen Zustand** (Zeitpunkt der Anschaffung oder Herstellung) **hinausgehende wesentliche Verbesserung** erfährt, sind Gebäudeherstellungskosten.

Eine wesentliche Verbesserung liegt vor, wenn die Baumaßnahmen zur Renovierung eines Gebäudes in ihrer Gesamtheit über eine zeitgemäße Erneuerung hinausgehen, den Gebrauchswert des Gebäudes deutlich erhöhen und eine erweiterte Nutzungsmöglichkeit für die Zukunft geschaffen wird. Dies ist insbesondere in folgenden Fällen gegeben:

- Durch eine Baumaßnahme wird der Wohnstandard des Gebäudes erheblich gesteigert (**Standardhebung**).

Dabei wird zwischen sehr einfachem Standard, mittlerem Standard (der selbst höheren Ansprüchen genügt) und sehr anspruchsvollem Standard (Luxussanierung unter Verwendung außergewöhnlich hochwertiger Materialien und Umsetzung des technisch Machbaren) unterschieden. Untersucht werden dabei die **vier zentralen Ausstattungsmerkmale** des Gebäudes (Heizung, Fenster, Elektro- und Sanitärinstallation). Liegt eine Hebung des Standards in mindestens drei der **vier zentralen Ausstattungsmerkmale** vor oder gibt es in zwei Bereichen eine Standardhebung und in einem dritten Bereich nachträgliche HK, sind die gesamten Aufwendungen als nachträgliche HK zu behandeln.

- Durch eine Baumaßnahme tritt eine erhebliche Erhöhung des Gebrauchswerts des Gebäudes ein. Es ergibt sich ein deutlicher Anstieg der erzielbaren Miete (im Vergleich zur realisierbaren Miete bei einer Neuvermietung unmittelbar vor der Baumaßnahme). Mietsteigerungen, die lediglich auf zeitgemäßen, bestanderhaltenden Erneuerungen beruhen, sind in die Beurteilung nicht einzubeziehen.

- Die Gesamtnutzungsdauer wird deutlich verlängert.

Vertiefend siehe BMF, Schreiben v. 18.7.2003, IV C 3 – S 2211 – 94/03, BStBl 2003 I S. 386.

Allein aus der Höhe der Instandsetzungsaufwendungen im Verhältnis zum Kaufpreis kann aber nicht ohne nähere Prüfung auf das Vorliegen von HK geschlossen werden (BFH, Urteil v. 22.9.2009, IX R 21/08).

Mehrere Baumaßnahmen

Jede Baumaßnahme ist für sich daraufhin zu untersuchen, ob Erhaltungsaufwendungen oder HK vorliegen. Sind mehrere Baumaßnahmen aber bautechnisch verknüpft, ist insgesamt zu entscheiden, ob Erhaltungsaufwendungen oder HK vorliegen.

 BEISPIEL

Erhaltungsaufwendungen oder HK?

- Um einen Anbau errichten zu können, müssen zunächst Ausbesserungsarbeiten an den bestehenden Fundamenten des Gebäudes durchgeführt werden.
Da die Ausbesserungsarbeiten an den Fundamenten erforderlich sind, um den Erweiterungsbau erstellen zu können, liegt eine Gesamtbaumaßnahme mit HK vor.

- Ein schadhaftes Flachdach wird durch ein Satteldach ersetzt. Der neu entstandene Dachraum wird ausgebaut.
Die Erstellung eines Satteldachs ist Voraussetzung für den Dachgeschossausbau. Es liegt eine einheitliche Gesamtbaumaßnahme mit HK vor.

2 Zeitnahe Modernisierungs-maßnahmen nach dem Kauf

Anschaffungsnahe Herstellungskosten

Nicht zu den Erhaltungsaufwendungen, sondern zu den „anschaffungsnahen HK" eines Gebäudes gehören Aufwendungen für Instandsetzungs- und Modernisierungsmaßnahmen,

- die **innerhalb von drei Jahren** nach Anschaffung des Gebäudes durchgeführt werden und

- deren Gesamtkosten (ohne Umsatzsteuer) in den ersten drei Jahren **15 % der AK des Gebäudes übersteigen** (§ 6 Abs. 1 Nr. 1a EStG).

Die Aufwendungen werden zur Bemessungsgrundlage der Gebäudeabschreibung hinzugerechnet.

Schönheitsreparaturen (wie z. B. das Tapezieren, Anstreichen der Wände und Decken, das Streichen der Fußböden, Heizkörper, der Türen sowie der Fenster) sind bauliche Maßnahmen, durch die Mängel oder Schäden an vorhandenen Einrichtungen eines bestehenden Gebäudes beseitigt werden. Diese Aufwendungen sind in die Prüfung der 15%-Grenze einzubeziehen (BFH, Urteil v. 14.6.2016, IX R 25/14).

Bei der Prüfung, ob die Aufwendungen für Instandsetzungs- und Modernisierungsaufwendungen zu anschaffungsnahen Herstellungskosten führen, ist nicht auf das gesamte Gebäude, sondern auf den jeweiligen selbstständigen Gebäudeteil abzustellen, wenn das Gesamtgebäude in unterschiedlicher Weise genutzt wird und daher in verschiedene Wirtschaftsgüter aufzuteilen ist. Vertiefend siehe → Abschreibungen/Gebäude.

Nicht in die Prüfung der 15 %-Grenze einbezogen werden:

- Aufwendungen für Erweiterungen (diese sind immer HK)

- Aufwendungen für Erhaltungsarbeiten, die jährlich üblicherweise anfallen (z. B. Heizungswartung)

Herstellung der Betriebsbereitschaft des Gebäudes

Ist ein Gebäude zum Zeitpunkt der Anschaffung betriebsbereit, können Erhaltungsaufwendungen i. d. R. sofort als Werbungskosten abgezogen werden.

Ist das Gebäude objektiv oder subjektiv nicht betriebsbereit, gehören die Aufwendungen, die erforderlich sind, um es in einen betriebsbereiten Zustand zu versetzen, zu den **AK**. Die Betriebsbereitschaft setzt die Funktionstüchtigkeit voraus.

Objektiv ist ein Gebäude **funktionsuntüchtig**, wenn wesentliche Teile nicht nutzbar sind, unabhängig von einer tatsächlichen Nutzung.

 BEISPIEL

Objektive Funktionsuntüchtigkeit

Beim Kauf eines Hauses ist bekannt, dass die eingebaute Heizung nicht voll funktionsfähig ist und außerdem die gesetzlich geforderten Emissionsgrenzen überschreitet. Sofort nach dem Erwerb wird eine Heizungsanlage eingebaut, die technisch auf dem neuesten Stand ist.

Das Haus ist objektiv nicht funktionstüchtig, die Kosten für den Austausch der Heizungsanlage gehören zu den **AK**.

Subjektiv ist ein Gebäude **funktionsuntüchtig**, wenn es für die konkrete Zweckbestimmung des Erwerbers nicht nutzbar ist und bauliche Änderungen erforderlich werden.

 BEISPIEL

Subjektive Funktionsuntüchtigkeit

Der Unternehmer A erwirbt ein vermietetes Wohngebäude. Er will es als Bürogebäude nutzen. Nach sechs Monaten kündigt er den Mietern und beginnt mit Umbaumaßnahmen, damit die Büronutzung ermöglicht wird.

Das Objekt ist subjektiv nicht funktionstüchtig, weil die geplante Nutzung nicht möglich ist. Die Aufwendungen zur Umgestaltung der Räume führen zu **AK**.

Beurteilung der Betriebsbereitschaft aus Sicht der Finanzverwaltung

	Betriebs-bereit-schaft besteht
Der Erwerber nutzt das Gebäude ab dem Zeitpunkt der Anschaffung wie geplant durch Vermietung oder Eigennutzung.	ja
Eine bestehende Vermietung wird uneingeschränkt fortgesetzt.	ja
Das Gebäude ist vermietet, die Mietverträge werden sofort gekündigt, weil der Vermieter eine anderweitige Nutzung plant.	nein

	Betriebs-bereit-schaft besteht
Nach der Anschaffung wird das Gebäude zunächst nicht genutzt.	offen
Nach der Anschaffung wird das Gebäude zunächst nicht genutzt, aber Baumaßnahmen für die Nutzung gem. geplanter Zweckbestimmung werden durchgeführt.	nein

3 Reparaturen in der eigenen Privatwohnung

Im Normalfall sind Reparaturkosten, die die eigene Wohnung betreffen, bei der Ermittlung des z. v. E. nicht abzugsfähig. Sie gehören zu den Kosten der privaten Lebensführung.

In besonderen Fällen können die Aufwendungen aber steuerlich geltend gemacht werden. So können z. B. Aufwendungen für Baumaßnahmen, durch die konkrete Gesundheitsgefährdungen beseitigt (z. B. Sanierung bei Hausschwamm, Asbestsanierung des Daches) oder vom Gebäude ausgehende unzumutbare Beeinträchtigungen (Gebäudesanierung bei Geruchsbelästigung) behoben werden, steuerlich als → außergewöhnliche Belastungen geltend gemacht werden. Auch die behindertengerechte Umgestaltung von Teilen der eigenen Wohnung führt zu außergewöhnlichen Belastungen. Vertiefend siehe → Außergewöhnliche Belastung und → Behinderte Menschen.

Für Handwerkerleistungen oder energetische Maßnahmen im Zusammenhang mit der eigengenutzten Wohnung kann evtl. eine **Steuerermäßigung** in Anspruch genommen werden. Vertiefend siehe → Haushaltsnahe Tätigkeiten/ Dienstleistungen und → Energetische Maßnahmen.

Eigennutzung nach Auszug des Mieters

Kündigt der Eigentümer dem Mieter, um selbst in die Wohnung einzuziehen, können die anfallenden Kosten der Renovierung nicht als WK abgezogen werden, wenn sie die bei einem Wohnungswechsel typischen Arbeiten wie Schönheitsreparaturen (Tapezieren, Malerarbeiten) und sonstige kleinere Reparaturen betreffen.

Aufwendungen zur Beseitigung eines Schadens, der die mit dem gewöhnlichen Gebrauch der Mietsache verbundene Abnutzung deutlich übersteigt (z. B. mutwillig verursachter Schaden), können Werbungskosten sein (BFH, Urteil v. 11.7.2000, IX R 48/96).

Wird ein Teil der Mietkaution einbehalten, handelt es sich um zusätzliche Mieteinnahmen.

Vermietung nach Eigennutzung

Wer Aufwendungen für seine zunächst selbst bewohnte, anschließend leer stehende und noch nicht vermietete Wohnung als vorab entstandene Werbungskosten geltend macht, muss seinen Entschluss, die Wohnung zu vermieten, durch ernsthafte und nachhaltige Vermietungsbemühungen belegen (BFH, Urteil v. 28.10.2008, IX R 1/07).

Keinesfalls sollte sich eine Renovierung länger als nötig hinziehen. Nach Ansicht des BFH deutet eine lange Reno-vierungszeit darauf hin, dass keine Vermietungsabsicht besteht. Die Kosten sind in diesen Fällen nicht abzugsfähig (BFH, Urteil v. 11.8.2010, IX R 3/10). Im Zweifel sollten geplante Reparaturarbeiten erst nach Mietbeginn oder nach Abschluss des Mietvertrags durchgeführt werden, sonst besteht die Gefahr, dass die gesamten Aufwendungen steuerlich nicht abzugsfähig sind.

Hat sich der Erwerber eines Gebäudes zunächst entschlossen, das leer stehende Objekt zu vermieten, und hat deshalb renoviert, ist aber anschließend selbst eingezogen, kann er die Renovierungskosten steuerlich geltend machen (FG Hamburg, Urteil v. 15.6.2011, 1 K 14/10).

4 Reparaturen teilweise eigengenutzter Objekte

Entstehen Reparaturaufwendungen bei einem gemischt genutzten Gebäude (teilweise durch den Eigentümer selbst bewohnt, teilweise vermietet), ist wie folgt vorzugehen:

- **direkte Zuordnung der Kosten:** Soweit die Reparatur einen konkreten Gebäudeteil betrifft (z. B. Erneuerung des Bades in einer vermieteten OG-Wohnung), ist der Aufwand diesem Gebäudeteil allein zuzurechnen und die Aufwendungen sind als Werbungskosten abzugsfähig.

- **flächenmäßige Zuordnung der Kosten:** Betrifft die Reparatur das Gebäude als Ganzes (z. B. Dach wird neu gedeckt, Außenfassade wird erneuert), sind die Gesamtaufwendungen im Verhältnis der Nutzflächen zu verteilen. Der auf den vermieteten

Teil des Gebäudes entfallende Teil der Kosten ist steuerlich abzugsfähig.

5 Verteilung größeren Erhaltungsaufwands bei Wohngebäuden

Nach § 82b EStDV können größere Erhaltungsaufwendungen auf Antrag **gleichmäßig auf zwei bis fünf Jahre** verteilt werden. Die Gebäude dürfen nicht zu einem Betriebsvermögen gehören und müssen überwiegend Wohnzwecken dienen. Durch die Verteilung ist unter Ausnutzung der höheren Grenzsteuersätze insgesamt eine höhere Steuererstattung möglich.

 BEISPIEL

Zusätzliche Steuerersparnis

F, Einzelveranlagung, z. v. E. seit Jahren 40.000 €, hat 2020 für 20.000 € umfangreiche Reparaturen an seinem vermieteten Haus durchgeführt.

F kann diese Kosten entweder 2020 in vollem Umfang als Werbungskosten geltend machen (Steuerminderung 6.106 €, ohne Solidaritätszuschlag und Kirchensteuer) oder z. B. auf die Jahre 2020 bis 2024 gleichmäßig verteilen, d. h. jährlich 4.000 € als Erhaltungsaufwand geltend machen (Steuerminderung 5 × 1.357 € = 6.785 €). Die Verteilung führt zu einer zusätzlichen Steuerentlastung von 679 €.

6 Zahlung durch Dritte

Grundsätzlich kann nur derjenige, der entsprechende Aufwendungen getragen hat, einen Abzug von Betriebsausgaben oder Werbungskosten geltend machen. Erhaltungsaufwendungen bei den Einkünften aus V+V sind aber auch dann Werbungskosten des Steuerpflichtigen, wenn sie auf einem von einem Dritten im eigenen Namen, aber im Interesse des Steuerpflichtigen abgeschlossenen Werkvertrag beruhen und der Dritte dem Steuerpflichtigen den Betrag zuwendet.

 BEISPIEL

Abgekürzter Zahlungsweg

Der Steuerpflichtige hat eine Eigentumswohnung erworben, die er vermieten will. Die Wohnung muss vor ihrer erneuten Vermietung renoviert werden. Zu diesem Zweck beauftragt der Vater des Steuerpflichtigen nach Rücksprache mit ihm Handwerker und bezahlt nach Durchführung der Erhaltungsarbeiten auch die nicht an den Wohnungseigentümer gerichteten Rechnungen. Auf eine Rückforderung des Betrags verzichtet der Vater gegenüber dem Sohn.

Insoweit liegt eine Zuwendung an den Steuerpflichtigen vor. Die entstandenen Kosten sind über den abgekürzten Zahlungsweg beim Steuerpflichtigen als Werbungskosten aus V+V abzugsfähig (BFH, Urteil v. 15.1.2008, IX R 45/07).

Bei Kreditverbindlichkeiten und anderen Dauerschuldverhältnissen (z. B.

Miet- und Pachtverträge) kommt eine Berücksichtigung der Zahlung unter dem Gesichtspunkt der Abkürzung des Vertragswegs nicht in Betracht (BMF, Schreiben v. 7.7.2008, IV C 1 – S 2211/07/10007, BStBl 2008 I S. 717).

7 Instandhaltungsrücklagen bei Eigentumswohnungen

Bei einer Eigentumswohnung müssen Zahlungen in eine Instandhaltungsrücklage geleistet werden.

Nicht die jährlichen Einzahlungen in die Instandhaltungsrücklage, sondern der auf den Steuerpflichtigen entfallende

„Verbrauch der Instandhaltungsrücklage" (Entnahme zur Bezahlung von Reparaturrechnungen durch den Hausverwalter nach Beschluss der Wohnungseigentümerversammlung) ist als Werbungskosten abzugsfähig. Der entsprechende Betrag ist aus der Jahresabrechnung des Hausverwalters ersichtlich.

Wird eine Eigentumswohnung veräußert, übernimmt der Erwerber den auf die Wohnung entfallenden Anteil der Instandhaltungsrücklage (Übertragung von Kapital). Insoweit liegen beim Erwerber keine AK des Gebäudes vor.

Sonderausgaben

Bei Sonderausgaben handelt es sich um Kosten der privaten Lebensführung, die steuerlich abziehbar sind. Alle Sonderausgaben sind im Gesetz abschließend genannt. Es wird unterschieden zwischen Vorsorgeaufwendungen (Versicherungsbeiträge) und anderen Sonderausgaben.

1 Allgemeines zum Sonderausgabenabzug

Aufwendungen, die zu den Betriebsausgaben (BA) bzw. Werbungskosten (WK) gehören, sind bei den entsprechenden Einkünften der Höhe nach unbegrenzt abziehbar und können nicht als Sonderausgaben berücksichtigt werden.

 BEISPIEL

Abgrenzung zum BA- oder WK-Abzug

Die Haftpflichtversicherungsbeiträge für ein **vermietetes** Mehrfamilienhaus sind Werbungskosten bei den Einkünften aus V+V und keine Sonderausgaben.

Dagegen können Beiträge zur privaten Familienhaftpflichtversicherung oder zur Grundstückshaftpflichtversicherung für das **eigengenutzte** Einfamilienhaus bei den Sonderausgaben abgezogen werden.

Sonderausgaben

Vorsorgeaufwendungen (Versicherungsbeiträge)

1. Altersvorsorgeaufwendungen

- **Basisversorgung**
  Beiträge zu
  - gesetzlicher Rentenversicherung (einschließlich Arbeitgeberanteil)
  - landwirtschaftliche Alterskasse
  - berufsständischer Versorgungseinrichtung

- **Zusatzversorgung**
  - Beitrag zu einer kapitalgedeckten privaten Altersversorgung (Rürup-Rentenversicherung)

2. Sonstige Vorsorgeaufwendungen

- **Basiskranken- und Pflegepflichtversicherung**
  Beiträge zu
  - gesetzlicher Krankenversicherung
  - privater Krankenversicherung (nur Basisversicherung)

- **andere sonstige Vorsorgeaufwendungen**
  Beiträge zu
  - gesetzlicher und privater Krankenversicherung, soweit sie über die Basisversorgung hinausgehen
  - Arbeitslosenversicherung
  - Erwerbs- und Berufsunfähigkeitsversicherung
  - Unfallversicherung
  - Haftpflichtversicherung
  - bestimmten Lebensversicherungen

3. Riester-Rentenversicherung

(Zusätzliche Altersvorsorge)
Anlage AV

Abzug der **Altersvorsorge-** und sonstigen **Vorsorgeaufwendungen** bis zu unterschiedlichen Höchstbeträgen. Förderung der **Riester-Beiträge** über die Altersvorsorgezulage oder einen besonderen Sonderausgabenabzug.

andere Sonderausgaben

- Unterhaltsleistungen an den geschiedenen oder dauernd getrennt lebenden Ehegatten/ Lebenspartner
- Kirchensteuer
- Kinderbetreuungskosten
- Kosten für die eigene Berufsausbildung oder die des Ehegatten
- Schulgeld
- Spenden

Abzug der **tatsächlichen Aufwendungen** (teilweise begrenzt) mindestens in Höhe des **Sonderausgaben-Pauschbetrags**

Sonderausgaben kann nur derjenige geltend machen, der sie **selbst schuldet** und **selbst leistet**. Bei zusammen veranlagten Ehegatten kommt es für den Abzug von Sonderausgaben nicht darauf an, ob sie der Ehemann oder die Ehefrau gezahlt hat.

Bei der Einzelveranlagung von Ehegatten nach § 26a EStG kann grundsätzlich nur derjenige Sonderausgaben abziehen, der die Aufwendungen getragen hat. Auf übereinstimmenden Antrag sind die von beiden Ehegatten getragenen Sonderausgaben zusammenzurechnen und hälftig zu verteilen. Erst danach ist getrennt für jeden Ehegatten die Höhe der abziehbaren Sonderausgaben zu bestimmen. Vertiefend siehe → Ehegattenveranlagung. Sonderausgaben können nur im Jahr der Zahlung (Abfluss) berücksichtigt werden.

2 Vorsorgeaufwendungen (Versicherungen)

Vertiefend siehe → Versicherungen.

3 Andere Sonderausgaben

Sonderausgaben-Pauschbetrag

Für Sonderausgaben, die nicht zu den Vorsorgeaufwendungen gehören, wird ein Sonderausgaben-Pauschbetrag von 36 € abgezogen, wenn nicht höhere tatsächliche Sonderausgaben geltend gemacht werden.

Werden Ehegatten zusammen zur Einkommensteuer veranlagt, verdoppelt sich der Betrag auf 72 € (§ 10c EStG).

Gezahlte Kirchensteuer

Als Sonderausgabe abziehbar ist die gesetzlich geschuldete und gezahlte Kirchensteuer im Inland oder EU-/EWR-Ausland. Dazu gehören auch die vom Arbeitgeber abgeführte Kirchenlohnsteuer, die vierteljährlich vorausgezahlte oder für Vorjahre nachgezahlte Kirchensteuer und das besondere Kirchgeld.

 HINWEIS

Als Abgeltungsteuer erhobene Kirchensteuer

Die als Zuschlag zur Kapitalertragsteuer (Abgeltungsteuer) oder als Zuschlag auf die nach dem gesonderten Tarif des § 32d Abs. 1 EStG ermittelte Einkommensteuer erhobene Kirchensteuer ist **nicht** als Sonderausgabe abziehbar.

Kirchgeld

Das **allgemeine Kirchgeld** ist die Steuer der örtlichen Kirchengemeinde, die i. d. R. durch persönliches Anschreiben von Personen erhoben wird, die der Kirche angehören, aber keine gesetzliche Kirchensteuer entrichten.

Das **besondere Kirchgeld** wird von der Finanzverwaltung festgesetzt und erhoben, wenn ein Ehegatte konfessionslos ist oder einer Kirche angehört, die keine Kirchensteuer erhebt, und der andere Ehegatte, der keine oder nur geringe Einkünfte hat, sowie ggf. die Kinder einer Kirche angehören. Das Kirchgeld beträgt etwa ein Drittel der gesetzlichen Kirchensteuer. Ab einem gemeinsamen z. v. E. von 30.000 € bei Zusammenveranlagung wird ein Kirchgeld erhoben. Nicht alle Landeskirchen erheben das Kirchgeld. Einzelne Landeskirchen ermäßigen das Kirchgeld.

 BEISPIEL

Besonderes Kirchgeld

Max Maier ist Alleinverdiener und gehört keiner Kirche an. Seine Ehefrau ist, wie ihre beiden Kinder, Mitglied der evangelischen Kirche. Frau Maier hat keine Einkünfte. Das gemeinsame z. v. E. beträgt im Jahr 2020 120.000 €.

z. v. E.	120.000 €
abzgl. Kinderfreibeträge	15.624 €
Bemessungsgrundlage	104.376 €
besonderes Kirchgeld	840 €

Die gesetzliche Kirchensteuer würde bei einem Steuersatz von 8 % 2.080 € betragen.

Das BVerfG muss prüfen, ob eine verfassungswidrige Schlechterstellung von Ehegatten gegenüber Lebenspartnern bei der Erhebung des besonderen Kirchgeldes in glaubensverschiedener Ehe vorliegt (BVerfG, anhängiges Verfahren Az. 2 BvL 6/19).

Erstattungsüberhang

Wird gezahlte Kirchensteuer in einem späteren Jahr **erstattet**, mindern sich zunächst die Kirchensteuerzahlungen im Erstattungsjahr. Ein danach evtl. verbleibender **Erstattungsüberhang** ist dem Gesamtbetrag der Einkünfte des Erstattungsjahres hinzuzurechnen.

 BEISPIEL

Kirchensteuer

Ende Dezember 2019 wird Ihnen der Einkommensteuerbescheid für 2018 zugestellt. Daraus ergibt sich eine Erstattung von 870 €, die im Januar 2020 Ihrem Konto gutgeschrieben wird. Für das Jahr 2020 haben Sie 830 € Kirchensteuer in Form von Vorauszahlungen geleistet.

Der Erstattungsbetrag ist 2020 zugeflossen und mindert die Zahlung und damit den Sonderausgabenabzug des Jahres 2020 auf 0 €. Der zusätzliche Erstattungsüberhang von 40 € wird dem Gesamtbetrag der Einkünfte des Jahres 2020 hinzugerechnet.

 ACHTUNG

Kirchensteuer des Erblassers

Zahlt ein Erbe die noch offene KiSt des Erblassers, kann der Erbe diese im Jahr der Zahlung als Sonderausgabe abziehen (BFH, Urteil v. 21.7.2016, X R 43/13). Erstattungen überzahlter Kirchensteuer des Erblassers sind auf eigene Kirchensteuerzahlungen des Erben anzurechnen.

Freiwillige Zuwendungen und Zuwendungen an Religionsgemeinschaften ohne gesetzliche Kirchensteuer

Keine Kirchensteuern sind freiwillige Beiträge an Kirchen oder andere religiöse Gemeinschaften. Diese sind ggf. als Spenden abziehbar. Beiträge der Mitglieder an Religionsgemeinschaften, die in mindestens einem Bundesland als Kirche anerkannt sind, aber während des ganzen Jahres keine Kirchensteuer erheben (z. B. Heilsarmee, Neuapostolische Kirche, Gemeinschaft der Siebenten-Tags-Adventisten oder Zeugen Jehovas Deutschland), sind aus Billigkeitsgründen wie Kirchensteuer als Sonderausgabe abziehbar.

Der Abzug wie Kirchensteuer ist bis zur Höhe der Kirchensteuer zulässig, die zu zahlen wäre, wenn die Kirche Kirchensteuer erheben würde. Übersteigende **freiwillige Zuwendungen** an die Religionsgemeinschaft sind im Rahmen des Spendenabzugs als Sonderausgabe abziehbar. Vertiefend siehe → Spenden.

 TIPP

Kappung der Kirchensteuer

Gut verdienende Steuerpflichtige können außerhalb der Steuerveranlagung Kirchensteuer sparen, indem sie bei ihrer Kirche einen Antrag auf **Kappung der Kirchensteuer** stellen. Diese kommt in Betracht, wenn die Kirchensteuer (je nach Bundesland, außer Bayern) mehr als 2,75 % bis 4 % des z. v. E. beträgt.

Weitere Sonderausgaben

Zu den anderen Sonderausgaben gehören auch:

- Unterhaltsleistungen an den geschiedenen oder dauernd getrennt lebenden Ehegatten: Vertiefend siehe → Unterhaltszahlungen.

- Renten und dauernde Lasten

- Kinderbetreuungskosten

- Berufsausbildungskosten: Vertiefend siehe → Ausbildung und Studium.

- Schulgeld

- Spenden: Vertiefend siehe → Spenden.

Spekulationsgeschäfte

Unter Spekulationsgeschäften versteht man den Verkauf von bestimmten Wirtschaftsgütern innerhalb einer gesetzlich festgelegten Frist. Nicht darunter fällt der Verkauf von Kapitalanlagen. Diese sind als Kapitaleinkünfte zu versteuern. Lesen Sie daher auch auf jeden Fall das Stichwort → Kapitalanlagen.

§§ 20, 23 EStG

1 Kauf und Verkauf von Grundstücken

Veräußern Sie ein privates Grundstück innerhalb von zehn Jahren nach dessen Erwerb, liegt ein Spekulationsgeschäft vor, das der Besteuerung unterliegt. Ohne Belang sind die Gründe für den Verkauf, sodass eine Steuerpflicht auch z. B. dann eintritt, wenn die Versteigerung droht (BFH, Urteil v. 27.9.2012, III R 19/11). Bei einer Ratenzahlung über mehrere Jahre wird der Veräußerungsgewinn in mehreren Veranlagungszeiträumen erfasst (BFH, Urteil v. 11.11.2009, IX R 57/08). Das gilt auch in Verlustfällen (BFH, Urteil v. 6.12.2016, IX R 18/16). Eine Enteignung stellt kein privates Veräußerungsgeschäft i. S. von § 23 EStG dar und ist somit nicht steuerpflichtig (BFH, Urteil v. 23.7.2019, IX R 28/18).

Zehnjahresfrist

Für die Fristberechnung kommt es darauf an, wann der Kaufvertrag und der Verkaufsvertrag abgeschlossen wurden. Die Nutzung einer Rückerwerbsoption setzt eine neue Spekulationsfrist in Gang. Sie wird nicht als Rückabwicklung gewertet (FG Münster, Urteil v. 30.10.2012, 1 K 2240/09 E). Steht die Grundstücksveräußerung unter einem Genehmigungsvorbehalt (aufschiebende Bedingung), ist dieser für die Fristberechnung unerheblich (BFH, Urteil v. 10.2.2015, IX R 23/13).

Beispielsfälle

Sie haben ein Grundstück bebaut

 BEISPIEL

Erwerb, Bebauung und Vermietung

Sie haben am 15.3.2012 ein unbebautes Grundstück erworben. Im März 2016 haben Sie ein Haus darauf erstellt und dieses anschließend vermietet.

Wenn Sie das bebaute Grundstück vor dem 16.3.2022 veräußern, unterliegt der Veräußerungsgewinn der Besteuerung. Dabei kommt es auf den Zeitpunkt des Erwerbs an. Die Fertigstellung des Gebäudes ist unmaßgeblich. Gebäude und Außenanlagen sind in die Besteuerung des Veräußerungsgewinns auch dann einzubeziehen, wenn sie in einem teilfertigen Zustand verkauft werden.

Geschenkte und geerbte Grundstücke

Bei einem geschenkten oder geerbten Grundstück kommt es für die Frist auf den Zeitpunkt des Erwerbs durch den Vorbesitzer an. Erwirbt ein Miterbe entgeltlich den Erbteil eines anderen Miterben, so entstehen ihm insoweit AK. Bei einem Verkauf innerhalb der Spekulationsfrist führt dies dazu, dass der Gewinn aus der Veräußerung dieses Grundstücks versteuert werden muss.

Ein Verkauf kann in solchen Fällen zur teuren Steuerfalle werden. Ein Beratungshonorar vor einem Verkauf kann gut angelegt sein und viel Geld sparen!

Erbbaurecht

Die Veräußerung eines unentgeltlich bestellten Erbbaurechts stellt kein privates Veräußerungsgeschäft i. S. d. § 23 EStG dar (BFH, Urteil v. 8.11.2017, IX R 25/15).

Entnahme aus dem Betrieb

Die Entnahme eines betrieblichen Grundstücks (auch im Rahmen einer Betriebsaufgabe) wird als Erwerb angesehen. Zu diesem Zeitpunkt beginnt die Zehnjahresfrist (z. B. Entnahme des Grundstücks, anschließend Verkauf innerhalb der Zehnjahresfrist, Folge: Besteuerung). Der Entnahmewert gilt als Anschaffungswert.

Einlage in den Betrieb

Wenn Sie ein privat erworbenes Grundstück während der Spekulationsfrist in ein Betriebsvermögen einlegen, liegt zunächst keine Veräußerung vor. Ein Veräußerungsvorgang aus dem Betriebsvermögen wird aber auch auf der privaten Ebene steuerpflichtig, wenn das Grundstück während der Spekulationsfrist veräußert wird.

Immer als Veräußerung gilt eine verdeckte Einlage in eine Kapitalgesellschaft (A verkauft ein Grundstück im Wert von 200.000 € für 80.000 € an die ihm gehörende A-GmbH, Folge: verdeckte Einlage von 120.000 €, die zu versteuern ist.).

Verkauf der eigengenutzten Wohnung ist steuerfrei

Wenn Sie das bebaute Grundstück zwischen der Anschaffung (bzw. Fertigstellung) und der Veräußerung für sich als Privatwohnung genutzt haben, bleibt der Verkaufserlös steuerfrei. Gleiches gilt, wenn im Jahr der Veräußerung und in den vorangegangenen zwei Jahren eine entsprechende Eigennutzung vorlag. Ein Leerstand zwischen Beendigung der Selbstnutzung und Veräußerung ist unschädlich, wenn die Wohnung im Jahr der Beendigung der Eigennutzung und in den beiden vorangegangenen Jahren zu eigenen Wohnzwecken genutzt wurde. Wird eine Wohnimmobilie im Jahr der Veräußerung kurzzeitig vermietet, ist dies unschädlich, da die Nutzung zu eigenen Wohnzwecken im Jahr der Veräußerung und im zweiten Jahr vor der Veräußerung nicht während des gesamten Kalenderjahrs vorgelegen haben muss (BFH, Urteil v. 3.9.2019, IX R 10/19). Damit reicht eine zusammenhängende Nutzung von einem Jahr und zwei Tagen aus.

Wird eine Wohnimmobilie im Jahr der Veräußerung kurzzeitig vermietet, ist dies unschädlich, da die Nutzung zu eigenen Wohnzwecken im Jahr der Veräußerung und im zweiten Jahr vor der Veräußerung nicht während des gesamten Kalenderjahrs vorgelegen haben muss (BFH, Urteil v. 3.9.2019, IX R 10/19). Damit reicht eine zusammenhängende Nutzung von einem Jahr und zwei Tagen aus. Wird das Wirtschaftsgut hingegen im Vorjahr der Veräußerung kurzfristig zu anderen Zwecken genutzt (z.B. vorübergehende Vermietung) oder kommt es im Vorjahr der Veräußerung zu einem vorübergehenden Leerstand, ist der Veräußerungsgewinn zu versteuern (BMF, Schreiben v. 17.6.2020, IV C 1 – S 2256/08/10006:006).

Wurde Ihnen die Wohnung geschenkt, wird die Zeit, in der der frühere Eigentümer die Wohnung selbst bewohnt hat, Ihnen zugerechnet. Entsprechendes gilt für den Fall der Erbschaft.

Die Steuerfreiheit gilt allerdings nicht für Ferienwohnungen sowie für den Teil des Veräußerungserlöses, der auf das häusliche Arbeitszimmer entfällt (selbst wenn der Abzug der Aufwendungen ausgeschlossen oder eingeschränkt ist).

Das FG Köln will den anteiligen Veräußerungsgewinn einer selbst genutzten Wohnung allerdings nicht besteuern, weil das Arbeitszimmer in den privaten Wohnbereich integriert ist und kein selbstständiges Wirtschaftsgut darstellt. Eine Besteuerung stehe auch im Widerspruch zum generellen Abzugsverbot von Kosten für häusliche Arbeitszimmer (FG Köln, Urteil v. 20.3.2018, 8 K 1160/15). Gegen ein zu einem vergleichbaren Sachverhalt ergangenes Urteil wurde Revision eingelegt (FG Baden-Württemberg, Urteil v.

23.7.2019, 5 K 338/19, Rev. beim BFH, Az. IX R 27/19).

Wie wird der Veräußerungsgewinn berechnet?

Als **Veräußerungskosten** kommen beispielsweise Aufwendungen für einen Makler, für Annoncen sowie sonstige Kosten (Kopien von Plänen, Fahrtkosten für Besichtigungen etc.) in Betracht.

Wenn Sie ein Grundstück zu einem unter den AK/HK liegenden Wert veräußern, sieht es nach einem Verlustgeschäft aus. Letztendlich kann es dennoch zu einer Besteuerung kommen. Der Veräußerungsgewinn erhöht sich um alle in der Vergangenheit in Anspruch genommenen Abschreibungsbeträge. Die Eigenheimzulage für die Zeit der Eigennutzung ist nicht hinzuzurechnen, da es sich hierbei um keine Abschreibung handelt.

 BEISPIEL

Veräußerungsverlust?

A hat 2016 ein Grundstück für 100.000 € gekauft und ein Gebäude für 500.000 € erstellt. Im Jahr 2020 veräußert A das Anwesen für 570.000 €. Bis zur Veräußerung hat er für das Gebäude 40.000 € Abschreibungen geltend gemacht.

Was zunächst nach einem Veräußerungsverlust (570.000 € – 600.000 € = –30.000 €) aussieht, wird nach der Hinzurechnung der Abschreibungsbeträge (40.000 €) zu einem Veräußerungsgewinn (10.000 €).

 TIPP

Nachträgliche Veräußerungskosten

Müssen Sie auf Verlangen des Käufers noch Arbeiten am Grundstück vornehmen (z. B. Ausbau eines Erdtanks), dann können diese Kosten nachträgliche Veräußerungskosten darstellen (BFH, Urteil v. 24.1.2012, IX R 16/11).

Aufwendungen (z. B. Notar- und Gerichtskosten), die für einen geplanten, aber letztlich gescheiterten Grundstücksverkauf anfallen, sind nicht als Werbungskosten bei den Einkünften aus V+V abziehbar und können auch nicht bei den privaten Veräußerungsgeschäften berücksichtigt werden (BFH, Urteil v. 1.8.2012, IX R 8/12).

Bei „Schrottimmobilien" ist der Kaufpreis in ein steuerpflichtiges Veräußerungsentgelt und eine nicht steuerbare Entschädigungsleistung aufzuteilen, wenn dieser auch für den Verzicht auf Schadensersatz und die Rücknahme der Klage gezahlt wurde (BFH, Urteile vom 6.9.2014, IX R 44/14, IX R 45/14, IX R 27/15).

Hinweis: Ein Berechnungsschema zum Veräußerungsgewinn finden Sie auf http://mybook.haufe.de unter „Der Steuerkalkulator".

2 Aktien & Co.

Haben Sie Wertpapiere verkauft, die Sie nach dem 31.12.2008 erworben haben, lesen Sie bitte unter → Kapitalanlagen weiter.

Die vor diesem Stichtag erworbenen Wertpapiere können Sie steuerfrei veräußern, es sei denn, Sie halten mindestens 1 % aller Anteile einer Kapitalgesellschaft. In diesem Fall sieht das EStG die Beteiligung als „wesentlich" an. Der Veräußerungsgewinn ist dann steuerpflichtig (§ 17 EStG).

Für Fonds gibt es ab 2019 Neuregelungen, die sich auch auf Altbestände auswirken. Auch diese sind unter → Kapitalanlagen dargestellt.

3 Andere Wirtschaftsgüter

Veräußerungsgewinne oder -verluste aus dem Verkauf anderer Wirtschaftsgüter sind innerhalb eines Jahres steuerpflichtig. Für Gegenstände, die als Einkunftsquelle genutzt werden und aus denen mindestens in einem Kalenderjahr Einkünfte erzielt wurden, erhöht sich der Spekulationszeitraum auf zehn Jahre.

Die Veräußerungsgewinne (und -verluste) aus dem Verkauf von Wirtschaftsgütern des alltäglichen Gebrauchs, die nach dem 13.12.2010 erworben wurden, sind nicht mehr steuerpflichtig. Hierzu zählen insbesondere Pkw, Fernseher und andere Gebrauchsgüter.

Der Gewinn oder Verlust aus der Veräußerung von Bitcoins oder anderen Kryptowährungen führt zu sonstigen Einkünften aus privaten Veräußerungsgeschäften, sofern Erwerb und Veräuße rung der Bitcoins innerhalb eines Jahres stattfanden (§ 22 Nr. 2 EStG i. V. m. § 23 Abs. 1 Satz 1 Nr. 2 EStG). Die Finanzgerichte sind dazu jedoch unterschiedlicher Auffassung. Keine Zweifel an der Auffassung der Finanzverwaltung hat das FG Berlin-Brandenburg, Beschluss v. 20.06.2019, 13 V 13100/19, erhebliche Zweifel das FG Nürnberg, Beschluss v. 8.4.2020, 3 V 1239/19.

Auch der Gewinn aus dem Verkauf eines Tickets für ein Fußballspiel ist als Spekulationsgewinn zu versteuern (BFH, Urteil v. 29.10.2019, IX R 10/18).

4 Leerverkäufe

Veräußerungsgeschäfte, bei denen die Veräußerung der Wirtschaftsgüter früher erfolgt als der Erwerb (sog. Leerverkäufe), sind nach § 23 EStG steuerpflichtig.

5 Was Sie sonst noch wissen sollten

Freigrenze von 600 €

Die Gewinne (= Gesamtgewinn aller im Jahr 2020 getätigten relevanten Veräußerungen) bleiben steuerfrei, wenn sie im Jahr 2020 weniger als 600 € betragen haben. Ein Gewinn von 600 € und mehr wird voll versteuert. Ehegatten erhalten den Freibetrag doppelt, wenn jeder Veräußerungsgewinne erzielt hat.

Wie wirken sich Veräußerungsverluste aus?

Vertiefend siehe → Kapitalanlagen.

Zunächst einmal ist zu untersuchen, ob sämtliche relevanten Veräußerungen einen Gesamtgewinn ergeben haben. Dabei mindern Verluste eines Geschäfts Gewinne anderer Veräußerungen.

Ergibt sich für das Jahr 2020 ein Gesamtverlust (Gesamtbetrag aller Gewinne abzgl. Verluste aus privaten Veräußerungsgeschäften des Jahres 2020), darf dieser nicht mit anderen im Jahr 2020 erzielten Einkünften verrechnet werden. Der Verlust mindert aber ggf. im Jahr 2019 erzielte Veräußerungsgewinne (= einjähriger Verlustrücktrag). Verbleibende Verluste sind in den Folgejahren mit erzielten Veräußerungsgewinnen gegenzurechnen (= unbegrenzter Verlustvortrag). Dazu ist der Verlust besonders festzustellen. Diese Feststellung gilt als Grundlagenbescheid und damit nach Bestandskraft als bindend. Sofern die Verluste fehlerhaft festgestellt wurden, kann nur dieser Bescheid im Wege des Einspruchs angegriffen werden.

 WICHTIG

Verluste geltend machen

Versäumen Sie nicht, Verluste aus privaten Veräußerungsgeschäften in der Steuererklärung geltend zu machen.

Spenden

Spenden sind freiwillige und unentgeltliche Aufwendungen, die weder Betriebsausgaben noch Werbungskosten sind. Sie fallen neben Mitglieds beiträgen unter den Sammelbegriff „Zuwendungen" und sind unter bestimmten Voraussetzungen steuerlich abziehbar.

§§ 10b, 34g, EStG; § 50 EStDV

Zu unterscheiden sind:

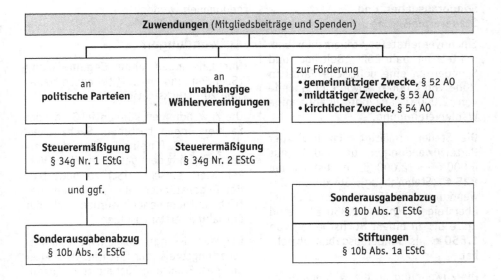

1 Politische Parteien und unabhängige Wählervereinigungen

Steuerermäßigungen

Die tarifliche Einkommensteuer ermäßigt sich **(direkter Steuerabzug)** jeweils um 50 % der Zuwendungen (Mitgliedsbeiträge und Spenden) an **politische Parteien** und an **unabhängige Wählervereinigungen**, höchstens um jeweils 825 €. Die Steuerermäßigungen

für Parteien und Wählervereinigungen können **nebeneinander** geltend gemacht werden.

Für zusammen veranlagte Ehegatten verdoppeln sich die Höchstbeträge auf jeweils 1.650 €.

Sonderausgaben

Nur bei Zuwendungen an **politische Parteien** kann zusätzlich der Betrag, der über 1.650 € (Einzelveranlagung) bzw. über 3.300 € (Zusammenveranlagung) hinausgeht, als Sonderausgabe abgezogen werden, und zwar bis zur Höhe von insgesamt 1.650 € bei Einzelveranlagung oder bis zur Höhe von insgesamt 3.300 € bei Zusammenveranlagung.

 BEISPIEL

Sonderausgaben und Steuerermäßigung

Ein unverheirateter Steuerzahler entrichtet im Jahr 2020 Beiträge und Spenden an eine politische Partei in Höhe von 4.000 € sowie eine Spende von 2.000 € an eine unabhängige Wählervereinigung.

Die Steuer ermäßigt sich bzgl. der Parteizuwendungen um 50 % aus 4.000 € = 2.000 €, höchstens um **825 €** (Steuerabzug). Soweit die Zuwendungen die Grenze von 1.650 € übersteigen (hier: 2.350 €), sind diese bis zu einem Höchstbetrag von **1.650 €** als Sonderausgaben abziehbar.

Die Zuwendung an die Wählervereinigung führt zu einer weiteren Steuerermäßigung von 50 % aus 2.000 € = 1.000 €, höchstens **825 €**. Ein zusätzlicher Sonderausgabenabzug ist nicht möglich (BFH, Urteil v. 20.3.2017, X R 55/14).

2 Sonstige Zuwendungen für gemeinnützige, mildtätige und kirchliche Zwecke

Werden Zuwendungen an einen begünstigten Zuwendungsempfänger für steuerbegünstigte Zwecke geleistet und liegt ein Zuwendungsnachweis vor, kann hierfür ein Sonderausgabenabzug nach § 10b Abs. 1 EStG in Anspruch genommen werden.

Aufwendungen

Nur Leistungen **ohne Gegenleistung** (Spenden und evtl. Mitgliedsbeiträge) sind zu berücksichtigen.

Die Zuwendungen können in **Geld** oder Sachleistungen bestehen. **Sachzuwendungen** (z. B. für eine Tombola des Vereins) sind mit dem gemeinen Wert (Verkehrswert einschl. USt) zu bewerten. Bei Gegenständen, die aus einem Betrieb entnommen wurden, ist der Entnahmewert anzusetzen.

Der Wert ist ggf. ausgehend vom Anschaffungspreis, der Qualität, dem Alter und dem Erhaltungszustand zu schätzen.

Keine begünstigten Aufwendungen sind unentgeltliche Nutzungen (z. B. Verzicht des Gebäudeeigentümers auf Miete) und unentgeltliche Leistungen (ehrenamtliche Tätigkeit).

Anders zu beurteilen ist es, wenn der Steuerpflichtige gegenüber der steuerbegünstigten Einrichtung nach Vertrag oder Satzung einen Anspruch auf Zahlung einer Vergütung (z. B. Fahrtkostenpauschale, Aufwandspauschale für die Mithilfe beim Sommerfest) hat, der eingeräumt wurde, bevor die zum Aufwand führende Tätigkeit begonnen wurde, und er auf die Auszahlung verzichtet **(Aufwandsspende)**. Der Anspruch darf nicht unter der Bedingung des Verzichts eingeräumt worden sein.

Zuwendungsempfänger

Begünstigt sind Zahlungen an

- Gebietskörperschaften (Bund, Länder, Landkreise, Gemeinden) oder deren Dienststellen (z.B. Schulen) oder eine andere juristische Person des öffentlichen Rechts (z.B. Universität, Kirche) und

- steuerbegünstigte Organisationen (häufig: gemeinnützige oder mildtätige Vereine)

im Inland oder EU-/EWR-Ausland.

Zuwendungsnachweis

Voraussetzung für den Spendenabzug ist, dass der Steuerpflichtige eine **Zuwendungsbestätigung** nach amtlichem Muster erhalten hat.

 ACHTUNG

Vorlage beim Finanzamt nur auf Anforderung

Die Zuwendungsbestätigungen sind vom Zuwendenden nur auf Verlangen der Finanzbehörde vorzulegen. Die Unterlagen sind vom Zuwendenden bis zum Ablauf eines Jahres nach Bekanntgabe der Steuerfestsetzung aufzubewahren **(Belegvorhaltepflicht)**.

Liegt eine Zuwendungsbestätigung nicht vor – z.B. bei Haus- und Straßen-

sammlungen –, sind die Aufwendungen nicht abziehbar.

Bei **Zuwendungen von höchstens 200 €** genügt als vereinfachter Zuwendungsnachweis der Bareinzahlungsbeleg oder eine Buchungsbestätigung (Kontoauszug), wenn die Zahlung an eine juristische Person des öffentlichen Rechts oder deren Dienststelle geleistet wird.

Gleiches gilt, wenn der Empfänger der Zuwendungen eine Organisation ist, die als steuerbegünstigten Zwecken dienend anerkannt ist. Hier muss aber ein vom Zuwendungsempfänger hergestellter Überweisungsbeleg verwendet werden, der mit einem Hinweis auf die Steuerbegünstigung versehen ist.

ACHTUNG

Spenden für die Hilfe in der Corona-Krise

Für alle Sonderkonten, die von inländischen juristischen Personen des öffentlichen Rechts, inländischen öffentlichen Dienststellen oder von einem amtlich anerkannten inländischen Verband der freien Wohlfahrtspflege einschließlich seiner Mitgliedsorganisationen für die Hilfe in der Corona-Krise für die Zeit zwischen dem 1.3.2020 und dem 31.12.2020 eingerichtet wurden, gilt ohne betragsmäßige Beschränkung der vereinfachte Zuwendungsnachweis.

In **Katastrophenfällen** (z.B. Erdbeben) genügt unabhängig von der Höhe der Zuwendungen der Bareinzahlungsbeleg oder der Kontoauszug, wenn die Zahlungen innerhalb eines von den Länder-finanzbehörden bestimmten Zeitraums auf ein speziell eingerichtetes **Sonderkonto** oder vor dessen Einrichtung auf ein sonstiges Konto einer inländischen juristischen Person des öffentlichen Rechts oder eines anerkannten Verbandes der freien Wohlfahrtspflege erfolgen. Auch Zahlungen über ein als Treuhandkonto geführtes Konto eines Dritten mit späterer Übertragung auf das Sonderkonto sind begünstigt.

Bei Zuwendungen an **politische Parteien** muss immer ein Zuwendungsnachweis vorliegen.

Der Zuwendungsempfänger kann die **Zuwendungsbestätigung** auch **elektronisch** (dem amtlichen Muster entsprechende Zuwendungsbestätigung in Form einer **schreibgeschützten Datei**, z. B. PDF-Datei) an den Zuwendenden übersenden und dieser druckt sie aus. Geplant ist, dass der Zuwendende den Zuwendungsempfänger bevollmächtigt, die Zuwendungsbestätigung der zuständigen Finanzbehörde durch elektronische Datenfernübertragung zu übermitteln. Der Zuwendende muss dazu dem Zuwendungsempfänger seine Steuer-Identifikationsnummer mitteilen.

Steuerbegünstigte Zwecke

Begünstigt sind Ausgaben zur Förderung

- **gemeinnütziger** (z. B. Förderung der Wissenschaft, des Sports, der Kultur, der Bildung, der Jugend- und Altenhilfe, des Tierschutzes, des Naturschutzes),

- **mildtätiger** oder

- **kirchlicher**

Zwecke (§§ 51–54 AO).

Begünstigt sind **Spenden** und meistens auch **Mitgliedsbeiträge**.

 WICHTIG

Abziehbarkeit von Mitgliedsbeiträgen

Mitgliedsbeiträge sind **nicht** abzugsfähig bei Förderung des Sports und bei kulturellen Betätigungen, die in erster Linie der Freizeitgestaltung dienen. Auch nicht abziehbar sind die Beiträge an Vereine, die die Förderung der Heimatpflege und Heimatkunde, der Tierzucht, der Pflanzenzucht, der Kleingärtnerei, des Brauchtums, des Karnevals, des Amateurfunkens, des Modellflugs und des Hundesports als Satzungszweck haben. Dies gilt auch für entsprechende Fördervereine.

Dagegen sind Mitgliedsbeiträge an Kulturvereine ohne Freizeitcharakter und deren Fördervereine (z. B. Museen oder Theater) auch dann abziehbar, wenn diese Einrichtungen ihren Mitgliedern Vergünstigungen, z. B. in Form verbilligter Eintrittskarten, gewähren.

Zuwendungen für **kirchliche Zwecke** können ganz oder teilweise als Kirchensteuer nach § 10 Abs. 1 Nr. 4 EStG abziehbar sein. Erhebt eine als Kirche anerkannte Religionsgemeinschaft keine gesetzliche Kirchensteuer (z. B. Neuapostolische Kirche, Heilsarmee, Zeugen Jehovas), können Zuwendungen an diese Kirche bis zur Höhe einer vergleichbaren gesetzlichen Kirchensteuer als Sonderausgabe nach § 10 Abs. 1 Nr. 4 EStG abgezogen werden. Übersteigende Zuwendungen stellen Spenden i. S. d. § 10b Abs. 1 EStG dar. Vertiefend siehe → Sonderausgaben.

 TIPP

Unterstützung einer Organisation im Ausland

Auch Spenden an mildtätige oder gemeinnützige Einrichtungen bzw. für kirchliche, religiöse oder wissenschaftliche Zwecke im EU-/EWR-Ausland sind begünstigt. Durch die Unterstützung der Organisation im Ausland müssen aber natürliche Personen im Inland oder das Ansehen der Bundesrepublik im Ausland gefördert werden. Die Zuwendungsbestätigung muss den Erhalt, den gemeinnützigen Zweck und die satzungsgemäße Verwendung beinhalten.

Sonderausgabenabzug für steuerbegünstigte Zwecke

Spenden für steuerbegünstigte Zwecke sind in tatsächlicher Höhe bis zu bestimmten **Höchstbeträgen** als Sonderausgabe abziehbar.

Möglichkeit 1

Zuwendungen zur Förderung mildtätiger, kirchlicher oder gemeinnütziger Zwecke können i. H. v. insgesamt **bis zu 20 % des Gesamtbetrags der Einkünfte** als Sonderausgaben abgezogen werden.

Dabei sind Kapitalerträge, die durch Kapitalertragsteuerabzug mit 25 % (Abgeltungsteuer) besteuert werden, nicht einzubeziehen. Etwas anderes gilt, wenn Kapitalerträge mit dem persönlichen Steuersatz (z. B. bei Günstigerprüfung nach § 32d Abs. 6 EStG – Steuersatz unter 25 %) besteuert werden.

Möglichkeit 2

Liegen **Gewinneinkünfte** vor, können alle Zuwendungen alternativ bis zu einer Grenze von 4 ‰ aus der Summe von Umsatz, Löhnen und Gehältern als Sonderausgabe abgezogen werden.

 BEISPIEL

Höchstbetrag

Ein lediger Steuerbürger spendet im Jahr 2020 2.000 € an eine Universität, 1.000 € an den örtlichen Musikverein (kultureller Zweck), an den er auch 50 € Mitgliedsbeitrag entrichtet hat, und 1.400 € an die Lebensrettungsgesellschaft (gemeinnützig). Seine Einkünfte betragen insgesamt 45.000 €.

Der Mitgliedsbeitrag an den Musikverein ist nicht abziehbar, da der Verein in erster Linie der Freizeitgestaltung dient. Der Höchstbetrag von 20 % aus 45.000 € wird nicht erreicht. Damit sind **4.400 €** als Sonderausgaben abziehbar.

Größere Spenden

Zuwendungen, die wegen Überschreitens der Höchstbeträge im Jahr der

Zahlung nicht abgezogen werden können, werden im Rahmen des Einkommensteuerbescheids gesondert festgestellt und in die folgenden Jahre (zeitlich unbefristet) vorgetragen und dort im Rahmen der Höchstbeträge als Sonderausgaben berücksichtigt.

3 Spenden an Stiftungen

Spenden in das zu erhaltende Vermögen einer Stiftung des öffentlichen oder privaten Rechts zur Förderung steuerbegünstigter Zwecke können nach § 10b Abs. 1a EStG **zusätzlich** zu den o. g. Höchstbeträgen im **Jahr der Zahlung und in den neun folgenden Jahren** in Höhe von bis zu insgesamt **1.000.000 €** als Sonderausgaben abgezogen werden.

Der Abzugsbetrag kann nur einmal innerhalb des Zehnjahreszeitraums in Anspruch genommen werden. Der Höchstbetrag steht bei zusammen veranlagten Ehegatten jedem Ehegatten einzeln zu, wenn formal beide spenden.

Spenden in das zu verbrauchende Vermögen einer Stiftung werden wie andere steuerbegünstigte Zwecke i. S. des § 10b Abs. 1 EStG berücksichtigt.

4 Nebenberufliche Tätigkeiten für gemeinnützige, mildtätige und kirchliche Zwecke

Vertiefend siehe → Zusatzeinkünfte.

Steuerberatungskosten

Steuerberatungskosten können mit einzelnen Einkunftsarten in Zusammenhang stehen und als Betriebsausgaben oder als Werbungskosten abziehbar sein. Steuerberatungskosten, die weder Betriebsausgaben noch Werbungskosten sind, also zum Bereich der privaten Lebensführung gehören, sind nicht abziehbar.

§ 4 Abs. 4, § 9 Abs. 1 Satz 1 EStG

1 Steuerberatungskosten

Betriebsausgaben und Werbungskosten

Steuerberatungskosten sind Aufwendungen, die im sachlichen Zusammenhang mit einem Besteuerungsverfahren stehen.

Stehen Steuerberatungskosten mit der Ermittlung der Gewinneinkünfte, mit Betriebssteuern (USt, GewSt) oder In-vestitionszulagen in Zusammenhang, sind die Aufwendungen als **Betriebsausgaben** abziehbar.

Sie können als **Werbungskosten** abgezogen werden, soweit sie zur Erwerbung, Sicherung und Erhaltung der Einnahmen aus nichtselbstständiger Arbeit, aus V+V oder aus sonstigen Einkünften dienen.

Kosten der Lebensführung

Andere Aufwendungen für die Steuerberatung (z.B. bzgl. Hauptvordruck zur ESt-Erklärung, Anlagen Kind, U, Unterhalt, Vorsorgeaufwand, ErbSt-Erklärung) stellen nicht abziehbare Kosten der privaten Lebensführung dar und sind steuerlich nicht abziehbar. Der BFH hat diese gesetzliche Regelung bestätigt und als nicht verfassungswidrig eingestuft (BFH, Urteil v. 4.2.2010, X R 10/08).

Gemischte Aufwendungen

Sind die Aufwendungen sowohl durch die Einkünfte (Anlagen G, S, N, R, SO, V) als auch privat veranlasst **(gemischte Aufwendungen)**, ist im Rahmen einer sachgerechten Schätzung eine Zuordnung zu den Betriebsausgaben, Werbungskosten oder Kosten der Lebensführung vorzunehmen.

 TIPP

Aufteilung privat und beruflich veranlasster Steuerberatungskosten

Es wird i.d.R. nicht beanstandet, wenn die Aufwendungen in Höhe von 50 % den Betriebsausgaben oder Werbungskosten zugeordnet werden. Aus Vereinfachungsgründen wird i.d.R. bei gemischten Steuerberatungskosten bis 100 € der Zuordnung durch den Steuerbürger gefolgt.

Art der begünstigten Aufwendungen

Zu den Steuerberatungskosten gehören:

- Aufwendungen für die mündliche oder schriftliche Beratung durch einen Steuerberater in betrieblichen/beruflichen Steuerangelegenheiten sowie für die Erstellung der betreffenden Steuerformulare

- Aufwendungen für steuerliche Gutachten, für die Hilfeleistung bei der Buchführung und bei der Aufstellung von Bilanzen und Einnahmenüberschussrechnungen sowie für die Beantwortung der sich dabei ergebenden Rechtsfragen, für die Mitarbeit bei durchgeführten Betriebs- und Außenprüfungen durch das Finanzamt sowie die Begleitung eines evtl. Rechtsbehelfsverfahrens

- Beiträge an Lohnsteuerhilfevereine

Nebenkosten

Zu den Steuerberatungskosten zählen auch:

- Kosten für steuerliche Fachliteratur (z.B. **das hier vorliegende Handbuch**), für Steuertabellen und für Software zur Erstellung von Steuererklärungen (z.B. Steuererklärungsprogramm Haufe-Lexware)

- Kosten für eine Steuer-Rechtsschutzversicherung, soweit sie von den Kosten einer üblichen Rechtsschutzversicherung abgegrenzt werden können

- Fahrtkosten einschließlich etwaiger Unfallkosten auf der Fahrt zum oder vom Steuerberater oder Finanzamt

2 Sonstige Beratungskosten

Privat veranlasste sonstige Beratungskosten (z.B. in Finanzierungsangelegenheiten) sind keine Sonderausgaben, auch wenn diese durch den Steuerberater in Rechnung gestellt werden. Soweit die Kosten betrieblich oder beruflich veranlasst sind, können sie aber als Betriebsausgaben oder Werbungskosten abgezogen werden.

3 Prozesskosten

Prozesskosten (z. B. in einem Steuerstrafverfahren) sind als Betriebsausga-

ben abziehbar, soweit der Rechtsstreit durch betriebliche Vorgänge (z. B. Betriebssteuern USt und GewSt) veranlasst ist. Soweit ein Zusammenhang mit Personensteuern (ESt, SolZ, KiSt) vorliegt, ist ein Abzug ausgeschlossen, auch wenn sich die Steuererklärungspflicht nur aus Gewinneinkünften ergibt (BFH, Urteil v. 18.5.2011, X B 124/10).

Unterhaltszahlungen

Unterhaltsleistungen sind, je nachdem, an wen sie geleistet werden (Ehegatte, Angehörige), steuerlich unterschiedlich zu behandeln. Sie können dem Grunde nach bei den Sonderausgaben, den außergewöhnlichen Belastungen oder gar nicht berücksichtigungsfähig sein.

§§ 10 Abs. 1a Nr. 1, 33a Abs. 1 EStG

1 Unterhaltszahlungen an Ehegatten

Intakte Ehe im Inland

Gegenseitige Unterhaltsleistungen (Geld-/Sachleistungen wie Wohnungsüberlassung, übernommene Krankenversicherung) sind nicht abzugsfähig, weil für die Partner hier die Möglichkeit einer gemeinsamen Veranlagung (Zusammenveranlagung) besteht und die Unterhaltsverpflichtung mit dem hier anzuwendenden günstigeren Splittingtarif bereits berücksichtigt wird. Dasselbe gilt für eingetragene Lebenspartnerschaften.

Getrennt lebender/geschiedener Ehegatte

Unterhaltszahlungen sind entweder als

- Sonderausgaben (bereits ab dem Jahr des Getrenntlebens) oder

- außergewöhnliche Belastungen (erst ab dem Folgejahr)

abziehbar.

Sonderausgabenabzug

Der Zahlende kann für seine Zahlungen (freiwillige oder aufgrund gesetzlicher Unterhaltspflicht, Geld- und Sachleistungen) als Sonderausgaben bis zu **13.805 €** im Jahr absetzen. Der Höchstbetrag erhöht sich um die Beiträge zur Basiskranken- und Pflegepflichtversicherung des unterstützten (Ex-)Ehegatten. Die Erhöhung erfolgt unabhängig davon, wer die Beiträge gezahlt hat bzw. wer Versicherungsnehmer ist. Der Sonderausgabenabzug ist neben Unterhaltszahlungen und Übernahme von Kranken- und Pflegepflichtversicherungsbeiträgen auch für Ausgleichszahlungen zur Vermeidung des Versorgungsausgleichs möglich.

 WICHTIG

Zustimmung des Ex-Partners

Voraussetzung für den Sonderausgabenabzug ist stets, dass der Unterhaltsempfänger mit Unterschrift auf der Anlage U zustimmt. Dies kann er dem Grunde nach (Zustimmung bis zum Höchstbetrag + Basisversicherungen) oder auf einen unter dem Höchstbetrag liegenden Betrag begrenzt tun.

Soweit die Zustimmung reicht (d.h. im Regelfall bis zur Höhe des tatsächlich beantragten Sonderausgabenabzugs), muss der Unterhalt vom Empfänger bei den sonstigen Einkünften versteuert werden (Realsplitting).

 TIPP

Einigung mit dem Expartner

Da derjenige, der zum Unterhalt verpflichtet ist, im Regelfall die höheren Einkünfte hat, ist bei ihm die Steuerentlastung durch den Sonderausgabenabzug, insbesondere wenn die Unterhaltszahlungen höher als 9.408 € sind, höher als die Steuernachzahlung beim Empfänger. Versuchen Sie deshalb, die Zustimmung Ihres (Ex-)Ehegatten/eingetragenen Lebenspartners zu bekommen, indem Sie sich bereit erklären, die bei ihm durch die Versteuerung anfallende Einkommensteuer zu übernehmen.

Der Antrag auf Sonderausgabenabzug gilt für ein Jahr, er kann auch auf einen unter dem Höchstbetrag liegenden Betrag beschränkt, aber nicht zurückgenommen werden.

Die Zustimmung des Empfängers gilt für mehrere Jahre, kann auf einen Betrag begrenzt und nur vor Beginn eines Kalenderjahres durch Erklärung gegenüber dem Finanzamt für die Zukunft widerrufen werden.

Lebt der Unterhaltsempfänger im Ausland, ist der Sonderausgabenabzug nur möglich, wenn der Empfänger (anhand seines ausländischen Steuerbescheids) nachweist, dass er die Leistungen versteuert hat. Je nach Land sind u.U. noch weitere Abzugsvoraussetzungen notwendig (§ 1a Nr. 1 EStG oder Doppelbesteuerungsabkommen).

Außergewöhnliche Belastung

Wird der Sonderausgabenabzug gewählt, kommt für den nicht bei den Sonderausgaben abzugsfähigen Teil der Zahlungen kein Abzug außergewöhnlicher Belastungen in Betracht.

Wird der Sonderausgabenabzug dagegen nicht beantragt, fehlt die Zustimmung des Empfängers oder ist der Sonderausgabenabzug aus anderen Gründen nicht möglich (z.B. Ehegatte im Ausland), sind Unterhaltsaufwendungen als außergewöhnliche Belastung abziehbar (siehe folgendes Kapitel).

2 Andere unterstützte Personen

Soweit der Sonderausgabenabzug bei **Ehegatten** nicht möglich ist, können die Unterhaltszahlungen (für Wohnung, Kleidung, Verpflegung, Krankenversicherung und Berufsausbildung) ebenso wie Unterhalt an bestimmte **andere Personen** bis zu einem Höchstbetrag als außergewöhnliche Belastungen berücksichtigt werden. Eine zumutbare Eigenbelastung wird hier nicht angerechnet.

Begünstigter Personenkreis

Begünstigt sind Zahlungen an gegenüber dem Steuerpflichtigen oder seinem nicht geschiedenen Ehegatten **gesetzlich unterhaltsberechtigte** Personen oder diesen **gleichgestellte** Personen.

Unterhaltsberechtigt sind:

- der Ehegatte bzw. Partner in eingetragener Lebenspartnerschaft (Abzug aber nur, soweit getrennt lebend/geschieden bzw. Ehegatte im Ausland und kein Sonderausgabenabzug möglich, s.o.)

- Kinder (Abzug aber nur, soweit die Kinder steuerlich nicht über einen Freibetrag oder Kindergeldanspruch berücksichtigt werden, z.B. über 25 Jahre alte Kinder in Ausbildung)

- Eltern und Großeltern

- der andere Elternteil eines nichtehelichen Kindes während der Mutterschutzzeit bzw. solange wegen fehlender Kinderbetreuungsmöglichkeit eine Erwerbstätigkeit des Elternteils nicht erwartet werden kann

Als unterhaltsberechtigten Personen **gleichgestellte Personen** kommen der Partner in einer eheähnlichen Gemeinschaft oder Verwandte und Verschwägerte, z.B. Geschwister, Onkel oder Tanten, infrage. Zwingende Abzugsvoraussetzung ist bei diesen Personen aber, dass sie **im Haushalt** der Person leben, von der sie unterstützt werden, **und** ihnen wegen der Unterhaltsleistungen zum Unterhalt bestimmte Zahlungen aus öffentlichen Mitteln gekürzt oder nicht gezahlt wurden (z.B. Wohngeld, Arbeitslosen- oder Sozialhilfe (Hartz IV) gekürzt, abgelehnt oder nicht beantragt). In diesen Fällen ist eine Opfergrenze (s.u.) nicht zu beachten.

 TIPP

Unterhaltene Person im Haushalt

Lebt die unterhaltene Person in Ihrem Haushalt, brauchen Sie keine Kosten nachzuweisen. Das Finanzamt geht von Aufwendungen in Höhe des maßgeblichen Abzugshöchstbetrags (9.408 €) aus.

 HINWEIS

Angehöriger im Heim

Aufwendungen für die krankheits-, behinderungs- oder pflegebedingte Unterbringung eines Angehörigen im Heim sind als allgemeine außergewöhnliche Belastungen nach § 33 EStG unter Anrechnung der zumutbaren Eigenbelastung abzugsfähig. Erfolgte die Unterbringung dagegen (nur) altersbedingt, sind die übernommenen Aufwendungen als Unterhaltsleistungen abziehbar.

ID-Nummer bei Inlandsunterhalt

Die ID-Nummer der unterstützten Person (im Inland) muss auf der Anlage Unterhalt eingetragen werden. Verweigert die unterhaltene Person die Auskunft darüber, darf die ID-Nummer beim Finanzamt abgefragt werden.

Arbeitskraft und geringes Vermögen

Bei **im Inland** lebenden Angehörigen ist unerheblich, ob eine konkrete Unterhaltspflicht tatsächlich besteht, also ob andere Personen vorrangig unterhaltsverpflichtet sind. Ohne Bedeutung ist auch, ob die unterstützte Person in der Lage wäre, eine Erwerbstätigkeit aufzunehmen (Erwerbsobliegenheit). Verfügt die unterhaltene Person jedoch über eigenes Vermögen von mehr als 15.500 € – außer Betracht bleiben dabei Gegenstände mit Erinnerungswert, Hausrat und ein angemessenes Hausgrundstück, das selbst bewohnt wird –, sind Unterhaltszahlungen nicht abzugsfähig, weil die unterstützte Person nicht bedürftig ist.

Höchstbetrag und eigene Einkünfte und Bezüge

Der Höchstbetrag für Unterhaltsaufwendungen beträgt für jede unterhaltene Person **9.408 € im Jahr.** Er **erhöht** sich um den Betrag, der für die Absicherung der unterhaltsberechtigten Person als **Beitrag zur Basisversorgung bei der Kranken- und Pfle-**gepflichtversicherung gezahlt wird, vorausgesetzt, die unterstützte Person ist der Versicherungsnehmer. Ohne Bedeutung ist, wer die Versicherungen bezahlt hat.

 TIPP

Versicherungsbeiträge

Haben Sie als **Versicherungsnehmer** Versicherungsbeiträge für die unterstützte Person gezahlt, können Sie diese als eigene Sonderausgaben geltend machen (siehe Anlage Vorsorgeaufwand).

Hat die unterhaltene Person eigene Einkünfte und Bezüge (z.B. Rente, steuerfreier oder pauschal versteuerter Lohn z.B. aus Minijob), die zur Bestreitung des Lebensunterhalts bestimmt und geeignet sind, so werden diese auf den Höchstbetrag angerechnet, soweit sie **624 €** (anrechnungsfreier Betrag) im Kalenderjahr übersteigen. Die anzurechnenden Bezüge werden dabei um eine Kostenpauschale von 180 € jährlich gekürzt. Zusätzlich vermindert sich der Höchstbetrag um die von der unterstützten Person als Ausbildungshilfe aus öffentlichen Mitteln bezogenen Zuschüsse. Hierunter fallen z.B. BAföG-Zuschüsse, nicht aber BAföG-Darlehen.

Kapitalerträge, die der Abgeltungsteuer unterliegen, werden nicht als Einkünfte, aber ohne Abzug des Sparerpauschbetrags als Bezüge der unterstützten Person angerechnet.

ACHTUNG

Unterstützte Person verheiratet?

Ist die unterhaltene Person verheiratet, wird ihr die Hälfte des verfügbaren Einkommens des Ehegatten als eigene Bezüge zugerechnet.

Zeitanteilige Berechnung

Unterhaltszahlungen dürfen grundsätzlich nicht auf Monate vor ihrer Zahlung zurückbezogen werden und können – auch wenn sie für das Folgejahr bestimmt sind – immer nur im Jahr der Zahlung und für das Jahr der Zahlung berücksichtigt werden (BFH, Urteil v. 25.4.2018, VI R 35/16).

Für jeden vollen Monat, in dem die Abzugsvoraussetzungen nicht vorgelegen haben, ermäßigen sich der Höchstbetrag (9.408 €) und der anrechnungsfreie Betrag (624 €) um jeweils 1/12 (sog. Zwölftelung). Der (zeitanteilige) Höchstbetrag gilt also ab dem Monat der ersten Zahlung im Jahr.

Die eigenen Einkünfte und Bezüge der unterhaltenen Person werden nur angerechnet, soweit sie auf die Unterstützungsmonate entfallen.

BEISPIEL

Unterstützung des Vaters

Sie unterstützen Ihren Vater ab April monatlich mit 750 €. Ihr Vater erhält ganzjährig eine monatliche Rente aus der gesetzlichen Rentenversicherung i. H. v. 650 €. Außerdem bekommt er einen steuerfreien Zuschuss zur Kran-

kenversicherung (ab April 427 €). Er zahlt als Versicherungsnehmer ab April 530 € Eigenbeiträge zur Basiskranken- und Pflegepflichtversicherung (Basisversorgung).

Unterhalt: 9 × 750 € =		6.750 €
Höchstbetrag: davon 9/12 = + Erhöhungsbetrag für Kranken- und Pflegeversicherung (Eigenanteil)	9.408 € 6.514 € + 530 € 7.044 €	7.044 €
Rente des Vaters: 9 × 650 € = Zuschuss Krankenvers. (= Bezüge)	5.850 € + 427 € 6.277 €	
WK-Pb und Kostenpauschale für neun Monate: (102 € + 180 €) × 9/12 =	– 212 €	
Summe Auslagen:	6.065 €	
Anrechnungsfrei: 624 € × 9/12 = anzurechnen	– 468 € 5.597 €	5.597 €
gekürzter Höchstbetrag		1.447 €

Von den tatsächlichen Aufwendungen (6.750 €) können höchstens 1.447 € als außergewöhnliche Belastung abgezogen werden.

Hinweis: Berechnungshinweise finden Sie auf http://mybook.haufe.de unter „Der Steuerkalkulator".

Unterhalt an mehrere Personen

Unterstützen Sie mehrere Personen, die einen gemeinsamen Haushalt führen, ist der an alle Personen zusammen aufgewendete Betrag nach Köpfen aufzuteilen **(Pro-Kopf-Aufteilung)**. Für jede unterhaltene Person ist getrennt zu prüfen, ob die Voraussetzungen für den Kostenabzug vorliegen und wie hoch die abziehbaren Unterhaltsleistungen sind.

Lediglich bei zusammenlebenden Ehegatten (z. B. Eltern) wird der Höchstbetrag verdoppelt und um die Summe der Einkünfte und Bezüge beider Ehegatten, soweit diese 2×624 € übersteigen, gekürzt.

Unterhalt von mehreren Personen

Werden Unterhaltsaufwendungen für eine Person von mehreren in Deutschland lebenden Personen getragen, wird der insgesamt abziehbare Betrag für die unterstützte Person unter Einbeziehung aller Unterhaltsleistungen berechnet und anschließend auf alle Unterstützer, bei denen der Abzug als außergewöhnliche Belastungen möglich ist, nach dem Verhältnis ihrer Zahlungen aufgeteilt.

Opfergrenze

Die Aufwendungen sind nur abziehbar, soweit für Sie und Ihre Familie nach Abzug der Unterhaltsleistungen noch genug zum Lebensunterhalt verbleibt (sog. Opfergrenze). Die Opfergrenze wird mit einem zu bestimmenden Prozentsatz (abhängig von der Familiengröße) aus Ihrem verfügbaren Netto-einkommen ermittelt. Dabei werden steuerpflichtige und steuerfreie Einnahmen (z. B. auch Kindergeld) angesetzt und Steuern sowie nicht vermeidbare Versicherungsbeiträge abgezogen. Die Opfergrenze ist nicht anzuwenden bei Aufwendungen an den (auch: geschiedenen) Ehegatten bzw. bei einer bestehenden Haushaltsgemeinschaft mit der unterhaltenen (gleichgestellten) Person.

Genaue Berechnung vgl. BMF, Schreiben v. 7.6.2010, IV C 4 – S 2285/07/0006: 001– 2010/0415733 und 2010/0415753 (abrufbar unter www.bundesfinanzministerium.de).

Hinweis: Berechnungshinweise finden Sie auf http://mybook.haufe.de unter „Der Steuerkalkulator".

3 Auslandsunterhalt

Personenkreis

Unterhaltszahlungen an im Ausland lebende Personen sind nur begünstigt, soweit eine gesetzliche Unterhaltsberechtigung nach deutschem Recht (BGB) gegeben ist. Gleichgestellte Personen zählen nicht. Außerdem ist die konkrete Unterhaltspflicht erforderlich, d.h., dass z. B. vorrangige Unterhaltsverpflichtungen anderer Personen zu prüfen sind.

Soweit die unterstützte Person im erwerbsfähigen Alter ist, wird unterstellt, dass sie ihren Lebensunterhalt durch eigene Erwerbstätigkeit sichern kann (Erwerbsobliegenheit). Entsprechend sind Unterhaltszahlungen nicht notwendig und folglich nicht abziehbar. Bei Personen, von denen wegen Alters (über 65 Jahre), Schwerbehinderung,

Krankheit oder der Erziehung von Kindern unter sechs Jahren eine Erwerbstätigkeit nicht erwartet werden kann, ist die Erwerbsobliegenheit ohne Bedeutung. Auch Arbeitslosigkeit trotz ordnungsgemäßem Bemühen um eine Beschäftigung kann ein Ausnahmetatbestand sein (BFH, Urteil v. 15.4.2015, VI R 5/14). Betreibt die unterstützte Person eine eigene Landwirtschaft im landesüblichen Umfang, wird regelmäßig unterstellt, dass die erwirtschafteten Erträge für **alle** im Haushalt lebenden Personen zum Leben ausreichen und keine Unterstützung notwendig ist. Dies kann im Einzelfall durch Nachweis widerlegt werden.

Bedürftigkeit

Die Unterhaltsbedürftigkeit der unterstützten Person muss durch eine für jede unterstützte Person getrennt ausgefüllte **Unterhaltserklärung** nachgewiesen werden. Zweisprachige **Unterhaltserklärungen** bekommen Sie als Download über die Internetseite des Bundesfinanzministeriums (www.formulare-bfinv.de) oder bei den Finanzämtern. Die Angaben zur unterhaltenen Person muss die **zuständige Heimatbehörde bestätigen**. In Ausnahmefällen kann der Nachweis der Bedürftigkeit ggf. durch andere behördliche Dokumente in deutscher Übersetzung erbracht werden. Die Angaben zum Einkommen muss die unterstützte Person durch Unterschrift bestätigen. Die anzurechnenden Einkünfte und Bezüge werden nach inländischen Maßstäben berechnet. Ist die Unterhaltserklärung nicht vollständig ausgefüllt oder sind die Angaben nicht schlüssig, werden die Unterhaltsleistungen nicht anerkannt.

 HINWEIS

Ehegattenunterhalt

Bei Zahlungen an den nicht dauernd getrennt lebenden Ehegatten im Ausland wird die Bedürftigkeit unterstellt. Auch die Erwerbsobliegenheit ist nicht zu prüfen.

Zahlungsnachweise

Nachweise müssen nur auf Verlangen des Finanzamts vorgelegt werden. Wurde das Geld überwiesen, ist dies grundsätzlich durch Post- oder Bankbelege zu belegen. Die Belege müssen die unterhaltene Person (bzw. eine Person aus dem unterstützten Haushalt) als Empfänger und im Regelfall als Kontoinhaber ausweisen.

Haben Sie das Geld persönlich übergeben, benötigen Sie einen zeitnahen, lückenlosen Nachweis der „Zahlungskette" – von der Geldabhebung bis zur Geldübergabe – und eine unterschriebene belastbare detaillierte (wann, wo, wie viel, von wem, an wen) Empfängerbestätigung getrennt für jeden übergebenen Betrag (BFH, Urteil v. 9.3.2017, VI R 33/16). Zwischen Abhebung und Geldübergabe dürfen maximal 14 Tage liegen. Außerdem muss die Reise anhand geeigneter Unterlagen (z. B. Grenzübertrittsvermerk im Pass, Tankbeleg, Flugschein, Fahrkarte) nachgewiesen sein.

Bargeldmitnahmen durch eine namentlich benannte Mittelsperson werden regelmäßig nur anerkannt, wenn wegen der besonderen Situation im Heimatland (Krisengebiet) ein anderer Zahlungsweg nicht möglich ist oder der tatsächliche Geldfluss im Einzelnen beweissicher dokumentiert ist (BFH, Beschluss v. 5.7.2016, VI B 136/15). Es gelten die o.a. Nachweise zur Zahlungskette. Erforderlich ist zusätzlich eine detaillierte Bestätigung über die Geldübergabe an den Mittelsmann und die zeitnahe Übergabe an die unterstützte Person.

Haben Sie selbst **Familienheimfahrten** (Fahrten zum im Heimathaushalt lebenden Ehegatten) durchgeführt, gelten Nachweiserleichterungen. Für bis zu vier tatsächlich durchgeführte Familienheimfahrten zum Ehegatten wird je ein mitgenommener Nettomonatslohn akzeptiert. Zahlungen, die bereits durch Post oder Bank erfolgt sind, sind auf das Vierfache des Nettolohns anzu-

rechnen. Ein höherer Betrag wird nur anerkannt, wenn alle Zahlungen insgesamt nachgewiesen sind.

Höchstbeträge

Auslandsunterhalt ist nur so weit abziehbar, wie es nach den dortigen Verhältnissen notwendig und angemessen ist. Das hat zur Folge, dass der Höchstbetrag von 9.408 € und der anrechnungsfreie Betrag von 624 € u. U. mit einem ermäßigten Wert anzusetzen sind. Die zutreffende Ländergruppe wird anhand der Angaben auf der Anlage Unterhalt vom Finanzamt ermittelt. Zur Ländergruppeneinteilung vgl. BMF, Schreiben v. 20.10.2016, IV C 8 – S 2285/07/0005:016, 2016/0953021.

Vermietung/Immobilien

Einkünfte aus Vermietung und Verpachtung (V+V) liegen vor, wenn zum Privatvermögen gehörende unbebaute oder bebaute Grundstücke (Wohn- oder Geschäftsgebäude, Gebäudeteile, Eigentumswohnungen) gegen Entgelt zur Nutzung an andere Personen überlassen werden. Die Eigennutzung solcher Objekte führt nicht zu Einkünften aus V+V.

§ 21 Abs. 1 EStG

1 Allgemeines

Gehört ein Grundstück oder Grundstücksteil zum **Betriebsvermögen** einer landwirtschaftlichen, gewerblichen oder freiberuflichen Tätigkeit und wird vermietet, können die Aufwendungen als Betriebsausgabe bei den Gewinneinkünften abgezogen werden. Eine erhaltene Miete zählt als Betriebseinnahme.

Befindet sich das Grundstück im **Privatvermögen**, liegen bei entgeltlicher Überlassung Einkünfte aus V+V vor.

Man muss nicht Eigentümer eines Grundstücks sein, um Einkünfte aus V+V zu erzielen. Auch der Mieter erzielt bei **Untervermietung** entsprechende Einkünfte.

Werden Teile einer im Übrigen selbst genutzten Wohnung **vorübergehend** vermietet (z.B. kurze Zeit an eine Studentin) und übersteigen die Einnahmen **520 € im Kalenderjahr** nicht, kann im Einverständnis mit dem Steuerpflichtigen aus Vereinfachungsgründen eine Besteuerung unterbleiben.

2 Einkünfteerzielung

Die Einkünfte ermitteln sich als Überschuss der Einnahmen über die Werbungskosten. Übersteigen die Werbungskosten die Mieteinnahmen, entsteht ein Verlust. Dieser Verlust kann nur dann berücksichtigt und mit anderen Einkünften verrechnet werden, wenn eine **Einkünfteerzielungsabsicht** angenommen werden kann. Bei unbefristeter Vermietung zu marktüblichen Bedingungen wird dies unterstellt. Liegt nur eine befristete Überlassung vor, muss geprüft werden, ob es möglich ist, in der vereinbarten Vermietungszeit einen Totalüberschuss der Einnahmen über die Werbungskosten zu erzielen.

3 Mieteinnahmen

Zu den Mieteinnahmen gehören alle Einnahmen, die aus der Nutzungsüberlassung des Grundstücks zufließen. Neben der eigentlichen Miete oder Pacht sind dies Entgelte für Nebenräume (Keller, Garagen), Umlagen (z.B. Energiekosten, Müllabfuhr) oder Entgelte für Grund und Boden oder für Werbeflächen auf dem Grundstück.

Keine Einnahmen sind **Kautionen**, die der Mieter vorauszuzahlen hat. Kann der Vermieter zu einem späteren Zeitpunkt auf die Kaution zugreifen, weil der Mieter trotz Mahnung seine Miete

nicht zahlt oder entstandene Schäden nicht ersetzt, zählt die Kaution in diesem Zeitpunkt zu den Einnahmen.

Zinseinnahmen aus der Anlage der Kaution sind Kapitaleinnahmen des Mieters. Sie stellen keine Einnahmen aus V+V beim Vermieter dar.

Einnahmen sind in dem Jahr anzusetzen, in dem sie dem Vermieter zugeflossen sind **(Zuflussprinzip)**. Deshalb werden auch nachgezahlte Mieten für frühere Jahre im Jahr der Zahlung erfasst.

Auch Einnahmen für an **Angehörige** vermietete Grundstücke/Grundstücksteile sind zu berücksichtigen. Allerdings wird hier ggf. genauer geprüft, ob diese Vermietung wie unter Fremden üblich vereinbart und auch durchgeführt wird.

Wurde zur Zwischenfinanzierung der AK oder HK eines vermieteten Objekts ein Bankdarlehen aufgenommen, das nach Zuteilung eines Bausparvertrags durch das Bausparguthaben und das Bauspardarlehen abgelöst werden soll, sind die Zinsgutschriften für das Bausparguthaben keine Kapitalerträge, sondern Einnahmen aus V+V.

4 Werbungskosten

Außer bei AK oder HK, die im Wege der Abschreibung ab dem Jahr der Entstehung zu berücksichtigen sind, erfolgt der Abzug von Werbungskosten grundsätzlich im **Jahr der Zahlung (Abflussprinzip)**.

Als typische Werbungskosten kommen in Betracht:

- **Abschreibungen auf das Gebäude:**
AK oder HK (auch nachträgliche) eines Gebäudes können nicht im Jahr der Zahlung in voller Höhe, sondern nur im Wege der Abschreibung verteilt auf einen langen Zeitraum als Werbungskosten abgezogen werden. Vertiefend siehe → Abschreibungen/Gebäude. Getrennt vom Gebäude abgeschrieben werden Solar-/Fotovoltaikanlagen. Vertiefend siehe → Fotovoltaikanlagen und Blockheizkraftwerke. Dasselbe gilt für Gartenanlagen.

- **Erhaltungsaufwendungen (Reparaturkosten):** Erhaltungsaufwendungen sind Aufwendungen für die Erneuerung von bereits vorhandenen Teilen. Sie sind im Jahr der Zahlung sofort in voller Höhe als Werbungskosten abziehbar. Die Abgrenzung gegenüber nachträglichen AK und HK ist deshalb besonders zu prüfen.

Abweichend vom Abflussprinzip kann **größerer Erhaltungsaufwand** bei Gebäuden, die nicht zu einem Betriebsvermögen gehören und überwiegend Wohnzwecken dienen, auf Antrag gleichmäßig auf zwei bis fünf Jahre verteilt werden (§ 82b EStDV). Der Antrag kann, über alle Jahre betrachtet, zu einer insgesamt höheren Steuerentlastung führen. Vertiefend siehe → Reparaturen.

Wird nach Fertigstellung des Gebäudes eine (auch erstmalige) Baumaßnahme durchgeführt, für die der **Rechnungsbetrag ohne Umsatzsteuer nicht mehr als 4.000 €** beträgt, kann der Bruttobetrag aus Vereinfachungsgründen als Erhaltungsaufwand behandelt und sofort im Jahr der Zahlung als

Werbungskosten abgezogen werden. Werden zeitgleich verschiedene Baumaßnahmen, die nicht miteinander zusammenhängen, im selben Haus durchgeführt, kann die Vereinfachungsregelung für jede dieser einzelnen Baumaßnahmen in Anspruch genommen werden.

Für energetische Maßnahmen an einem zu eigenen Wohnzwecken genutzten eigenen Gebäude gibt es auf Antrag eine Steuerermäßigung nach § 35c EStG. Vertiefend siehe → Energetische Maßnahmen.

 BEISPIEL

Verschiedene Baumaßnahmen

Im Erdgeschoss des vermieteten Gebäudes wird eine bisher nicht vorhandene Gästetoilette eingebaut: Aufwand 1.500 € netto zzgl. 285 € USt. Derselbe Handwerker baut zeitgleich im Obergeschoss ein neues Bad für 3.950 € zzgl. 750 € USt ein.

Es liegen zwei selbstständige Baumaßnahmen vor, die bautechnisch nicht miteinander verzahnt sind. Die Aufwendungen betragen jeweils nicht mehr als 4.000 € netto. Damit können die Bruttoaufwendungen i. H. v. insgesamt 6.485 € als Erhaltungsaufwendungen im Jahr der Zahlung abgezogen werden.

Wurde ein Gebäude erworben, das zukünftig vermietet wird, und fallen in den ersten drei Jahren nach Anschaffung größere Erhaltungsaufwendungen an, die in der Summe (netto) 15 % der AK des Gebäudes übersteigen, sind diese Erhaltungsaufwendungen nicht sofort abziehbar, sondern erhöhen als **anschaffungsnahe HK** die Bemessungsgrundlage der Gebäude-AfA. Vertiefend siehe → Reparaturen.

- AK für ein anderes mitvermietetes Wirtschaftsgut als das Gebäude sind im Wege der linearen Abschreibung nach § 7 Abs. 1 EStG gleichmäßig auf die individuelle Nutzungsdauer zu verteilen.

 BEISPIEL

Selbstständiges Wirtschaftsgut

In eine Mietwohnung wird eine Küche eingebaut. Die AK der Küche sind gesondert auf die Nutzungsdauer (zehn Jahre) abzuschreiben.

- Betragen die AK (Rechnungsbetrag ohne Umsatzsteuer) für ein einzelnes mitvermietetes Wirtschaftsgut (z.B. Waschmaschine oder Rasenmäher) **höchstens 800 €**, können diese sofort in voller Höhe mit dem Bruttobetrag als Werbungskosten im Jahr der Anschaffung abgezogen werden. Vertiefend siehe → Reparaturen.

- **Sonstige Werbungskosten:** z.B. Grundsteuer, Müllgebühren, Energiekosten, Schornsteinfegergebühren, Hausversicherungsbeiträge, Verwaltungskosten, Ausgaben für Hausbesitzerverein und Hausmeisterservice, Inseratskosten bei Mietersuche, Fahrtkosten (Pkw: tatsächliche Aufwendungen oder 0,30 € je gefahrener km) und Verpflegungspauschalen im Zusammenhang mit der Verwaltung des Grundstücks

Nicht zu den Werbungskosten gehört der Wert der eigenen Arbeitsleistung (ersparte Aufwendungen).

5 Unentgeltliche, verbilligte oder teilentgeltliche Überlassung

Entspricht die tatsächliche Miete nicht der ortsüblichen Marktmiete, muss ggf. geprüft werden, ob eine verbilligte Überlassung vorliegt. Dabei wird die tatsächliche Miete zzgl. Nebenkosten (Warmmiete) mit der ortsüblichen Miete zzgl. Nebenkosten verglichen.

Eine **verbilligte oder teilentgeltliche Überlassung** liegt vor, wenn die tatsächliche Warmmiete auf Dauer **weniger als 66 %** der ortsüblichen Warmmiete beträgt.

In diesen Fällen sind die Aufwendungen nur eingeschränkt als Werbungskosten abziehbar. Der Anteil der abziehbaren Aufwendungen ergibt sich aus dem Verhältnis der tatsächlichen Miete zur ortsüblichen Miete.

Wird eine Wohnung möbliert oder teilmöbliert vermietet, ist ein Zuschlag für die Möblierung bei der Prüfung der teilentgeltlichen Überlassung nur zu berücksichtigen, wenn sich ein solcher Möblierungszuschlag aus einem örtlichen Mietspiegel oder aus am Markt realisierbaren Zuschlägen ermitteln lässt (BFH, Urteil v. 6.2.2018, IX R 14/17).

BEISPIEL

Verbilligte Überlassung

A vermietet drei gleich große und gleich ausgestattete Wohnungen in einem Haus.

Für zwei Wohnungen erhält er eine monatliche Miete von 750 € zzgl. 200 € Umlagen. Diese Mieten entsprechen der ortsüblichen Mietspiegelmiete. Die dritte Wohnung hat A an eine Rentnerin vermietet. Weil sie nur eine geringe Rente bezieht, wurde die Miete seit vielen Jahren nicht mehr erhöht. Die Mieterin zahlt monatlich 500 € zzgl. 100 € Nebenkosten. Die auf das gesamte Gebäude entfallenden Aufwendungen (einschl. AfA) belaufen sich auf 15.000 €.

A erzielt mit der dritten Wohnung nur 63,1 % der ortsüblichen Marktmiete (einschl. Umlagen). Es liegt insoweit eine verbilligte Überlassung vor. Die Aufwendungen, die auf die dritte Wohnung entfallen, sind nur zu 63,1 % als Werbungskosten abziehbar. Die Einkünfte aus V+V betragen (Einnahmen 30.000 € abzgl. Werbungskosten 10.000 € + 63,1 % von 5.000 € =) 13.155 €.

Erfolgt die Wohnungsüberlassung unentgeltlich, sind Aufwendungen, die auf diese Wohnung entfallen, nicht als Werbungskosten abziehbar.

6 Gemischt genutztes Grundstück

Wird ein Gebäude teilweise vermietet und teilweise eigengenutzt, sind die Aufwendungen steuerlich unterschiedlich zu berücksichtigen:

- Aufwendungen, die ausschließlich auf eine Nutzung entfallen, sind nur dieser Nutzung **direkt** (allein) **zuzuordnen** (z. B. Reparatur in der vermieteten Wohnung).

- Aufwendungen, die das Gesamtgebäude betreffen (z. B. Schuldzinsen, Grundsteuer, Dach- oder Fassadenreparatur), sind **im Verhältnis der Nutzflächen aufzuteilen**.

- Kosten, die auf den zu eigenen Wohnzwecken genutzten bzw. auf einen unentgeltlich überlassenen Teil des Gebäudes entfallen, sind nicht als Werbungskosten abziehbar.

7 Schuldzinsen

Schuldzinsen und andere Finanzierungskosten (marktübliches Darlehensabgeld, Grundbuch- und Notariatsgebühren, Fahrtkosten zur Bank, Vermittlungsgebühren) sind Werbungskosten, soweit sie mit der Vermietung in wirtschaftlichem Zusammenhang stehen.

Bei einem Darlehensabgeld (Disagio, Damnum) geht die Finanzverwaltung bei höchstens 5 % und einer Laufzeit von fünf Jahren von Marktüblichkeit aus.

Im Allgemeinen liegt bei einem Gebäude, das teilweise zu eigenen und teilweise zu fremden Wohnzwecken genutzt wird, eine **Gesamtfinanzierung** mit Eigen- und Fremdmitteln bzgl. des gesamten Objekts vor, sodass die Schuldzinsen nur anteilig (aufgeteilt nach der Nutzfläche) abgezogen werden können.

Eine **direkte Zuordnung der Finanzierungskosten** zu den Werbungskosten aus V+V einerseits und der Privatnutzung andererseits kann jedoch vorgenommen werden, wenn

- die **AK** (Kaufpreis und Nebenkosten) und **HK aufteilbar** sind. So können beispielsweise die Rohbaukosten im Verhältnis der Nutzflächen, die Innenausbaukosten aber durch direkte Zuordnung auf die unterschiedlichen Nutzungen aufgeteilt werden.

- **unterschiedliche Geldquellen** (Eigenkapital und ggf. verschiedene Darlehen) vorliegen, die jeweils einer Nutzung allein zugerechnet werden.

- ein wirtschaftlicher Zusammenhang zwischen den Schuldzinsen und den der Vermietung zugeordneten AK und HK vorhanden ist. Dazu müssen die unterschiedlich zugeordneten Aufwendungen jeweils mit den dafür vorgesehenen Mitteln bezahlt werden. Das bedeutet, dass aus unterschiedlichen Geldquellen jeweils **getrennte Zahlungen** an den Bauunternehmer, die Handwerker oder den Verkäufer des Grundstücks (mit entsprechendem Verwendungszweck bzgl. vermieteter oder selbst genutzter Wohnung) geleistet werden müssen. Die getrennte Zahlung muss ggf. durch Unterlagen (Kontoauszug) nachgewiesen werden.

Wird ein vermietetes Haus verkauft und reicht der Veräußerungserlös nicht aus, um die bestehenden Darlehensverbindlichkeiten zu tilgen, können die noch zu zahlenden Schuldzinsen insoweit als nachträgliche Werbungskosten aus V+V abgezogen werden (BFH, Urteil v. 8.4.2014, IX R 45/13).

8 Umsatzsteueroption, Vorsteuerabzug

Wird bei einer Vermietung an einen anderen umsatzsteuerlichen Unternehmer auf die grundsätzlich bestehende Umsatzsteuerbefreiung verzichtet (Option § 9 UStG), also umsatzsteuerpflichtig vermietet, gehört die vom Mieter bezahlte Umsatzsteuer und die durch das Finanzamt erstattete Vorsteuer zu den Mieteinnahmen. Die an das Finanzamt abgeführte und die an die Handwerker bezahlte Umsatzsteuer ist als Werbungskosten abziehbar. Insoweit liegen keine HK vor. Maßgebend ist jeweils das Jahr der Zahlung.

Entfallen die Voraussetzungen für die Umsatzsteueroption innerhalb von zehn Jahren, ist ein in Anspruch genommener Vorsteuerabzug teilweise zurückzuzahlen.

9 Leer stehende Wohnung oder Gebäude

Steht ein Gebäude (z. B. wegen Mieterwechsel) vorübergehend leer und soll es erneut vermietet werden, können die Aufwendungen, die auf die Zeit des Leerstands entfallen, als Werbungskosten abgezogen werden. Liegt ein längerer Zeitraum der Nichtvermietung vor, sollten dem Finanzamt Gründe (z. B. aufwendige Mietersuche, Renovierung in Eigenarbeit) benannt werden, damit von einem weiteren Vorliegen einer Einkünfteerzielungsabsicht ausgegangen werden kann, sonst entfällt der Werbungskostenabzug für diese Zeit.

 TIPP

Grundsteuererstattung

Haben Sie im Laufe des Jahres tatsächlich weniger als 50 % der ortsüblichen Miete erzielt, können Sie bis zum 31.3. des Folgejahres einen Antrag an die Gemeinde (bei Stadtstaaten: an das Finanzamt) wegen teilweiser Rückerstattung der Grundsteuer stellen (§ 33 Abs. 1 GStG).

Möglich ist dies nur, wenn Sie den Einnahmeausfall nicht selbst verschuldet haben, d. h. wenn der Mieter trotz Mahnung nicht zahlt oder wenn Sie sich bei Leerstand intensiv um eine Anschlussvermietung bemüht haben.

10 Veräußerung von Grundstücken

Wegen möglicher steuerlicher Auswirkungen bei der Veräußerung von zum Privatvermögen gehörendem Grundbesitz siehe → Spekulationsgeschäfte.

Versicherungen

Beiträge zu Personenversicherungen, die ohne Bezug zu einer Einkunftsart sind, stellen Vorsorgeaufwendungen dar und sind als Sonderausgaben (Altersvorsorgeaufwendungen oder sonstige Vorsorgeaufwendungen) bis zu unterschiedlichen Höchstbeträgen abziehbar. Basiskranken- und Pflegepflichtversicherungsbeiträge sind in voller Höhe abziehbar.

1 Betriebsausgaben oder Werbungskosten

Als Betriebsausgaben oder Werbungskosten abzugsfähig sind insbesondere Beiträge zur

- Berufshaftpflichtversicherung,
- Haftpflicht- oder Kaskoversicherung für ein betrieblich genutztes Fahrzeug,

- Berufsrechtsschutzversicherung,
- Berufsunfallversicherung,
- Grundstücksversicherung (z. B. Gebäudebrandversicherung), wenn das Grundstück vermietet oder betrieblich genutzt wird.

Vorsorgeaufwendungen		

Altersvorsorge-aufwendungen	sonstige Vorsorgeaufwendungen	

Altersvorsorge-aufwendungen

- **Basisversorgung**
  Beiträge zu den
  - gesetzlichen Renten-versicherungen
  - landwirtschaftlichen Alterskassen
  - berufsständischen Versorgungseinrich-tungen

- **Zusatzversorgung**
  Beiträge zum Aufbau einer eigenen kapital-gedeckten Altersversor-gung (Rürup-Rente)

- Der nach § 3 Nr. 62 steuerfreie **Arbeit-geberanteil zur gesetzlichen Renten-versicherung** und ein diesem gleichgestellter steuerfreier Zuschuss

sonstige Vorsorgeaufwendungen

Basiskranken- und Pflegepflichtversicherung	andere sonstige Vorsorgeaufwendungen

Basiskranken- und Pflegepflichtversicherung

Beiträge zu

- **Basiskrankenversicherung**
  - **gesetzliche Krankenver-sicherung abzgl. 4 %,** wenn Anspruch **auf Krankengeld** oder vergleichbare Leistungen (nicht bei Rentnern)
  - einschließlich **Zusatz-beitrag**, den die Kranken-kasse direkt erhebt (auch hier 4 %-Abschlag, soweit ein Anspruch auf Krankengeld besteht)
  - **private** Krankenver-sicherung (nur Basisleis-tungen), ohne Beitrags-anteil für Wahlleistungen

- **Pflegepflichtversicherung**

andere sonstige Vorsorgeaufwendungen

Beiträge zu

- Krankenversicherung, soweit diese über die Basisversiche-rung hinausgeht
  - **4 %-Anteil der gesetzlichen KV**, der auf den Kranken-geldanspruch entfällt
  - Beitragsanteil der privaten KV, der auf **Wahlleistungen** entfällt (z. B. Chefarzt-behandlung, Einbettzimmer, Krankentagegeld, Kranken-haustagegeld)
  - Krankenzusatzversicherung
  - Auslandsreisekrankenver-sicherung

- **freiwillige** Pflegeversicherung
- Arbeitslosenversicherung
- Erwerbs- und Berufsfähig-keitsversicherungen, die keine Altersvorsorgeaufwendungen sind
- Unfallversicherungen
- Haftpflichtversicherungen

Beiträge zu bestimmten Lebens-versicherungen:

- Risikolebensversicherungen, die nur für den Todesfall eine Leistung vorsehen
- Beiträge zu anderen Lebens-versicherungen, die vor 2005 abgeschlossen wurden

2 Sonderausgaben (Vorsorgeaufwendungen)

Kommt ein Abzug als Werbungskosten oder Betriebsausgaben nicht in Betracht, liegen bzgl. der Versicherungsbeiträge u. U. Sonderausgaben (Vorsorgeaufwendungen) vor. Abziehbar sind hierbei nur Beiträge zu **Personenversicherungen**. Nicht abziehbar sind Beiträge zu Sachversicherungen (z. B. Kasko- oder Hausratversicherung, Gebäudebrandversicherung für das zu eigenen Wohnzwecken genutzte Haus) und Rechtsschutzversicherungen. Zu den Versicherungsbeiträgen gehören auch die Ausfertigungsgebühr, die Abschlussgebühr und die Versicherungsteuer.

Wegen unterschiedlicher steuerlicher Berücksichtigung wird zwischen Altersvorsorgeaufwendungen und sonstigen Vorsorgeaufwendungen unterschieden.

Kein Zusammenhang mit steuerfreien Einnahmen

Ein Sonderausgabenabzug für Vorsorgeaufwendungen setzt voraus, dass die Beträge nicht in unmittelbarem wirtschaftlichem Zusammenhang mit steuerfreien Einnahmen stehen (§ 10 Abs. 2 Satz 1 Nr. 1 EStG).

Vorsorgeaufwendungen sind auch dann als Sonderausgaben abziehbar, wenn

- solche Beiträge in unmittelbarem wirtschaftlichen Zusammenhang mit Einnahmen aus nichtselbstständiger Tätigkeit stehen, die in einem EU- oder EWR-Mitgliedstaat erzielt werden,

- diese Einnahmen nach einem DBA im Inland steuerfrei sind,

- der Beschäftigungsstaat keinerlei Abzug der mit den steuerfreien Einnahmen in unmittelbarem wirtschaftlichem Zusammenhang stehenden Beiträge im Besteuerungsverfahren zulässt und

- auch das DBA die Berücksichtigung der persönlichen Abzüge nicht dem Beschäftigungsstaat zuweist.

(BMF, Schreiben v. 11.12.2017, IV C 3 – S 2221/14/10005:003)

3 Altersvorsorgeaufwendungen

Zu den Altersvorsorgeaufwendungen gehören:

- Beiträge zur **gesetzlichen Rentenversicherung**

- Beiträge an die **landwirtschaftlichen Alterskassen**

- **Beiträge an berufsständische Versorgungseinrichtungen** (z. B. Versorgungswerk der Ärzte, Architekten, Rechtsanwälte, Zahnärzte usw.)

- **Beiträge zu Rürup-Verträgen.** Dies sind Versicherungen, die nicht kapitalisierbar, nicht übertragbar (Ausnahmen: Scheidungsfolge; Übertragung auf andere Versicherung), nicht beleihbar, nicht veräußerbar und nicht vererblich sind. Die Absicherung der Berufsunfähigkeit, der Erwerbsminderung oder von Hinterbliebenen ist möglich. Die angesparte Summe darf nicht im Rahmen einer Einmalzahlung ausgezahlt werden, sondern ausschließlich als lebenslange monatliche Rente. Die Auszahlung darf frühestens mit Vollendung des 62. Lebensjahres (bei Verträgen vor 2011 des 60. Lebensjahres) beginnen.

Nicht zu den begünstigten Altersvorsorgeaufwendungen gehören Beiträge zum staatlich geförderten Riester-Vertrag.

Höchstbetrag

Arbeitnehmer- und Arbeitgeberbeiträge für Altersvorsorgeaufwendungen sind bis zum Höchstbetrag der knappschaftlichen Rentenversicherung von 25.046 € im Jahr 2020 als Sonderausgaben abziehbar. Im Fall der Zusammenveranlagung von Ehegatten verdoppelt sich der Höchstbetrag auf 50.092 €, unabhängig davon, welcher der Ehegatten die begünstigten Beiträge entrichtet hat.

Kürzung des Höchstbetrags

In den nachfolgenden Fällen wird der Höchstbetrag um den Betrag gekürzt, der dem Gesamtbeitrag (Arbeitgeber- und Arbeitnehmeranteil im Jahr 2020: 18,6 % des Arbeitslohns, max. aus 77.400 €) zur allgemeinen Rentenversicherung entspricht:

- **Beamte, Richter, Berufssoldaten** oder **Geistliche**, die einen Anspruch auf Altersversorgung ganz oder teilweise ohne eigene Beitragsleistung haben. Liegen mehrere Dienstverhältnisse vor, wird die Kürzung nur aus dem Arbeitslohn der oben genannten Tätigkeit berechnet.

- **beherrschende Gesellschafter-Geschäftsführer einer GmbH** (Beteiligung > 50 %) oder **Vorstandsmit-**

glieder von Aktiengesellschaften, wenn ihnen durch die Gesellschaft eine **Altersversorgung** (z. B. eine Direktversicherung; BFH, Urteil v. 15.7.2014, X R 35/12) zugesagt wurde

- **Abgeordnete**, die ganz oder teilweise ohne eigene Beitragsleistung einen Anspruch auf eine Altersversorgung erwerben

Bei Ehegatten ist für jede Person gesondert zu prüfen, ob und ggf. in welcher Höhe der gemeinsame Höchstbetrag von 50.092 € zu kürzen ist.

Staffelung des Abzugs von Altersvorsorgeaufwendungen

Der Abzug der Aufwendungen erfolgt in einer Übergangzeit nicht in voller Höhe. Bis 2024 werden die zu berücksichtigenden Altersvorsorgeaufwendungen nur anteilig mit folgenden Prozentsätzen angesetzt:

Jahr	
2005	60 %
...	...
2019	**88 %**
2020	**90 %**
2021–2023	jährliche Erhöhung 2 %
2024	98 %
ab 2025	100 %

Zusätzliche Kürzung bei sozialversicherungspflichtigen Arbeitnehmern

Bei Arbeitnehmern, die steuerfreie Arbeitgeberleistungen zur Rentenversicherung oder diesen gleichgestellte steuerfreie Zuschüsse des Arbeitgebers erhalten haben, sind die abziehbaren Altersvorsorgeaufwendungen noch um diese Arbeitgeberleistungen zu kürzen. Arbeitgeberbeiträge im Rahmen von Minijobs sind in die Kürzung nur einzubeziehen, wenn der Arbeitnehmer die Hinzurechnung dieser Beträge zu den Vorsorgeaufwendungen beantragt hat.

Hinweis: Ein Berechnungsschema zu den Altersvorsorgeaufwendungen finden Sie auf http://mybook.haufe.de unter „Der Steuerkalkulator".

 BEISPIEL

Sozialversicherungspflichtiger Arbeitnehmer

Ein lediger Arbeitnehmer zahlt im Jahr 2020 einen Arbeitnehmeranteil zur Rentenversicherung i. H. v. 5.000 €. Zusätzlich wird ein steuerfreier Arbeitgeberanteil in gleicher Höhe gezahlt. 2020 können folgende Altersvorsorgeaufwendungen als Sonderausgaben abgezogen werden:

	€	€
Arbeitnehmerbeitrag	5.000	
Arbeitgeberbeitrag	5.000	
Insgesamt	**10.000**	
Höchstbetrag knappschaftl. RV	**25.046**	
abziehbar ist der niedrigere der beiden Beträge		10.000
davon 2020 90 %		9.000
abzüglich steuerfreier Arbeitgeberanteil		– 5.000
abziehbare Altersvorsorgeaufwendungen		4.000

 BEISPIEL

Beamte

Ein alleinstehender Beamter, Arbeitslohn 50.000 €, hat 2020 Beiträge i. H. v. 5.000 € in eine Rürup-Rentenversicherung eingezahlt. 2020 sind folgende Altersvorsorgeaufwendungen abziehbar:

	€	€
Rürup-Rente	**5.000**	
Höchstbetrag	25.046	
Kürzung Höchstbetrag (18,6 % v. 50.000 €)	– 9.300	
gekürzter Höchstbetrag	**15.746**	
abziehbar ist der niedrigere der beiden Beträge		5.000
davon 2020 90 %		4.500
abzüglich steuerfreier Arbeitgeberanteil		– 0
abziehbare Altersvorsorgeaufwendungen		4.500

4 Sonstige Vorsorgeaufwendungen

Die sonstigen Vorsorgeaufwendungen sind wegen unterschiedlicher steuerlicher Abzugsmöglichkeit nochmals zu unterteilen: einerseits in die Basiskranken- und Pflegepflichtversicherungsbeiträge, andererseits in die anderen sonstigen Vorsorgeaufwendungen. Siehe Schaubild unter → Punkt 3.

Höhe des Sonderausgabenabzugs für sonstige Vorsorgeaufwendungen

Beiträge zu einer Basiskranken- und Pflegepflichtversicherung

Beiträge zu einer Basiskranken- und Pflegepflichtversicherung (ohne Arbeitgeberanteil) werden in tatsächlicher Höhe, ohne Berücksichtigung eines Höchstbetrags, als Sonderausgaben abgezogen (Mindestbetrag; § 10 Abs. 1 Nr. 3 EStG).

Aufwendungen für andere sonstige Vorsorgeaufwendungen

Aufwendungen für andere sonstige Vorsorgeaufwendungen sind grundsätzlich vom Sonderausgabenabzug ausgenommen. Sie sind nur dann abziehbar, wenn die Beiträge zur Basiskranken- und Pflegepflichtversicherung nicht höher als 1.900 € bzw. 2.800 € sind. In diesem Fall können Beiträge zu anderen sonstigen Vorsorgeaufwendungen bis zum Unterschiedsbetrag zwischen den Beiträgen zur Basiskranken- und Pflegepflichtversicherung und den Höchstbeträgen von 1.900 € bzw. 2.800 € zusätzlich abgezogen werden.

Die beschränkte Abziehbarkeit der anderen sonstigen Vorsorgeaufwendungen ist verfassungsrechtlich nicht zu beanstanden (BFH, Urteil v. 9.9.2015, X R 5/13).

Höchstbeträge

Für Personen, die steuerfreie Zuschüsse zu ihren Krankenversicherungsbeiträgen erhalten oder denen teilweise Krankheitskosten durch den Arbeitgeber erstattet werden (ohne eigene Beitragsleistung), wie es bei Arbeitnehmern regelmäßig der Fall ist, ist der **Höchstbetrag** auf **1.900 €** beschränkt.

Von der Kürzung betroffen sind:

- sämtliche in der gesetzlichen Krankenversicherung pflichtversicherte Personen

- freiwillig privat versicherte Arbeitnehmer, die Zuschüsse zur Krankenversicherung erhalten

- Rentner, die Zuschüsse zur Krankenversicherung erhalten

- Beamte, Richter, Soldaten und Geistliche, die Beihilfe erhalten

- im Rahmen der Familienversicherung mitversicherte Ehegatten und Kinder

- Personen, für die die Künstlersozialkasse steuerfreie Beiträge an eine Sozialversicherung oder an den Versicherten bezahlt

Der **Höchstbetrag** von **2.800 €** gilt für Steuerpflichtige, die ihre Krankenversicherung zu 100 % selbst finanzieren und keine Erstattung von Krankheitskosten ohne eigene Beiträge erhalten. Das sind i. d. R. Selbstständige und Gewerbetreibende.

Bei **Ehegatten**, die zusammen zur Einkommensteuer veranlagt werden, ist für jeden Ehegatten der Höchstbetrag gesondert zu bestimmen und dann eine gemeinsame Summe zu bilden.

Hinweis: Ein Berechnungsschema zu den sonstigen Vorsorgeaufwendungen finden Sie auf http://mybook.haufe.de unter „Der Steuerkalkulator".

BEISPIEL

Sonstige Vorsorgeaufwendungen

Benjamin Bauer, Angestellter, Ehefrau nicht berufstätig, zwei Kinder, hat im Jahr 2020 AN-Beiträge zur gesetzlichen Krankenversicherung i. H. v. 4.500 € sowie einen Zusatzbeitrag in Höhe von 600 € gezahlt. Der Beitrag zu einer privaten Krankenzusatzversicherung für die Unterbringung im Einbettzimmer und Chefarztbehandlung bei Krankenhausaufenthalt (Wahlleistungen) beträgt 720 € und wurde durch die Versicherung bescheinigt.

B. B. zahlt 2020 Beiträge zur Pflegepflichtversicherung i. H. v. 620 €. Weitere Aufwendungen: Haftpflichtversicherungsbeiträge i. H. v. 500 € und Beiträge zu einer Lebensversicherung, abgeschlossen vor 2005, i. H. v. 2.400 €.

Folgende sonstige Vorsorgeaufwendungen können abgezogen werden:

Vorsorge-aufwendungen	€	€
Basiskranken- und Pflegepflicht versicherung		
Krankenversicherung	4.500	
Zusatzbeitrag Krankenversicherung (100 %)	600	
	5.100	
(96 % wegen Anspruch auf Krankengeld)	4.896	
Wahlleistung private Krankenversicherung	0	
Pflegepflichtversicherung	620	
Summe	5.516	

Vorsorge-aufwendungen	€	€
in tatsächlicher Höhe abziehbar		5.516
Höchstbetrag		
Ehemann	1.900	
Ehefrau (familienversichert)	1.900	
	3.800	

Beiträge zur Basiskranken- und Pflegepflichtversicherung sind in Höhe von 5.516 € (Mindestabzug) als Sonderausgaben abziehbar. Der gemeinsame Höchstbetrag wird bereits durch die Basiskranken- und Pflegepflichtversicherung erreicht und überschritten. Ein Abzug der anderen sonstigen Vorsorgeaufwendungen entfällt.

 TIPP

Steuervorteil durch Vorauszahlung

Versicherungsbeiträge werden in dem Kalenderjahr als Sonderausgaben abgezogen, in dem sie geleistet wurden. Deshalb können Beiträge zur Basiskranken- und Pflegepflichtversicherung, die für künftige Jahre vorausbezahlt werden, ab 2020 bis zum **Dreifachen** (bis 2019: Zweieinhalbfachen) der auf den aktuellen Vz. entfallenden Beiträge im Jahr der Zahlung abgezogen werden. Der Vorteil besteht darin, dass in dem Jahr, für das die Beiträge vorausgezahlt werden, der Höchstbetrag für die anderen sonstigen Versicherungsbeiträge genutzt werden kann.

Basiskranken- und Pflegepflichtversicherung

Als Sonderausgaben werden die Beiträge des **Steuerpflichtigen für sich**, seinen **Ehegatten** und seine **Kinder** zu einer Basiskranken- und Pflegepflichtversicherung abgezogen, wenn der Steuerpflichtige Versicherungsnehmer ist. Wurden Beiträge für einen geschiedenen oder dauerhaft getrennt lebenden Ehegatten bezahlt? Vertiefend siehe → Unterhaltszahlungen.

Beiträge zur **gesetzlichen Krankenversicherung** sind in tatsächlich gezahlter Höhe abziehbar. Soweit jedoch ein Anspruch auf Krankengeld oder vergleichbare Leistungen besteht, ist der gezahlte Beitrag um 4 % zu kürzen. Bei Personen ohne Anspruch auf Krankengeld (z. B. Rentner, Bezieher von Arbeitslosengeld II, hauptberuflich selbstständig Erwerbstätige) ist keine Kürzung vorzunehmen.

Erhebt die gesetzliche Krankenversicherung einen **Zusatzbeitrag** direkt vom Versicherten, gehört auch dieser zu den begünstigten Aufwendungen. Die 4%ige Kürzung ist auch hier vorzunehmen.

Beiträge zu einer **privaten Krankenversicherung** sind nur insoweit unbegrenzt abziehbar, als sie auf Vertragsleistungen entfallen, die in Art, Umfang und Höhe den Leistungen aus der gesetzlichen Basiskrankenversicherung entsprechen. Beitragsanteile, die auf Zusatzleistungen (z. B. Chefarztbehandlung, Einbettzimmer im Krankenhaus oder bestimmte Leistungen durch Heilpraktiker) entfallen, sind nur im Rahmen der anderen sonstigen Vorsorgeaufwendungen abziehbar.

Sichert die private Krankenversicherung sowohl begünstigte Basisleistungen als auch nicht begünstigte Wahl- oder Komfortleistungen ab, werden die vom Arbeitgeber gezahlten steuerfreien Zuschüsse zur Kranken- und Pflegeversicherung ausschließlich mit den begünstigten Beiträgen zur Basisversicherung verrechnet. Eine Aufteilung des Zuschusses auf begünstigte und nicht begünstigte Beiträge ist nicht vorzunehmen (BFH, Urteil v. 2.9.2014, IX R 43/13).

Die Aufteilung der begünstigten und nicht begünstigten Beiträge wird durch die private Krankenversicherung berechnet und bescheinigt. Die Versicherung übermittelt die Höhe der begünstigten Beiträge elektronisch an die Finanzverwaltung. Ist ein Steuerpflichtiger sowohl Pflichtmitglied in einer gesetzlichen Krankenkasse als auch freiwillig privat krankenversichert, kann er lediglich die Beiträge abziehen, die er an die gesetzliche Krankenversicherung entrichtet (BFH, Urteil v. 29.11.2017, X R 5/17). Der Abzug der nicht als Sonderausgaben abziehbaren Krankenversicherungsbeiträge als außergewöhnliche Belastung scheidet ebenfalls aus. Dies gilt auch dann, wenn der Arbeitgeber des Steuerpflichtigen diesen rechtsirrig nicht zur gesetzlichen Kranken- und Pflegeversicherung angemeldet hat (BFH, Beschluss v. 29.8.2019, X B 56/19).

Der von einem Steuerpflichtigen vereinbarte und getragene **Selbstbehalt** bei Krankheitskosten ist kein Beitrag zu einer Krankenversicherung und kann daher nicht als Sonderausgabe gemäß § 10 Abs. 1 Nr. 3 Satz 1 Buchst. a EStG abgezogen werden (BFH, Urteil v.

1.6.2016, X R 43/14). Der Selbstbehalt kann als außergewöhnliche Belastung nach § 33 EStG berücksichtigt werden, soweit er die zumutbare Belastung übersteigt. Vertiefend siehe → Außergewöhnliche Belastung. Beiträge zu einer **Pflegepflichtversicherung** sind immer in tatsächlich gezahlter Höhe abziehbar.

Ist ein Kind, für das ein Anspruch auf Kinderfreibetrag nach § 32 Abs. 6 oder auf Kindergeld besteht, Versicherungsnehmer einer Basiskranken- und Pflegepflichtversicherung und trägt der Steuerpflichtige die Beiträge des Kindes durch Leistungen in Form von Bar- oder Sachunterhalt wirtschaftlich, kann der Steuerpflichtige unabhängig von Einkünften oder Bezügen des Kindes die Beiträge als eigene Beiträge bei den Sonderausgaben abziehen. Dies gilt entsprechend, wenn der Steuerpflichtige die Beiträge für ein unterhaltsberechtigtes Kind trägt, das nicht selbst Versicherungsnehmer ist, sondern der andere Elternteil.

Andere sonstige Vorsorgeaufwendungen

Sonstige Kranken- und Pflegeversicherungsbeiträge

Zu den sonstigen Kranken- und Pflegeversicherungsbeiträgen zählen Beiträge, die auf Leistungen außerhalb der Basisversorgung entfallen, z. B. Beiträge zu Wahl-, Komfort- und Zusatztarifen, zu Krankenhaustagegeld-, Krankentagegeld- und Auslandsreisekrankenversicherungen sowie zur freiwilligen Pflegeversicherung.

Lebensversicherungen

Die Beiträge sind zu 88 % als andere sonstige Vorsorgeaufwendungen zu behandeln, wenn der Versicherungsvertrag vor 2005 abgeschlossen wurde. Wurde der Vertrag nach 2004 abgeschlossen, sind nur Beiträge zu Rürup-Versicherungen und zu Riester-Verträgen als Sonderausgaben begünstigt.

Haftpflichtversicherung und andere

Zu den als Sonderausgabe begünstigten Haftpflichtversicherungen gehören u. a. die Familienhaftpflicht, die Haftpflichtversicherung für das zu eigenen Wohnzwecken genutzte Grundstück, die Haftpflichtversicherung für das private Fahrzeug oder die Tierhalterhaftpflicht.

Dient eine Haftpflichtversicherung sowohl beruflichen als auch privaten Zwecken (z. B. wenn ein Kfz beruflich und privat genutzt wird), können die Beiträge aufgeteilt werden. Der berufliche Anteil ist Betriebsausgabe oder Werbungskosten, der private Anteil ist Sonderausgabe.

Weitere sonstige Vorsorgeaufwendungen, die sich nur selten steuerlich auswirken, sind Beiträge zu Arbeitslosen-, Berufs- oder Erwerbsunfähigkeits-, Unfall- und Risikolebensversicherungen.

5 Beitragsrückerstattungen

Bonuszahlungen der Krankenkasse

Folgende Fälle sind zu unterscheiden:

- Werden von der gesetzlichen Krankenversicherung im Rahmen eines Bonusprogramms zur Förderung gesundheitsbewussten Verhaltens (nach

§ 65a SGB V) Kosten für Gesundheitsmaßnahmen erstattet, die nicht im regulären Versicherungsumfang enthalten und damit von den Versicherten vorab privat finanziert worden sind, handelt es sich dabei um eine Leistung der Krankenkasse und nicht um eine Beitragsrückerstattung. Die als Sonderausgaben abziehbaren Krankenversicherungsbeiträge sind daher nicht um den Betrag der Kostenerstattung zu mindern (BFH, Urteil v. 1.6.2016, X R 17/15; BMF, Schreiben v. 6.12.2016, IV C 3 – S 2221/12/10008 :008, BStBl 2016 I S. 1426).

- Leistungen aufgrund anderer Bonusprogramme (z. B. muss der Versicherte für den Bonuserhalt bestimmte Gesundheitsmaßnahmen durchführen oder sich auf bestimmte Weise verhalten) sind keine Kostenerstattung, sondern eine zu verrechnende Beitragsrückerstattung. Die Bonuszahlung mindert den Sonderausgabenabzug.

- Eine von der gesetzlichen Krankenversicherung nach § 53 Abs. 1 SGB V ausgezahlte Prämie für die Nichtinanspruchnahme bestimmter ärztlicher Leistungen, die an etwaige Eigenbeteiligungen (Selbstbehalte) gekoppelt ist, ist bei der Ermittlung der Vorsorgeaufwendungen wie eine Beitragsrückerstattung abzuziehen (BFH, Urteil v. 6.6.2018, X R 41/17).

 BEISPIEL

Bonuszahlungen der Krankenkasse

Der Steuerpflichtige finanziert selbst die Kosten für bestimmte Vorsorge-

oder Gesundheitsmaßnahmen (z. B. Brillen und Kontaktlinsen, Massagen, Behandlungen beim Heilpraktiker, homöopathische Arzneimittel, Nahrungsergänzungsmittel). Die Krankenkasse beteiligt sich an den Kosten mit einem Zuschuss, der der Höhe nach begrenzt ist.

Es liegt keine Beitragsrückerstattung vor. Der Sonderausgabenabzug wird nicht vermindert.

Erhält der Steuerpflichtige von der Krankenkasse einen Bonus als Nichtraucher oder für die Teilnahme an einem Gewichtsreduzierungsprogramm, liegt eine Beitragsrückerstattung vor.

Keine Beitragsrückerstattung ist das sog. „Ersatz"-Krankenhaustagegeld. Diese Leistung erhält der Versicherte aufgrund vertraglicher Vereinbarungen, wenn während eines Krankenhausaufenthalts auf die Inanspruchnahme bestimmter Wahlleistungen verzichtet wird.

Selbstzahlung von Krankheitskosten zugunsten einer Beitragsrückerstattung

Trägt ein privat krankenversicherter Steuerpflichtiger seine Krankheitskosten selbst, um dadurch die Voraussetzungen für eine Beitragserstattung zu schaffen, können diese Kosten nicht von den erstatteten Beiträgen abgezogen werden (BFH, Urteil v. 29.11.2017, X R 3/16). Sie stellen außergewöhnliche Belastungen dar, soweit sie die zumutbare Belastung übersteigen.

TIPP

Beitragsrückerstattung oder Erstattung von Krankheitskosten?

Private Krankenversicherungsträger stellen ihren Versicherten Beitragsrückerstattungen in Aussicht, wenn diese die Versicherung in einzelnen Jahren nicht in Anspruch nehmen. Dabei sollten Sie beachten, dass sich der wirtschaftliche Vorteil der Beitragsrückerstattung wegen der Anrechnung der Erstattung bei den Sonderausgaben (Erhöhung des zu versteuernden Einkommens) stark reduziert.

Wenn Sie z. B. von Ihrer Versicherung eine Beitragsrückerstattung von 500 € erhalten und einen persönlichen Grenzsteuersatz von 35 % haben, beträgt der wirtschaftliche Vorteil nur (500 € – 175 € =) 325 €. Übersteigen Ihre Krankheitskosten diesen Betrag, ist eine Erstattung der Krankheitskosten günstiger.

Beitragsrückerstattungen sind im Jahr der Erstattung von den im selben Jahr gezahlten Beiträgen zur Basiskranken- oder Pflegepflichtversicherung abzuziehen. Die Minderung erfolgt unabhängig davon, ob oder in welcher Höhe sich die Beiträge im Abflussjahr steuerlich ausgewirkt haben (BFH, Urteil v. 6.7.2016, X R 6/14). Ein sich bei der Erstattung von derartigen Beiträgen ergebender **Erstattungsüberhang wird dem Gesamtbetrag der Einkünfte** des Jahres der Erstattung hinzugerechnet. Waren die Beiträge zur Krankenversicherung wegen Wahl- oder Komfortleistungen nur teilweise abziehbar, sind auch die Erstattungen nur insoweit anzurechnen.

6 Vorsorgepauschale

Die Vorsorgepauschale wird nur im Lohnsteuerabzugsverfahren (quasi als vorweggenommener Sonderausgabenabzug für Vorsorgeaufwendungen) berücksichtigt. Ein Abzug der Vorsorgepauschale entfällt im Rahmen der Veranlagung zur Einkommensteuer.

7 Günstigerprüfung

Die heutigen Regelungen zum Abzug von Vorsorgeaufwendungen sind in einzelnen Fällen ungünstiger als nach der für das Kalenderjahr 2004 geltenden früheren Gesetzesfassung. Zur Vermeidung einer Schlechterstellung wird letztmals im Veranlagungszeitraum 2019 in diesen Fällen eine Günstigerprüfung durch das Finanzamt durchgeführt und ggf. der höhere Betrag nach altem Recht berücksichtigt. Dabei werden die Höchstbeträge nach altem Recht seit 2011 abgeschmolzen. Einbezogen in die Überprüfung werden nur Vorsorgeaufwendungen, die nach aktuellem Recht abziehbar sind. Hierzu gehört aber nicht der steuerfreie Arbeitgeberanteil zur gesetzlichen Rentenversicherung und ein diesem gleichgestellter steuerfreier Zuschuss des Arbeitgebers.

Werbungskosten, -pauschbeträge und -pauschalen

Wenn Sie Aufwendungen im Zusammenhang mit Ihren Einkünften steuerlich absetzen wollen, ist dies nur möglich, wenn es sich dabei um Werbungskosten handelt.

§§ 9, 9a EStG. R 9a EStR

1 Was sind Werbungskosten?

Aufwendungen im Zusammenhang mit Überschusseinkünften werden als Werbungskosten bezeichnet.

 WICHTIG

Überschusseinkünfte

- Einkünfte aus nichtselbstständiger Arbeit

- Einkünfte aus V+V

- Einkünfte aus Kapitalvermögen

- sonstige Einkünfte (z. B. Altersrente)

Werbungskosten sind im Jahr der Bezahlung (= Abflussprinzip) zu berücksichtigen. Werden Gegenstände mit einer mehrjährigen Nutzung angeschafft (Computer, Möbel etc.), kommt es ggf. ausnahmsweise zu einer Verteilung der Aufwendungen auf die Nutzungsdauer des Gegenstands. Vertiefend siehe → Abschreibungen/Gebäude.

Übersteigen die Werbungskosten die Summe der Einnahmen (z. B. Großreparatur bei einem Mietwohngrundstück), kommt es zu einem Verlust.

 TIPP

Vorab entstandene Werbungskosten

Auch vorab entstandene Werbungskosten können unter bestimmten Umständen geltend gemacht werden.

 WICHTIG

Aufbewahrungspflicht

Nach § 147a AO müssen Steuerpflichtige, bei denen die Summe der positiven Überschusseinkünfte mehr als 500.000 € im Kalenderjahr beträgt, Aufzeichnungen und Unterlagen über die Einnahmen und Werbungskosten sechs Jahre lang aufbewahren.

2 Grundvoraussetzung für den Abzug

Sehr viele Aufwendungen haben einen Bezug zu einer Einkunftsart und zusätzlich noch einen privaten Anlass. Steuerlich spricht man von einer „gemischten Veranlassung". Der BFH ist von seiner engen Auffassung, dass eine Aufteilung von gemischten Aufwendungen nur in Ausnahmefällen möglich ist, abgerückt. So hat er bei einer gemischt veranlassten Reise die Kosten für die Hin- und Rückreise anteilig zum Abzug zugelassen (BFH, Urteil v. 21.9.2009, GrS 1/06).

Die Ausführungen des BFH sind auch auf andere gemischte Aufwendungen anwendbar. Voraussetzung ist, dass die beruflich veranlassten Anteile feststellbar und nicht von untergeordneter Bedeutung sind.

 ACHTUNG

Kapitaleinnahmen

Werbungskosten für Kapitaleinnahmen sind nur in wenigen Ausnahmefällen abzugsfähig. Näheres dazu lesen Sie im Stichwort → Kapitalanlagen.

Einkünfte aus V+V:

Beachten Sie die Ausführungen im Stichwort → Vermietung/Immobilien.

 WICHTIG

Belege

Grundsätzlich gilt: ohne Beleg kein Abzug. Allerdings ist es im Zusammenhang mit Vermietungseinkünften nicht üblich, der Steuererklärung Belege beizulegen (Ausnahme: Reparaturaufwendungen in großem Umfang).

Telefonkosten

Bei privater und beruflicher Verwendung eines Telefons in der Wohnung oder eines eigenen Mobiltelefons sind die Telefongrund- und -gesprächsgebühren in einen privaten und einen beruflichen Anteil aufzuteilen. Dies gilt auch für die Kosten einer Internetverbindung. Die auf den beruflichen Anteil entfallenden Kosten sind als Werbungskosten abziehbar.

Wenn geeignete Unterlagen und Aufzeichnungen fehlen, hat die Aufteilung durch Schätzung zu erfolgen. Aufzeichnungen über einen Zeitraum von drei Monaten werden als ausreichend angesehen.

3 Vergebliche Aufwendungen

Aufwendungen, die Werbungskosten darstellen, sich aber nachträglich als vergeblich herausstellen, z. B. für die Suche nach einem Mieter, sind auch abzugsfähig.

4 Werbungskostenpauschbeträge/-pauschalen

Ein pauschaler Abzug lohnt sich immer dann, wenn die Pauschbeträge/Pauschalen höher sind als die tatsächlich angefallenen Aufwendungen.

Werbungskostenpauschbeträge

Soweit nicht höhere Aufwendungen geltend gemacht werden, erhalten Steuerpflichtige automatisch folgende Werbungskostenpauschbeträge:

- 102 €, wenn sie eine Rente, Pension oder Unterhaltszahlungen erhalten haben

- 1.000 € (Arbeitnehmer-Pauschbetrag) als Arbeitnehmer mit Lohnsteuerkarte, unabhängig von der Beschäftigungsdauer und der Anzahl der Beschäftigungsverhältnisse

Pauschbeträge dürfen allerdings nicht zu negativen Einkünften führen.

Pauschalen

Grundsätzlich sind nur tatsächliche Aufwendungen, die nachweisbar bzw. glaubhaft sind, als Werbungskosten abzugsfähig. Im Einzelfall lässt das Finanzamt auch pauschale Abzüge zu, sofern nicht ohnehin die Werbungskostenpauschbeträge abgezogen oder höhere Kosten nachgewiesen werden.

 WICHTIG

Kontogebühren

Für Kontoführungsgebühren können Sie als Rentner, Pensionär oder als Vermieter (pro Objekt) jährlich pauschal 16 € als Werbungskosten geltend machen.

5 Pauschale Betriebsausgaben

Bestimmte Berufsgruppen können einen pauschalen Betriebsausgabenabzug

in Anspruch nehmen, wobei der Nachweis höherer Betriebsausgaben unbenommen bleibt.

- **Selbstständig tätige Hebammen:** 25 % der Betriebseinnahmen, max. 1.535 € pro Jahr

- **Kindertagespflege:** Anstelle der tatsächlichen Betriebsausgaben können bei einer Betreuungszeit von acht Stunden und mehr pro Kind und Tag aus Vereinfachungsgründen 300 € je Kind und Monat pauschal als Betriebsausgabe abgezogen werden. Sie ist bei geringerer Betreuungszeit anteilig zu kürzen. Vertiefend siehe → Zusatzeinkünfte.

- **Schriftsteller/Journalisten:** 30 % der Betriebseinnahmen bei hauptberuflicher selbstständiger Tätigkeit, höchstens jedoch 2.455 € jährlich

- **Nebenberufliche wissenschaftliche, künstlerische oder schriftstellerische Tätigkeit sowie Vortragstätigkeit** (auch Lehr- und Prüfungstätigkeit): 25 % der Betriebseinnahmen, höchstens 614 € pro Jahr

6 Einkünfte aus Ehrenämtern

Vertiefend siehe → Ehrenamt.

Zusatzeinkünfte

Das Finanzamt ist an Ihren Zusatzeinkünften interessiert. Ob Steuern davon zu bezahlen sind, hängt von zahlreichen Faktoren ab.

§§ 15, 18, 19 EStG

1 Lohnt sich Schwarzarbeit?

Eine Vielzahl von Nebentätigkeiten wird „schwarz" vorgenommen. Man sollte sich jedoch von vornherein darüber im Klaren sein, dass Schwarzarbeit erhebliche Risiken mit sich bringt.

Neben der Steuernachzahlung kann es zur Festsetzung einer nicht unerheblichen Geldbuße oder Geldstrafe kommen. Und ein böser Nachbar oder geschiedener Ehegatte war schon häufig Anlass für ein Steuerstrafverfahren.

2 Wie ist meine Nebentätigkeit steuerlich zu behandeln?

Tätigkeit als Arbeitnehmer

- **Lohnsteuerpflichtige Tätigkeit:** Wenn Sie mit Ihrem Arbeitgeber eine lohnsteuerpflichtige Beschäftigung vereinbart haben, ist er verpflichtet, Steuern und Abgaben abzuführen. Für das zweite und jedes weitere Dienstverhältnis gilt dann die Steuerklasse VI. Da sämtliche Freibeträge schon bei der ersten Steuerkarte berücksichtigt werden, ist der Abzug sehr hoch. Der Arbeitslohn sowie ggf. anfallende Werbungskosten sind auf der Anlage N aufzuführen.

- **Behandlung als Aushilfslohn:** In bestimmten Fällen kann eine Aushilfslohnbesteuerung durchgeführt

werden. Vertiefend siehe → Minijobs.

Sie sind selbstständig tätig. Welche Einkunftsart liegt vor?

Wenn Sie „auf eigene Faust und Rechnung" tätig sind, handelt es sich entweder um

- Einkünfte aus Gewerbebetrieb (z. B. Tätigkeit als Handwerker, Verkauf von Produkten, Vermittlungsgeschäfte) oder um

- Einkünfte aus selbstständiger Tätigkeit (z. B. schriftstellerische, unterrichtende oder wissenschaftliche Tätigkeit).

 TIPP

Ebay & Co.

Auch mit Privatverkäufen (z. B. bei einer Internetplattform) kann man zum Unternehmer werden. Denn auch Privatverkäufe können unter Umständen Umsatzsteuer auslösen, wenn eine intensive und auf Langfristigkeit angelegte Verkaufstätigkeit vorliegt. Im entschiedenen Fall wurde in drei Jahren bei mehr als 1.200 Verkäufen ein Umsatz von 20.000 € bis 30.000 € jährlich erzielt (BFH, Urteil v. 26.4.2012, V R 2/11).

Auch sollte beachtet werden, dass Umsätze aus Verkäufen über Ebay der

Person zuzurechnen sind, unter deren Nutzernamen die Verkäufe ausgeführt wurden (FG Baden-Württemberg, Urteil v. 26.10.2017, 1 K 2431/17).

Ähnliche Steuerfallen lauern z. B. auf einen Pokerspieler, der regelmäßig über Jahre hinweg erfolgreich an namhaften, mit hohen Preisen dotierten Turnieren teilnimmt. Die Gewinne unterliegen der Einkommensteuer (BFH, Urteil v. 16.9.2015, X R 43/12; so auch FG Münster v. 12.10.2018, 14 K 799/11 E,G). Auch ein Pflegevertrag, der als Gegenleistung die Übertragung eines Wohnhauses vorsieht, kann zu einer steuerpflichtigen gewerblichen Tätigkeit führen, wenn die Gründe nicht in familiären Beziehungen zu suchen sind (BFH, Urteil v. 20.3.2013, X R 15/11). Selbst eine Hausfrau, die Schmuckstücke und andere Gegenstände über das Internet bzw. über Zeitungsanzeigen verkauft, wird sowohl unternehmerisch als auch gewerblich tätig (FG Köln, Urteil v. 27.8.2014, 7 K 3561/10). Der Gewinn aus dem Verkauf eines Tickets für ein Fußballspiel ist als Spekulationsgewinn zu versteuern (BFH, Urteil v. 29.10.2019, IX R 10/18). Siehe auch → Spekulationsgeschäfte.

Einnahmen aus Kinderbetreuung

Betreut die Tagespflegeperson ein Kind in dessen Familie, ist sie i. d. R. Arbeitnehmer.

In allen anderen Fällen sind Einnahmen aus der **Kindertagespflege,** unabhängig von der Anzahl der betreuten Kinder und von der Herkunft der vereinnahm-

ten Mittel (z. B. von den Eltern oder vom Jugendamt), steuerpflichtige Einnahmen aus freiberuflicher Tätigkeit.

Soweit Aufwendungen für eine Unfallversicherung oder zur Alterssicherung erstattet werden, gehören diese zu den steuerpflichtigen Einnahmen.

Die Steuerbefreiungsvorschriften des § 3 Nr. 11 und Nr. 26 EStG sind nicht anwendbar (s. a. FG Münster, Urteil v. 10.10.2019, 6 K 3334/17 E).

Steuerfrei nach § 3 Nr. 11 EStG sind dagegen

- Pflegegeld und Beihilfe bei einer Vollzeitpflege nach § 33 SGB VIII (Ausnahme: Es werden mehr als sechs Kinder gleichzeitig im Haushalt aufgenommen.) sowie

- Geldleistungen der Jugendämter für die spezialisierte Tagespflege nach § 32 SGB VIII.

Ebenfalls bis zur Höhe der Leistungen nach SGB XII steuerfrei ist das Betreuungsentgelt, das an Gastfamilien im Rahmen des betreuten Wohnens behinderter Menschen gezahlt wird (§ 3 Nr. 10 EStG). Dies gilt unabhängig davon, ob die Geldleistungen vom Sozialleistungsträger oder vom behinderten Menschen selbst getragen werden.

Betriebsausgaben

Anstelle der tatsächlichen Betriebsausgaben können bei einer Betreuungszeit von acht Stunden und mehr pro Kind und Tag aus Vereinfachungsgründen 300 € je Kind und Monat pauschal als Betriebsausgaben abgezogen werden. Sie sind bei geringerer Betreuungszeit anteilig zu kürzen. Findet die Betreuung im Haushalt der Sorgeberechtigten oder in unentgeltlich zur Verfügung gestellten Räumlichkeiten als selbstständige Tätigkeit statt, kann die Betriebsausgabenpauschale nicht abgezogen werden. Die Betriebsausgabenpauschale darf nur bis zur Höhe der Betriebseinnahmen abgezogen werden. Soweit tatsächlich höhere Aufwendungen nachgewiesen werden, können diese angesetzt werden (BMF, Schreiben v. 11.11.2016, IV C 6-S 2246/07/ 10002:005). Gebäudekosten sind jedoch nicht anteilig als Betriebsausgaben abzugsfähig (FG Baden-Württemberg, Urteil v. 7.5.2019, 8 K 751/17).

Andere Betreuer, z. B. vom Betreuungsgericht bestellte ehrenamtliche Betreuer nach § 1835a, erzielen Einkünfte, die nach § 3 Nr. 26b EStG steuerfrei sind. Vertiefend siehe → Ehrenamt.

Muss ich Umsatzsteuer an das Finanzamt bezahlen?

 TIPP

Nullbesteuerung

Die Nullbesteuerung können Sie anwenden, wenn Ihr Vorjahresumsatz nicht über 17.500 € liegt und der voraussichtliche Umsatz des laufenden Jahres weniger als 50.000 € beträgt.

In diesem Fall müssen Sie keine Umsatzsteuer an das Finanzamt abführen. Sie erhalten aber auch die in Kostenrechnungen enthaltenen Umsatzsteuerbeträge nicht als Vorsteuer vom Finanzamt erstattet.

 ACHTUNG

Umsatzsteuerausweis

Sie dürfen in diesem Fall unter keinen Umständen auf Ihren Rechnungen Umsatzsteuer ausweisen (z. B. „1.000 € zzgl. 190 € Umsatzsteuer" oder „im Betrag sind 19 % Umsatzsteuer enthalten"). Sonst schulden Sie die Umsatzsteuerbeträge.

Kommt die Nullbesteuerung nicht in Betracht, muss Umsatzsteuer an das Finanzamt abgeführt werden. Andererseits werden die von anderen Unternehmern in Rechnung gestellten Umsatzsteuerbeträge vom Finanzamt als Vorsteuer erstattet.

Wenn die Regelbesteuerung zum Zuge kommt, müssen Sie eine Umsatzsteuererklärung abgeben.

3 Einnahmenüberschussrechnung

Hinweis: Wichtiges zum Thema Einnahmenüberschussrechnung finden Sie auch auf http://mybook.haufe.de unter „Weiterführende steuerliche Informationen".

Eine weitergehende ausführliche Darstellung der verschiedenen Gewinnermittlungsarten, der umsatzsteuerlichen Vorschriften sowie Tipps zur Verwendung des amtlichen Vordrucks erhalten Sie in unserem Steuerratgeber „Steuer 2021 für Unternehmer, Selbstständige und Existenzgründer".

4 Einkünfte aus Ehrenämtern

Alles, was ehrenamtlich Tätige interessiert, haben wir im Stichwort → Ehrenamt zusammengestellt.

5 Einnahmen aus Fernsehshows

Anders als Gewinne aus Wetten, Lotterien und anderen Glücksspielen, soweit sie außerhalb einer betrieblichen und beruflichen Tätigkeit ausgeübt werden, sind Preisgelder für die Teilnahme an Unterhaltungssendungen, die nahezu ausschließlich von der Mitwirkung der Kandidaten leben, nach § 22 Nr. 3 EStG steuerpflichtig (BFH, Urteil v. 28.11.2007, IX R 39/06). Teilnehmer an einer Dokutainment-Sendung, deren Haus kostenlos renoviert wird, müssen die Renovierungen als geldwerten Vorteil versteuern (FG Köln, Beschluss v. 28.2.2019, 1 V 2304/18).

Teil III: Vorsorgeplanung im Alter

1 Erbschaft-/Schenkungsteuer

1.1 Das Wichtigste zur Erbschaft- und Schenkungsteuer

Erbschaft- und Schenkungsteuer sind grundsätzlich gleichlaufend geregelt. Die Rechtsgrundlagen für die Erbschaft- bzw. die Schenkungsteuer finden sich im Erbschaftsteuer- und Schenkungsteuergesetz (ErbStG) sowie in der Erbschaftsteuer-Durchführungsverordnung (ErbStDV).

Zur Berechnung der relevanten Steuer muss immer der Vermögensanfall beim Erben bzw. dem Beschenkten bewertet werden. § 12 ErbStG verweist insoweit auf die Regelungen im Bewertungsgesetz (BewG).

Die Erbschaftsteuer wird als Erbanfallsteuer erhoben. Sie belastet damit nicht den Nachlass des Erblassers, sondern den konkreten Erwerb des jeweiligen Erben, des Pflichtteilsberechtigten, des Vermächtnisnehmers etc. Von der Steuer werden grundsätzlich alle unentgeltlichen Vermögensübergänge von Todes wegen von einer Person auf eine andere erfasst.

Unentgeltliche Vermögensübertragungen unter Lebenden unterliegen ebenfalls der Steuer. Sie wird dann als „Schenkungsteuer" bezeichnet. Schenkungsteuerpflichtig ist z. B. auch die Gewährung eines zinslosen Darlehens an den nichtehelichen Lebensgefährten (BFH, Urteil v. 27.11.2013, II R 25/12). Die Vorschriften für den Erwerb von Todes wegen gelten auch weitgehend für Schenkungen unter Lebenden.

 WICHTIG

Steuer bei Erbe und Schenkung gleich hoch

Die Höhe der anfallenden Steuer ist bei einem Vermögenszuwachs aufgrund eines Erbfalls genauso hoch wie bei einer Schenkung zu Lebzeiten, soweit der steuerpflichtige Erwerb gleichwertig ist. Erben haben nur den kleinen Vorteil, dass sich der steuerpflichtige Erwerbsbetrag um einen pauschalen Betrag in Höhe von 10.300 € für Beerdigungskosten mindert (§ 10 Abs. 5 Nr. 3 ErbStG).

Immobilienvermögen wird wie Geldvermögen behandelt. Deshalb wird bei der Ermittlung des zu versteuernden Vermögens regelmäßig der Verkehrswert der Immobilie zu 100 % berücksichtigt.

1.1.1 Steuerpflicht – Grundlagen

Die steuerpflichtigen Vorgänge sind in § 1 ErbStG abschließend geregelt **(sachliche Steuerpflicht)**. Die beiden relevanten Varianten für Sie bzw. die Erben sind

- der **Erwerb von Todes wegen** (§ 3 ErbStG) und

- die **Schenkungen unter Lebenden** (§ 7 ErbStG).

Für die Erbschaft- bzw. Schenkungsteuer ist der Vermögensanfall aber grundsätzlich nur relevant, wenn und soweit er sich für den Empfänger wirtschaftlich günstig auswirkt, ihm also unentgeltlich einen Vermögensvorteil (zahlen-/wertmäßige Bereicherung) verschafft (siehe aber BFH, Urteil v. 7.12.2016, II R 21/14: Ein vom Erblasser nicht geltend gemachter Pflichtteilsanspruch gehört zum Nachlass und unterliegt beim Erben der Besteuerung aufgrund des Erbanfalls. Auf die Geltendmachung des Pflichtteilsanspruchs durch den Erben kommt es nicht an).

 WICHTIG

Gemischte Schenkung

Eine gemischte Schenkung liegt bei der Übertragung von Grundstücken mit Lasten und anderen Verbindlichkeiten vor. Ein typisches Beispiel ist die Schenkung von Grundbesitz mit darauf noch lastenden Restschulden (Hypothek), eine Zuzahlung des Beschenkten an den Schenker oder Dritte oder die Erfüllung einer Auflage (BGH, Urteil v. 28.9.2016, IV ZR 513/15).

 BEISPIEL

Grundstücksübertragung an die Tochter

Sie übertragen Ihrer Tochter ein Grundstück mit einem Verkehrswert von 800.000 €. Der Steuerwert nach BewG soll 800.000 € betragen. Ihre Tochter zahlt Ihnen 300.000 €, weil Sie sich in ein Heim mit betreutem Wohnen einkaufen wollen. Es handelt sich um eine gemischte Schenkung. Als freigebige Zuwendung gilt der Wert, um den der Steuerwert des Grundstücks den Wert der Gegenleistung überschreitet. Damit beträgt der Wert der Bereicherung 500.000 € (800.000 € abzüglich 300.000 € Gegenleistung).

Nach Abzug des persönlichen Freibetrags i.S.d. § 16 Abs. 1 Nr. 2 ErbStG von 400.000 € sind mithin 100.000 € von Ihrer Tochter als steuerpflichtiger Erwerb zu versteuern.

Der Wert der Bereicherung ist bei einer gemischten Schenkung durch Abzug der – ggf. kapitalisierten – Gegenleistung vom Steuerwert zu ermitteln. Das gilt auch dann, wenn im Einzelfall der nach dem Bewertungsgesetz ermittelte Steuerwert hinter dem gemeinen Wert zurückbleibt (BFH, Beschluss v. 5.7.2018, II B 122/17).

Die **persönliche Steuerpflicht** ist in § 2 ErbStG geregelt. Erbschaftsteuer fällt

- für den gesamten Erwerb aus In- und Ausland aus dem Nachlass des inländischen Erblassers und für Schenkungen eines inländischen Schenkers (auch wenn der Erwerber kein Inländer ist) und für alle Erwerbe von Inländern, die von einem ausländischen Erblasser/Schenker stammen;

- auf das im Inland befindliche Vermögen i. S. v. § 121 BewG auch an, wenn weder Erblasser noch Erwerber Inländer sind.

Durch ein Doppelbesteuerungsabkommen auf dem Gebiet der Erbschaftsteuer soll vermieden werden, dass Nachlassvermögen von Erblassern in mehreren Staaten der Erbschaftsteuer unterliegen.

Auf der Internetseite des BMF (www.bundesfinanzministerium.de) können die aktuellen Doppelbesteuerungsabkommen bzgl. der Erbschaftsteuer eingesehen werden. Der Wert von ausländischem Vermögen wird als unselbstständige Besteuerungsgrundlage im Rahmen der Erbschaftsteuerveranlagung festgestellt (Hessisches FG, Urteil v. 24.5.2013, 1 K 139/09). Erbschaftsteuer, die ein ausländischer Staat auf den Erwerb von Kapitalvermögen erhebt, das ein inländischer Erblasser in dem Staat angelegt hatte, ist bei Fehlen eines DBA weder auf die deutsche Erbschaftsteuer anzurechnen noch als Nachlassverbindlichkeit zu berücksichtigen (BFH, Urteil v. 19.6.2013, II R 10/12).

 WICHTIG

Internationales Erbrecht

Haben Sie ausländisches Vermögen, schalten Sie unbedingt einen Experten ein, damit festgestellt werden kann, welches Erbrecht angewendet wird. In Deutschland, Italien oder Spanien z. B. entscheidet die Staatsangehörigkeit des Verstorbenen darüber, welches Erbrecht angewendet wird. In anderen Ländern wie z. B. Belgien oder Frankreich ist der letzte Wohnsitz des Erblassers relevant. Andere Rechtsordnungen schreiben wiederum vor, dass Grundstücke nach dem Erbrecht des Staates vererbt werden, in dem das Grundstück liegt. Erben International e. V. informiert die Öffentlichkeit über das internationale Erbrecht. Auf der Website www.internationales-erbrecht.de können Sie sich vorab über das Erbrecht eines jeden Landes informieren (s. a. www.successions-europe.eu).

Am 13.3.2012 hat das EU-Parlament die EU-Verordnung im Erbrecht verabschiedet. Diese regelt das anwendbare Recht und eine Vereinheitlichung der Zuständigkeiten und der Formalien bei einer Testamentserrichtung und beim Erbschein.

Die EU-Verordnung gilt für Erbfälle ab 17.8.2015 (Art. 84 Abs. 2 EU-ErbVO). Der Verordnungstext ist auf der Homepage des Bundesjustizministeriums veröffentlicht. Das auf die Erbfolge eines Erblassers anzuwendende Recht richtet sich dann grundsätzlich nach dem letzten gewöhnlichen Aufenthaltsort des Erblassers zum Zeitpunkt seines Todes, es sei denn, der Erblasser regelt zu Lebzeiten seinen Nachlass durch Rechtswahl mittels Verfügung von Todes wegen. Der gewöhnliche Aufenthalt ist nicht identisch mit dem Wohnsitz.

§ 3 ErbStG und § 7 ErbStG präzisieren, welche Fälle überhaupt dem Erbschaft-/Schenkungsteuerrecht unterliegen. Nicht jeder Erwerb ist steuerpflichtig.

Steuerbare Erwerbe sind insbesondere:

- **Erwerb von Todes wegen (§ 3 Abs. 1 Nr. 1 ErbStG)**
  Unter diesen Oberbegriff fällt der Erwerb

  - durch Erbanfall (§ 1922 BGB),

  - durch Vermächtnis (§§ 2147 ff. BGB) und

  - aufgrund eines geltend gemachten Pflichtteilsanspruchs.

 WICHTIG

Mehrere Testamente

Hat ein Erblasser mehrere Testamente errichtet, in denen er jeweils verschiedene Personen als Alleinerben eingesetzt hat, und ist die Wirksamkeit des zuletzt errichteten Testaments wegen behaupteter Testierunfähigkeit des Erblassers zwischen den potenziellen Erben streitig, ist die Abfindung, die der weichende Erbprätendent aufgrund eines Prozessvergleichs vom zuletzt eingesetzten Alleinerben dafür erhält, dass er die Erbenstellung des Alleinerben nicht mehr bestreitet, kein der Erbschaftsteuer unterliegender Erwerb von Todes wegen i. S. d. § 3 ErbStG (BFH, Urteil v. 4.5.2011, II R 34/09).

- **Schenkungen unter Lebenden auf den Todesfall (§ 3 Abs. 1 Nr. 2 ErbStG)**

- **Schenkungen unter Lebenden (§ 7 ErbStG)**
  Hierzu gehört u. a. die Abfindung für einen Erbverzicht (§§ 2346 und 2352 BGB; BFH, Beschluss v. 12.1.2011, II R 37/09) oder Verzicht eines Ehepartners auf einen höheren Zugewinnausgleichsanspruch im Rahmen der ehevertraglichen Beendigung des Güterstandes der Zugewinngemeinschaft (Hessisches FG, Urteil v. 15.12.2016, 1 K 199/15).

WICHTIG

Abfindung für Verzicht auf Pflichtteil

Die Besteuerung der Abfindung, die ein künftiger gesetzlicher Erbe an einen anderen Erben für den Verzicht auf einen künftigen Pflichtteilsanspruch zahlt, richtet sich nach der zwischen den Erben maßgebenden Steuerklasse. Vorerwerbe vom künftigen Erblasser sind nicht zu berücksichtigen (BFH, Urteil v. 10.5.2017, II R 25/15; Änderung der Rechtsprechung).

 BEISPIEL

Bereicherung

Bereichert ist der Erbe immer, wenn er schuldenfreies Vermögen erhält, z. B. Bargeld, Schmuck, unbelastetes Grundvermögen oder Gemälde. Der Umfang der Bereicherung richtet sich nach dem tatsächlichen Wert der Vermögensgegenstände, die der Erbe erhält. Ist ein Schmuckstück zum Zeitpunkt der Schenkung 500.000 € wert, ist der Beschenkte um diesen Betrag „bereichert".

Unter Umständen liegt eine **gemischte Schenkung** vor (z. B. Teilentgelt wird durch den Bedachten entrichtet). Konsequenterweise ist nur der Anteil des Erwerbs erbschaftsteuerpflichtig, der unentgeltlich erlangt wurde (s. → Beispiel 1.1.1).

Die **Schenkung unter Auflage** verpflichtet den Beschenkten nach Ausführung der Schenkung zu einer bestimmten Gegenleistung. In diesen Fällen wird nur der die Gegenleistung/Auflage übersteigende Teil der Zuwendung, also die tatsächliche Bereicherung des Erwerbers, zur Ermittlung der Schenkungsteuer erfasst (R 7.4 ErbStR 2019). Wird das bei Schenkung eines Grundstücks zugunsten des bisherigen Eigentümers vereinbarte Nießbrauchsrecht gegen monatliche Zahlungen abgelöst, so kann darin eine steuerpflichtige gemischte Schenkung liegen (BFH, Urteil v. 15.12.2010, II R 41/08).

Oft überlassen Eltern ihren Kindern Immobilien gegen Übernahme von späteren Pflegeleistungen. Auch die **Pflegeleistung** stellt **schenkungsteuerrechtlich** eine **Gegenleistung** für die Grundstücksübertragung dar. Da der Grundstückserwerber erst im Bedarfsfall zur Pflege des Berechtigten verpflichtet ist, liegt insoweit eine aufschiebend bedingte Last vor, die nach § 6 Abs. 1 BewG vor Eintritt der Bedingung nicht zu berücksichtigen ist. Die Pflegeverpflichtung bleibt deshalb zum Zeitpunkt der Ausführung der Schenkung außer Ansatz (OFD Frankfurt/M., Rundverfügung v. 18.5.2017, S 3806 A – 009 – St 119).

Die Pflegeleistung kann erst dann berücksichtigt werden, wenn der Pflegefall tatsächlich eingetreten ist und der Erwerber die Leistungen erbringt. Bei der Schenkungsteuer liegt ab diesem Zeitpunkt eine gemischte Schenkung vor. Die Pflegeverpflichtung wird hierbei mit ihrem Wert im Zeitpunkt der Entstehung der Steuer für die Zuwendung (§ 11 ErbStG) angesetzt. Der ursprüngliche Schenkung-steuerbescheid wird nach § 175 Abs. 1 Nr. 2 AO auf Antrag entsprechend geändert (BayLfSt, Verfügung. v. 8.6.2016, S 3806.1.1 – 1/9 St 34). Vom Eintritt des Pflegefalls kann grundsätzlich erst dann ausgegangen werden, wenn der Berech-tigte pflegebedürftig i. S. d. § 15 SGB XI ist. Die Voraussetzungen für den Pfle-gegrad 2 (früher: Pflegestufe 1) müssen erfüllt sein. Die Pflegeleistungen sind mit ihrem Kapitalwert zum Zeitpunkt des Eintritts des Pflegefalls zu bewerten. Dieser ist auf den Zeitpunkt der Ausführung der Zuwendung (§ 9 Abs. 1 Nr. 2 ErbStG) abzuzinsen. Lassen Sie sich am besten individuell beraten. In vielen Fällen wird bei der Übergabe eines Hauses seitens beider Elternteile an ein Kind der Freibetrag pro Elternteil gar nicht ausgeschöpft, sodass die Bewertung der Pflegeleistungen irrelevant sein dürfte, soweit nicht später noch erhebliches Vermögen ererbt wird.

 TIPP

Nutzungs- und Rentenlasten

Nutzungs- und Rentenlasten können grundsätzlich vollständig bei der Ermittlung des steuerpflichtigen Erwerbs (beim konkreten Vermögensgegenstand) als „Ab-zugsposten" berücksichtigt werden. Dies eröffnet auch Gestaltungsmöglichkeiten im Rahmen der vorweggenommenen Erbfolge.

 BEISPIEL

Übertragung von Aktien

Sie übertragen als 63-jähriger Vater Ihrer Tochter Ihr Kapitalvermögen, beste-hend aus Aktien mit einem gemeinen Wert von 300.000 €. Bisher haben Sie damit jährlich durchschnittlich 18.000 € an Erträgen erzielt. Sie erwarten auch künftig, dass die Erträge so stabil bleiben, und behalten sich den lebenslangen Nießbrauch an den Erträgen aus dem Kapitalvermögen vor.

Der gemeine Wert des Kapitalvermögens wird aus den aktuellen Aktienkursen ermittelt. Davon wird der Wert des lebenslangen Nießbrauchsrechts abgezogen. Dieser richtet sich nach der Lebenserwartung des Schenkers/Vorbehaltsnieß-brauchers. Die Berechnung im Einzelnen ist komplex und sollte individuell vom Berater vorgenommen werden (BMF, Schreiben v. 2.12.2019, IV C 7 – S 3104/19/10001:003 zur Bewertung einer lebenslänglichen Nutzung oder Leis-tung für Bewertungsstichtage ab 1.1.2020).

Vergessen Sie nicht, dass Sie die Einkünfte aus Kapitalvermögen natürlich weiterhin selbst versteuern müssen. Verzichten Sie z. B. elf Jahre später auf den Vorbehaltsnießbrauch, stellt dies eine weitere Zuwendung an Ihre Tochter dar (dafür kann der Freibetrag von ihr neu genutzt werden).

Nachlassverbindlichkeiten mindern den steuerpflichtigen Erwerb. Gemäß § 10 Abs. 5 ErbStG sind folgende Nachlassverbindlichkeiten abzugsfähig:

- bestimmte Schulden des Erblassers (soweit sie nicht mit einem Betrieb im Zusammenhang stehen und dort bereits bei der Bewertung der wirtschaftlichen Einheit berücksichtigt worden sind)

- der Wert von Vermächtnissen, Auflagen und geltend gemachten Pflichtteils- und Erbersatzansprüchen (FG Rheinland-Pfalz, Urteil v. 16.5.2013, 4 K 2215/11, rkr.)

- die Erbfallkosten (Bestattung, Grab, Aufwendungen für die Testamentseröffnung, übliche Grabpflege)

Zu den Schulden, die schon zu Lebzeiten des Erblassers entstanden sind, gehören auch die Steuerschulden, die auf den Erben übergehen, auch dann, wenn die Steuerfestsetzung erst nach dem Tod des Erblassers erfolgt (BFH, Urteil v. 4.7.2012, II R 15/11).

 BEISPIEL

Einkommensteuernachzahlung

Ein Witwer mit einem Sohn hat am 10.9.2020 seine Einkommensteuererklärung 2019 mit positiven Einkünften aus V+V abgegeben und eine Beamtenpension bezogen, sodass sich eine Nachzahlung an Einkommensteuer für 2019 ergeben wird. Stirbt der Witwer am 21.11.2020, dann wird der Einkommensteuerbescheid 2019 an dessen Sohn als Erben (Rechtsnachfolger) adressiert, und die Einkommensteuernachzahlung 2019 darf, weil der Erbe diese auf jeden Fall zahlen muss, von dem ererbten Vermögen abgezogen werden.

Die Einkommensteuer des Erblassers in dessen Todesjahr kann beim Erben als Nachlassverbindlichkeit abgezogen werden (BFH, Urteil v. 4.7.2012, II R 15/11; BFH, Urteil v. 4.7.2012, II R 56/11). Zu den erbschaftsteuerrechtlich abzugsfähigen Nachlassverbindlichkeiten gehören auch die Steuerverbindlichkeiten, die der Erblasser als Steuerpflichtiger durch die Verwirklichung von Steuertatbeständen begründet hat (BFH, Urteil v. 11.7.2019, II R 36/16) und die (erst) mit Ablauf des Todesjahres (abgabenrechtlich) entstehen (FG München, Urteil v. 15.11.2017, 4 K 3189/16, rkr.). Eine festgesetzte Einkommensteuervorauszahlung ist auch dann als Nachlassverbindlichkeit gem. § 10 Abs. 5 Nr. 1 ErbStG zu berücksichtigen, wenn sie erst nach dem Todestag entsteht (gegen R E 10.8 Abs. 4 ErbStR 2019; FG Münster, Urteil v. 31.8.2017, 3 K 1641/17 Erb, rkr.).

Der Erbe kann eine vom Erblasser hinterzogene Einkommensteuer, die auch nach dem Eintritt des Erbfalls nicht festgesetzt wurde, selbst dann nicht als Nachlassverbindlichkeit abziehen, wenn er das für die Festsetzung der Einkommensteuer zuständige Finanzamt über die Steuerangelegenheit unterrichtet hat (BFH, Urteil v. 28.10.2015, II R 46/13).

Die Steuerberatungskosten für die Erstellung der Einkommensteuererklärung für den Erblasser kann der Erbe nicht als Nachlassverbindlichkeiten abziehen. Es handelt sich nicht um vom Erblasser herrührende Schulden, wenn der Erbe erst nach Ableben des Erblassers die Anfertigung der Steuererklärung bei einem Steuerberater in Auftrag gegeben hat (BFH, Urteil v. 4.7.2012, II R 50/11). Steuerberatungskosten, die der Erbe für die Erstellung berichtigter Einkommensteuererklärungen wegen der Nacherklärung ausländischer Kapitaleinkünfte des Erblassers nach dessen Tod getragen hat, sind aber Nachlassverbindlichkeiten (FG Baden-Württemberg, Urteil v. 15.5.2019, 7 K 2712/18, Rev. beim BFH, Az. II R 30/19).

Eine typische Erblasserschuld ist die Zugewinnausgleichsforderung des überlebenden Ehepartners. Aufwendungen zur Beseitigung von Schäden an geerbten Gegenständen wie Grundstücken oder Gebäuden, deren Ursache vom Erblasser gesetzt wurde, die aber erst nach dessen Tod in Erscheinung treten, sind nicht als Nachlassverbindlichkeiten abziehbar (BFH, Urteil v. 26.7.2017, II R 33/15).

 WICHTIG

Schulden und Lasten

Nach § 10 Abs. 6 ErbStG sind Schulden und Lasten, soweit sie wirtschaftlich mit einem vollständig/teilweise steuerbefreiten Vermögensgegenstand zusammenhängen, nicht bzw. nur anteilig abzugsfähig.

Die Finanzverwaltung lässt es zu, dass Steuerberatungskosten bei der Erbschaftsteuer grundsätzlich als Nachlassverbindlichkeiten abzugsfähig sind (H E 10.7 ErbStH 2019).

Die Erbschaftsteuer an sich oder die Aufwendungen für eine gerichtliche oder außergerichtliche Rechtsverfolgung im Zusammenhang mit der eigenen Erbschaftsteuerbelastung sind nicht als Nachlassverbindlichkeit abziehbar (§ 10 Abs. 8 ErbStG; BFH, Urteil v. 20.6.2007, II R 29/06). Gleiches gilt auch für Steuerschulden, die anlässlich der Erfüllung von Vorausvermächtnissen und Durchführung von Teilungsanordnungen des Erblassers entstehen (BFH, Urteil v. 6.10.2010, II R 29/09).

Rechtsverfolgungskosten in Wertfeststellungsverfahren sind keine erwerbsmindernden Nachlasskosten i. S. d. § 10 Abs. 5 Nr. 3 ErbStG (BFH, Urteil v. 1.7.2008, II R 71/06). Abfindungszahlungen an einen Erbprätendenten, die der spätere Erbe aufwendet, um das Erbe zu erlangen, sowie die Kosten für die Erstellung der Erbschaftsteuererklärung sind als Nachlassverbindlichkeiten abzugsfähig (BFH, Urteil v. 15.6.2016, II R 24/15). Entmüllungskosten zur Nutzbarmachung eines zum Nachlass gehörenden Grundstücks sind keine Nachlassverbindlichkeiten (FG Baden-Württemberg, Urteil v. 18.12.2014, 7 K 1377/14). Der BFH hat entschieden, dass die Ausgaben für einen im Feststellungsverfahren beauftragten Gutachter zum Nachweis des niedrigeren Verkehrswerts für den Grundbesitzwert im Rahmen der Erbschaftsteuer erwerbsmindernd zu berücksichtigen sind, wenn sie in engem zeitlichen und sachlichen Zusammenhang mit dem Erwerb von Todes wegen anfallen (BFH, Urteil v. 19.6.2013, II R 20/12).

Kosten für die Beerdigung, das Grabdenkmal und die Grabpflege, Kosten einer Testamentseröffnung, eines Erbscheins u. Ä. können von Erben ohne Nachweis mit einem Pauschbetrag von 10.300 € als Nachlassverbindlichkeit abgezogen werden. Dieser Pauschbetrag bezieht sich auf den gesamten Erbfall. Tragen z. B. mehrere Erben die Kosten, dann ist der Pauschbetrag nach dem Verhältnis der auf sie entfallenden Kosten auf sie aufzuteilen. Höhere Aufwendungen sind abzugsfähig, wenn sie nachgewiesen werden.

1.1.2 Steuerklassen

Nach § 15 ErbStG gibt es drei Steuerklassen, wobei das persönliche verwandtschaftliche Verhältnis zum Erblasser/Schenker berücksichtigt wird.

Erben/Beschenkte der Steuerklasse I sind:

- Ehegatte (rechtswirksame Ehe bei Erbanfall) und eingetragene Lebenspartner (BFH, Beschluss v. 1.1.2015, II B 23/15)

- eheliche, nichteheliche und adoptierte Kinder sowie Stiefkinder

- Abkömmlinge der Kinder und Stiefkinder

- Eltern und Großeltern (nur bei Erwerb von Todes wegen)

Erben/Beschenkte der Steuerklasse II sind:

- Eltern und Großeltern (nur bei Erwerb aufgrund von Schenkungen unter Lebenden)

- eheliche und nichteheliche Geschwister, Stief- und Adoptivgeschwister

- Abkömmlinge ersten Grades von Geschwistern (Nichten und Neffen)

- Stiefeltern, Schwiegereltern, Schwiegerkinder, der geschiedene Ehegatte und der Lebenspartner einer aufgehobenen Lebenspartnerschaft

Erben/Beschenkte der Steuerklasse III sind:

- alle übrigen Erwerber (z.B. Verlobte und nichteheliche Lebenspartner), fremde Dritte etc.

1.1.3 Freibeträge und Steuerbefreiungen

Persönlicher Freibetrag

Der **persönliche Freibetrag** (§ 16 ErbStG) reduziert den zu versteuernden Erwerb.

 TIPP

Freibeträge bei Erbfall und Schenkung

Die Freibeträge können im Erbfall nur einmal in Anspruch genommen werden, bei Schenkungen außerhalb der jeweiligen Zehnjahresfrist öfter (s.a. → Kapitel 1.1.1).

Folgende Steuerklassen und Freibeträge gelten für die jeweilige Personengruppe:

Erben/Beschenkte der Steuerklasse I: Freibetrag

- Ehegatte (rechtswirksame Ehe bei Erbanfall) und Lebenspartner: 500.000 €
- eheliche, nichteheliche und adoptierte Kinder sowie Stiefkinder: 400.000 €
- Abkömmlinge von verstorbenen Kindern des Erblassers: 400.000 €
- Abkömmlinge der Kinder und Stiefkinder: 200.000 €
- Eltern und Großeltern (nur bei Erwerb von Todes wegen): 100.000 €

Erben/Beschenkte der Steuerklasse II: Freibetrag

- Eltern und Großeltern (Zuwendungen unter Lebenden) etc.: 20.000 €

Erben/Beschenkte der Steuerklasse III: Freibetrag

- alle übrigen Verwandten, nicht eheliche Lebensgefährten: 20.000 €

 BEISPIEL

Beispiele für Freibeträge

- Eine Witwe hinterlässt ihren beiden Töchtern ein schuldenfreies Vermögen im Wert von 750.000 €. Die beiden Töchter erhalten jeweils 375.000 €. Dieser Betrag liegt unterhalb des Freibetrags von 400.000 €. Es fällt jeweils keine Erbschaftsteuer an.
- Eheleute geben von ihrem jeweiligen Vermögen 400.000 € an ihren einzigen lebenden Sohn und zudem jeweils 200.000 € an den Sohn ihrer verstorbenen

Tochter. Sowohl der Sohn als auch der Enkel müssen keine Schenkungsteuer bezahlen.

- Ein unverheirateter Mann erlässt seiner nichtehelichen Partnerin eine Darlehensschuld in Höhe von 30.000 €. Die Lebensgefährtin muss auf einen Betrag von 10.000 € Schenkungsteuer bezahlen.

Sachliche Steuerbefreiungen (§ 13 ErbStG)

Nicht alles, was der Erbe oder Beschenkte erhält, ist steuerpflichtig. Steuerfrei bleiben z. B.:

- Hausrat einschließlich Wäsche und Kleidungsstücke bis zu 41.000 € bei Personen der Steuerklasse I

- andere bewegliche Gegenstände bis zu 12.000 € bei Personen der Steuerklasse I (z. B. ein Auto)

- bis zu 20.000 € für Personen, die dem Erblasser unentgeltlich oder gegen unzureichendes Entgelt Pflege oder Unterhalt gewährt haben (BFH, Urteil v. 11.9.2013, II R 37/12; BFH, Urteil. v. 10.5.2017, II R 37/15: Pflegefreibetrag auch für gesetzlich zum Unterhalt verpflichtete Personen; Oberste Finanzbehörden der Länder, gleichl. Erl. v. 25.10.2017)

- der Verzicht auf die Geltendmachung des Pflichtteilsanspruchs

- übliche Gelegenheitsgeschenke (z. B. zu Weihnachten, Hochzeitstag)

 BEISPIEL

Beispiel für Freibeträge

Ein Nachlass enthält ein Haus im Wert von 500.000 €, wertvolle Möbel, mehrere PCs, eine teure Büchersammlung und Musikinstrumente im Gesamtwert von 400.000 €. Entfällt der Nachlass auf eine Witwe mit drei Kindern, sind 212.000 € (vier Personen × 53.000 €) steuerfrei, auch wenn die Witwe das Haus mit den Einrichtungsgegenständen allein nutzt und auch nichts an die Kinder herausgibt. Der jeweilige Betrag von 53.000 € setzt sich zusammen aus dem Freibetrag für Hausrat in Höhe von 41.000 € (§ 13 Abs. 1 Nr. 1 Buchst. a ErbStG) und dem Freibetrag von 12.000 € für andere bewegliche körperliche Gegenstände (§ 13 Abs. 1 Nr. 1 Buchst. b ErbStG).

Wenn Vermögensgegenstände verstorbener Kinder, die von den Eltern (oder Großeltern) ursprünglich an diese geschenkt worden waren, nach dem Tod jener Kinder wieder an die Schenker „zurückfallen", ist dieser „Rückfall" von der Erbschaftsteuer befreit (§ 13 Abs. 1 Nr. 10 ErbStG). Um diesen steuerlichen Vorteil sicherzustellen, sind vertragliche Rückfallklauseln in Schenkungsverträgen sinnvoll, z. B. dass die Schenkung auf jeden Fall an die Eltern zurückfällt und nicht an die gesetzlichen Erben des Kindes (wenn dieses z. B. nach der Schenkung geheiratet und selbst Kinder hat).

 BEISPIEL

Rückfallklausel

Ein Ehepaar hat am 5.10.2013 der einzigen Tochter (verheiratet, ein Kind) eine schuldenfreie Eigentumswohnung (gehörte beiden Elternteilen) im Wert von 400.000 € geschenkt. Im Übergabevertrag steht, dass im Todesfall der Tochter die Eigentumswohnung an die Eltern zurückfällt. Stirbt die Tochter im Jahr 2020, fällt die Wohnung an die Eltern zurück, ohne dass die Eltern Erbschaftsteuer bezahlen müssen. Witwer und Halbwaise haben bzgl. der Eigentumswohnung keinen Erbanspruch.

Besonderer Versorgungsfreibetrag (§ 17 ErbStG)

Bei Erbfällen (nicht bei einer Schenkung) gibt es für den überlebenden Ehe-/ Lebenspartner und für Kinder unter 27 Jahren neben dem persönlichen Freibetrag noch einen besonderen Versorgungsfreibetrag. Der besondere Versorgungsfreibetrag beträgt für den überlebenden Ehe-/Lebenspartner 256.000 €. Dieser Betrag wird aber um den kapitalisierten Wert von Versorgungsbezügen gekürzt, die nicht der Erbschaftsteuer unterliegen (z. B. gesetzlich begründete Versorgungsrenten wie Renten der Deutschen Rentenversicherung Bund und Beamtenpensionen, die erbschaftsteuerfrei bezogen werden können). Der besondere Versorgungsfreibetrag für Kinder ist nach deren Alter gestaffelt (§ 17 Abs. 2 ErbStG). Auch der Versorgungsfreibetrag für Kinder wird um den kapitalisierten Wert (von z. B. Waisenrenten aus der gesetzlichen Rentenversicherung) gekürzt.

1.1.4 Steuersätze

Die Erbschaftsteuer steigt nach § 19 Abs. 1 ErbStG progressiv mit dem Wert des Erwerbs, und zwar unter Berücksichtigung der drei Steuerklassen in Wertstufen.

Wert des steuerpflichtigen Erwerbs bis einschließlich EUR	Steuerklasse I	Steuerklasse II	Steuerklasse III
75.000	7 %	15 %	30 %
300.000	11 %	20 %	30 %
600.000	15 %	25 %	30 %

Wert des steuer-pflichtigen Erwerbs bis einschließlich EUR	Steuerklasse I	Steuerklasse II	Steuerklasse III
6.000.000	19 %	30 %	30 %
13.000.000	23 %	35 %	50 %
26.000.000	27 %	40 %	50 %
über 26.000.000	30 %	43 %	50 %

Die genannten Prozenttarife der Erbschaftsteuer sind auf den gesamten Erwerb anzusetzen. Eine Aufspaltung des steuerpflichtigen Erwerbs in Teilbeträge mit unterschiedlichen Steuertarifen findet nicht statt (BFH, Beschluss v. 20.2.2019, II B 83/18). Nach § 19 Abs. 3 ErbStG kommt eine Ermäßigung der Steuer in Betracht, wenn die vorangegangene Wertstufe nur geringfügig überschritten wird.

1.1.5 Steuerentstehung, Festsetzung und Erhebung

Steuerentstehung

Die Erbschaft- und Schenkungsteuer entsteht als Stichtagsteuer auf einen bestimmten Zeitpunkt.

Bei Erwerben von Todes wegen ist dies grundsätzlich der Todestag des Erblassers (§ 9 Abs. 1 Nr. 1 ErbStG). Bei Schenkungen unter Lebenden entsteht die Steuer mit dem Zeitpunkt der Ausführung der Zuwendung nach § 9 Abs. 1 Nr. 2 ErbStG.

 BEISPIEL

Grundstücksschenkung

Eine Grundstücksschenkung gilt als ausgeführt, sobald der Notar durch die erforderlichen Erklärungen des Schenkers und Beschenkten – Auflassungserklärung gem. § 925 BGB und Eintragungsbewilligung gem. § 19 GBO – die Umtragung beim Grundbuchamt herbeigeführt hat.

Auch für die Wertermittlung ist grundsätzlich der Besteuerungszeitpunkt maßgebend. Darüber hinaus hat er u. a. Bedeutung für die Zusammenrechnung von Erwerben innerhalb von zehn Jahren (s. u. → Kapitel 1.2.1) und die Verjährung der Steuer.

Steuerschuldner und Festsetzung

Die Steuerfestsetzung erfolgt gegen den Steuerschuldner. Steuerschuldner ist bei Erwerb von Todes wegen immer der Erwerber nach § 20 Abs. 1 Satz 1 ErbStG, also der Erbe. Der Nachlass haftet bis zur Auseinandersetzung (§ 2042 BGB) für die Steuer der am Erbfall Beteiligten. Eine Inanspruchnahme des Erben als Steuerschuldner ist grundsätzlich auch dann ermessensfehlerfrei, wenn die Steuerforderung bei den Miterben als Haftungsschuldnern durch Vollstreckung in den ungeteilten Nachlass realisiert werden könnte (FG Düsseldorf, Urteil v. 21.2.2018, 4 K 1144/17 AO).

Bei einer Schenkung ist neben dem Erwerber auch der Schenker Steuerschuldner (§ 20 Abs. 1 Satz 1 ErbStG), wobei sich das Finanzamt grundsätzlich zunächst an den Beschenkten halten muss (s. aber: BVerfG, Beschluss v. 18.12.2012, 1 BvR 1509/10).

 WICHTIG

Übernahme der Schenkungsteuer

Übernimmt der Schenker auch die – an sich vom Beschenkten geschuldete – Steuer, so führt die dadurch eingetretene Entlastung beim Beschenkten gleichzeitig zu einem zusätzlichen steuerpflichtigen Erwerb (§ 10 Abs. 2 ErbStG).

Anzeigepflicht und Erbschaftsteuererklärung

Jeder der Erbschaftsteuer unterliegende Erwerb (§ 1 ErbStG) ist vom Erwerber gem. § 30 Abs. 1 ErbStG innerhalb von drei Monaten beim zuständigen Erbschaftsteuer-Finanzamt anzuzeigen. Die Frist beginnt mit dem Zeitpunkt, zu dem der Erwerber vom Erbanfall bzw. der Schenkung erfahren hat. Bei der Schenkung unter Lebenden ist auch der Schenker zur Anzeige verpflichtet.

Die Anzeige ist formlos wirksam. In der Praxis reicht eine kurze schriftliche Information, dass man geerbt hat und wer der Verstorbene war.

Nach § 34 Abs. 2 Nr. 1 ErbStG teilt das Standesamt Sterbefälle automatisch dem Erbschaftsteuer-Finanzamt mit. Das Amtsgericht (Nachlassgericht), das einen Erbschein erteilt, meldet dies ebenso wie die Eröffnung eines bei Gericht hinterlegten Testaments. Erteilt der Notar den Erbschein oder eröffnet er eine bei ihm hinterlegte Verfügung von Todes wegen, zeigt er dies ebenfalls an. Auch Banken informieren nach § 33 ErbStG nach dem Tod von Kontoinhabern das zuständige Erbschaftsteuer-Finanzamt. Örtlich zuständig ist nach § 35 ErbStG das für den (inländischen) Wohnsitzbereich des Erblassers/Schenkers zuständige Erbschaftsteuer-Finanzamt.

Das Finanzamt sendet dem Erwerber gem. § 31 Abs. 1 ErbStG nach Kenntnis unter Bekanntgabe des Aktenzeichens umfangreiche Unterlagen zur Erbschaft-/Schenkungsteuererklärung (mit ausführlichen Erläuterungen zum Ausfüllen, s.a. www.ofd.niedersachsen.de: Formulare können online heruntergeladen und ausgefüllt werden.) und setzt eine angemessene Frist zur Abgabe der Erklärung, die im Regelfall auf Antrag des Steuerberaters auch verlängert wird. Die Mindestfrist beträgt einen Monat.

Das Finanzamt kann vom Steuerpflichtigen über die Steuererklärung hinaus alle Angaben verlangen, die für die Ermittlung des steuerpflichtigen Erwerbs erforderlich sind, vor allem auch Belege und Nachweise, die für den Wert erforderlich sind (z.B. Expertise für Gemälde, Kunstgegenstände, Münzsammlung etc.). Die Abgabe der Erbschaftsteuererklärung kann vom Finanzamt mit Zwangsmitteln erreicht werden.

Erbschaftsteuerbescheid und Rechtsbehelf

Mit der Bekanntgabe des Steuerbescheids (Zugang an die Erben) wird die Erbschaftsteuer in der Praxis spätestens innerhalb eines Monats danach zur Zahlung fällig.

Mit der Bekanntgabe des Erbschaftsteuerbescheids beginnt die Einspruchsfrist nach § 355 Abs. 1 AO von einem Monat. Der Einspruch ist nach § 357 AO beim Erbschaftsteuer-Finanzamt schriftlich einzulegen.

 TIPP

Lassen Sie sich beraten!

Es ist unabdingbar, dass Sie bzw. Ihre Erben Beratung im Zusammenhang mit der Erbschaftsteuererklärung in Anspruch nehmen, insbesondere auch bei Überprüfung des Erbschaftsteuerbescheids. Es sollte immer geprüft werden, ob eine Vorschrift im Einzelfall möglicherweise verfassungswidrig ist. Logischerweise werden die meisten Erbschaftsteuerbescheide unter dem Vorbehalt der Nachprüfung ergehen, damit z.B. im Fall der nicht mehr zu Wohnzwecken genutzten Wohnung (s. → Kapitel 1.3) die u.U. nachzuentrichtende Erbschaftsteuer jederzeit noch festgesetzt werden kann.

Soweit im Erbschaftsteuerbescheid Grundbesitzwerte enthalten sind, die nach Auffassung des Steuerpflichtigen fehlerhaft sind, kann dies nicht mit Einspruch gegen den Erbschaftsteuerbescheid angefochten werden.

Gesonderte Feststellung des Grundbesitzwerts als Grundlagenbescheid

Für den Grundbesitz wird nach jedem Todesfall bzw. der Schenkung (Bedarfs-bewertung) der Wert von dem Finanzamt ermittelt, in dessen Zuständigkeits-bereich die Grundstücke liegen.

 WICHTIG

Bei falschen Werten – anfechten!

Die erlassenen Steuerbescheide über Grundbesitzwerte müssen, falls sie falsch sind, auf jeden Fall sofort isoliert mit dem Einspruch angefochten werden.

Die Feststellungsbescheide des Lagefinanzamts sind für das Erbschaftsteuer-Fi-nanzamt aber nur insoweit bindend, als die getroffenen Feststellungen für die Folgebescheide von Bedeutung sind (Schleswig-Holsteinisches FG, Urteil v. 3.3.2011, 3 K 142/09; BFH, Beschluss v. 15.12.2011, II R 16/11).

Die Bescheide über den Grundbesitzwert sind Grundlagenbescheide nach § 171 Abs. 10 und §§ 179 f. AO. Deren Inhalt wird später Bestandteil des Erbschaft-steuerbescheids. Ist bei einer Grundstücksschenkung absehbar, dass der Steuer-wert des Grundstücks unter dem persönlichen Freibetrag des Erwerbers liegt, und führt auch eine Zusammenrechnung mit früheren Schenkungen von derselben Person (§ 14 ErbStG) nicht zu einer Steuerfestsetzung, verzichtet das Finanzamt zunächst auf eine Feststellung des Grundbesitzwerts.

Die Steuerfestsetzung wird auf den Zeitpunkt der Ausführung der Grundstücks-schenkung nachgeholt, wenn im Verlauf der folgenden zehn Jahre nach der Grundstücksschenkung weitere Schenkungen von derselben Person (§ 14 ErbStG) dazukommen und hierdurch der persönliche Freibetrag des beschenkten Erwerbers überschritten wird (FG Münster, Urteil v. 13.9.2012, 3 K 1019/10 Erb).

Die erstmalige oder geänderte Steuerfestsetzung für den Vorerwerb ist kein rück-wirkendes Ereignis, das die Änderung der Steuerfestsetzung für den nachfolgenden Erwerb zulässt (BFH, Urteil v. 12.7.2017, II R 45/15).

1.1.6 Güterstände und Erbschaftsteuer im Todesfall

Zugewinngemeinschaft

Wird der Ehepartner Erbe (aufgrund eines Testaments oder gesetzlicher Erbfolge) – **erbrechtliche Lösung** –, muss für die Berechnung der Erbschaftsteuer der Zuge-winnausgleichsbetrag, den der überlebende Ehepartner u.U. bis zum Todestag erzielt hat – im Gegensatz zum Erbrecht (dort wird 1/4 des Nachlasses als Zugewinnausgleichsanspruch unterstellt) –, genau ermittelt werden, weil dieser Zugewinnausgleichsbetrag gem. § 5 Abs. 1 ErbStG nicht erbschaftsteuerbar ist.

Es wird im Erbfall aus Sicht des Erbschaftsteuer-Finanzamts so getan, als ob sich die Eheleute (zum Todestag) hätten scheiden lassen wollen. Dabei werden bzgl. des Anfangsvermögens auch die Wertsteigerungen infolge des Kaufkraftschwunds ermittelt (R E 5.1 ErbStR 2019; FG München, Urteil v. 17.10.2018, 4 K 1948/17, Rev. beim BFH, Az. II R 42/18).

 HINWEIS

Auswirkungen des Zugewinnausgleichs

Verstirbt derjenige Ehepartner, der keinen oder den niedrigeren Zugewinn erzielt hat, zuerst, hat der überlebende Ehepartner keinen Vorteil aufgrund des § 5 Abs. 1 ErbStG. Im Ergebnis erhält der überlebende Ehepartner zwar immer 1/4 aus der Erbmasse erbrechtlich als Zugewinnausgleichsanspruch, muss diesen aber voll versteuern, wenn bei ihm rechnerisch der meiste Zugewinn angefallen ist.

Bei der **güterrechtlichen Lösung** (Ehepartner wird nicht Erbe, z. B. weil er die Erbschaft ausschlägt) gehört die vom Erben an den überlebenden Ehepartner auszugleichende Zugewinnforderung auch nicht zum steuerpflichtigen Erwerb des ausgleichsberechtigten Ehepartners.

Der Zugewinn kann vom Erben und dem zugewinnberechtigten Ehepartner entsprechend den gesetzlichen Regeln zum Zugewinnausgleich ermittelt werden (FinMin Schleswig-Holstein, Schreiben v. 19.2.2010, E 353 – S 3804-002; zur Wertsteigerungen infolge des Kaufkraftschwunds bei der Berechnung der Zugewinnausgleichsforderung nach § 5 Abs. 1 ErbStG s. BMF, Schreiben v. 19.2.2020, IV C 7 – S 3804/20/10001:002).

 HINWEIS

Vergleich zwischen Güterrecht und Erbrecht

Im Erbfall muss der überlebende Ehepartner als Erbe bei Vermögen oberhalb der Freibeträge immer sofort eine Vergleichsrechnung zwischen erbrechtlicher und güterrechtlicher Lösung vornehmen, da es u. U. günstig sein kann, das Erbe auszuschlagen und den Zugewinnausgleichsanspruch vom Erben in tatsächlicher Höhe zu verlangen, wenn der überlebende Ehepartner in der Ehe selbst kein oder wenig Vermögen hinzugewonnen hat. Dazu muss aufgrund der Komplexität der Materie immer ein Berater eingeschaltet werden.

Werden die Ansprüche des überlebenden Ehegatten auf den Zugewinnausgleich und den Pflichtteil in einem Vergleich mit dem Erben ohne Unterscheidung nach dem Anspruchsgrund mit einer pauschalen, den Zugewinnausgleichsanspruch übersteigenden Zahlung abgegolten, ist dies kein anteiliger Verzicht auf den steuerfreien Zugewinnausgleichsanspruch mit der Folge einer entsprechenden

Erhöhung des realisierten steuerpflichtigen Pflichtteilsanspruchs. Die vom Erblasser herrührenden Zugewinnausgleichsverbindlichkeiten sind außererbrechtliche Verbindlichkeiten, über deren Höhe die beteiligten Vertragsparteien nicht in einem zur Beilegung eines Erbrechtsstreits getroffenen Vergleich mit erbschaftsteuerrechtlicher Wirkung disponieren können (BFH, Urteil v. 27.9.2012, II R 52/11).

Gütertrennung

Bei der Gütertrennung löst der Tod des Ehepartners keine besonderen erbschaftsteuerlichen Folgen aus. Der Erwerb – egal ob Erbanteil oder Pflichtteilsanspruch – des überlebenden Ehegatten ist, unter Berücksichtigung der üblichen Freibeträge, voll zu versteuern.

Gütergemeinschaft

Bei Tod eines Ehepartners fällt dessen Anteil am Gesamtgut in den Nachlass. Für die Besteuerung gelten die allgemeinen Regeln.

1.2 Überblick zur Bewertung

Die Erbschaftsteuer bemisst sich nach dem steuerpflichtigen Erwerb. Als steuerpflichtiger Erwerb (§ 10 Abs. 1 ErbStG) gilt die Bereicherung des Erwerbers, soweit sie nicht ausdrücklich steuerfrei ist (z. B. Familienwohnheim, s. → Kapitel 1.3.1).

§ 12 ErbStG verweist auf die Regeln im Bewertungsgesetz. Soweit nichts anderes vorgeschrieben ist, ist der gemeine Wert zugrunde zu legen (§ 12 Abs. 1 ErbStG, § 9 BewG; R E 12.1 ErbStR 2019). Auf der Homepage der OFD Hannover finden Sie die Formulare zur Erbschaft- und Schenkungsteuer inklusive der Formulare zur Bedarfsbewertung (Grundbesitz, Betriebsvermögen).

 HINWEIS

Einzelne Betrachtung und Bewertung

Es wird sozusagen jeder „Vermögensgegenstand" einzeln betrachtet und bewertet und im Übrigen geprüft, ob der einzelne Vermögensgegenstand u. U. mit Schulden belastet oder steuerfrei ist etc.

Durch den Gutachterausschuss ermittelte örtliche Liegenschaftszinssätze sind für die Bewertung von Grundstücken für Zwecke der Erbschaftsteuer geeignet, wenn der Gutachterausschuss bei der Ermittlung die an ihn gerichteten Vorgaben des BauGB sowie der darauf beruhenden Verordnungen eingehalten und die Liegenschaftszinssätze für einen Zeitraum berechnet hat, der den Bewertungsstichtag umfasst (BFH, Urteil v. 18.9.2019, II R 13/16).

1.2.1 Berücksichtigung früherer Erwerbe

Erhält ein Begünstigter (Beschenkter, Erbe) innerhalb von zehn Jahren Vermögen von derselben Person (Erblasser, Schenker), so werden diese Erwerbe zusammengerechnet und insgesamt besteuert (§ 14 ErbStG). Steuerfolgen ergeben sich also nur, wenn der jeweils anzuwendende persönliche Freibetrag überschritten wird.

Die Mindesterbschaftsteuer beinhaltet, dass immer mindestens die Erbschaftsteuer zu zahlen ist, die sich für den Letzterwerb ohne vorheriges Zusammenrechnen aller Erwerbe innerhalb der Zehnjahresfrist ergeben würde.

 HINWEIS

Mehrere Schenkungen

Sie müssen bei Schenkungen innerhalb von zehn Jahren immer berechnen lassen, welche Steuer bei der zweiten Schenkung anfällt. Unter Umständen lohnt es sich, wenn es bis zum Ablauf einer Zehnjahresfrist nicht mehr lange dauert, diese bzgl. einer weiteren Schenkung abzuwarten. Es ist immer eine individuelle Betrachtungsweise erforderlich. Zur Berechnungsmethode der Zehnjahresfrist siehe BFH, Urteil v. 28.3.2012, II R 43/11. Der für die Berücksichtigung von Vorerwerben maßgebliche Zehnjahreszeitraum ist rückwärts zu berechnen. Dabei ist der Tag des letzten Erwerbs mitzuzählen.

Die in einer Schenkungsteuererklärung enthaltene unzutreffende Angabe, vom Schenker keine Vorschenkungen erhalten zu haben, ist sowohl für die Besteuerung der Schenkung, auf die sich die Erklärung bezieht, als auch für die Besteuerung der Vorschenkungen als unrichtige Angabe über steuerlich erhebliche Tatsachen eine Steuerhinterziehung (BGH, Beschluss v. 10.2.2015, 1 StR 405/14).

1.2.2 Bewertung

Die Bewertung aller Vermögensarten orientiert sich in allen Fällen einheitlich am gemeinen Wert (Verkehrswert).

Grundbesitz im Privatvermögen

§ 176 BewG bestimmt den Begriff des Grundvermögens im Privatvermögen. Dazu gehören der Grund und Boden, die Gebäude, die sonstigen Bestandteile und das Zubehör. Zum Grundvermögen gehören ebenso das Erbbaurecht (R B 192.1 ErbStR 2019) sowie das Wohnungs- und Teileigentum nach dem Wohnungseigentumsgesetz (s. a. R B 181.2. ErbStR 2019).

Bei der Bewertung des Grundvermögens ist der gemeine Wert nach § 9 BewG zugrunde zu legen (R B 9.1 ErbStR 2019). Dieser entspricht inhaltlich dem Verkehrswert (Marktwert) nach § 194 BauGB.

Die Einzelheiten zur Feststellung von Grundbesitzwerten werden unmittelbar in den §§ 183 bis 198 BewG nebst Anlagen geregelt (R B 183 bis R B 198 ErbStR 2019). Im Privatvermögen gehaltener Grundbesitz wird also grundsätzlich mit dem Verkehrswert bemessen.

 TIPP

Grundstücksbewertung

Sind Sie als Schenker oder Ihr Erbe der Auffassung, das Grundstück sei tatsächlich weniger wert als aufgrund der maßgeblichen Bewertungsvorschriften vom Finanzamt ermittelt, dann können Sie bzw. Ihr Erbe dies gegenüber dem Finanzamt vortragen und müssen den niedrigeren gemeinen Wert nachweisen (BFH, Urteil v. 5.5.2010, II R 25/09). Den Nachweis über den niedrigeren gemeinen Wert müssen Sie anhand eines Sachverständigengutachtens (plausibles Verkehrswertgutachten) erbringen (BFH, Urteil v. 24.10.2017, II R 40/15). Der BFH hat mehrmals entschieden, dass steuerlich nur Gutachten des örtlich zuständigen Gutachterausschusses und Gutachten von Sachverständigen für die Bewertung von Grundstücken anerkannt werden. Der BFH hat u.a. in einem Urteil (BFH, Urteil v. 3.12.2008, II R 19/08) zu den Anforderungen an den Nachweis eines niedrigeren gemeinen Werts bei der erbschaftsteuerlichen Grundstücksbewertung Stellung genommen (s.a. BFH, Beschluss v. 9.9.2009, II B 69/09). Das Finanzamt kann nur nach begründeter Auseinandersetzung mit dem Sachverständigengutachten von dessen Wertermittlung abweichen. Der Nachweis seitens des Erwerbers ist generell erbracht, wenn die Behörde oder das Gericht dem Gutachten ohne Einschaltung bzw. Bestellung weiterer Sachverständiger folgen kann. Wird der tatsächlich niedrigere gemeine Wert eines Grundstücks erst nach Bestandskraft des Feststellungsbescheids über den Grundbesitzwert geltend gemacht, kann dieser nur noch unter der Voraussetzung gem. § 173 Abs. 1 Nr. 2 AO berücksichtigt werden (BFH, Urteil v. 17.5.2017, II R 60/15).

Unbebaute Grundstücke sind Grundstücke, auf denen sich keine benutzbaren Gebäude befinden (§ 178 BewG; R B 178 ErbStR 2019).

Bei der Bestimmung des Werts eines unbebauten Grundstücks ist vom Bodenrichtwert auszugehen (§ 179 Satz 1 BewG). Bodenrichtwerte sind durchschnittliche Lagewerte, die von den Gutachterausschüssen nach § 196 BauGB aufgrund der Kaufpreissammlung flächendeckend unter Berücksichtigung des unterschiedlichen Entwicklungszustands ermittelt und den Finanzämtern mitgeteilt werden. Lässt sich von den Gutachterausschüssen kein Bodenrichtwert ermitteln, ist der Bodenwert aus den Bodenrichtwerten vergleichbarer Flächen abzuleiten.

Der Wert unbebauter Grundstücke wird so nach der Fläche und den jeweils aktuellen Bodenrichtwerten ermittelt (§ 179 BewG; R B 179.1 ff. ErbStR 2019): Grundbesitzwert = Grundstücksfläche × aktueller Bodenrichtwert

Das Bundesministerium für Verkehr, Bau und Stadtentwicklung (BMVBS) hat eine Richtlinie zur Ermittlung von Bodenrichtwerten erlassen. Sie ist am 11.2.2011 in Kraft getreten und enthält grundlegende, mit den Ländern und kommunalen Spitzenverbänden abgestimmte Handlungsempfehlungen für die Bodenrichtwertermittlung durch die örtlichen Gutachterausschüsse (abgedruckt im Bundesanzeiger v. 11.2.2011, Nr. 24, S. 597; s. auch OFD Nordrhein-Westfalen, Arbeitshilfe v. 24.4.2014, S 3015-2014/0001-St 25, zur Anwendung der neuen Grundbesitzbewertung). Die Immobilienwertermittlungsverordnung (ImmoWertV) ist am 1.7.2010 in Kraft getreten (zuletzt geändert durch Art. 16 Grundsteuer-ReformG v. 26.11.2019) und legt die Grundsätze zur Ermittlung der Verkehrswerte von Grundstücken fest. Sie findet überall dort Anwendung, wo der Verkehrswert (Marktwert) von Immobilien zu ermitteln ist (s. a. Vergleichswertrichtlinie v. 20.3.2014). Anwender sind vor allem die Gutachterausschüsse für Grundstückswerte. Die ImmoWertV erfasst für den Grundstücksverkehr wichtige Aspekte, z. B. energetische Eigenschaften des Gebäudes oder die Berücksichtigung der Wertrelevanz städtebaulicher Umstände.

Bebaute Grundstücke sind Grundstücke, auf denen sich benutzbare Gebäude befinden.

Die Benutzbarkeit beginnt zum Zeitpunkt der Bezugsfertigkeit des Gebäudes. Am Bewertungsstichtag müssen alle wesentlichen Bauarbeiten abgeschlossen sein. Geringfügige Restarbeiten, die üblicherweise vor dem tatsächlichen Bezug durchgeführt werden (z. B. Malerarbeiten, Verlegen des Bodenbelags), schließen die Bezugsfertigkeit nicht aus. Auf die Abnahme durch die Bauaufsichtsbehörde kommt es nicht an.

Bei bebauten Grundstücken wird nach § 181 BewG (R B 181.1 ff. ErbStR 2019) zwischen folgenden für Sie relevanten Grundstücksarten unterschieden:

- **Nr. 1 Ein- und Zweifamilienhäuser**
  Das sind Wohngrundstücke mit bis zu zwei Wohnungen; es darf aber kein Wohnungseigentum nach dem WEG sein.

- **Nr. 2 Mietwohngrundstücke**
  Dazu gehören Grundstücke, die zu mehr als 80 % Wohnzwecken dienen.

- **Nr. 3 Wohnungseigentum**
  Wohnungseigentum ist das Sondereigentum an einer Wohnung in Verbindung mit dem Miteigentumsanteil an dem gemeinschaftlichen Eigentum, zu dem es gehört (§ 1 Abs. 2 WEG).

- **Nr. 4 Geschäftsgrundstücke**
  Das sind Grundstücke, die zu mehr als 80 % eigenen oder fremden betrieblichen Zwecken dienen.

- **Nr. 5 Gemischt genutzte Grundstücke**
  Das sind Grundstücke, die teils Wohnzwecken, teils eigenen oder fremden betrieblichen Zwecken dienen und keine Grundstücke i. S. d. oben genannten bebauten Grundstücke sind

- **Nr. 6 Sonstige bebaute Grundstücke**

Der Wert eines Grundstücks wird entweder nach dem Vergleichswert-, dem Ertragswert- oder dem Sachwertverfahren bemessen.

Welches Verfahren für die zu bewertende wirtschaftliche Einheit anzuwenden ist, richtet sich nach der Grundstücksart der wirtschaftlichen Einheit.

- Das **Vergleichswertverfahren** (§ 183 BewG) ist für Wohnungseigentum und für Ein- und Zweifamilienhäuser anzuwenden (FG Hamburg, Beschluss v. 18.1.2016, 3 K 176/15), sofern der Gutachterausschuss entsprechende Vergleichspreise oder Vergleichsfaktoren ermittelt hat. Nachrangig kann auf die in der Finanzverwaltung vorliegenden Unterlagen zu Vergleichspreisen zurückgegriffen werden.

- Das **Ertragswertverfahren** (§§ 184 bis 188 BewG) ist für Geschäftsgrundstücke und gemischt genutzte Grundstücke anzuwenden, für die sich auf dem örtlichen Grundstücksmarkt eine übliche Miete ermitteln lässt (BFH, Urteil v. 5.12.2019, II R 41/16). Das Verfahren ist nicht anzuwenden, wenn zwar eine tatsächliche Miete vereinbart ist, jedoch keine übliche Miete ermittelt werden kann. Mietwohngrundstücke sind stets im Ertragswertverfahren zu bewerten. Ist in diesen Fällen weder eine tatsächliche Miete vorhanden noch eine ortsübliche Miete ermittelbar, ist die Miete zu schätzen.

- Das **Sachwertverfahren** (§ 189 ff. BewG) gilt für die Bewertung von sonstigen bebauten Grundstücken. Darüber hinaus ist das Sachwertverfahren das Auffangverfahren für Wohneigentum und für Ein- und Zweifamilienhäuser, wenn das Vergleichswertverfahren mangels Vergleichspreisen oder Vergleichsfaktoren nicht anwendbar ist (z. B. Luxusvilla), bzw. für Geschäftsgrundstücke und gemischt genutzte Grundstücke, für die sich auf dem örtlichen Grundstücksmarkt keine übliche Miete ermitteln lässt.

Erbschaft/Schenkung von Bargeld und Wertpapieren

Das übertragene/ererbte Geldvermögen wird mit dem Nennwert bewertet. Die Bewertung erfolgt zum gemeinen Wert (§ 12 Abs. 1 ErbStG in Verbindung mit § 9 BewG), der auch bei Kapitalforderungen grundsätzlich dem Nennwert entspricht (§ 12 Abs. 1 BewG, R B 12.1 ff. ErbStR 2019). Soweit es sich um ausländische Geldbestände handelt, erfolgt am Bewertungs- und Besteuerungsstichtag eine

Umrechnung anhand des Devisenkurses. Zu den Kapitalforderungen gehören Bankguthaben und private Darlehensforderungen sowie die Instandhaltungsrücklage im Zusammenhang mit der Erbschaft/Schenkung von Wohnungseigentum (OFD Frankfurt/M., Verfügung v. 29.3.2012, S 3800 A – 36 – St 119). Die Gewährung eines unverzinslichen Darlehens kann eine Schenkung sein (OFD Münster, Kurzinfo Einkommensteuer Nr. 09/2012 v. 29.3.2012; BFH, Urteil v. 27.11.2013, II R 25/12). Siehe zur freigebigen Zuwendung bei der Übertragung eines Einzelkontos zwischen Eheleuten: BFH, Urteil v. 29.6.2016, II R 41/14.

 HINWEIS

Gemeinschaftskonten

Bei Ehepartnern werden Zinserträge aus Gemeinschaftskonten steuerlich beiden hälftig zugerechnet. Im Todesfall werden die anschließend fälligen Kapitalerträge aus dem laufenden Zinszahlungszeitraum einkommensteuerlich aber in voller Höhe dem überlebenden Ehepartner zugerechnet. Eine Aufteilung der Zinsen auf die Zeit bis zum Todesfall und auf die Zeit danach erfolgt bei der Einkommensteuerveranlagung nicht. Bei Ehepartnern wird ein gemeinsam erteilter Freistellungsauftrag bzgl. Gemeinschaftskonten und Einzelkonten des Verstorbenen mit dem Tod eines Ehepartners wirkungslos. Dennoch kann der überlebende Ehepartner im Todesjahr noch den doppelten Sparer-Pauschbetrag in Anspruch nehmen.

Das **Oder-Konto** ist ein Gemeinschaftskonto für mehrere verfügungsberechtigte Inhaber und wird gerne von Ehepartnern gewählt, weil jeder unabhängig vom anderen Geld abheben oder überweisen kann. Nach dem Tod eines Kontomitinhabers bleiben diese Befugnisse des anderen Kontoinhabers unverändert bestehen. Das Recht zum Widerruf der Einzelverfügungsberechtigung steht jedoch jedem einzelnen Miterben zu. Widerruft ein Miterbe, bedarf jede Verfügung über die Gemeinschaftskonten seiner Mitwirkung.

Viele Ehepaare haben solche gemeinsamen Konten, auf die aber nur ein Ehepartner Einzahlungen vornimmt. Oft wird auch ein Einzelkonto in ein Oder-Konto umgewandelt. In der Praxis werden Banken solche Vorgänge den Finanzämtern nicht mitteilen.

Im Todesfall werden Gemeinschaftskonten vom Finanzamt jedoch genauer geprüft. Verstirbt ein Ehepartner, fällt sein zu Lebzeiten erworbenes Vermögen in seinen Nachlass. Und dazu gehört dann auch die Hälfte der Guthaben von gemeinsamen Konten. Wird die Zahlung eines Ehepartners auf ein Gemeinschaftskonto der Eheleute als freigebige Zuwendung an den anderen Ehepartner der Schenkungsteuer unterworfen, trägt das Finanzamt die Feststellungslast für die Tatsachen, die zur Annahme einer freigebigen Zuwendung erforderlich sind. Es muss also auch zum Ergebnis kommen, dass der nicht einzahlende Ehepartner im Verhältnis zum einzahlenden Ehepartner tatsächlich und rechtlich frei zur Hälfte über das einge-zahlte Guthaben verfügen kann (BFH, Urteil v. 23.11.2011, II R 33/10). Im Todesfall erfahren die Finanzämter von den Konten, da die Banken zur Meldung verpflichtet sind (§ 33 ErbStG).

 ACHTUNG

Vorsicht bei Gemeinschaftskonten/-depots

Laut OFD Koblenz v. 19.2.2002 sind Gemeinschaftskonten und -depots unabhän-gig von der Herkunft des Geldes bzw. der Wertpapiere grundsätzlich beiden Ehepartnern jeweils zur Hälfte zuzurechnen (§ 430 BGB). Die Finanzbeamten sind angewiesen, im Todesfall die Herkunft des Geldes und der Wertpapiere genauer zu prüfen. Falls die Gelder vollständig oder überwiegend nur von einem Ehepartner stammen, könnten steuerpflichtige Schenkungen unter Lebenden vorliegen, für die auch noch rückwirkend Schenkungsteuer verlangt werden kann. Stirbt zuerst der Ehepartner, der nicht zum Aufbau des Vermögens beigetragen hat, wird es besonders teuer: Der überlebende Ehepartner muss jetzt auf die Hälfte des Vermögens Erbschaftsteuer bezahlen, obwohl es von ihm selbst erwirtschaftet worden ist. Und diese Hälfte fällt zudem auch in den Nachlass, der dann noch u. U. mit den übrigen Erben des verstorbenen Ehepartners geteilt werden muss.

Die sicherste Lösung in Bezug auf obige Steuerfallen ist der vollkommene Verzicht auf Gemeinschaftskonten. Alternativ können Sie Einzelkonten mit wechselseitiger Bevollmächtigung des Ehepartners einrichten (auch über den Tod hinaus). Nicht ratsam ist die Übertragung eines Einzelkontos auf den anderen. Der Inhaber eines Einzelkontos kann tatsächlich und frei über die ihm von einem Dritten über-tragenen Konto-/Depotbestände verfügen, auch wenn dem Dritten eine umfas-sende Kontovollmacht für das Einzelkonto eingeräumt worden ist. In einer Über-tragung der Konto-/Depotbestände des Dritten auf den Einzelkontoinhaber und der späteren Rückübertragung der Bestände auf ein Einzelkonto des Dritten liegt nicht zwingend eine Schenkung vor (BFH, Urteil v. 12.7.2016, II R 42/14). Überträgt ein Ehegatte den Vermögensstand seines Einzelkontos/-depots unent-geltlich auf das Einzelkonto/-depot des anderen Ehegatten, trägt der zur Schen-kungsteuer herangezogene Ehegatte die Feststellungslast für Tatsachen, die der Annahme einer freigebigen Zuwendung entgegenstehen (BFH, Urteil v. 29.6.2016, II R 41/14).

Bei einer Schenkung von Todes wegen können Vermögenswerte wie **Sparbücher** im Todesfall außerhalb des Erbrechts durch einen „echten Vertrag zugunsten Dritter auf den Todesfall" übertragen werden. Der Vermögenswert fällt dann nicht in den Nachlass, sondern geht unmittelbar an den Bedachten (§§ 328, 331 BGB) über.

Erbschaftsteuerlich gilt der Erwerb des Dritten gem. § 3 Abs. 1 Nr. 4 ErbStG als Erwerb von Todes wegen mit allen erbschaftsteuerlichen Konsequenzen.

 HINWEIS

Wertpapiere, Sparbücher etc.

Gehen festverzinsliche Wertpapiere, Sparbücher und ähnliche Kapitalforderungen, die nicht mit dem Tod des Inhabers fällig werden, während einer laufenden Zinsperiode im Wege der Gesamtrechtsnachfolge auf einen Erben über, sind die Zinsen in vollem Umfang dem Erwerber zuzurechnen (LSF Sachsen, Verfügung v. 16.4.2013, S 2252 – 110/1-211).

Kapitallebensversicherungen

Wird eine vom Erblasser abgeschlossene Lebensversicherung im Erbfall an den im Versicherungsvertrag genannten Bezugsberechtigten (z. B. die Ehefrau) ausbezahlt, fällt die Auszahlungssumme nicht in den Nachlass, sondern direkt an die berechtigte Person, bei der sie erbschaftsteuerpflichtig ist.

Wenn Sie keinen Bezugsberechtigten benannt haben oder Bezugsberechtigte „die Erben" sind, fällt die Versicherungssumme im Todesfall in den Nachlass und unterliegt dort der Erbschaftsteuer.

Noch nicht fällige Ansprüche aus Lebens-, Kapital- oder Rentenversicherungen (also meist bei Übertragungen zu Lebzeiten) werden mit dem Rückkaufwert (= gemeiner Wert) angesetzt. Das ist der Rückkaufwert, den der Versicherungsnehmer von der Versicherung beanspruchen kann. Die Berechnung des Werts, insbesondere die Berücksichtigung von ausgeschütteten und gutgeschriebenen Gewinnanteilen, kann durch Rechtsverordnung geregelt werden (§ 12 Abs. 4 BewG).

1.2.3 Bewertung bei Übertragung von Immobilien (Privatbesitz) – konkrete Beispiele im Überblick

Ermittlung des Steuerwerts bei einem gemischten Mietgrundstück

 BEISPIEL

Ermittlung des Grundbesitzwerts/Ertragswerts

Sie verschenken (notarieller Vertrag und Übergabe von Nutzen und Lasten am 4.11.2020) ein Mietobjekt mit fünf Wohnungen und einem Ladenlokal (alle zu üblichen Preisen vermietet in Höhe einer Jahresmiete von 70.000 € ohne Umlagen) in Musterstadt (220.000 Einwohner). Die Grundstücksfläche beträgt

800 m². Der aktuelle Bodenrichtwert laut Gutachterausschuss beträgt 250 €. Das Gebäude wurde Mitte 2010 fertiggestellt. Im Marktbericht des Gutachterausschusses sind keine Bewirtschaftungskosten und keine Liegenschaftszinssätze veröffentlicht worden.

1. Ermittlung des Gebäudeertragswerts

70.000 € Rohertrag (= Jahresmiete bzw. übliche Miete gem. § 185 Abs. 1, § 186 BewG)

– 14.700 € Bewirtschaftungskosten (21 % laut § 185 Abs. 1, § 187 BewG, Anlage 23 BewG)

= 55.300 € Reinertrag des Grundstücks (§ 185 Abs. 1 BewG)

– 11.000 € Bodenwertverzinsung (Bodenwert 200.000 € × Liegenschaftszinssatz 5,5 %; § 179, § 185 Abs. 2, § 188 BewG)

= 44.300 € Gebäudereinertrag (> 0 €) (§ 185 Abs. 2 BewG)

× 17,45 Vervielfältiger (17,45 bei Restnutzungsdauer von 60 Jahren, § 185 Abs. 3 BewG, Anlage 21 BewG)

= 77.303,50 € Gebäudeertragswert (§ 185 Abs. 1 bis 3 BewG)

2. Ermittlung des Bodenwerts

250 € Bodenrichtwert (ggf. angepasster Bodenwert)

× 800 m² Grundstücksfläche

= 200.000 € Bodenwert (§ 179, § 184 Abs. 2 BewG)

Gebäudeertragswert (§ 185 Abs. 1 bis 3 BewG) + Bodenwert (§ 179, § 184 Abs. 2 BewG) = Grundbesitzwert, Ergebnis: 277.303,50 €

Erläuterung zu den Rechenschritten: Im Ertragswertverfahren nach den §§ 184 bis 188 BewG wird der Grundbesitzwert (Ertragswert) aus der Summe von Bodenwert (Bodenertragswert) und Gebäudewert (Gebäudeertragswert) gebildet. Der Bodenwert ist wie bei einem unbebauten Grundstück nach Maßgabe des § 179 BewG zu ermitteln. Der Gebäudewert ist getrennt vom Bodenwert auf der Grundlage des Ertrags zu ermitteln. Als Ertragswert (Grundbesitzwert) ist mindestens der Bodenwert anzusetzen. Auf weitere Einzelheiten zur Berechnung wird an dieser Stelle bewusst verzichtet (s. a. R B 184 ff. ErbStR 2019).

Ermittlung des Steuerwerts – Eigentumswohnung

Der Wert einer Eigentumswohnung wird nach dem **Vergleichswertverfahren** (§ 12 Abs. 3 ErbStG in Verbindung mit § 182 Abs. 2 Nr. 1 BewG) ermittelt.

Dazu werden Vergleichsgrundstücke herangezogen, die hinsichtlich der wertbeeinflussenden Faktoren hinreichend mit dem zu bewertenden Grundstück übereinstimmen (§ 183 Abs. 1 BewG). Grundlage hierfür sind von den Gutachterausschüssen mitgeteilte Vergleichspreise. Der Vergleichswert umfasst den Boden- und Gebäudewert.

Im **Vergleichspreisverfahren** nach § 183 Abs. 1 BewG sind Kaufpreise solcher Eigentumswohnungen heranzuziehen, die hinsichtlich der ihren Wert beeinflussenden Merkmale mit der zu bewertenden Eigentumswohnung hinreichend übereinstimmen (Vergleichsgrundstücke). Eine hinreichende Übereinstimmung der Zustandsmerkmale der Vergleichswohnung liegt vor, wenn sie insbesondere hinsichtlich ihrer Lage, der Art und des Maßes der baulichen Nutzung, der Größe, des Erschließungszustands und ihres Alters mit der zu bewertenden Wohnung weitgehend übereinstimmt bzw. die Abweichungen in sachgerechter Weise berücksichtigt werden können.

Voraussetzung für die Anwendung des Vergleichswertverfahrens ist eine ausreichende Anzahl geeigneter Vergleichspreise; ausnahmsweise kann auch ein Vergleichspreis genügen. Vorrangig ist auf die von den Gutachterausschüssen für Grundstückswerte mitgeteilten Vergleichspreise zurückzugreifen (i. S. d. §§ 192 ff. BauGB).

Liegen mehrere Vergleichspreise vor, soll der Durchschnittswert angesetzt werden. Sofern der Gutachterausschuss nur Durchschnittskaufpreise (Kaufpreismittel) aus einer Vielzahl von Kauffällen einer Grundstücksart ohne Berücksichtigung unterschiedlicher wertbeeinflussender Merkmale abgeleitet hat, sind diese als Vergleichspreise nicht geeignet. Soweit von den Gutachterausschüssen keine Vergleichspreise vorliegen, kann das zuständige Finanzamt geeignete Vergleichspreise aus anderen Kaufpreissammlungen berücksichtigen.

 WICHTIG

Keine Berücksichtigung von Besonderheiten

Besonderheiten, insbesondere die den Wert beeinflussenden Rechte und Belastungen privatrechtlicher Art wie Wohnrechte etc., werden in dem typisierenden Vergleichswertverfahren nach **§ 183 Abs. 1 und 2 BewG** nicht berücksichtigt.

 BEISPIEL

Eigentumswohnung für Enkel

Sie wollen eine Ihrer drei vermieteten Eigentumswohnungen in einer Wohnanlage an Ihren Enkel verschenken. Sie hatten bereits vor fünf Jahren eine identisch große Eigentumswohnung im selben Objekt zu einem Preis von

430.000 € verkauft. Der Notar hatte gem. § 195 BauGB zur Führung der Kauf-preissammlung den damaligen Kaufvertrag in Abschrift dem Gutachterausschuss übersandt. Sie wissen auch von einigen anderen Eigentümern im Objekt, dass diese ihre Wohnungen in den vergangenen Jahren zum vergleichbaren Quadrat-meterpreis verkauft haben. Sie können davon ausgehen, dass die Wohnung, die Sie Ihrem Enkel schenken wollen, vom Finanzamt bzgl. der Schenkungsteuer mit 430.000 € bewertet wird.

Ihr Enkel kann im Rahmen der Schenkungsteuererklärung den Abschlag in Höhe von 10 % gem. § 13d ErbStG geltend machen, wenn die Eigentumswohnung weiter vermietet bleibt. Im Übrigen kann der Enkel, soweit der steuerpflichtige Erwerb den persönlichen Freibetrag von 200.000 € gem. § 16 Abs. 1 Nr. 3 ErbStG über-steigt, bzgl. der Schenkungsteuer auf den Betrag von 187.000 € gem. § 28 Abs. 3 ErbStG Stundung von bis zu zehn Jahren beantragen (FG Münster, Urteil v. 20.11.2017, 3 K 396/16 AO). Der Stundungsbetrag ist zu verzinsen.

Anstelle von Vergleichspreisen können auch Vergleichsfaktoren herangezogen werden, die vom örtlichen Gutachterausschuss für Grundstückswerte für geeignete Bezugseinheiten, z. B. die Wohnfläche (Gebäudefaktor) oder den erzielbaren jähr-lichen Ertrag (Ertragsfaktor), ermittelt und mitgeteilt werden (§ 183 Abs. 2 BewG).

1.3 Übertragungen von Immobilien – Sonderfälle

Der Wert des zu Lebzeiten selbst bewohnten Ein- oder Zweifamilienhauses wird nach dem Vergleichswertverfahren (§ 12 Abs. 3 ErbStG in Verbindung mit § 182 Abs. 2 Nr. 3 BewG) ermittelt. Siehe hierzu die Ausführungen in → Kapitel 1.2.3.

Für den Fall, dass für ein bestimmtes Grundstück kein Vergleichswert/-faktor ermittelt werden kann, wird gem. § 182 Abs. 4 BewG auf das Sachwertverfahren zurückgegriffen.

1.3.1 Übertragung des Familienwohnheims zu Lebzeiten auf Ehe-/Lebenspartner

Das zu eigenen Wohnzwecken genutzte Familienwohnheim bleibt nach § 13 Abs. 1 Nr. 4a ErbStG unabhängig vom Wert steuerfrei, wenn es zu Lebzeiten an den Ehepartner (Lebenspartner laut LPartG) zu Eigentum oder Miteigentum übertragen wird. Als begünstigtes Familienwohnheim gelten dabei inländische und in der EU oder einem Staat des Europäischen Wirtschaftsraums (§ 181 Abs. 1 bis 5 BewG) gelegene Ein- und Zweifamilienhäuser sowie Eigentumswohnungen, die den Mit-telpunkt des familiären Lebens darstellen.

HINWEIS

Besonderheiten

Soweit sich die selbst bewohnte Wohnung in einem Mietwohngrundstück oder gemischt genutzten Grundstück befindet, gilt die Steuerfreiheit natürlich nur für den zu eigenen Wohnzwecken genutzten Teil (BFH, Urteil v. 26.2.2009, II R 69/06).

Im Zusammenhang mit Familienwohnheimen/Familienheimen stehende Zuwendungen unter Lebenden sind auch dann nach § 13 Abs. 1 Nr. 4a ErbStG steuerfrei, wenn die Ehe bei der Anschaffung oder Herstellung des Objekts noch nicht bestanden hat (BFH, Urteil v. 27.10.2010, II R 37/09).

Die Schenkungsteuerbefreiung nach § 13 Abs. 1 Nr. 4a ErbStG scheidet aus, wenn die Immobilie nicht den ausschließlichen Mittelpunkt des familiären Lebens bildet (z. B. Ferienhaus; BFH, Urteil v. 18.7.2013, II R 35/11).

Die Steuerbefreiung wird anhand der anteiligen Wohn- und Nutzflächen errechnet (§ 181 Abs. 3, 6 und 7 BewG). Zu den von den Ehepartnern selbst bewohnten Flächen zählen auch die von nahen Angehörigen der Ehepartner zu Wohnzwecken genutzten Räume, wenn diese Personen einen gemeinsamen Hausstand mit den Ehepartnern führen (z. B. Mutter/Schwiegermutter zur Pflege). Die Nutzung eines Raumes als Arbeitszimmer ist unschädlich. Dies gilt auch, wenn ein Teil der Wohnfläche unentgeltlich für gewerbliche oder freiberufliche Zwecke mitgenutzt wird.

TIPP

Güterstand unerheblich – keine Behaltenspflicht

Der Güterstand der Ehegatten ist ohne Bedeutung. Die Befreiung ist wertmäßig nicht begrenzt. Eine Prüfung der Angemessenheit findet nicht statt. Für das begünstigt erworbene Grundstück besteht keine Behaltenspflicht. Die spätere Veräußerung oder eine Nutzungsänderung ist unbeachtlich, sofern kein Missbrauch von Gestaltungsmöglichkeiten (§ 42 AO) vorliegt.

Für den Fall des Vorversterbens des beschenkten Ehepartners empfiehlt sich u. U. eine Vorversterbensklausel im Schenkungsvertrag, um einen Rückerwerb durch Erwerb von Todes wegen und damit eine zehnjährige Behaltensfrist im Erbfall aufseiten des rückerwerbenden Ehepartners zu vermeiden (s. → Kapitel 1.3.2). Unter einer Rückfallklausel wird in diesem Fall verstanden, dass das zu Lebzeiten verschenkte Vermögen an den Schenker zurückfällt, wenn die beschenkte Person vor dem Schenker stirbt. Besteht keine Rückforderungsklausel, geht die Immobilie beim Tod des beschenkten Ehepartners allein nach erbrechtlichen Regeln über.

 BEISPIEL

Rückfallklausel

Sie sind wesentlich älter als Ihr Ehepartner oder schwer krank. Soweit Sie die Wohnimmobilie nun an Ihren Ehepartner verschenken, ist dies schenkungsteuerfrei. Haben Sie zusätzlich vereinbart, dass die Immobilie im Fall, dass Ihr Ehepartner unerwartet doch vor Ihnen verstirbt, an Sie zurückfällt, ist der „Rückfall" wiederum schenkungsteuerfrei. Sie können dann anschließend neu über die Wohnimmobilie verfügen, ohne selbst darin wohnen bleiben zu müssen, oder, z. B. unter Nutzung der persönlichen Freibeträge, die Immobilie an Ihre Kinder verschenken etc.

1.3.2 Übergang des Familienwohnheims im Erbfall auf Ehe-/Lebenspartner

Ehepartner (sowie die eingetragenen Lebenspartner) können auch für den Fall des Todes das selbst genutzte Familienwohnheim, inländische und in der EU oder einem Staat des Europäischen Wirtschaftsraums gelegene Ein- und Zweifamilienhäuser sowie Eigentumswohnungen, die den Mittelpunkt des familiären Lebens darstellen, steuerfrei erhalten (§ 13 Abs. 1 Nr. 4b ErbStG).

Allerdings muss der Erblasser darin bis zum Tod gewohnt haben bzw. an der Selbstnutzung aus zwingenden Gründen verhindert gewesen sein (Pflegefall mit Pflegestufe III bzw. heute Pflegegrad 4 oder 5; s. a. FG Münster, Urteil v. 22.10.2014, 4 K 2517/12; FG München, Urteil v. 24.2.2016, 4 K 2885/14; Hessisches FG, Urteil v. 10.5.2016, 1 K 877/15, rkr.). Auf den Wert und die Größe der Immobilie kommt es dabei nicht an. Der Wunsch, in eine „altersgerechte" Wohnung zu ziehen, ist kein Härtefall i. S. d. Selbstnutzungsklausel.

Der Erwerb von Todes wegen bezüglich eines bloßen dinglichen Wohnrechts an einer nach § 13 Abs. 1 Nr. 4b Satz 1 ErbStG begünstigten Immobilie ist nicht erbschaftsteuerbefreit (BFH, Urteil v. 3.6.2014, II R 45/12). Der von Todes wegen erfolgte Erwerb eines durch eine Auflassungsvormerkung gesicherten Anspruchs auf Verschaffung des Eigentums an einem Familienheim durch den überlebenden Ehegatten ist auch nicht von der Erbschaftsteuer befreit (BFH, Urteil v. 29.11.2017, II R 14/16).

WICHTIG

Familienwohnheim muss Mittelpunkt des familiären Lebens bleiben

Der überlebende Ehepartner bzw. Lebenspartner muss das Familienheim auch tatsächlich sofort weiter selbst zu eigenen Wohnzwecken nutzen. Eine gelegentliche Nutzung zweier Räume durch einen Erben reicht nicht für die Gewährung der Steuerbefreiung für Familienheime gem. § 13 Abs. 1 Nr. 4 ErbStG aus. Auch die unentgeltliche Überlassung des Familienheims zu Wohnzwecken an die Mutter (Frau des Verstorbenen) ist keine „Selbstnutzung zu eigenen Wohnzwecken" (Hessisches FG, Urteil v. 24.3.2015, 1 K 118/15). Das Familienwohnheim muss Mittelpunkt des familiären Lebens bleiben. Die OFD Rheinland hat mit Schreiben v. 4.7.2012 (Kurzinfo Sonstige Besitz- und Verkehrssteuern 1/2012) eine „Fallsammlung" zur Problematik der unverzüglichen Selbstnutzung zu eigenen Wohnzwecken veröffentlicht.

Gibt der Erbe diese Nutzung innerhalb von zehn Jahren auf (Verkauf, Vermietung oder Verwendung als Zweitwohnsitz), entfällt die Steuerbefreiung rückwirkend vollständig (Fallbeilwirkung). Dies gilt nicht, wenn zwingende Gründe für die Aufgabe der Nutzung vorliegen. Solch ein Fall liegt vor, wenn der überlebende Ehepartner selbst zum Pflegefall wird und in ein Pflegeheim muss. Falls der überlebende Ehepartner, d. h. die Witwe/der Witwer, innerhalb der Zehnjahresfrist verstirbt, müssen dessen Erben die Erbschaftsteuer des zweitversterbenden Ehepartners nicht nachzahlen. Erwirbt der Ehegatte als Erbe steuerfrei das Familienwohnheim und überträgt er danach die Immobilie weiter, entfällt eine festgesetzte Steuerbefreiung rückwirkend auch dann, wenn bei der Übergabe ein Nießbrauch vorbehalten wurde (BFH, Urteil v. 11.7.2019, II R 38/16).

Bei der Testamentsgestaltung müssen Sie darauf achten, dass Ihr überlebender Ehepartner die Immobilie allein (z. B. Vorausvermächtnis) und nicht in Erbengemeinschaft mit Ihren Kindern erhält, sofern diese nicht mehr im Haus wohnen.

Ist das Eigenheim noch mit Schulden belastet, kann der überlebende Ehe-/Lebenspartner diese (anteilig) nicht als Verbindlichkeiten abziehen, soweit die Immobilie steuerbefreit ist (§ 10 Abs. 6 Satz 1 ErbStG).

Die Steuerbefreiung gem. § 13 Abs. 1 Nr. 4b ErbStG für das Familienwohnheim besteht unabhängig vom persönlichen Freibetrag gem. § 16 Abs. 1 Nr. 1 bzw. Nr. 6 ErbStG und auch neben dem besonderen Freibetrag gem. § 17 Abs. 1 ErbStG. Der Wert der Immobilie bzw. des selbst genutzten Teils ist für die Steuerfreiheit ohne Belang, sodass auch eine „Luxusvilla" Gegenstand dieser Privilegierung sein kann, ohne dass eine Angemessenheitsprüfung seitens des Finanzamts in Betracht kommt. Auch die Vorschrift über die Zusammenrechnung mit Vorschenkungen innerhalb von zehn Jahren gem. § 14 ErbStG findet keine Anwendung.

HINWEIS

Kind wohnt im Familienwohnheim

Soweit das Familienwohnheim zum Zeitpunkt Ihres Todes von einem Ihrer Kinder bewohnt wird, während Ihr Ehepartner schon vor Ihrem Tod im Pflegeheim untergebracht ist, bleibt es bei der Steuerbefreiung für Ihren Ehepartner, soweit dieser Alleinerbe wird. Problematisch und daher u. U. verfassungswidrig ist die Fallbeilwirkung, wenn der Ehepartner als Erbe die Selbstnutzung aus nicht zwingenden Gründen z. B. im neunten Jahr aufgibt.

1.3.3 Übergang im Erbfall auf Kinder/Enkel

Gemäß § 13 Abs. 1 Nr. 4c ErbStG gilt eine Steuerfreistellung bzgl. des Familienwohnheims (Zweitwohnsitz des Erblassers, in dem die Kinder leben, mit einer weiteren Wohnung des Erblassers als Hauptwohnsitz reicht nicht, FG, München, Urteil v. 12.10.2016, 4 K 3006/15; keine Erbschaftsteuerbefreiung nach § 13 Abs. 1 Nr. 4c ErbStG für grundbuchrechtlich selbstständiges, unbebautes Grundstück neben dem Familienheim, FG München, Urteil v. 5.4.2018, 4 K 2568/16, Revision beim BFH, Az. II R 29/19; FG Köln, Urteil v. 30.1.2019, 7 K 1000/17, rkr.: Bei der Auslegung des Begriffs „eine Wohnung" ist restriktiv von einem streng numerischen Verständnis des Rechtsbegriffs auszugehen) im Erbfall auch für Kinder und Enkel (soweit deren Eltern bereits verstorben sind). Diesen kann unter den gleichen Voraussetzungen wie beim Ehepartner das selbst genutzte Wohneigentum steuerfrei zugewendet werden. Allerdings wird die Steuerfreistellung auf eine Wohnfläche der Wohnung von 200 m^2 begrenzt. Darüberhinausgehende Flächen müssen die Erben dann voll (s. u. „Grundbesitz im Privatvermögen") versteuern.

BEISPIEL

Großes Zweifamilienhaus wird an Kinder vererbt

Als Erblasser vererben Sie Ihren beiden Kindern ein von Ihnen komplett zu Wohnzwecken selbst genutztes Zweifamilienhaus mit einem erbschaftsteuerlich ermittelten Grundbesitzwert von 1.000.000 € und einer Wohnfläche von 400 m^2 (1. Stock und EG flächenidentisch). Ihre beiden Kinder nutzen das Haus dann auch zehn Jahre lang nach Ihrem Tod zu Wohnzwecken. 50 % der gesamten Wohnfläche sind steuerlich begünstigt. Die Finanzverwaltung regelt, dass auch aus Sicht des Erblassers **nur eine Fläche von insgesamt 200 m^2** an Kinder steuerbefreit vererbt werden kann.

Erben der Ehepartner und ein Kind zu gleichen Teilen ein Einfamilienhaus mit einer Wohnfläche von 300 m², bleibt der hälftige Erwerb seitens des Ehepartners erbschaftsteuerfrei. Für das Kind sind nur 2/3 des hälftigen Erwerbs steuerfrei (200 m² von 300 m² sind 2/3). Weitere Beispiele hierzu s. u. H E 13.4 ErbStH 2019.

Ist das Familienwohnheim noch mit Schulden belastet, kann der Erbe diese nicht als Verbindlichkeiten abziehen, soweit die Immobilie steuerbefreit ist (§ 10 Abs. 6 Satz 1 ErbStG).

 TIPP

Tipp für die Testamentsgestaltung

Bei der Testamentsgestaltung müssen Sie darauf achten, dass bei mehreren Kindern die Steuerbefreiung nur dem Kind zugutekommt, welches das von Ihnen bisher selbst genutzte Haus bzw. die Wohnung auch tatsächlich selbst zu eigenen Wohnzwecken nutzen kann und für zehn Jahre nutzen wird. In der Praxis wird wohl auch der persönliche Freibetrag des Erben bezüglich der Erbschaft einer vom Erblasser genutzten Immobilie zur völligen Steuerfreiheit führen, auch wenn diese größer als 200 m² ist.

Eine Nutzung zu eigenen Wohnzwecken liegt wohl auch vor, wenn das „Kind" (z. B. als Berufspendler) zwei Wohnsitze hat, das Familienheim aber seinen Lebensmittelpunkt bildet. Ein Verkauf des Familienwohnheims führt immer zu einer Nachversteuerung. Lediglich dann, wenn der Erbe selbst zum Pflegefall wird und er deswegen die geerbte Wohnung nicht selbst nutzen kann, bleibt es bei der Steuerfreiheit.

Soweit § 13 Abs. 1 Nr. 4c Satz 1a E ErbStG von einer unverzüglichen Selbstnutzung durch den Erben spricht, wird man davon ausgehen können, dass der Erbe die Ausschlagungsfrist gem. § 1946 BGB abwarten kann. Auch eine zusätzliche angemessene Frist, z. B. die Zeit, um den vorherigen Hausstand aufzulösen (gesetzliche Kündigungsfrist bei einer Mietwohnung) und den Umzug vorzubereiten, wird ihm gestattet sein. Letztendlich wird dies im Streitfall vom jeweiligen FG geklärt werden müssen (zur unverzüglichen Selbstnutzung des Familienwohnheims, wenn eine langwierige Erbauseinandersetzung erfolgt: BFH, Urteil v. 23.6.2015, II R 39/13; gleichlautende Erlasse der Länder v. 3.3.2016 betr. Steuerbefreiung für den Erwerb eines Familienheims von Todes wegen nach § 13 Abs. 1 Nr. 4b und 4c ErbStG; BFH, Urteil v. 28.5.2019, II R 37/16: Glaubhaftmachung bei erforderlicher Kernsanierung mit einer Dauer von mehr als sechs Monaten; FG Nürnberg, Urteil v. 4.4.2018, 4 K 476/16: Sanierungsdauer von zwei Jahren schädlich; FG Münster, Urteil v. 24.10.2019, 3 K 3184/17 Erb, Rev. bem BFH, Az. II R 46/19: Selbstnutzung erst nach dreijähriger Renovierung).

Eine Ausnahme von der Selbstnutzung als Familienwohnheim seitens des Erben (Kind des Erblassers) sieht das Gesetz nicht vor. Auch berufliche Gründe, die dem Umzug ins Familienheim entgegenstehen, zählen nicht (BFH, Urteil v. 23.6.2015, II R 13/13; gleichlautende Erlasse der Länder v. 3.3.2016 betr. Steuerbefreiung für den Erwerb eines Familienheims von Todes wegen nach § 13 Abs. 1 Nr. 4b und 4c ErbStG).

Voraussetzung für die Gewährung der Steuerbefreiung ist auch, dass der Erwerber das erworbene Vermögen nicht aufgrund letztwilliger Verfügung oder rechtsgeschäftlicher Verfügung des Erblassers auf einen Dritten übertragen muss oder im Rahmen der Erbauseinandersetzung auf einen Miterben überträgt. Keine Steuerfreistellung des Familienheims erfolgt bei Abriss und Neubau durch den Erben (FG München, Urteil v. 22.10.2014, 4 K 847/13, rkr.). Die Steuerbefreiung für Familienheime ist rückwirkend zu versagen, wenn der Erwerber innerhalb von zehn Jahren nach dem Erwerb seine Eigentümerstellung überträgt, auch wenn er das Familienheim weiterhin im Rahmen eines Nießbrauchs oder Wohnrechts weiternutzt. Dies gilt auch für die unentgeltliche Übertragung des Familienheims durch den Erben auf seine Kinder innerhalb der Zehnjahresfrist (Hessisches FG, Gerichtsbescheid v. 15.2.2016, 1 K 2275/15).

Die Steuerbefreiung nach § 13 Abs. 1 Nr. 4c ErbStG kommt nur in Betracht, wenn sich in der erworbenen Wohnung der „Mittelpunkt" des familiären Lebens des Erblassers befand (FG Köln, Urteil v. 27.1.2016, 7 K 247/14). Die gelegentliche Nutzung zweier Räume ist ebenso wie die unentgeltliche Überlassung zu Wohnzwecken an Angehörige keine Selbstnutzung zu eigenen Wohnzwecken (BFH, Urteil v. 5.10.2016, II R 32/15). Keine Erbschaftsteuerbefreiung für Familienwohnheime nach § 13 Abs. 1 Nr. 4c Satz 1 ErbStG kommt bei Umzug der pflegebedürftigen Erblasserin von der Wohnung im Obergeschoss in die Wohnung im Erdgeschoss des später vererbten Hauses und Vermietung der Erdgeschosswohnung nach dem Tod der Erblasserin an Angehörige der Erbin in Betracht (FG München, Urteil v. 11.4.2018, 4 K 532/17).

 TIPP

Stundungsmöglichkeit

§ 28 Abs. 3 Satz 2 ErbStG sieht eine Stundungsmöglichkeit für den Erwerber vor, wenn bisher selbst genutzte Ein- oder Zweifamilienhäuser oder eine selbst bewohnte Eigentumswohnung von ihm selbst weitergenutzt werden (ist dann interessant, wenn die Wohnfläche über 200 m^2 beträgt), längstens für die Dauer der Selbstnutzung, aber auch, wenn er diese Objekte zu Wohnzwecken an Dritte weitervermietet. Der Stundungsanspruch besteht nicht, wenn der Erwerber die auf das begünstigte Vermögen entfallende Erbschaftsteuer aus weiterem erworbenen oder eigenem Vermögen zahlen kann.

1.3.4 Zu Wohnzwecken vermietete Objekte – Bewertungsabschlag

Anders als ein Familienwohnheim werden vermietete Wohnimmobilien als Miet-wohngrundstücke mit dem Ertragswertverfahren bewertet (§ 12 Abs. 3 ErbStG in Verbindung mit § 182 Abs. 3 Nr. 1 BewG).

Für die Bewertung im Rahmen des Ertragswertverfahrens werden der Wert des Gebäudes und der des Grund und Bodens getrennt ermittelt (§ 184 Abs. 1 BewG). Der Wert des Grund und Bodens bestimmt sich nach den Bodenrichtwerten (§ 184 Abs. 2 in Verbindung mit § 179 BewG) und auf Grundlage des nachhaltig erziel-baren Ertrags (s. hierzu → Kapitel 1.2.3).

Bei bebauten Grundstücken oder Grundstücksteilen, die

- zu Wohnzwecken vermietet werden **und**

- im Inland, in einem Mitgliedstaat der EU oder in einem Staat des Europäischen Wirtschaftsraums belegen sind **und**

- nicht zum begünstigten Betriebsvermögen oder begünstigten Vermögen eines Betriebs der Land- und Forstwirtschaft i. S. d. § 13a ErbStG gehören,

werden gem. § 13d ErbStG (bis 30.6.2016: § 13c ErbStG) beim Erwerber nur 90 % ihres Werts angesetzt. Eine Steuerbegünstigung nach § 13d ErbStG scheidet aus, wenn von Todes wegen ein Grundstück mit einem nicht bezugsfertigen Gebäude erworben wird (BFH, Urteil v. 11.12.2014, II R 30/14). Wird ein bebautes Erbbaugrundstück, das der Erbbauberechtigte zu Wohnzwecken vermietet, von Todes wegen erworben, ist bei der Ermittlung des steuerpflichtigen Erwerbs des (neuen) Grundstückseigentümers ein verminderter Wertansatz nach § 13d Abs. 1 ErbStG nicht zu gewähren (BFH, Urteil v.11.12.2014, II R 25/14). Eine Steuer-begünstigung scheidet auch aus, wenn das von Todes wegen erworbene Grund-stück zum Zeitpunkt der Entstehung der Erbschaftsteuer weder zu Wohnzwecken vermietet noch zu einer solchen Vermietung bestimmt ist (BFH, Urteil v. 11.12.2014, II R 24/14).

 WICHTIG

Besonderheiten

Bei einem Leerstand im Zeitpunkt des Erwerbs muss für den Bewertungsabschlag die Vermietungsabsicht durch Vorlage eines zeitnah bzw. innerhalb einer ange-messenen Frist nach dem Stichtag abgeschlossenen Mietverhältnisses belegt werden (FG Bremen, Urteil v. 12.3.2014, 3 K 1/14 1).

Ein Erwerber kann den verminderten Wertansatz nicht in Anspruch nehmen, soweit er erworbene Grundstücke aufgrund einer letztwilligen Verfügung des Erblassers oder einer rechtsgeschäftlichen Verfügung des Erblassers oder Schen-kers auf einen Dritten übertragen muss. Gleiches gilt, wenn ein Erbe im Rahmen der Teilung des Nachlasses ein zu Wohnzwecken vermietetes Grundstück auf einen Miterben überträgt (R E 13d Abs. 5 ErbStR 2019). Für die anteilige Steuerbefreiung (10 %) gibt es keine Behaltensfrist. Es bleibt also bei dem 90%igen Ansatz, auch wenn der Erbe später das vermietete Wohngrundstück verkauft.

§ 28 Abs. 3 ErbStG regelt den Anspruch auf eine zinslose Stundung der auf begünstigte Erwerbe entfallenden Erbschaftsteuer. Dem Erwerber ist die auf begünstigtes Vermögen i.S.d. § 13d Abs. 3 ErbStG entfallende Erbschaftsteuer auf Antrag bis zu zehn Jahre zu stunden, soweit er die Steuer nur durch Veräußerung dieses Vermögens aufbringen kann. Wenn der Erwerb aufgrund eines Erbfalls erfolgt, bleibt die Stundung zinslos. Im Übrigen gelten §§ 234 und 238 AO: Der Zinssatz beträgt 0,5 % pro vollen Monat der Stundung. Unter bestimmten Umständen kommt ein Verzicht der Finanzbehörde in Betracht.

 TIPP

Erlass der Erbschaftsteuer

In Ausnahmefällen kommt auch ein Erlass der Erbschaftsteuer in Betracht, wenn z.B. der Erbfall durch Unfalltod eines Ehepartners eingetreten ist und der mitfahrende überlebende Ehepartner durch den Unfall zum Pflegefall geworden ist und das Erbe für die eigene Versorgung benötigt.

1.3.5 Übertragung von Grundvermögen gegen Versorgungsleistungen

Eine zur Absicherung der übertragenden Eigentümer von Immobilien im Rahmen der vorweggenommenen Erbfolge vereinbarte Versorgungsleistung ist seit dem 1.1.2008 in vielen Fällen einkommensteuerrechtlich nicht mehr interessant. Der Erwerber (künftige Erbe) kann die Versorgungsleistungen (Renten und dauernde Lasten) nicht mehr als Sonderausgaben abziehen.

Bei der Übertragung gegen Versorgungsleistungen gilt Letztere als Gegenleistung, sodass i.d.R. eine **gemischte Schenkung** vorliegt. Die Zuwendung besteht aus einem entgeltlichen Teil, der nicht der Schenkungsteuer unterliegt, und einem unentgeltlichen Teil, der schenkungsteuerpflichtig ist (FinMin Baden-Württemberg, Erlass v. 20.5.2011, 3 – S 3806/76).

Die Höhe der Schenkungsteuer orientiert sich am Verhältnis des Werts der Versorgungsleistung zum Wert der Schenkung, sodass im Ergebnis nur die Bereicherung des Beschenkten nach Abzug des Kapitalwerts der wiederkehrenden Leistungen der Schenkungsteuer unterworfen wird (§§ 13, 14 BewG).

Versorgungsleistungen im Zusammenhang mit der Übertragung von Immobilien sind seit dem 1.1.2008 in der Einkommensteuer nicht mehr begünstigt (BMF, Schreiben v. 11.3.2010, IV C 3 – S 2221/09/10004-2010/0188949).

 WICHTIG

Versorgungsleistungen pünktlich zahlen

Soweit Sie vor dem 1.1.2008 eine Immobilie gegen Versorgungsleistungen übertragen haben, muss darauf geachtet werden, dass die Versorgungsleistungen auch pünktlich und in vereinbarter Höhe gezahlt werden, damit der Zahlungsverpflichtete diese auch als Sonderausgaben in seiner Einkommensteuererklärung ansetzen kann. Der Sonderausgabenabzug nach Wiederaufnahme von Zahlungen nach vorhergehender willkürlicher Aussetzung ist nicht mehr zulässig (BFH, Urteil v. 15.9.2010, X R 13/09; BFH, Urteil v. 15.9.2010, X R 10/09; Schleswig-Holsteinisches FG, Urteil v. 29.11.2018, 4 K 44/17: kein Sonderausgabenabzug bei nachträglicher zeitlicher Begrenzung der lebenslangen Leistungen). Änderungen eines Versorgungsvertrags werden steuerlich nur anerkannt, wenn dies schriftlich festgehalten wird. Lassen Sie sich unbedingt beraten, falls es bei den Zahlungen in der Vergangenheit zu „Unregelmäßigkeiten" gekommen ist.

1.3.6 Übertragung von Grundvermögen gegen Vorbehaltsnießbrauch

Der Nießbraucher darf in der Regel alle Nutzungen des Grundstücks (also die Mieten) vereinnahmen. Der Nießbrauch ist als höchstpersönliches Recht unvererblich und unübertragbar.

Ein Vorbehaltsnießbrauch liegt vor, wenn bei der Übertragung der Immobilie gleichzeitig ein Nießbrauchsrecht für den Schenker am übertragenen Grundstück bestellt wird. Bei einem Mietwohngrundstück erzielt dann weiterhin der Schenker (z. B. Sie als Vater) die Vermietungseinkünfte, obwohl Ihr beschenktes Kind als Eigentümer im Grundbuch eingetragen ist. Der Schenker kann – wie bisher – von den Mieteinnahmen alle von ihm getragenen Grundstücksaufwendungen einschließlich der Abschreibungsbeträge für das Gebäude als Werbungskosten steuermindernd abziehen. Er hat insoweit Einkünfte aus V+V. Solange der Nießbrauch besteht, erzielt Ihr Kind damit keine Einkünfte aus V+V und kann mit dem Grundstück zusammenhängende Aufwendungen, soweit sie tatsächlich von ihm getragen werden, grundsätzlich nicht steuerlich geltend machen (BayLfSt, Verfügung v. 28.1.2011, S 2196.1.1 - 2/1 St 32 mit weiteren wichtigen Einzelheiten zu ertragsteuerlichen Folgen zur Ablösung des Vorbehaltsnießbrauchs etc.; BMF, Schreiben v. 30.9.2013, IV C 1 – S 2253/07/10004 zur einkommensteuerrechtlichen Behandlung des Nießbrauchs bei Einkünften aus V+V). Wird ein Nießbrauch an einem gesamten Gebäude vereinbart, bestehen nach Wegfall des Nießbrauchs Pflichtteilsansprüche der Nachkommen, die nicht an der Übergabe der Immobilie beteiligt waren. Bei einem Vorbehaltsnießbrauch entsteht die Schenkungsteuer mit der notariellen Übertragung, der Auflassung des Grundstücks, der Bestellung des Nießbrauchs und der entsprechenden Eintragungsbewilligung.

 TIPP

Nießbrauchsbelastung vom Grundbesitzwert abziehen

Der Beschenkte kann die Nießbrauchsbelastung für Zwecke der Schenkungs-besteuerung in Höhe des Kapitalwerts von der Bemessungsgrundlage (Grund-besitzwert) steuermindernd abziehen. Der kapitalisierte Betrag fällt umso höher aus, je jünger Sie als Vater oder Mutter bei der Übergabe an Ihr Kind sind.

Der Kapitalwert der Nießbrauchsbelastung ergibt sich aus der Multiplikation des Vervielfältigers (orientiert sich an der amtlichen Sterbetabelle) mit dem Jahres-wert. Die Höhe des Vervielfältigers hängt von der Dauer des Nießbrauchsrechts ab.

Bei einem **Nießbrauchsrecht**, das auf eine **bestimmte Zeit beschränkt** ist, ermittelt sich der Vervielfältiger nach § 13 Abs. 1 BewG. Dagegen ergibt sich der Vervielfältiger für den **lebenslänglichen Nießbrauch** nach § 14 Abs. 1 BewG.

Unter dem Jahreswert ist der Wert der Nutzung während eines Jahres zu verstehen. Als Jahreswert ist der Reinertrag zugrunde zu legen. Dieser ergibt sich, wenn die vom Nießbraucher zu tragenden Kosten von den Einnahmen abgezogen werden.

Bei schwankenden Beträgen ist § 15 Abs. 3 BewG zu beachten, wonach als Jahres-wert der Betrag zugrunde zu legen ist, der in Zukunft im Durchschnitt der Jahre voraussichtlich erzielt werden wird. In der Regel ist hier der Durchschnittsertrag der vergangenen drei Jahre maßgebend. § 16 BewG sieht für den Jahreswert eine Begrenzung vor. Bei der Wertermittlung eines Nießbrauchs für Zwecke der Schen-kungsteuer ist die vom Nießbraucher übernommene Verpflichtung zur Zahlung von Tilgungen und Schuldzinsen mindernd zu berücksichtigen (BFH, Urteil v. 28.5.2019, II R 4/16).

 BEISPIEL

Vorbehaltsnießbrauch bei Mehrfamilienhaus

Sie (Witwe, 60-jährig) wollen Ihrem Enkel (dessen Eltern leben) 2020 ein Mehr-familienhaus (Verkehrswert laut § 182 Abs. 3 Nr. 1, §§ 184 und 185 BewG 1.000.000 €) übertragen, aber bis zu Ihrem Tod die Nettomieten von 80.000 € jährlich kassieren, also einen Vorbehaltsnießbrauch geltend machen. Für Ihren Enkel stellt sich die steuerliche Belastung der Schenkungsteuer wie folgt dar:

gemeiner Wert des Mehrfamilienhauses		1.000.000 €
abzüglich 10 % Abschlag gem. § 13d ErbStG		**– 100.000 €**
		900.000 €
abzüglich 90 % Kapitalwert des Nießbrauchs:		
Jahreswert des Nießbrauchs	80.000 €	
Begrenzung gem. § 16 BewG (1.000.000 € : 18,6)	53.763 €	
Multiplikator lebenslange Nutzung für 60-jährige Frau (BMF, Schreiben v. 2.12.2019, IV C 7 - S 3104/19/10001:003)	13,871	
90 % v. Kapitalwert des Vorbehaltsnießbrauchs (53.763 € × 13,871)		– 671.172 €
steuerpflichtiger Erwerb bei Berücksichtigung des Vorbehaltsnießbrauchs, abgerundet gem. § 10 Abs. 1 Satz 6 ErbStG		**228.800 €**

Wenn man berücksichtigt, dass Ihr Enkel einen persönlichen Freibetrag in Höhe von 200.000 € gem. § 16 Abs. 1 Nr. 3 ErbStG hat, fällt Schenkungsteuer in Höhe von 7 % auf einen Betrag von 28.800 € an.

Abwandlung zu obigem Beispiel: Gleicher Fall, aber es wird unterstellt, dass Sie 70 Jahre alt sind, wenn Sie die Immobilie übertragen. Für Ihren Enkel stellt sich die steuerliche Belastung der Schenkungsteuer dann wie folgt dar:

gemeiner Wert des Mehrfamilienhauses		1.000.000 €
abzüglich 10 % Abschlag gem. § 13d ErbStG		**– 100.000 €**
		900.000 €
abzüglich 90 % Kapitalwert des Nießbrauchs:		
Jahreswert des Nießbrauchs	80.000 €	
Begrenzung gem. § 16 BewG (1.000.000 €: 18,6)	53.763 €	
Multiplikator lebenslange Nutzung für 70-jährige Frau (BMF, Schreiben v. 2.12.2019, IV C 7 - S 3104/19/10001:003)	11,155	
90 % Kapitalwert des Vorbehaltsnießbrauchs (53.763 € × 11,155)		– 539.754 €
steuerpflichtiger Erwerb bei Berücksichtigung des Vorbehaltsnießbrauchs, abgerundet gem. § 10 Abs. 1 Satz 6 ErbStG		**360.200 €**

Unter Berücksichtigung des Freibetrags in Höhe von 200.000 € gem. § 16 Abs. 1 Nr. 3 ErbStG müsste Ihr Enkel 160.200 € versteuern. Es fallen 11 % Schenkungsteuer an.

2. Abwandlung zu obigem Beispiel: Gleicher Fall wie der erste – es wird nun unterstellt, dass Sie elf Jahre, nachdem Sie die Immobilie auf Ihren Enkel übertragen haben, auf Ihren Vorbehaltsnießbrauch zu 1/4 (unentgeltlich) verzichten. Der Verzicht stellt eine weitere Zuwendung an Ihren Enkel dar (§ 7 Abs. 1 Nr. 1 ErbStG), der aber gem. § 14 ErbStG nach Ablauf von zehn Jahren einen weiteren Freibetrag von 200.000 € hat. Der Verzicht auf den Nießbrauch wird wie folgt bewertet:

Jahreswert des 25%igen Nießbrauchs	20.000 €
Multiplikator lebenslange Nutzung für 71-jährige Frau (BMF, Schreiben v. 2.12.2019, IV C 7 - S 3104/19/10001:003)	10,830
Kapitalwert des Verzichts auf den Vorbehaltsnießbrauch (20.000 € × 10,830), abgerundet gem. § 10 Abs. 1 Satz 6 ErbStG	**216.600 €**

Erlischt das Nießbrauchsrecht an einem Grundstück, weil der Nießbrauchsberechtigte Erbe wird, so wird der Nießbrauch für die Berechnung des Wertes des Nachlasses als nicht erloschen behandelt, sondern nur wertmindernd berücksichtigt (OLG München, Urteil v. 6.2.2019, 20 U 2890/18).

1.3.7 Zuwendungsnießbrauch von Mieten an einer Immobilie

Alternativ zum Vorbehaltsnießbrauch kann der Schenker nicht die Immobilie, sondern die Mieteinkünfte auf Kinder übertragen (Zuwendungsnießbrauch). Hier bleiben Sie als Schenker weiterhin Eigentümer der Immobilie. Laut FG Baden-Württemberg, Urteil v. 13.12.2016, 11 K 2591/15, rkr., ist auch die Bestellung eines befristeten, unentgeltlichen Zuwendungsnießbrauchs zulässig.

Bei der Übertragung der Mieteinkünfte entfällt dann für beide Parteien die Abschreibungsmöglichkeit bzgl. des Gebäudes. Für den Übertragenden fällt sie weg, weil dieser ja keine Mieteinnahmen mehr erzielt, für das beschenkte Kind, weil es nur die Mieteinnahmen erhält, aber eben nicht das Gebäude. Der Nießbraucher erzielt Einkünfte aus V+V und muss diese versteuern.

 BEISPIEL

Übertragung der Nettomieten

Sie (Witwe, 70-jährig) wollen Ihr Mehrfamilienhaus (Verkehrswert laut § 182 Abs. 3 Nr. 1; §§ 184, 185 BewG 1.000.000 €) bis zu Ihrem Tode behalten, aber die Nettomieten in Höhe von 20.000 € (Teilbetrag) jährlich Ihrem 25-jährigen Enkel (dessen Eltern nicht mehr leben) zuwenden.

Für Ihren Enkel stellt sich die steuerliche Belastung der Schenkungsteuer wie folgt dar:

Jahreswert des Nießbrauchs	20.000 €
Multiplikator lebenslange Nutzung für 25-jährigen Mann (BMF, Schreiben v. 2.12.2019, IV C 7 - S 3104/19/10001:003)	17,649
Kapitalwert des Zuwendungsnießbrauchs (20.000 € × 17,649)	
Steuerpflichtiger Erwerb Zuwendungsnießbrauch, abgerundet gem. § 10 Abs. 1 Satz 6 ErbStG	**352.900 €**

Unter Berücksichtigung des Freibetrags in Höhe von 400.000 € gem. § 16 Abs. 1 Nr. 3 ErbStG müsste Ihr Enkel nichts versteuern. Hätten Sie Ihrem Enkel z. B. 40.000 € jährlich als Zuwendungsnießbrauch übertragen, läge der steuerpflichtige Erwerb bei 705.900 €, und nach Abzug des Freibetrags in Höhe von 400.000 € gem. § 16 Abs. 1 Nr. 3 ErbStG wären noch 305.900 € vom Enkel zu versteuern. Es würden 15 % Schenkungsteuer anfallen.

2 Grundsteuer/Grunderwerbsteuer

2.1 Unvermeidlich für den Grundbesitzer: die Grundsteuer

Die Grundsteuer muss von den Haus- und Grundbesitzeigentümern an die Gemeinde gezahlt werden. Sind Sie Mieter, dürften Sie in den meisten Fällen auch betroffen sein: Über die Nebenkostenumlage tragen Sie die Grundsteuer.

2.1.1 Aktuelle Rechtslage

Ausgangsgröße, Einheitswert und Grundsteuermessbescheid

Zunächst ist vom zuständigen Finanzamt (Lage des Grundstücks) ein Einheitswert festzustellen. Dieser ist ein Grundlagenbescheid für alle folgenden Bescheide, und somit kann die Höhe der Grundsteuer bei einem fehlerhaften Einheitswertbescheid nur durch einen Einspruch dagegen beeinflusst werden. Gleichzeitig mit dem Einheitswertbescheid ergeht ein Grundsteuermessbescheid. Dieser wird durch Anwendung einer gesetzlich vorgeschriebenen Steuermesszahl auf den Einheitswert berechnet. Die Grundsteuer selbst wird von der Gemeinde festgesetzt. Dazu muss sie den Grundsteuer-Hebesatz beschließen. Dabei wird unterschieden zwischen Grundsteuer A (land- und forstwirtschaftliches Vermögen) und Grundsteuer B (Grundvermögen). Der vom Finanzamt festgesetzte Steuermessbetrag wird mit diesem Hebesatz vervielfacht und durch den Grundsteuerbescheid dem Steuerpflichtigen bekannt gegeben. Die Grundsteuer ist in Vierteljahresraten zu entrichten und jeweils am 15. Februar, 15. Mai, 15. August und 15. November fällig.

Verfahren in den neuen Bundesländern

Mietwohngrundstücke und Einfamilienhäuser auf dem Gebiet der ehemaligen DDR werden nach der Wohn- oder Nutzfläche, multipliziert mit einem pauschalen Jahresbetrag von 1 €/m² für Wohnungen mit Bad und Sammelheizung oder 75 Cent/m² für Wohnungen schlechterer Ausstattung, besteuert. Die Grundsteuer ist vom Steuerschuldner selbst zu berechnen und in Vierteljahresraten an die Gemeinde zu entrichten.

Erlass wegen wesentlicher Ertragsminderung

Bei privatem Grundbesitz können 25 % der Grundsteuer durch die Gemeinde erlassen werden, wenn eine wesentliche Ertragsminderung von mehr als 50 % des Rohertrags vorliegt, die der Eigentümer nicht zu vertreten hat (z. B. Hochwasser, Viehseuchen, Erdbeben, Sturmschäden, Waldbrand). Beträgt die Minderung des normalen Rohertrags 100 %, ist die Grundsteuer in Höhe von 50 % zu erlassen.

Unter dem normalen Rohertrag ist die nach den Verhältnissen zu Beginn des Erlasszeitraums geschätzte übliche Jahresrohmiete zu verstehen. Diese ist in Anlehnung an die für vergleichbare Räume (Art, Lage und Ausstattung) regelmäßig gezahlte Jahresrohmiete zu schätzen.

Für unbebaute Grundstücke kommt ein Grundsteuererlass nicht in Betracht.

2.1.2 Neuregelung ab 2025

Bereits 2018 hatte das BVerfG die Regelungen des Bewertungsgesetzes zur Einheitsbewertung des Grundvermögens in den alten Bundesländern für verfassungswidrig erklärt. Da die Einheitsbewertung als Grundlage für die Grundsteuer dient, hat dieses Urteil Auswirkungen auch hierauf. Das BVerfG räumte dem Gesetzgeber zur Schaffung einer Neuregelung eine Frist spätestens bis zum 31.12.2019 ein. Nach Verkündung einer Neuregelung darf die Altregelung nach dem Urteil des BVerfG längstens bis zum 31.12.2024 angewandt werden.

Ebenso wie die Bewertung des Grundvermögens in den neuen Bundesländern ist die Bewertung des land- und forstwirtschaftlichen Vermögens von der Entscheidung des BVerfG nicht direkt betroffen, da diese nicht streitgegenständlich waren. Da das BVerfG in seinem Urteil jedoch eine Verfassungswidrigkeit hierfür nicht vollständig ausschloss, entschloss sich die Politik für eine große, umfassende Lösung. Hierzu war eine Änderung des Bewertungsgesetzes (BewG) und des Grundsteuergesetzes (GStG) erforderlich. Das hierzu eingebrachte Grundsteuer-Reformgesetz wurde im November 2019 beschlossen.

Zeitgleich verabschiedet wurde eine Änderung des Grundgesetzes, das eine Öffnungsklausel in Art. 72 Abs. 3 GG vorsieht. Diese gibt den Ländern die Möglichkeit, eigene Grundsteuergesetze mit abweichenden Bewertungsregeln zu erlassen. Welche Bundesländer davon Gebrauch machen, ist derzeit noch nicht abzusehen.

Die erste Hauptfeststellung für die Grundsteuerwerte nach der Neuregelung wird auf den 1. Januar 2022 erfolgen. Ab diesem Zeitpunkt können Feststellungsbescheide über die neuen Grundsteuerwerte ergehen.

Für die Grundsteuer bis einschließlich zum Kalenderjahr 2024 findet das Grundsteuergesetz in der Fassung vom 7. August 1973 weiter Anwendung (§ 37 Abs. 2 GrStG).

Auf den 1. Januar 2025 findet eine Hauptveranlagung der Grundsteuermessbeträge statt. Die dort festgesetzten Steuermessbeträge gelten mit Wirkung von dem am 1. Januar 2025 beginnenden Kalenderjahr an (§ 36 GrStG).

2.2 Kauf, Verkauf oder Übertragung von Grundbesitz – alles Wissenswerte über die Grunderwerbsteuer

Bei Abschluss eines Kauf- oder anderen Vertrags, der die Übereignung eines inländischen Grundstücks zum Ziel hat, fällt in vielen Fällen Grunderwerbsteuer an. Ein Erwerb durch Ihren Ehegatten, Ihre Kinder, Enkel oder Schwiegerkinder ist meistens steuerbegünstigt. Die Grunderwerbsteuer knüpft regelmäßig an den notariellen Vertrag an, ohne den eine Grundstücksübertragung nicht möglich ist.

Grundstück und Gebäude

Besteuert wird der Erwerb eines Grundstücks mit den wesentlichen Bestandteilen. Zu diesen Bestandteilen eines Grundstücks gehört neben den Gebäuden u. a. auch der Bewuchs mit Bäumen und Pflanzen. Nicht mit Grunderwerbsteuer belastet wird das miterworbene Inventar eines Gebäudes, z. B. Wohnungsinventar wie Möbel etc.

 TIPP

Kaufpreis aufteilen

Wird im Kaufvertrag ein Gesamtpreis vereinbart, ist dieser auf das Grundstück und die übrigen Gegenstände nach dem Verhältnis der Verkehrswerte aufzuteilen. Wird der Kaufvertrag bereits so abgeschlossen, dass zwischen den beiden Bereichen unterschieden werden kann, und werden für das Inventar realistische Werte angesetzt, können Sie Grunderwerbsteuer sparen.

Einheitlicher Kaufvertrag

Ein Vertrag mit einem Bauträger, bei dem ein Grundstück erworben und gleichzeitig die Errichtung eines Gebäudes vereinbart wird, gilt als einheitlicher Kaufvertrag, der insgesamt der Grunderwerbsteuer unterliegt. Allerdings ist der Vorgang für den Bauträger grundsätzlich umsatzsteuerfrei, was Einfluss auf den Kaufpreis haben sollte.

 WICHTIG

Fiktives einheitliches Vertragswerk

Ein einheitliches Vertragswerk liegt vor, wenn die Verträge über den Kauf des unbebauten Grundstücks und die anschließende Gebäudeerrichtung in einem engen rechtlichen oder zumindest objektiv sachlichen Zusammenhang bzw. Abhängigkeitsverhältnis stehen (BFH, Urteil v. 27.9.2012, II R 7/12, bestätigt durch BFH, Urteil v. 4.12.2014, II R 22/13). In diesem Fall unterliegen sowohl der Grundstückspreis als auch die Bauleistung der Grunderwerbsteuer.

Erbbaurecht

Auch die Bestellung, Übertragung, Aufhebung und Verlängerung eines Erbbaurechts unterliegt der Grunderwerbsteuer. Erwirbt der Erbbauberechtigte später das Grundstück, berechnet sich die Grunderwerbsteuer nur aus dem Differenzbetrag.

Steuerfreie Vorgänge

Steuerfrei bleiben z. B.:

- Erwerbe mit einer Besteuerungsgrundlage bis 2.500 €

- Grundstücksschenkungen, Grundstückserwerbe durch Erbanfall/Vermächtnis

- Erwerb durch Miterben und deren Ehegatten im Rahmen einer Erbauseinandersetzung

- Grundstückserwerb durch frühere Ehegatten nach der Scheidung im Rahmen einer Vermögensauseinandersetzung

- Grundstückserwerb durch Verwandte in gerader Linie und deren Ehegatten sowie Stiefkinder

Bemessungsgrundlage

Bemessungsgrundlage für die Grunderwerbsteuer ist generell der vereinbarte Kaufpreis. Werden darüber hinaus andere Leistungen durch den Erwerber übernommen, z. B. Hypotheken-, Grund- oder Rentenschulden, gehören diese ebenfalls dazu. Das gilt auch für Nutzungsrechte, die sich der Veräußerer für die Zeit nach dem Verkauf vorbehalten hat. Hierzu zählen insbesondere Wohn- und Nießbrauchsrechte. Im Ausnahmefall ist der Grundstückswert die Besteuerungsgrundlage, z. B. wenn eine

Gegenleistung nicht vorhanden oder nicht zu ermitteln ist. Dieser Wert ist nach den Vorschriften des Bewertungsgesetzes zu berechnen.

Steuersatz und Steuerschuldner

Die Höhe des Steuersatzes können die Bundesländer selbst bestimmen. Er liegt zurzeit zwischen 3,5 % und 6,5 %.

Die Steuer schulden der Veräußerer und der Erwerber als Gesamtschuldner. Die Steuer wird innerhalb eines Monats nach Zustellung des Bescheids fällig.

3 Kapitalanlagen im Ausland

Unterhalten Sie auf Dauer angelegte Geschäftsbeziehungen zu Finanzinstituten im Ausland, sollten Sie den folgenden Abschnitt lesen.

3.1 Allgemeines

Erträge (insbesondere Zinsen und Dividenden) aus Kapitalvermögen unterliegen grundsätzlich dem **Kapitalertragsteuerabzug**. Dies betrifft aber nur Erträge aus Kapitalanlagen im Inland, denn **nur inländische Banken** oder vergleichbare Einrichtungen sind zur Einbehaltung des abgeltenden Steuerabzugs bei Auszahlung der Kapitalerträge verpflichtet. Vertiefend siehe → Kapitalanlagen.

Gründe für eine Kapitalanlage im Ausland können bessere Zinskonditionen, der Wunsch nach Anonymität und Diskretion, ein Schutz vor dem Zugriff von Gläubigern, eine Risikostreuung oder schlicht die Umgehung erb- bzw. familienrechtlicher oder steuerrechtlicher Verpflichtungen sein.

Im Rahmen der unbeschränkten Einkommensteuerpflicht wird das sog. **Welteinkommen** besteuert, soweit nicht durch Doppelbesteuerungsabkommen etwas anderes bestimmt ist. Im Allgemeinen regeln diese **Doppelbesteuerungsabkommen**, dass der Staat, in dem der Anleger ansässig ist, das Besteuerungsrecht bzgl. der Kapitalerträge hat.

Bei der Anlage von Kapital im Ausland wird bei Auszahlung der Zinsen keine inländische Kapitalertragsteuer einbehalten. Die Kapitalerträge einschl. einer evtl. einbehaltenen ausländischen Quellensteuer müssen deshalb in der Einkommensteuererklärung auf der Anlage KAP (oder Anlagen G bzw. S, wenn das angelegte Kapital zu einem Betriebsvermögen gehört) angegeben werden, um diese der inländischen Besteuerung zuzuführen. Auch andere Einkünfte aus dem Ausland sind im Inland im Regelfall steuerpflichtig. Auf die im Inland festgesetzte Steuer wird in bestimmten Fällen die ausländische Quellensteuer ganz oder teilweise wieder angerechnet. Die Einzelheiten regeln die jeweiligen Doppelbesteuerungsabkommen.

Der Verpflichtung, ausländische Kapitalerträge und andere Einkünfte zu versteuern, haben sich Steuerbürger über Jahrzehnte bewusst entzogen. Zunehmend erhält die Finanzverwaltung aber durch Datenaustausch mit anderen Ländern oder anonyme Informationen (Verkauf von Datenträgern an die Behörden) Kenntnis von entsprechenden Einkünften. Steuerfahnder der einzelnen Bundesländer leiten die Daten über Tricks und Betrug deutscher Steuerbürger und Unternehmen an ihre Kollegen in den anderen Bundesländern weiter.

Mit den nachfolgenden Maßnahmen versucht die Bundesrepublik, den Steuerbetrug einzudämmen.

3.2 Kontrollmöglichkeiten

3.2.1 Steuerabkommen mit anderen Ländern

Auf internationaler Ebene wurden verschiedene Maßnahmen zur Eindämmung von Steuerhinterziehung durch die Nutzung ausländischer Konten vereinbart. Innerhalb der EU gab es schon im Jahr 2005 die EU-Zinsrichtlinie. Das multilaterale Abkommen **CRS** (Common Reporting Standard) über den **automatischen Informationsaustausch in Steuersachen**, unterzeichnet von zwischenzeitlich mehr als 100 Staaten und Gebieten, regelt den Datenaustausch zwischen den Mitgliedsstaaten. Dieses Abkommen definiert den neuen globalen Standard für den automatischen Informationsaustausch über Finanzkonten. Deutschland hat sich wie die anderen Staaten verpflichtet, die Informationen über Finanzkonten (z. B. Zinsen, Dividenden, sonstige Erträge, Veräußerungserlöse) mit den OECD-Partnerstaaten und weiteren Staaten auszutauschen. In der BRD wurde das Abkommen über das Finanzkonten-Informationsaustauschgesetz in geltendes Recht umgesetzt. Der Datenaustausch zwischen den beteiligten Staaten hat bereits begonnen. Bei Neukunden sind die Finanzinstitute verpflichtet, die steuerliche Ansässigkeit festzustellen. Ein weiteres bilaterales Abkommen gibt es mit den USA **(FATCA)**, das den Datenaustausch und das Verfahren regelt.

Die EU und die Schweiz haben ein Abkommen über Steuertransparenz unterzeichnet, das die Bekämpfung der Steuerhinterziehung dienen soll. Beide Seiten haben sich verpflichtet Informationen über die Finanzkonten der Einwohner des jeweils anderen Landes automatisch auszutauschen. Das Abkommen entspricht dem Standard für den automatischen Informationsaustausch CRS. Vergleichbare Abkommen wurden zwischenzeitlich auch mit Andorra, Liechtenstein, Monaco und San Marino unterzeichnet. Auch mit diesen Staaten erfolgt der Datenaustausch bereits.

Laufend werden auch die Doppelbesteuerungsabkommen mit anderen außereuropäischen Staaten erneuert. In diesen werden auch Regelungen aufgenommen, die verhindern sollen, dass Steuern umgangen werden.

Auf dem Gebiet des Mehrwertsteuerbetrugs erhofft sich die EU von der engeren Zusammenarbeit mit anderen Staaten (insbesondere Russland und Norwegen sowie

Kanada, der Türkei und China) die Entwicklung wirksamerer Instrumente für den Kampf gegen Steuerbetrug.

3.2.2 EU-Amtshilferichtlinie

Innerhalb der EU wurde die **EU-Amtshilferichtlinie vereinbart.** Sie sieht im Bereich der Besteuerung einen Informationsaustausch über sechs Arten von Vergütungen und Einkünften vor (Einkünfte aus unselbstständiger Arbeit, Aufsichtsrats- oder Verwaltungsratsvergütungen, bestimmte Lebensversicherungsprodukte, Ruhegehälter, Eigentum an unbeweglichem Vermögen und Finanzkonteninformationen).

Identität und Wohnsitz des Anlegers, Name und Anschrift des Zahlenden, die Konten- oder Depotnummer sowie Betrag und Zeitraum der Einkünfte werden an den Wohnsitzstaat weitergegeben.

Die jeweiligen Steueridentifikationsnummern oder vergleichbare Ordnungsnummern werden ebenfalls übermittelt.

Auch Auskünfte zu gemeinsamen Konten bzw. zu gemeinsam gehaltenem wirtschaftlichen Eigentum werden verbessert. Ein Transparenzkonzept soll alle vorliegenden Angaben zum tatsächlichen wirtschaftlichen Eigentümer offenlegen. Es wurden umfangreiche Anlagen zur Richtlinie (im Sinne einer „schwarzen Liste") erstellt, in denen in den Drittländern ansässige Einrichtungen und Rechtsvereinbarungen aufgeführt sind, die der Steuerumgehung dienen.

Von der Meldepflicht sind nicht nur natürliche, sondern auch juristische Personen einschließlich Stiftungen und Trusts sowie Personengesellschaften betroffen.

3.2.3 Mitteilungspflicht bei grenzüberschreitenden Steuergestaltungen

Mit dem „Gesetz zur Einführung einer Pflicht zur Mitteilung grenzüberschreitender Steuergestaltungen" wurde eine internationale Verpflichtung der OECD in nationales Recht umgesetzt. Danach sind sog. **Intermediäre** (Personen, die grenzüberschreitende Steuergestaltungen konzipieren, vermarkten, verwalten oder zur Nutzung bereit stellen) verpflichtet, dem Bundesamt für Steuern innerhalb von 30 Tagen nach amtlich vorgeschriebenem Datensatz zu melden, wenn Steuergestaltungen zwischen zwei Beteiligten, ansässig in unterschiedlichen Ländern, vorliegen oder für die ein sachverständiger Dritter steuerliche Vorteile (Erstattung von Steuern, Gewährung von Steuervergünstigungen, Verhinderung oder Verschiebung der Entstehung von Steueransprüchen) erwarten kann. Der Begriff der Steuergestaltung ist nicht konkret bestimmt und damit als weit gefasst zu verstehen (§§ 138c–138k AO). Diese Regelung gilt ab 1.7.2020. Verstöße gegen die Anzeigepflicht gelten als Ordnungswidrigkeit und sind mit Geldbuße bis 25.000 € bedroht.

3.2.4 Geldwäschegesetz

Mit dem „Geldwäschegesetz" wurde ab dem 1.1.2020 die im Jahr 2017 bereits umgesetzte Vierte EU-Geldwäscherichtlinie ergänzt und erweitert. Es gelten strengere und erweiterte Meldevorschriften für Immobilienmakler, Notare, Edelmetallhändler, Kunst- und Auktionshäuser sowie deren Vermittler und Lageristen. Auch die Dienstleister, die mit Kryptowährungen arbeiten oder Mietmakler (Mietverträge ab 10.000 €) sowie Lohnsteuerhilfevereine sind jetzt mit eingebunden. Das bereits bestehende Transparenzregister ist jetzt öffentlich zugänglich. Strafverfolgungsbehörden und die Geldwäschebekämpfungseinheit des Bundes FIU erhalten erweiterte Kompetenzen beim Datenzugriff.

3.2.5 Erbschaftsteuer

Im Todesfall besteht für inländische Kreditinstitute eine Meldepflicht bzgl. aller Bankverbindungen. Diese Meldepflicht umfasst auch die inländischen Kreditinstitute bzgl. ihrer ausländischen Zweigniederlassungen. Die Meldung ererbten Vermögens an die Finanzverwaltung ermöglicht die steuerliche Überprüfung des Verstorbenen für die zurückliegenden Jahre.

3.2.6 Kontenabruf und andere Maßnahmen

Zur Aufklärung eines Sachverhalts kann sich die Finanzverwaltung in bestimmten Fällen eines sog. Kontenabrufs bedienen. Der automatisierte Abruf von Kontoinformationen erfolgt nur in bestimmten Fällen über das Bundeszentralamt für Steuern aus dem Datenbestand der Kreditinstitute. Der Kontenabruf spielt insbesondere auch bei Steuertatbeständen im betrieblichen Bereich und bei der Inanspruchnahme staatlicher Leistungen eine Rolle. Vertiefend siehe → Kapitalanlagen.

Die Finanzverwaltung kann auch Auskunftsersuchen an Dritte, wie z. B. die Schufa, Versicherungen oder Notare, richten.

4 Sozialhilferegress – praktische Bedeutung und zulässige Umgehung

4.1 Überblick

Bekanntermaßen steigt die Lebenserwartung aller Bürger und damit verbunden ist das Risiko, alters- und krankheitsbedingt in ein Alten- bzw. Pflegeheim umziehen zu müssen. Aber auch jüngere Menschen sind nicht vor Unfällen, Schlaganfällen etc. gefeit und können sehr schnell zum Sozialhilfefall werden, weil die eigenen Einkünfte und/oder Leistungen aus der gesetzlichen Pflegeversicherung nicht ausreichen, um die Kosten der Pflege zu decken.

Der Anspruch auf Sozialhilfe entsteht grundsätzlich – auch ohne Antrag – ab dem Tag, an dem der Sozialhilfeträger (z. B. Sozialamt) erfährt, dass die Voraussetzungen für die Hilfegewährung vorliegen (§ 18 SGB XII). Auf die einzelnen Leistungsarten der Sozialhilfeträger wie Pflegegeld, Zuzahlungen an das Heim etc. soll hier nicht näher eingegangen werden.

Im Sozialhilferecht gilt das **„Nachrangigkeitsprinzip"**: Sozialhilfe erhält nicht, wer sich vor allem durch Einsatz seiner Arbeitskraft, seines Einkommens und seines Vermögens selbst helfen kann oder wer die erforderliche Leistung von anderen, insbesondere von Angehörigen oder von Trägern anderer Sozialleistungen, erhält. Verpflichtungen anderer, insbesondere Unterhaltspflichtiger oder der Träger anderer Sozialleistungen, bleiben unberührt (§ 2 SGB XII).

Zum Einkommen des Hilfebedürftigen gehören im Prinzip alle Einkünfte in Geld oder Geldeswert (§ 82 Abs. 1 SGB XII). Einzusetzen ist grundsätzlich das gesamte verwertbare Vermögen (§ 90 SGB XII).

Zum „Schonvermögen", also dem Vermögen, auf das der Sozialhilfeträger nicht zugreifen darf, gehört u. a. ein angemessenes Hausgrundstück, das vom Hilfebedürftigen oder einer anderen zu den leistungsberechtigten Personen gehörenden Person allein oder zusammen mit Angehörigen ganz oder teilweise bewohnt wird und nach dem Tod des Hilfebedürftigen von seinen Angehörigen bewohnt werden soll. In der Praxis wird oft gestritten, was „angemessen" ist. Dies orientiert sich an der Hausgröße, dem Wert des Grundstücks und des Gebäudes, der Anzahl der Bewohner etc. (BSG, Urteil v. 12.10.2016, B 4 AS 4/16 R; BSG, Urteil v. 12.12.2013, B 14 AS 90/12 R; OLG Hamm, Urteil v. 10.10.2014, 9 W 34/14). Der Einsatz des Vermögens kann nicht verlangt werden, wenn dies für den Hilfeempfänger eine unzumutbare Härte bedeutet. Bei der Einstufung als „unzumutbare Härte" handelt es sich um eine Ermessensentscheidung des Sozialhilfeträgers, die gerichtlich überprüft werden kann.

Der Schutz des Hausgrundstücks kann nicht davon abhängig gemacht werden, dass der Leistungsberechtigte Angehörige hat, die nach seinem Tod dort leben sollen (und vorher nicht mit ihm dort gelebt haben; BGH, Beschluss v. 6.2.2013, XII ZB 582/12).

 WICHTIG

Zurückforderung von Zahlungen möglich

Das Sozialamt kann gegenüber dem Hilfebedürftigen erbrachte Zahlungen auch gegenüber Dritten zurückfordern. Dritte in diesem Sinne sind Erben, Beschenkte und gegenüber dem Sozialhilfeempfänger gesetzlich Unterhaltsverpflichtete. Das entsprechende Verlangen des Sozialhilfeträgers nennt man **„Sozialhilferegress"**.

Soweit der Sozialhilfeträger z. B. Angehörige zur Zahlung in Anspruch nehmen will, muss er diese vom Übergang der Ansprüche des Hilfebedürftigen gegen die Angehörigen an das Sozialamt schriftlich benachrichtigen (Überleitungsanzeige gem. § 93 Abs. 2 SGB XII; LSG Baden-Württemberg, Urteil v. 12.12.2013, L 7 SO 4209/09; LSG Bayern, Urteil v. 11.10.2013, L 8 SO 105/13). Grundsätzlich muss der in Anspruch genommene Angehörige **vor der Mitteilung** nicht für in der Vergangenheit vom Sozialamt erbrachte Leistungen aufkommen und nur in der Höhe der laufenden Zahlungen (z. B. für Heimaufenthalt).

Gemäß § 94 Abs. 1 Sätze 2 bis 5, Abs. 2, 3 SGB XII ist der Übergang des Unterhaltsanspruchs auf den Sozialleistungsträger in bestimmten Fällen ausgeschlossen (unbillige Härte; BGH, Beschluss v. 12.9.2018, XII ZB 384/17: Bei erhöhten Heimkosten infolge der Heimunterbringung des Hilfebedürftigen in einer speziellen Gehörlosengruppe kann in Höhe der zusätzlichen Kosten ein Übergang wegen unbilliger Härte ausgeschlossen sein; OLG Celle, Beschluss v. 3.5.2018, 10 UF 160/17).

 TIPP

Bescheide überprüfen

Der Sozialleistungsträger muss den übergegangenen Anspruch zeitnah geltend machen. Es kann Verwirkung eintreten, wenn der Sozialhilfeträger längere Zeit nicht tätig wird, obwohl ihm das möglich gewesen wäre. Lassen Sie sich im Bedarfsfall immer anwaltlich beraten. Viele sozialverwaltungsrechtliche Rückforderungsbescheide sind fehlerhaft (OLG Oldenburg, Urteil v. 25.10.2012, 14 UF 82/12).

Mit der Anordnung einer Vor- und Nacherbschaft können Erblasser bei einem Behindertentestament den Sozialhilferegress legal verhindern, weil der Nacherbe nicht für die Kosten der Sozialhilfe aufkommen muss, die für die Betreuung des behinderten Vorerben angefallen sind (der Nacherbe ist nicht Erbe des Vorerben). Zudem muss die als nicht befreite Vorerbin eingesetzte behinderte Person das ererbte Vermögen nicht einsetzen.

4.2 Gesetzliche Unterhaltsansprüche der Eltern – Sozialhilferegress

Unterhaltspflichtig gegenüber ihren Eltern sind zunächst deren Kinder. Aber auch Enkelkinder sind ihren Großeltern gegenüber gesetzlich zum Unterhalt verpflichtet (Angehörige in gerader Linie, § 1601 BGB).

Der gesetzliche Unterhaltsanspruch der Eltern(-teile) gegenüber ihren Kindern setzt voraus, dass die Eltern unterhaltsbedürftig sind (§ 1602 BGB) und die Kinder ihrerseits auch in der Lage sind, Unterhalt zu leisten (§ 1603 BGB). So kann es sein, dass der berufstätige Sohn ohne Kinder leistungsfähig ist, seine Schwester als Hausfrau ohne Vermögen aber nicht.

In der Praxis kann man davon ausgehen, dass hilfebedürftige Eltern sich erst dann an das Sozialamt wenden, wenn ihre Kinder Unterhalt (ausnahmsweise) verweigern oder wegen anderer Unterhaltsverpflichtungen (z. B. gegenüber dem Ehepartner und eigenen Kindern aus Ausbildungsgründen etc.) keinen Unterhalt leisten können. Der Unterhaltsbedarf des Elternteils bestimmt sich grundsätzlich durch seine Unterbringung in einem Heim und deckt sich regelmäßig mit den dort anfallenden Kosten (BGH, Beschluss v. 7.10.2015, XII ZB 26/15).

 ACHTUNG

Unterhaltspflicht kann durch Pflegeleistung erfüllt werden

Betreut ein Kind einen pflegebedürftigen Elternteil, kann es seine Unterhaltspflicht durch die damit in Natur erbrachten Pflegeleistungen erfüllen. Daneben besteht dann kein Anspruch auf eine zusätzliche Unterstützung in Geld. Insoweit entfällt auch ein zivilrechtlicher Unterhaltsanspruch, der auf den Träger der Sozialhilfe übergehen könnte.

Erbringt ein Kind erhebliche Leistungen zur häuslichen Pflege, stellt sich die Inanspruchnahme von ergänzendem Barunterhalt zugleich als unzumutbare Härte i. S. v. § 94 Abs. 3 Nr. 2 SGB XII dar. Dies gilt insbesondere dann, wenn der Leistungsträger sich durch die familiäre Pflege weitere Leistungen erspart, die das von ihm nach § 64 SGB XII zu zahlende Pflegegeld deutlich übersteigen (OLG Oldenburg, Urteil v. 14.1.2010, 14 UF 134/09).

Natürlich kommt es auch vor, dass Streit zwischen den Geschwistern entsteht, wer was an die Eltern bezahlen kann/will.

 HINWEIS

Ausnahme: Unbillige Härte

Streitigkeiten zwischen Eltern und Kindern ändern nichts an der gesetzlichen Unterhaltspflicht der Eltern und dem Sozialregressanspruch der Sozialbehörde (BGH, Urteil v. 15.9.2010, XII ZR 148/09). Nur ausnahmsweise kann es eine unbillige Härte sein, wenn Kinder an die Eltern Unterhalt leisten sollen (BGH, Urteil v. 21.4.2004, XII ZR 326/01; BGH, Beschluss v. 12.2.2014, XII ZB 607/12; OLG Oldenburg, Beschluss v. 4.1.2017, 4 UF 166/15). Ein ehemaliges Heimkind muss für seine pflegebedürftige Mutter keinen Unterhalt zahlen (AG Offenburg, Urteil v. 19.6.2018, 4 F 142/17).

Lebt ein Unterhalt begehrender Elternteil im Alten- oder Pflegeheim, bestimmt sich sein Unterhaltsbedarf nach den dadurch verursachten Heim- und Pflegekosten zuzüglich eines angemessenen Taschengelds (BGH, Urteil v. 21.11.2012, XII ZR 150/10). Der Elternteil trägt die Darlegungs-/Beweislast dafür, dass seine kostenintensive Unterbringung in einem Altenheim zwingend notwendig war, d.h. dass ihm eine Selbstversorgung in der eigenen Wohnung nicht mehr möglich ist. Bei der Wahl, ob bzw. wo ein Elternteil in ein Pflegeheim einzieht, steht den Eltern allerdings auch in unterhaltsrechtlicher Hinsicht ein gewisser Entscheidungsspielraum zu (OLG Brandenburg, Beschluss v. 9.12.2008, 9 UF 116/08).

Auf Anfrage des Sozialamts müssen dann **alle unterhaltsverpflichteten Personen** Auskunft über ihr Einkommen und Vermögen erteilen (LSG Nordrhein-Westfalen, Urteil v. 26.1.2015, L 20 SO 12/14). Eine erwachsene Tochter, die ihre fehlende unterhaltsrechtliche Leistungsfähigkeit nicht darlegen oder nachweisen kann, muss sich an den Heimkosten der Mutter beteiligen (OLG Hamm, Beschluss v. 21.11.2012, II-8 UF 14/12).

4.2.1 Geschütztes Einkommen der unterhaltsverpflichteten „Kinder"

Die Höhe des geschützten Einkommens einer unterhaltsverpflichteten Person beträgt derzeit als angemessener Selbstbehalt gegenüber den Eltern mindestens 2000 € monatlich (einschließlich 700 € Warmmiete) zuzüglich der Hälfte des darüber hinausgehenden Einkommens, bei Vorteilen des Zusammenlebens in der Regel 45 % des darüber hinausgehenden Einkommens.

Der angemessene Unterhalt des mit dem Unterhaltspflichtigen zusammenlebenden Ehegatten bemisst sich nach den ehelichen Lebensverhältnissen (Halbteilungsgrundsatz), beträgt jedoch mindestens 1.600 € (einschließlich 600 € Warmmiete). Diese Zahlen werden grundsätzlich jährlich in der „Düsseldorfer Tabelle" (www.olg-duesseldorf.nrw.de) aktualisiert (BGH, Urteil v. 28.1.2004, XII ZR 218/01).

Obige Beträge erhöhen sich, wenn der Unterhaltsverpflichtete eigene Kinder zu versorgen hat (BGH, Beschluss v. 15.2.2017, XII ZB 201/16). Als Abzugsposten vom Bruttoeinkommen gelten u.a. Kreditraten für das (angemessene) Eigenheim und andere Darlehensverbindlichkeiten (Wohnvorteil muss gegengerechnet werden), private Versicherungsbeiträge zur Schließung gesetzlicher Versorgungslücken (s. OLG Brandenburg, Urteil v. 26.1.2010, 10 UF 105/09; BGH, Urteil v. 19.2.2003, XII ZR 67/00; BGH, Urteil v.14.1.2004, XII ZR 149/01) und berufsbedingte Aufwendungen wie Fahrtkosten etc.

TIPP

Rechtlichen Rat einholen

Das Sozialamt setzt regelmäßig pauschale Abzüge an, die nicht der Realität bei der unterhaltsverpflichteten Person entsprechen. Spätestens bei Erhalt einer konkreten Zahlungsaufforderung des Sozialamts sollten Betroffene deshalb den Rat eines Fachanwalts für Sozial- oder Familienrecht einholen. Bescheide enthalten oft auch unabsichtliche Rechenfehler zulasten der in Anspruch genommenen Angehörigen.

Der BGH hat die komplexe Unterhaltsberechnung erläutert, wenn in Doppelverdiener-Ehen der unterhaltspflichtige Ehepartner mehr verdient (BGH, Urteil v. 28.7.2010, XII ZR 140/07). Auch wenn Schwiegerkinder ihren Schwiegereltern gegenüber nicht unmittelbar zum Unterhalt verpflichtet sind, führt das Einkommen des Schwiegerkindes u.U. dazu, dass das unterhaltsverpflichtete Kind leistungsfähig ist/wird (BGH, Urteil v. 15.10.2003, XII ZR 122/00; OLG Koblenz, Beschluss v. 21.3.2012, 13 UF 990/11). Das Schwiegerkind ist zur Auskunftserteilung gegenüber dem Sozialamt verpflichtet (LSG Nordrhein-Westfalen, Urteil v. 14.9.2009, L 20 SO 96/08; LSG Rheinland-Pfalz, Beschluss v. 18.2.2016, L 5 SO 78/15). Das Taschengeld eines (nicht berufstätigen) Ehegatten ist grundsätzlich auch für den Elternunterhalt einzusetzen (BGH, Urteil v. 1.10.2014, XII ZR 133/13).

Der BGH hat auch entschieden, wie der Elternunterhalt zu berechnen ist, wenn der unterhaltspflichtige Ehepartner weniger als sein Ehepartner verdient (BGH, Beschluss v. 23.7.2014, XII ZB 489/13; BGH, Beschluss v. 5.2.2014, XII ZB 25/13; BGH, Beschluss v. 20.3.2019, XII ZB 365/18: Die Grundsätze zur Ermittlung der Leistungsfähigkeit von verheirateten Kindern für den Elternunterhalt gelten auch dann, wenn beide Ehegatten ihren jeweiligen Eltern zum Unterhalt verpflichtet sind). Bei der Ermittlung der Leistungsfähigkeit für die Zahlung von Elternunterhalt ist ein von dem Unterhaltspflichtigen zusätzlich geschuldeter Betreuungsunterhalt nach § 1615l BGB als – gem. § 1609 Nr. 2 BGB vorrangige – sonstige Verpflichtung i.S.d. § 1603 Abs. 1 BGB von dessen Einkommen abzuziehen. Auf einen Familienselbstbehalt kann sich der in einer nichtehelichen Lebensgemeinschaft lebende Unterhaltspflichtige nicht berufen (BGH, Beschluss v. 9.3.2016, XII ZB 693/14).

 HINWEIS

Am 12.12.2019 wurde das Gesetz zur Entlastung unterhaltsverpflichteter Angehöriger in der Sozialhilfe und in der Eingliederungshilfe (Angehörigen-Entlastungsgesetz) v. 10.12.2019 im Bundesgesetzblatt veröffentlicht. Seit dem 1.1.2020 können u.a. Kinder seitens der Sozialhilfeträger nur noch zum Eltern-

unterhalt herangezogen werden, wenn ihr jährliches Gesamteinkommen 100.000 € brutto übersteigt (§ 94 Abs. 1a S. 1 SGB XII).

Für die Mehrzahl der Betroffenen wird Elternunterhalt entfallen und nur noch ein kleiner Personenkreis von ca. 5 bis 6 % der voll- oder teilzeitbeschäftigten Personen für den Unterhalt seiner Eltern eintreten müssen.

4.2.2 Geschütztes Vermögen der unterhaltsverpflichteten „Kinder"

Auch im Rahmen des Elternunterhalts muss der Unterhaltsschuldner grundsätzlich den Stamm seines Vermögens einsetzen. Einschränkungen ergeben sich aber daraus, dass er seinen eigenen angemessenen Unterhalt einschließlich einer angemessenen Altersvorsorge nicht zu gefährden braucht (BGH, Urteil v. 30.8.2006, XII ZR 98/04; BGH, Urteil v. 21.4.2004, XII ZR 326/01; BVerfG, Urteil v. 7.6.2005, 1 BvR 1508/96; BGH, Beschluss v. 5.2.2014, XII ZB 25/13; BGH, Beschluss v. 20.2.2019, XII ZB 364/18). Das unterhaltsverpflichtete Kind, das die selbst bewohnte Immobilie unter Vorbehalt des Nießbrauchsrechts verschenkt hat, ist im Rahmen des Elternunterhalts auf diese Immobilie zur Bestreitung des eigenen Lebensunterhalts ebenso angewiesen wie das unterhaltpflichtige Kind, dem die selbst bewohnte Immobilie noch gehört. Die Rückforderung und Verwertung ist daher nicht zumutbar (OLG Hamm, Beschluss v. 27.7.2018, 11 UF 57/18). Bei der Vermögensverwertungspflicht sind auch die sonstigen Verbindlichkeiten und Verpflichtungen des Unterhaltsschuldners zu berücksichtigen. Beim Elternunterhalt sind die Interessen des Unterhaltspflichtigen stärker zu gewichten als beim Kindesunterhalt (OLG Nürnberg, Beschluss v. 26.4.2012, 9 UF 1747/11).

Bei der Beurteilung, ob und in welchem Umfang das Vermögen des unterhaltspflichtigen Kindes zur Sicherung des eigenen angemessenen Unterhalts einschließlich der Altersvorsorge benötigt wird, sind alle Vermögenswerte zu berücksichtigen, die für diesen Zweck zur Verfügung stehen. Verfügt der Unterhaltspflichtige etwa über Grundeigentum, ist zumindest zu berücksichtigen, dass er im Alter keine Mietkosten aufwenden muss und seinen Lebensstandard deswegen mit geringeren Einkünften aus Einkommen und Vermögen sichern kann. Auch mit Lebensversicherungen kann das Renteneinkommen aufgestockt werden.

 WICHTIG

Beiträge für Altersversorgung

Da der Unterhaltsschuldner laut BGH-Rspr. berechtigt ist, neben den Beiträgen zur gesetzlichen Rente bis zu 5 % seines Bruttoeinkommens für eine zusätzliche private Altersversorgung aufzuwenden, muss ihm auch das aus diesen Beiträgen gewonnene Kapital für die eigene Alterssicherung zur Verfügung stehen und ist damit dem Elternunterhalt entzogen (BGH, Beschluss v. 7.8.2013, XII ZB

269/12). Finanziert der Unterhaltsschuldner eine eigengenutzte Immobilie, sind neben den Zinsen die Tilgungsleistungen bis zur Höhe des Wohnvorteils vom Einkommen des Elternunterhaltspflichtigen abzuziehen, ohne dass dies seine Befugnis zur Bildung eines zusätzlichen Altersvorsorgevermögens schmälert. Der den Wohnvorteil dann noch übersteigende Tilgungsanteil ist zulasten des Unterhaltsberechtigten im Rahmen der sekundären Altersvorsorge auf die Altersvorsorgequote von 5 % des Bruttoeinkommens des Elternunterhaltspflichtigen anzurechnen (BGH, Beschluss v. 18.1.2017, XII ZB 118/16).

Das vom Unterhaltpflichtigen, der selbst bereits die Regelaltersgrenze erreicht hat, für die Altersvorsorge angesparte verwertbare Kapital kann unter Berücksichtigung seiner statistischen Lebenserwartung in eine Monatsrente umgerechnet werden. Diese Berechnung gewährleistet, dass dem Unterhaltpflichtigen ein zur Bestreitung seines laufenden Lebensbedarfs ausreichendes Einkommen dauerhaft zur Verfügung steht (BGH, Urteil v. 21.11.2012, XII ZR 150/10).

Für den zur Zahlung von Elternunterhalt Verpflichteten, der verheiratet ist und kein eigenes Erwerbseinkommen erzielt, besteht grundsätzlich nur ein Bedürfnis für die Bildung eines eigenen Altersvorsorgevermögens, soweit der Unterhaltspflichtige über seinen Ehegatten nicht hinreichend für das Alter abgesichert ist. Dies muss der Unterhaltsverpflichtete darlegen und auch beweisen (BGH, Beschluss v. 29.4.2015, XII ZB 236/14).

 WICHTIG

Auswirkungen des Angehörigen-Entlastungsgesetzes ab dem 1.1.2020

Wendet sich ein unterhaltsbedürftiger Elternteil direkt an sein(e) Kind(er), ergibt sich der Unterhaltsausschluss bei Unterschreitung der Jahreseinkommensgrenze von 100.000 € weder aus den Vorschiften des BGB noch aus der Bezifferung des Selbstbehalts lt. Düsseldorfer Tabelle (s. o.). In diesem Fall kann/muss das unterhaltspflichtige Kind den unterhaltsberechtigten Elternzeit auf die diesem zustehenden Sozialleistungsansprüche hinweisen. Der Sozialhilfeträger ist erst ab Kenntniserlangung eintrittspflichtig (§ 18 Abs. 1 SGB XII).

4.3 Sozialhilferegress: Rückforderung wegen Verarmung des Schenkers

Schenkungen, auch im Rahmen vorweggenommener Erbfolge, sind für alle Beteiligten riskant, soweit es um eine umfassende Vermögensübertragung geht. Der Schenker riskiert die finanzielle Abhängigkeit vom Ehepartner und den Kindern, schlimmstenfalls die Altersarmut.

Schenkungen an Angehörige und Fremde dürfen aber nicht dazu führen, dass die Allgemeinheit für die spätere Pflege etc. aufkommen muss. Andernfalls könnte das Nachrangigkeitsprinzip der Sozialhilfe umgangen werden. Beschenkte müssen also für eine lange Zeit nach der Schenkung mit Rückforderungsansprüchen rechnen (s. z. B. LG Coburg, Urteil v. 13.8.2010, 13 O 784/09).

Soweit der Schenker nach der Vollziehung der Schenkung außerstande ist, seinen angemessenen Unterhalt selbst zu bestreiten, kann er von dem Beschenkten die Herausgabe des Geschenks fordern (§ 528 BGB). Der Anspruch auf Rückgewähr des Geschenks wegen Notbedarfs setzt nur voraus, dass die Schenkung vollzogen und der Schenker nach Abschluss des Schenkungsvertrags außerstande ist, seinen angemessenen Unterhalt zu bestreiten. Es kommt nicht darauf an, ob der Notbedarf vor oder nach Vollziehung der Schenkung entstanden ist (BGH, Urteil v. 7.11.2006, X ZR 184/04). Eine Rückforderung kommt auch bei gemischter Schenkung in Betracht (BGH, Urteil v. 15.5.2012, X ZR 5/11; OLG Hamm, Beschluss v. 30.10.2017, II 13 UF 256/16). Auch der Verzicht auf einen Nießbrauch ist eine Schenkung, die im Falle der Verarmung des Schenkers gem. § 528 Abs. 1 BGB nach den Vorschriften über die ungerechtfertigte Bereicherung herausgegeben werden muss (OLG Köln, Urteil v. 9.3.2017, 7 U 119/16).

 ACHTUNG

Rückforderungsrecht von Schenkungen

Das Rückforderungsrecht besteht gegenüber jedem Beschenkten, unabhängig vom Verwandtschaftsgrad. Der Beschenkte kann die Herausgabe des Geschenks durch Zahlung des für den Unterhalt erforderlichen Betrags abwenden. Der Rückforderungsanspruch ist auf die regelmäßig wiederkehrenden Leistungen zur Bedarfsdeckung beschränkt.

Obiger Herausgabeanspruch steht auch dem Sozialhilfeträger zu, gegebenenfalls auch noch nach dem Tod des Schenkers (BGH, Urteile v. 25.4.2001, X ZR 229/99 und X ZR 205/99; LG Dessau-Roßlau, Urteil v. 1.11.2013, 4 O 884/12: Wegfall der Bereicherung des Beschenkten). Hat der Sozialhilfeträger den Anspruch des Schenkers auf Rückgabe des Geschenks wegen Verarmung auf sich übergeleitet, kann der Beschenkte grundsätzlich bei einer Gefährdung seines eigenen angemessenen Unterhalts die Rückgabe des Geschenks verweigern, wenn er bei Erfüllung des Rückforderungsanspruchs seinerseits Sozialhilfe von dem betreffenden Träger beanspruchen könnte (BGH, Urteil v. 20.11.2018, X ZR 115/16).

ACHTUNG

Schonvermögen nicht relevant

Dem Rückforderungsanspruch wegen Verarmung des Schenkers und der Überleitung dieses Anspruchs auf den Träger der Sozialhilfe im Hinblick auf die von diesem dem Schenker zu leistende Hilfe zum Lebensunterhalt steht es nicht entgegen, dass das Geschenk, wenn es beim Schenker verblieben wäre, zu dessen Schonvermögen gehört hätte (BGH, Urteil v. 19.10.2004, X R 2/03).

Bei einer Grundbesitzübertragung ist der Grundstückswert regelmäßig höher als die vom Sozialamt gewährten bzw. zu leistenden Zahlungen, sodass das Sozialamt dann den Wertersatz für die erbrachten Leistungen verlangt und nicht die Rückübertragung der Immobilie.

Wird einem bedürftigen Schenker Sozialhilfe gewährt und der Rückforderungsanspruch gegen den Beschenkten auf den Träger der Sozialhilfe übergeleitet, ist für die Einstandspflicht des verschenkten Vermögens die Einkommens- und Vermögenslage des Schenkers im Zeitpunkt des Antrags auf Sozialhilfe maßgeblich, nicht dagegen die Einkommens- und Vermögenslage des Schenkers zum Zeitpunkt der letzten mündlichen Verhandlung über den übergeleiteten Anspruch (BGH, Urteil v. 20.5.2003, X ZR 246/02).

 HINWEIS

Zehnjahresfrist

Der Anspruch auf Herausgabe des Geschenks ist ausgeschlossen, wenn zur Zeit des Eintritts der Bedürftigkeit seit der Schenkung **zehn Jahre** verstrichen sind (OLG Hamm, Urteil v. 7.12.2016, 11 U 41/07). Das Gleiche gilt, soweit der Beschenkte bei Berücksichtigung seiner sonstigen Verpflichtungen (gegenwärtig) außerstande ist, das Geschenk herauszugeben, ohne dass sein standesmäßiger Unterhalt oder die Erfüllung der ihm kraft Gesetzes obliegenden Unterhaltspflichten gefährdet wird (§ 529 BGB; BGH, Urteil v. 6.9.2005, X ZR 51/03; OLG Köln, Urteil v. 2.12.2016, 1 U 21/16: Einrede des Notbedarfs gegen den Rückforderungsanspruch des Sozialhilfeträgers).

Soweit notariell Rückforderungsklauseln zugunsten des Schenkers vereinbart worden sind, ist das Rückforderungsrecht nicht auf zehn Jahre beschränkt.

Zu problematischen Fallkonstellationen, in denen streitig ist, ob die Zehnjahresfrist überhaupt zu laufen begonnen hat, s. → Kapitel 4.3.2.

Macht der verarmte Schenker bzw. der Sozialhilfeträger den Rückforderungsanspruch bzgl. eines Rechts an einem Grundstück geltend, kann der Beschenkte seiner an der Bedürftigkeit des Schenkers ausgerichteten Zahlungspflicht entgehen, indem er die Rückübertragung des Geschenks anbietet (BGH, Urteil v. 17.12.2009, Xa ZR 6/09).

Eine Überprüfung der Überleitungsanzeige gem. § 93 Abs. 1 S. 1 SGB XII findet im Zivilverfahren nicht statt. Die Wirksamkeit des Anspruchsübergangs steht bereits aufgrund der bestandskräftigen Überleitungsanzeige für das Zivilverfahren fest. Das Zivilgericht muss lediglich das Vorliegen der Voraussetzungen für das Bestehen der Forderung prüfen, nicht aber die Rechtmäßigkeit der Anspruchsüberleitung (OLG Hamm, Urteil v. 17.12.2019, 10 U 99/18).

4.3.1 Geschenke mit Einschränkung bzw. Gegenleistung

Zuwendungen des Schenkers ohne Gegenleistungen des Beschenkten werden im Hinblick auf § 528 BGB wohl meist zur Falle, wenn der Schenker kein anderweitiges, Ertrag sicherndes Vermögen für sich zurückbehält. Anstandsschenkungen wie Taschengeld von Großvater an Enkel zählen nicht (§ 534 BGB; LG Aachen, Urteil v. 14.3.2017, 3 S 127/16). Bei Schenkungen der Großmutter an ihre Enkel spricht der Umstand, dass es sich um langjährige monatliche Zahlungen auf ein Sparkonto („Bonussparen") handelt, gegen eine Anstandsschenkung (OLG Celle, Urteil v. 13.2.2020, 6 U 76/19). Vom Beschenkten erbrachte Gegenleistungen (Pflege) oder die Einräumung von Nutzungsrechten zugunsten des Schenkers im Zusammenhang mit dem Geschenk mindern aber den Wert der Schenkung.

Vorbehaltsnießbrauch

Der Nießbrauch ist nicht übertragbar. Die Ausübung des Nießbrauchsrechts kann aber einem anderen überlassen werden. Der Nießbrauch gehört zum Vermögen einer vom Sozialamt unterstützten Person. Eine Veräußerung des Nießbrauchs ist gem. § 1059 Satz 1 BGB ausgeschlossen. Der Nießbrauch stellt damit kein Vermögen dar, das ein Hilfeempfänger einsetzen kann, um seinen Unterhaltsbedarf zu decken. Vielmehr ist der Unterhaltsbedarf (teilweise) durch die Ausübung des Nießbrauchs gedeckt. Es kann nicht verlangt werden, diese Rechtsposition mit der Folge aufzugeben, den Unterhaltsbedarf zu vergrößern. Etwas anderes könnte allenfalls dann gelten, wenn mit der Ausübung des Nießbrauchs mehr als der „angemessene Unterhalt" i.S.v. § 528 Abs. 1 BGB gedeckt wäre (BGH, Urteil v. 5.11.2002, X ZR 140/01). In der Praxis wird der Sozialhilfeträger bei Erfüllung der Zahlungen aufgrund des Nießbrauchsrechts die Schenkung nicht zurückfordern.

Wohnrecht

Das Wohnrecht beinhaltet das Recht zum Wohnen. Es ist ein höchstpersönliches Recht und kann nicht auf Dritte übertragen werden. Das Wohnrecht hat so gegenüber dem Nießbrauch den Vorteil, dass es als höchstpersönliches Recht grundsätzlich nicht nach § 93 SGB XII auf den Sozialhilfeträger überleitbar ist.

Der Sozialhilfeträger wird bei Hilfeleistungen an eine im Heim untergebrachte Person, die sich ihrerseits bei der Übergabe einer Immobilie ein Wohnrecht hat einräumen lassen, aber auch einen denkbaren Ausgleichsanspruch für das nicht mehr faktisch wahrnehmbare Wohnrecht überleiten lassen wollen. Dagegen sollten sich die Beschenkten wehren, auch wenn sie z. B. die Wohnung, an der das Wohnrecht bestellt war, vermietet haben, weil der Wohnberechtigte selbst das Wohnrecht wegen Umzugs ins Pflegeheim nicht wahrnehmen kann (OLG Hamm, Urteil v. 28.9.2009, 5 U 80/07).

 HINWEIS

Wenn der Wohnberechtigte die Wohnung nicht mehr nutzen kann

Enthält die Vereinbarung über die Bestellung eines Wohnrechts keine Regelung, wie die Wohnung genutzt werden soll, wenn der Wohnberechtigte sein Recht wegen Umzugs in ein Pflegeheim nicht mehr ausüben kann, kommt eine ergänzende Vertragsauslegung in Betracht. Eine Verpflichtung des Eigentümers, die Wohnung zu vermieten oder deren Vermietung durch den Wohnberechtigten zu gestatten, wird dem hypothetischen Parteiwillen im Zweifel allerdings nicht entsprechen (BGH, Urteil v. 9.1.2009, V ZR 168/07; BGH, Urteil v. 19.1.2007, V ZR 163/06).

Kann der Inhaber eines dinglichen Wohnrechts dieses wegen Pflegebedürftigkeit nicht mehr ausüben, steht ihm regelmäßig kein Anspruch auf Zahlung einer Geldrente zu (OLG Koblenz, Urteil v. 15.11.2006, 1 U 573/06; LSG Hessen, Urteil v. 25.4.2012, L 4 SO 207/11).

Bei einer geplanten Übergabe einer Immobilie gegen Wohnrecht sollten Sie ggf. zugunsten der Beschenkten vorbeugen, indem vereinbart wird, dass das Wohnrecht bei einem dauerhaften Aufenthalt in einem Pflege- oder Altenheim erlischt und Ersatzansprüche des ehemals Wohnberechtigten entfallen. Die vereinbarungsgemäße unentgeltliche Aufgabe eines dinglichen Wohnrechts löst im Falle der Verarmung auch dann einen Rückforderungsanspruch aus, wenn der Wohnrechtsinhaber an der Ausübung kein Interesse mehr hat, er aber objektiv die Möglichkeit hätte, sein Recht weiter zu nutzen (OLG Nürnberg, Urteil v. 22.7.2013, 4 U 1571/12; BGH, Beschluss v. 25.1.2012, XII ZB 479/11).

Persönliche Versorgungsleistungen

In Übergabeverträgen lässt sich der Schenker einer Immobilie oft auch Pflege-leistungen (als Dienstleistung) vom Beschenkten versprechen. Soweit der Schen-ker zum Zeitpunkt der Übergabe noch kein Pflegefall ist und damit auch nicht zu rechnen ist, kann die Erbringung der Pflegeleistungen auf den Zeitraum be-schränkt werden, in dem der Schenker aufgrund eines Wohnrechts noch in einer Wohnung in der übergebenen Immobilie lebt.

Der BGH (Urteil v. 6.2.2009, V ZR 130/08) hat entschieden, dass es nicht sittenwidrig ist, wenn in einem Vertrag als Gegenleistung für die Übertragung eines Hausgrundstücks vereinbarte Versorgungsleistungen nur so lange geschuldet sein sollen, wie sie von dem Verpflichteten in dem übernommenen Haus erbracht werden können (BGH, Beschluss v. 23.1.2003, V ZB 48/02).

 WICHTIG

Rückforderungsrecht einräumen lassen

Schenker können sich ein vertragliches Rückforderungsrecht bei Nichterfüllung der Pflegeleistungen einräumen lassen: Ist mit einem Erbvertrag, durch den der Erblasser den Bedachten zum Erben bestimmt, ein gegenseitiger Vertrag unter Lebenden verbunden, in dem der Bedachte sich zum Erbringen von Pflegeleis-tungen verpflichtet und der Erblasser weitere Verpflichtungen übernimmt (hier: keine Veräußerung oder Belastung seines Hausgrundstücks zu Lebzeiten), so kann Letzterer wegen unterbliebener Pflegeleistungen gem. § 323 BGB von diesem Vertrag und zugleich nach § 2295 BGB vom Erbvertrag zurücktreten. Ein derartiger Rücktritt kommt erst dann in Betracht, wenn der Erblasser den Bedachten unter Fristsetzung zuvor vergeblich aufgefordert hat, die im Einzelnen zu bezeichnenden Pflegeleistungen zu erbringen (BGH, Urteil v. 5.10.2010, IV ZR 30/10).

4.3.2 Problem: Beginn der Zehnjahresfrist

Die Zehnjahresfrist gem. § 529 Abs. 1 BGB beginnt mit Vollzug der Schenkung zu laufen. Wird ein Grundstück ohne Gegenleistung übertragen, ist dies bereits dann der Fall, wenn der Beschenkte auf der Basis eines formgerechten Schenkungs-vertrags und der Auflassung einen Antrag auf Eintragung der Rechtsänderung beim Grundbuchamt gestellt hat (BGH, Urteil v. 19.7.2011, XZR 140/10). Nach dem vorgenannten BGH-Urteil hindert der Vorbehalt eines lebenslangen Nutzungs-rechts aber nicht den Beginn der Zehnjahresfrist nach § 529 Abs. 1 Fall 2 BGB (OLG Köln, Beschluss v. 24.6.2011, 11 U 43/11).

Bezüglich des Vollzugs einer Schenkung gibt es aber gegensätzliche Urteile zum Ablauf der Zehnjahresfrist im Zusammenhang mit Pflichtteilsergänzungsansprüchen (§ 2325 BGB). Für ein im Zusammenhang mit einer Immobilienübertragung vorbehaltenes Nießbrauchsrecht des Schenkers hat der BGH (BGH, Urteil v. 27.4.1994, IV ZR 132/93; siehe auch BGH, Beschluss v. 29.6.2016, IV ZR 474/15) entschieden, dass die Umschreibung im Grundbuch im Hinblick darauf, dass dem Schenker die Nutzung des Objekts aufgrund des Nießbrauchs unverändert verbleibt, nicht ausreicht, um im pflichtteilsrechtlichen Sinne eine vollzogene Schenkung anzunehmen. So läuft die Zehnjahresfrist des § 2325 Abs. 3 BGB bei vorbehaltenem Nießbrauch erst ab dem Tode des Erblassers (siehe auch OLG München, Urteil v. 25.6.2008, 20 U 2205/08). Laut dem OLG Karlsruhe steht demgegenüber ein Wohnrecht der Annahme einer vollzogenen Schenkung nicht entgegen (OLG Karlsruhe, Urteil v. 15.1.2008, 12 U 124/07; siehe auch OLG Bremen, Urteil v. 25.2.2005, 4 U 61/04).

 WICHTIG

Berechnung der Zehnjahresfrist bei Nießbrauch

Die Rspr. zu § 2325 BGB wird wohl auch vom Sozialhilfeträger bei der Berechnung/beim Lauf der Zehnjahresfrist nach § 529 BGB herangezogen werden. So sieht es das SG Freiburg, Urteil v. 28.7.2011, S 6 SO 6485/09: Ist ein verschenktes Hausgrundstück mit einem lebenslangen unentgeltlichen Nießbrauch zugunsten des Schenkers belastet, beginnt die Zehnjahresfrist zur Schenkungsrückforderung nach § 529 Abs. 1 BGB nicht mit der Übergabe des Grundstücks zu laufen, sodass der Schenker vor dem Einsetzen von Sozialhilfe die Schenkungsrückforderung als Vermögensgegenstand zu realisieren hat. Wehren Sie sich als Beschenkter im Notfall, weil es immer auf den individuellen Übergabevertrag ankommt, insbesondere auf etwaige Rücktrittsrechte des Schenkers (ggf. gesichert durch Rückauflassungsansprüche) und auf den Umfang des Nießbrauchs- bzw. Wohnrechts. Behält sich der Schenker z. B. das Wohnrecht an einer kleinen Wohnung in einem Mehrfamilienhaus vor, wird der Beschenkte mit anwaltlicher Hilfe argumentieren können, dass der Schenker den „Genuss" an der Immobilie im Wesentlichen aufgegeben hat (OLG Oldenburg, Beschluss v. 14.11.2005, 5 W 223/05).

Gesamtstichwortverzeichnis